"十三五"国家重点出版物出版规划项目
卓越工程能力培养与工程教育专业认证系列规划教材
（电气工程及其自动化、自动化专业）

现代电力企业管理

娄素华　编著

机械工业出版社

本书为"十三五"国家重点出版物出版规划项目之一。

本书依据电力工业的发展特点和当前体制改革的情况，围绕电力企业改革和发展的战略目标，将企业管理理论的普遍性和电力能源行业的专业性紧密结合，全面系统地阐述了现代电力企业管理的基本概念、理论和方法。

本书分为现代电力企业管理总论、现代电力企业经营管理和现代电力企业生产管理三篇，共十二章，包括现代电力企业管理基本知识、电力市场、经营管理与决策技术、计划管理与电力需求预测、技术经济分析的基本原理与方法、财务管理、网络计划技术、生产管理与可靠性管理基本知识、电网调度管理、发电厂生产管理与环境保护以及供电管理与线损的理论计算等内容。

本书为普通高等学校电气工程及其自动化专业及相关专业的教材，也可作为从事电力系统的规划设计、生产建设、运行管理及市场营销等有关人员的参考用书。

图书在版编目（CIP）数据

现代电力企业管理/娄素华编著. —北京：机械工业出版社，2021.6（2023.3重印）

"十三五"国家重点出版物出版规划项目 卓越工程能力培养与工程教育专业认证系列规划教材. 电气工程及其自动化、自动化专业

ISBN 978-7-111-68087-1

Ⅰ.①现… Ⅱ.①娄… Ⅲ.①电力工业 - 工业企业管理 - 高等学校 - 教材 Ⅳ.①F407.616

中国版本图书馆 CIP 数据核字（2021）第 078214 号

机械工业出版社（北京市百万庄大街22号 邮政编码100037）
策划编辑：王雅新　　责任编辑：王雅新　刘琴琴
责任校对：王　欣　史静怡　责任印制：单爱军
北京虎彩文化传播有限公司印刷
2023年3月第1版第3次印刷
184mm×260mm · 21 印张 · 518 千字
标准书号：ISBN 978-7-111-68087-1
定价：59.80元

电话服务　　　　　　　　网络服务
客服电话：010-88361066　机　工　官　网：www.cmpbook.com
　　　　　010-88379833　机　工　官　博：weibo.com/cmp1952
　　　　　010-68326294　金　书　网：www.golden-book.com
封底无防伪标均为盗版　　机工教育服务网：www.cmpedu.com

"十三五"国家重点出版物出版规划项目
卓越工程能力培养与工程教育专业认证系列规划教材
（电气工程及其自动化、自动化专业）
编审委员会

主任委员
郑南宁　中国工程院 院士，西安交通大学 教授，中国工程教育专业认证协会电子信息与电气工程类专业认证分委员会 主任委员

副主任委员
汪槱生　中国工程院 院士，浙江大学 教授
胡敏强　东南大学 教授，教育部高等学校电气类专业教学指导委员会 主任委员
周东华　清华大学 教授，教育部高等学校自动化类专业教学指导委员会 主任委员
赵光宙　浙江大学 教授，中国机械工业教育协会自动化学科教学委员会 主任委员
章　兢　湖南大学 教授，中国工程教育专业认证协会电子信息与电气工程类专业认证分委员会 副主任委员
刘进军　西安交通大学 教授，教育部高等学校电气类专业教学指导委员会 副主任委员
戈宝军　哈尔滨理工大学 教授，教育部高等学校电气类专业教学指导委员会 副主任委员
吴晓蓓　南京理工大学 教授，教育部高等学校自动化类专业教学指导委员会 副主任委员
刘　丁　西安理工大学 教授，教育部高等学校自动化类专业教学指导委员会 副主任委员
廖瑞金　重庆大学 教授，教育部高等学校电气类专业教学指导委员会 副主任委员
尹项根　华中科技大学 教授，教育部高等学校电气类专业教学指导委员会 副主任委员
李少远　上海交通大学 教授，教育部高等学校自动化类专业教学指导委员会 副主任委员
林　松　机械工业出版社 编审 副社长

委员（按姓氏笔画排序）
于海生　青岛大学 教授　　　　　　　　　王　平　重庆邮电大学 教授
王　超　天津大学 教授　　　　　　　　　王再英　西安科技大学 教授
王志华　中国电工技术学会　　　　　　　王明彦　哈尔滨工业大学 教授
　　　　教授级高级工程师　　　　　　　王保家　机械工业出版社 编审
王美玲　北京理工大学 教授　　　　　　　韦　钢　上海电力大学 教授
艾　欣　华北电力大学 教授　　　　　　　李　炜　兰州理工大学 教授
吴在军　东南大学 教授　　　　　　　　　吴成东　东北大学 教授
吴美平　国防科技大学 教授　　　　　　　谷　宇　北京科技大学 教授
汪贵平　长安大学 教授　　　　　　　　　宋建成　太原理工大学 教授
张　涛　清华大学 教授　　　　　　　　　张卫平　北方工业大学 教授
张恒旭　山东大学 教授　　　　　　　　　张晓华　大连理工大学 教授
黄云志　合肥工业大学 教授　　　　　　　蔡述庭　广东工业大学 教授
穆　钢　东北电力大学 教授　　　　　　　鞠　平　河海大学 教授

序

工程教育在我国高等教育中占有重要地位，高素质工程科技人才是支撑产业转型升级、实施国家重大发展战略的重要保障。当前，世界范围内新一轮科技革命和产业变革加速进行，以新技术、新业态、新产业、新模式为特点的新经济蓬勃发展，迫切需要培养、造就一大批多样化、创新型卓越工程科技人才。目前，我国高等工程教育规模世界第一。我国工科本科在校生约占我国本科在校生总数的 1/3。近年来我国每年工科本科毕业生占世界总数的 1/3 以上。如何保证和提高高等工程教育质量，如何适应国家战略需求和企业需要，一直受到教育界、工程界和社会各方面的关注。多年以来，我国一直致力于提高高等教育的质量，组织实施了多项重大工程，包括卓越工程师教育培养计划（以下简称卓越计划）、工程教育专业认证和新工科建设等。

卓越计划的主要任务是探索建立高校与行业企业联合培养人才的新机制，创新工程教育人才培养模式，建设高水平工程教育教师队伍，扩大工程教育的对外开放。计划实施以来，各相关部门建立了协同育人机制。卓越计划要求试点专业要大力改革课程体系和教学形式，依据卓越计划培养标准，遵循工程的集成与创新特征，以强化工程实践能力、工程设计能力与工程创新能力为核心，重构课程体系和教学内容；加强跨专业、跨学科的复合型人才培养；着力推动基于问题的学习、基于项目的学习、基于案例的学习等多种研究性学习方法，加强学生创新能力训练，"真刀真枪"做毕业设计。卓越计划实施以来，培养了一批获得行业认可、具备很好的国际视野和创新能力、适应经济社会发展需要的各类型高质量人才，教育培养模式改革创新取得突破，教师队伍建设初见成效，为卓越计划的后续实施和最终目标达成奠定了坚实基础。各高校以卓越计划为突破口，逐渐形成各具特色的人才培养模式。

2016 年 6 月 2 日，我国正式成为工程教育"华盛顿协议"第 18 个成员，标志着我国工程教育真正融入世界工程教育，人才培养质量开始与其他成员达到了实质等效，同时，也为以后我国参加国际工程师认证奠定了基础，为我国工程师走向世界创造了条件。专业认证把以学生为中心、以产出为导向和持续改进作为三大基本理念，与传统的内容驱动、重视投入的教育形成了鲜明对比，是一种教育范式的革新。通过专业认证，把先进的教育理念引入我国工程教育，有力地推动了我国工程教育专业教学改革，逐步引导我国高等工程教育实现从以教师为中心向以学生为中心转变、从以课程为导向向以产出为导向转变、从质量监控向持续改进转变。

在实施卓越计划和开展工程教育专业认证的过程中，许多高校的电气工程及其自动化、自动化专业结合自身的办学特色，引入先进的教育理念，在专业建设、人才培养模式、教学内容、教学方法、课程建设等方面积极开展教学改革，取得了较好的效果，建设了一大批优质课程。为了将这些优秀的教学改革经验和教学内容推广给广大高校，中国工程教育专业认证协会电子信息与电气工程类专业认证分委员会、教育部高等学校电气类专业教学指导委员会、教育部高等学校自动化类专业教学指导委员会、中国机械工业教育协会自动化学科教学委员会、中国机械工业教育协会电气工程及其自动化学科教学委员会联合组织规划了"卓越工程能力培养与工程教育专业认证系列规划教材（电气工程及其自动化、自动化专业）"。本套教材通过国家新闻出版广电总局的评审，入选了"十三五"国家重点图书。本套教材密切联系行业和市场需求，以学生工程能力培养为主线，以教育培养优秀工程师为目标，突出学生工程理念、工程思维和工程能力的培养。本套教材在广泛吸纳相关学校在"卓越工程师教育培养计划"实施和工程教育专业认证过程中的经验和成果的基础上，针对目前同类教材存在的内容滞后、与工程脱节等问题，紧密结合工程应用和行业企业需求，突出实际工程案例，强化学生工程能力的教育培养，积极进行教材内容、结构、体系和展现形式的改革。

经过全体教材编审委员会委员和编者的努力，本套教材陆续跟读者见面了。由于时间紧迫，各校相关专业教学改革推进的程度不同，本套教材还存在许多问题，希望各位老师对本套教材多提宝贵意见，以使教材内容不断完善提高。也希望通过本套教材在高校的推广使用，促进我国高等工程教育教学质量的提高，为实现高等教育的内涵式发展积极贡献一份力量。

卓越工程能力培养与工程教育专业认证系列规划教材
（电气工程及其自动化、自动化专业）
编审委员会

前　言

电力工业是国民经济的基础工业，其发展水平是国家经济发达程度的重要标志。随着电力能源技术的发展和低碳能源发展战略的提出，电力企业的运行和经营环境也在不断发生着改变。运用现代企业管理制度，逐步实现电力企业的管理现代化已成为我国电力企业适应当前改革形势和能源发展战略的必由之路。因此，普及现代电力企业管理的基本理论和方法，培养一大批高素质的企业管理人才，成为当今时代电力能源工业极为紧迫的任务。

本书依据电力工业的发展特点和当前体制改革的情况，围绕电力企业改革和发展的战略目标，将企业管理理论的普遍性和电力能源行业的专业性紧密结合，全面系统地阐述了现代电力企业管理的基本理论和分析方法。

本书分为现代企业管理总论、现代电力企业经营管理和现代电力企业生产管理共三篇十二章，包括现代电力企业管理基本知识、电力市场、经营管理与决策技术、计划管理与电力需求预测、技术经济分析的基本原理与方法、财务管理、网络计划技术、生产管理与可靠性管理基本知识、电网调度管理、发电厂生产管理与环境保护以及供电管理与线损的理论计算等内容。

本书由青海省电力公司杨明凯高级工程师主审。杨明凯高工结合自己长期从事电力系统的生产建设和运行管理的经验，提出了许多宝贵的意见和建议。在本书编写过程中，参考了诸多文献资料，也听取了很多电网公司、发电公司等电力行业同仁的意见和建议。在此，向本书的主审和有关参考资料的作者，以及提供帮助的所有人表示衷心的感谢。

由于作者水平有限，书中难免有不妥和纰漏之处，恳请读者批评指正。

编　者

目 录

序
前言

第一篇 现代电力企业管理总论

第一章 现代电力企业管理概论 2
第一节 企业管理概述 2
第二节 企业管理的性质和职能 14
第三节 电力企业管理的特点和内容 20
第四节 企业管理现代化 25
思考题与习题 35

第二章 电力市场 36
第一节 电力市场概述 36
第二节 电力市场研究的问题 39
第三节 电力市场的运营 46
第四节 国外电力市场综述 50
第五节 我国电力市场的进程 58
思考题与习题 64

第三章 现代电力企业管理的基础工作 65
第一节 电力企业基础工作概述 65
第二节 电力企业基础工作的内容和要求 65
第三节 电力企业管理信息 78
第四节 电力企业管理信息系统 81
思考题与习题 96

第二篇 现代电力企业经营管理

第四章 现代电力企业经营管理概论 98
第一节 现代电力企业经营管理概述 98

  第二节 电力企业经营目标 101
  第三节 电力企业经营决策 103
  第四节 经营决策技术 107
  思考题与习题 122

第五章 电力企业计划管理   124
  第一节 计划管理概述 124
  第二节 电力企业计划编制方法 129
  第三节 电力需求预测 130
  第四节 电力电量平衡 144
  第五节 电力企业发展规划 149
  思考题与习题 152

第六章 技术经济分析   154
  第一节 技术经济分析的基本原理 154
  第二节 资金的时间价值 159
  第三节 技术经济分析的基本方法 164
  思考题与习题 178

第七章 电力企业财务管理   179
  第一节 概述 179
  第二节 资产管理 183
  第三节 成本和利润管理 191
  第四节 财务分析 202
  第五节 电力企业经济核算方法 207
  思考题与习题 208

第八章 网络计划技术   209
  第一节 网络计划技术概述 209
  第二节 网络图及其绘制 210
  第三节 网络时间值的计算 213
  第四节 网络计划优化 217
  思考题与习题 222

第三篇 现代电力企业生产管理

第九章 电力企业生产管理概论   226
  第一节 概述 226
  第二节 电力生产安全管理 234
  第三节 电力系统可靠性管理 239
  第四节 电力企业全面质量管理 249
  思考题与习题 253

第十章 电网调度管理   254

第一节　概述 ·· 254
　　第二节　电能质量及其主要指标 ·· 257
　　第三节　电网经济调度 ·· 262
　　第四节　电网调度自动化 ··· 267
　　思考题与习题 ·· 274
第十一章　发电厂生产管理 ··· **275**
　　第一节　概述 ·· 275
　　第二节　发电厂运行管理 ··· 277
　　第三节　发电厂设备管理 ··· 280
　　第四节　发电厂燃料管理 ··· 288
　　第五节　发电厂环境保护 ··· 290
　　思考题与习题 ·· 293
第十二章　供电管理 ··· **294**
　　第一节　概述 ·· 294
　　第二节　电压质量和供电可靠性管理 ··· 296
　　第三节　供电系统运行及设备管理 ·· 297
　　第四节　线损管理 ·· 298
　　思考题与习题 ·· 324
参考文献 ··· **325**

第一篇

现代电力企业管理总论

第一章
现代电力企业管理概论

第一节 企业管理概述

一、企业概述

1. 企业的含义

学习和研究企业管理,首先必须了解企业的含义。对此,国内外至今还没有一个统一的表述。通常所说的企业,一般是指从事生产、流通或服务等活动,为满足社会需要进行自主经营、自负盈亏、承担风险、实行独立核算,具有法人资格的基本经济单位。按照这个定义,企业可分为工业企业和商业企业两大类。工业企业是从事工业性生产的经济组织,它利用科学技术、合适的设备,将原材料加工,使其改变形状或性能,为社会提供需要的产品,同时获得利润。商业企业则是指从事商业性服务的经济实体,它以营利为目的,直接或间接向社会供应货物或劳务,以满足顾客的需要。

作为一个企业,必须具备以下基本要素:
1) 拥有一定数量、一定技术水平的生产设备和资金。
2) 具有开展一定生产规模和经营活动的场所。
3) 具有一定技能、一定数量的生产者和经营管理者。
4) 从事社会商品的生产、流通等经济活动。
5) 进行自主经营、独立核算、自负盈亏,具有法人地位。
6) 生产经营活动的目的是获取利润。

任何企业都应具有这些基本要素。其中,最本质的要素是企业的生产经营活动要获取利润。对于这一点,国内外许多企业家都有评述。一种观点认为,企业是以获取利润为目的的经济组织;另一种观点认为,企业需要利润,同时又必须承担某些社会责任,为社会提供服务,否则,企业就不可能取得生存和发展,追求利润不是企业的唯一目的,利润只是为社会提供服务的合理报酬,是服务的结果,因此,企业要把为社会提供服务作为自己的宗旨。后一种看法比较全面,具有企业家的战略眼光,在追求利润的同时,更讲求企业生产经营之道,代表了当今企业发展的趋势。

2. 企业的产生与发展

企业是社会生产力发展到一定阶段的产物，又是市场经济发展的必然结果，它是现代社会的经济细胞和市场竞争的主体。

企业的初期形态，主要是由资本所有者雇佣较多工人，使用一定的生产手段，在分工协作的基础上从事商品的生产和交换而形成的。由于企业这种组织形式能较好地应用当时社会的科学技术（主要是机器和设备），能显著地提高劳动生产率，能大幅度降低生产成本而带来高额利润，能集中、大量地生产商品，满足日益增长的社会需求，因而社会生产力有了长足的发展。企业就是在这样一个漫长的演变过程中逐渐成为社会的基本经济单位的。

企业随着人类社会的进步、生产力的发展、科学技术水平的提高而不断地发展、进步。纵观企业的发展历史，可分为以下几个时期：

（1）手工业生产时期

手工业生产时期主要是指从封建的家庭手工业到资本主义初期的工场手工业时期。16世纪到17世纪，西方一些国家的封建社会制度向资本主义制度转变，主要表现在资本主义原始积累加快，向海外殖民扩张，大规模地剥夺农民的土地，使家庭手工业急剧瓦解，向资本主义工场手工业过渡。工场手工业比起家庭手工业，一是规模扩大，到17世纪，美国有的工场手工业雇佣几百工人，成为大型工场；二是产业结构变化，在采矿、冶金、金属加工、制盐、造纸等行业，普遍建立起工业工场；三是采用机器，1736年英国一家大型呢绒工场竟拥有600台织布机；四是工场内部形成分工，按某一产品生产要求，分成若干个作业阶段。此时，工场手工业已具有企业的雏形。

（2）工厂生产时期

随着资本主义制度的发展，西方各国相继进入工业革命时期，工场手工业逐步发展到建立工厂制度，作为真正意义上的企业到这时才诞生。以英国为例，英国到18世纪60年代，资产阶级政权确立，当时圈地运动的发展实现了对农民土地的剥夺，进一步加强了殖民扩张，积累了大量的原始资本，这一切都为工业革命准备了历史前提。在工业革命中，一系列新技术的出现，大机器的普遍采用特别是动力机的使用，为工厂制度的建立奠定了基础。到1717年，英国阿克莱特在克隆福特创立了第一家棉纱工厂，从此，集中生产的工厂迅速增加。到19世纪30年代，机器棉纺织代替手工棉纺织的过程基本完成，工厂制度在英国普遍建立。到19世纪50至60年代，随着资产阶级革命的完成，工厂大工业迅速发展，出现了工业化高潮，工厂制度在煤炭、机器制造、运输、冶金等行业相继建立。工厂制度的建立，是工场手工业发展的质的飞跃，标志着企业的真正形成。

（3）企业生产时期

从工厂生产时期过渡到企业生产时期，企业作为社会的一个基本经济单位最后确立和形成。在资本主义经济发展中，工厂制度的建立顺应了商品经济发展的潮流，促进了生产力的大发展。特别是19世纪末期到20世纪初期，随着自由资本主义向垄断资本主义过渡，工厂的发展十分迅猛，并产生了一系列变化。

1）生产规模空前扩大，产生了垄断企业组织，如托拉斯、康采恩等。

2）不断采用新技术、新设备，不断进行技术革新，使生产技术有了迅速发展。

3）建立了一系列科学管理制度，并产生一系列科学管理理论。1911年美国工程师泰勒的代表作《科学管理原理》一书的出版，标志着企业从传统经验型管理进入到科学管理阶段。

4）管理权与所有权分离，企业里形成了一支专门的工程技术队伍和管理队伍。同时，随着职工队伍的技术水平的提高，整个企业素质也有了明显的提高。

5）企业之间的竞争日益激烈，加速了企业之间的兼并，使生产进一步走向集中。同时，企业向国外发展，跨国公司开始出现，并且不断发展。

6）企业的社会责任改变，不仅在整个社会经济生活中的作用越来越大，同时渗透到政治、经济、军事、外交、文化等各方面。

3. 现代企业的特征

现代企业作为生产力组织形式和市场经济主体，应具有以下特征：

1）现代企业比较普遍地运用现代科学技术手段开展生产经营活动。
2）现代企业内部分工协作的规模和细密程度极大地提高，劳动效率呈现逐步提高的态势。
3）现代企业经营活动的经济性和盈利性。
4）现代企业的环境适应性。

二、管理概述

1. 管理的概念

自从人类以群体的形式参与活动以来，协调和组织工作就必不可少。从这个意义上讲，管理是与人类历史共存亡的。从原始人集体狩猎活动到当代各种组织群体的运作，无不渗透着管理的灵魂。

早期的管理学者——玛丽·帕克·福莱特（Mary Parker Follett）给管理下了一个经典的定义："通过其他人来完成工作的艺术"（Follett，1942）。这一定义把管理视作艺术，强调人的因素在管理中的重要性。

斯蒂芬·P·罗宾斯和玛丽·库尔特（Robbins and Coultar，2003）对管理下的定义是"我们将管理定义为一个协调工作活动的过程，以便能够有效率和有效果地同别人一起或通过别人实现组织的目标"。这一定义把管理视作过程，它既强调了人的因素，又强调了管理的双重目标：既要完成活动，又要讲究效率和效果，即以最低的投入换取既定的产出。

赫伯特·西蒙（Herburt Simon）是诺贝尔经济学奖获得者。他认为："管理就是决策。"这不能说是管理的规范化定义，但指出了管理的实质与核心。

周三多对管理下的定义"管理是指组织中的如下活动或过程：通过信息获取、决策、计划、组织、领导、控制和创新等职能的发挥来分配、协调包括人力资源在内的一切可以调用的资源，以实现单独的个人无法实现的目标。"

对这一定义可作进一步解释：

1）管理的载体是组织。组织包括企事业单位、国家机关、政治党派、社会团体以及宗教组织等。管理不能脱离组织而存在，同样，组织中必定存在管理。
2）管理的本质是活动或过程，而不是其他。更具体地说，管理的本质是分配、协调或过程。
3）管理的对象是包括人力资源在内的一切可以调用的资源。可以调用的资源通常包括原材料、人员、资本、土地、设备、顾客和信息等。在这些资源中，人员是最重要的。管理是以人为中心的。

4）管理的职能是信息获取、决策、计划、组织、领导、控制和创新。

5）管理的目的是为了实现既定的目标，而该目标仅凭单个人的力量是无法实现的。

2. 管理的历史发展

自从有了人与人之间的社会生活或者说集体生活，就有了管理的实践和经验总结。管理经验、管理思想的历史同人类历史一样古老。有关管理的理论和知识体系，是在人类长期实践、长期积累基础上形成的。到目前为止，管理的历史发展经过了史前的积累、古典管理理论、近代管理的发展、当代管理理论等几个大的发展阶段。

（1）史前的积累

历史上的管理实践主要源于四个方面：始于大规模集体活动的需要、始于政治控制的需要、始于战争、始于宗教。我们从万里长城、金字塔、大运河等著名大型工程等历史遗迹，可以看到当时人类组织大规模集体协作活动的实践和成就。从历史上发达最早的几种文明中，可以看到国家管理统治的思想和智慧。孔、孟、老、庄等诸子百家的管理思想，马吉雅维里的《君主论》，古罗马帝国等的管理实践，都是这方面的证明。《孙子兵法》、克劳塞维茨的《战争论》等著名军事和战略文献反映了军事方面的实践和成就。宗教在西方国家历史上，一定时期在某种程度上超过了国家、政府对个人生活的控制和影响，在管理方面有更为突出的成就。

比起历史上人类的管理智慧和经验来，人们对此的了解应该说是远远不够的。特别是中华民族五千年漫长岁月中积淀形成的管理经验和智慧的宝藏，有待人们去挖掘和整理。

从史前时期人类管理经验积累和近代管理理论突飞猛进的发展来看，史前的管理实践和管理思想为工业革命以来的管理发展奠定了坚实的基础。主要表现在以下几个方面：

1）人类在集体协作、社会化活动实践中积累起来的管理思想和管理经验，为人类认识管理过程奠定了理解的基础。

2）商品交换、商业的发展及其带来的"交换的逻辑"成为近代资本主义制度的基础，为企业管理的发展提供了制度背景。

3）近代自然科学发展开创的以实验、分析方法为特征的方法论，为管理研究提供了方法论基础。

4）工业革命及近代工厂制度在全球范围内的普及和飞速发展，对管理技术进步提出了迫切而现实的需要。

（2）古典管理理论

古典管理理论又称科学管理理论，主要代表人物有美国的泰勒（F. W. Taylor，1856—1915）、法国的法约尔（H. Fayol，1841—1925）和德国的马克斯·韦伯（Max Weber，1864—1920）等人。

泰勒1856年出生于美国费拉德尔菲亚一个富裕的律师家庭。由于眼疾，他中途辍学，进入一家小机械厂当学徒，从事机械和模型制造工作。1878年泰勒进入费拉德尔菲亚的米德维尔钢铁厂当机械工人，到1890年升至总工程师。1890年至1893年期间，他在一家制造纸板纤维的制造投资公司任总经理。后来泰勒从事管理咨询和科学管理的推广应用工作。正是由于他有着从工人到管理人员的亲身经历，因此非常熟悉管理者和工人的实践。他在《科学管理原理》一书中，详细阐述了他的科学管理理论。其主要观点有：科学管理的实质是劳资双方的一次完全的思想革命，即劳资双方都应该把注意力从盈余的分配转到盈余的增加上来，泰勒的这一主张被称为"经济大饼原理"，它是泰勒科学管理制度的思想理论基础；科学管理的根本目的是谋求最高的工作效率，科学管理的中心问题是提高劳动生产率，科学管理的手段是用科学的管理方法代替旧的经验管理。

根据以上思想观点，泰勒提出了四项科学管理原则：

1）对工人操作的各个组成部分进行科学研究，以科学的操作方法代替凭经验的方法，使工人掌握标准化的操作方法，使用标准化的工具、机器和材料，在标准化的工作环境中操作。

2）科学地挑选工人，并对工人进行培训、教育和使之成长（而在过去，则是由工人自己挑选工作，并尽自己的可能进行自我培训），从而最大限度地发挥他们的能力，使之取得最大的成就。

3）工人和雇主（或管理人员）保持密切合作，以保证一切工作都按已形成的科学原则去办，共同完成所规定的工作任务。

4）把计划职能和执行职能分开，设立专门的计划部门，由计划部门制订计划，工长负责执行。

泰勒最根本的贡献，是在管理实践和管理问题研究中，采用观察、记录、调查、实验等手段的近代分析科学方法。泰勒被誉为"科学管理之父"。

与泰勒同时代的欧洲的管理理论也有了新的发展。以法国的法约尔为代表的一般管理理论，把企业作为一个整体来研究其管理问题，补充了泰勒管理理论的不足。法约尔，法国著名管理实践家、管理学家，古典管理理论创始人之一，他1841年出生于法国的一个富裕的资产阶级家庭，1860年从圣艾蒂安矿业学院毕业后，在康门塔里—福尔香包矿业冶金公司度过了58年的职业管理生涯。他从一个采矿工程师逐步晋升到总经理，担任总经理职务达30年之久。法约尔长期从事高层管理工作，对全面管理工作有深刻的体会和了解，积累了丰富的经验。他的代表作是《工业管理和一般管理》，在其中他提出的一般管理理论对西方管理理论的发展具有重大影响，成为管理过程学派的理论基础，被誉为"组织管理之父"。

法约尔把工业企业的全部活动做了科学的分类，分为六大类活动：技术活动（生产、制造、加工），商业活动（采购、销售、交换），财务活动（资金的筹集、控制和使用），安全活动（财产及人员的保护），会计活动（财产的盘点、资产负债表制作、成本核算和统计等），管理活动（计划、组织、指挥、协调、控制）。法约尔将管理与经营区别开来。管理既不包含在技术活动中，也不属于商业、财务、安全、会计中的任何一种活动，而是同其他五种活动并列的、自成体系的独立活动。将管理活动从企业经营活动中分离出来，是法约尔管理理论的出发点。法约尔指出，人们对前五种活动了解得较多，但对管理活动知之很少。他认为管理包含计划、组织、指挥、协调和控制五大职能。管理具有一般性的适用于企事业单位和行政组织的一般职能。管理具有可概念化、可理论化、可传授化的特点，应该大力发展管理教育。他提出的关于管理的五大要素或五大职能的思想成为人们认识管理职能和管理过程的一般性框架。

法约尔在总结实际工作经验的基础上，提出了实施管理的十四条原则，至今仍有重要的实践指导意义。这些原则包括工作分工原则、职权原则、纪律原则、统一指挥原则、统一方向原则、个人利益服从整体利益的原则、报酬原则、集中原则、等级链原则、秩序原则、公平原则、人员的稳定原则、首创精神原则、团结精神原则。

马克斯·韦伯，德国社会学家，主要研究组织活动。他出身于德国一个有着广泛的社会和政治关系的富裕家庭，先后担任过教授、主编、政府顾问和作家。早在20世纪初，他就撰写了大量的文章，发展了权威的结构与关系理论。他的主要著作有《经济史》《社会和经济组织理论》等。他提出了一种理想的组织类型，通常被称作"官僚行政组织"或"理想的行政组织"，这是一种组织形式，其特征依据劳动分工原则，具有清楚定义的层次、详细的规则和规章制度以及非个人的关系。韦伯认识到这种理想的官僚行政组织在现实中是不存在的，他的目的是提供一种理论研究的基础，说明在一个大型的群体中工作应该怎样进行。他的理论对工业化以来各种不同类型的组织产生了广泛而深远的影响，成为现代大型组织广泛采用的一种组织管理方式。由于他对古典组织理论做出的杰出贡献而被誉为"组织理论之父"。

理想的行政组织理论的实质在于以科学确定的"法定的"制度规范为组织协作行为的基本约束机制，主要依靠外在于个人的、科学合理的理性权威实行管理。在人类组织管理历史上，由于管理所依托的基本手段不同，曾经有不同类型的权威关系和相应的管理方式。早期的组织管理中多依靠个人的权威，以传统的权威和"神授"的超凡权威为基本的控制手段。马克斯·韦伯指出，组织管理过程中依赖的基本权威将由个人转向"法理"，以理性的、正式化的制度规范为权威中心实施管理。

官僚行政组织的具体特征：在劳动分工基础上，规定每个岗位的权力和责任，把这些权力和责任作为明确规范而制度化；按照不同职位权力的大小，确定其在组织中的地位，形成有序的等级系统，以制度的形式固定下来；明确规定职位特性以及该职位对人应有能力的要求，根据技术资格挑选组织成员；管理人员根据法律制度赋予的权力处于拥有权力的地位，原则上所有人都服从制度规定，不是服从于某个人；管理人员在实施管理时，每个管理人员只负责特定的工作，拥有执行自己职能所必需的权力；权力要受到严格的限制，服从有关章程和制度的规定；管理者的职务是他的职业，他有固定报酬，有按业绩表现晋升的机会，应忠于职守而不是忠于某个人。

官僚行政组织的优越性：个人与权力相分离，官僚行政组织摆脱了传统组织的随机、易变、主观、偏见的影响，具有比传统组织优越得多的精确性、连续性、可靠性和稳定性；体现理性精神和合理化精神，在典型的官僚行政组织中，存在着一套具有连续性的规章制度网，涉及组织管理过程的许多主要方面，它给每项工作确定了清楚的、全面的、明确的职权和责任，从而使组织运转和个人行为尽可能少地依赖个人；适合工业革命以来大型企业组织的需要，早期的传统的组织过分依赖个人和裙带关系、人身依附关系，采用任意的、主观的、多变的管理方式，不适合大型企业组织管理的要求，工业化以来，大型企业组织规模大、分工细、层次多，需要高度统一、准确、连续、稳定的秩序来保证。

马克斯·韦伯深刻揭示了管理过程中制度权威的地位，奠定了制度化管理的基础，奠定了现代管理的一个基本方面。更为重要的是，他在理想的行政组织理论中倡导的理性精神、合理化精神，揭示了科学管理的精髓。

古典管理时期的三个主要代表人物，为管理学奠定了坚实的基础。泰勒率先在管理研究中采用近代科学方法，在管理研究中开了采用科学方法之先河；法约尔明确管理是企业的一种基本活动，其过程或职能为计划、组织、指挥、协调、控制，为研究管理过程打下了坚实的基础；马克斯·韦伯的官僚行政组织理论，提出最适合于企业组织发展需要的组织类型和基本管理精神，成为各类大型组织的"理想模型"。这一时期管理研究的实践，为管理思想进一步发展打下了良好的基础。

(3) 近代管理的发展

经历了古典管理理论的发展和传播，进入了 20 世纪三四十年代，管理学步入了新的发展时期。这一阶段最突出的成果，是以巴纳德、西蒙、马奇为代表的近代组织管理理论以及由梅奥创立的人际关系——行为科学理论。

巴纳德——一般组织管理原理。巴纳德（Chester Barnad, 1886—1961），出生于美国马萨诸塞州，是近代管理理论的奠基人。巴纳德在哈佛大学修完经济学课程后，于 1909 年进入美国电报电话公司就职，先后担任许多管理职务，后任新泽西贝尔电话公司总经理。他的经历基本上是经理人的经历，23 岁进入企业工作，在 40 岁时开始担任公司总经理直到退休，终生从事管理实践。1938 年的《经理人的职能》和 1948 年的《组织与管理》两本著作，使其被公认为社会系统管理学派的创始人。

巴纳德在管理理论上有以下主要思想：

1）组织论的管理理论。巴纳德对管理理论的贡献主要体现在 1938 年出版的《经理人的职能》一书中。巴纳德认为，组织是两人或更多人经过有意识地协调而形成的活动或力量系统。他首先提出组织是一个开放的系统，实际的管理者应将组织看作一个需要协调的社会系统。他的理论总的特征是组织论的管理理论，即以组织为基础分析和说明管理的职能和过程。其理论结构为：个体假设→协作行为和协作系统理论→组织理论→管理理论。比起管理的过程和职能来，其更侧重于说明管理的基础和管理的原理。

2）正式组织与非正式组织。在对个体基本特征和协作过程进行分析的基础上，巴纳德提出著名的正式组织和非正式组织理论。对正式组织来说，不论级别高低和规模大小，其存在和发展必须具备三个基本要素：明确的目标、协作的意愿和良好的沟通。在正式组织中还存在着一种因为工作上的联系而形成的有一定的看法、习惯和准则的无形的组织，即非正式组织。它的活动对正式组织有双重作用，既有不利影响，也可能对组织的效率有利。可以说，正式组织与非正式组织互为条件、相互制约、相互促进，组织是正式组织与非正式组织的统一。巴纳德的这一理论为后来的被称为"社会系统学派"的理论奠定了基础。

3）组织平衡。组织平衡是组织与管理之间的联结环节。组织维持其生存和发展必须实现三个方面的平衡：一是组织内部个人和整体之间的平衡，其关键在于组织成员为组织所做贡献与从组织获得的各种诱因之间的比较；二是组织与环境之间的平衡，其关键在于组织目标的选择和组织目标的实现两种过程；三是组织动态平衡，即在内外各种因素变化前提下，打破旧平衡、建立新平衡的过程。

4）管理人员的职能。在组织中，管理人员是最为重要的因素，其工作主要是沟通和激励雇员做出更大的努力。管理人员的职能主要有：第一，制订并维持一个信息系统；第二，使组织中每个人都能做出贡献；第三，阐明并确定本组织的目标。管理人员最根本的职能是协调，实现组织三方面的平衡。

巴纳德开创的组织管理理论研究，揭示了管理过程的基本原理，经西蒙（Herbert Alexander Simon）、马奇（James Gardner March）、赛尔特（Richard Michael Cyert）等人的进一步发展，形成了管理学领域的组织管理流派。

梅奥——人际关系学说。埃尔顿·梅奥（Elton Mayo）原籍澳大利亚，后移居美国。作为一位心理学家和管理学家，他领导了1924—1932年在芝加哥西方电气公司霍桑工厂进行的实验，即霍桑实验，在此基础上形成了人际关系学说。

1）霍桑实验。霍桑实验是一个实验系列，它是在西方电气公司设在伊利诺伊州西塞罗市的工厂中实施的。这些实验始于1924年，一直持续到30年代早期。

最初的设计是西方电气公司的工业工程师的一项科学管理实验，即工场照明实验（1924—1927）。他们试图检验各种照明水平对工人生产率的影响。实验建立了实验组和控制组，其中实验组被置于各种照明的强度下，控制组工作在不变的照明强度下。研究人员希望通过实验得出照明强度对生产率的影响，但事与愿违，实验人员发现，当照明强度增加时，实验组以及控制组的产出都增加了，更令实验工程师吃惊的是当照明强度下降时，实验组以及控制组的生产率还在继续提高。事实上生产率下降只是当照明强度降到月光水平时，才在实验组观察到。他们不得不得出结论，即照明强度并不直接与小组的生产率有关，而是一些其他因素对结果做出了贡献，但是他们不能指出这些其他的因素是什么。

进入1927年，西方电气公司的工程师们邀请了哈佛大学教授埃尔顿·梅奥和他的同事加入到实验中担任顾问，这种合作关系一直持续到1932年，他们继续进行了大量的实验，包括继电器装配室实验（1927.8—1928.4）、大规模访谈实验（1928—1931）、接线板接线工作室观察实验（1931—1932）。在实验中，他们重新设计了工作，改变了工作日和工作周的长度，引入了工间休息以及个人的和小组的工资计划。实验结果表明，影响劳动生产率变动的主要原因并不是物质条件的变化，而是社会心理因素。

梅奥对其领导的霍桑实验进行了总结，创立了人际关系学说，1933年出版了《工业文明的人类问题》一书。在书中，梅奥阐述了与古典管理理论不同的新概念、新观点。

2）梅奥的人际关系学说的主要观点：工人是社会人。工厂中的工人不是单纯追求金钱和物质收入的"经济人"，还是有社会、心理方面需求的"社会人"。他们有诸如友情、安全感、归属感等方面的需要。试验中发现，比起照明强度的变化来，工人受重视的感觉更能调动其工作积极性。管理过程中不能忽视社会和心理因素对积极性的影响。

企业中存在非正式组织。企业成员在共同工作的过程中，相互之间必然产生共同的感情、态度和倾向，形成共同的行为准则和惯例，要求个人服从。这就构成一个体系，即"非正式组织"。非正式组织以其独特的感情、规范和倾向，左右着成员的行为，很多时候与管理者的正式规定相冲突，影响劳动生产率。管理者要善于利用非正式组织的作用，不能只重视正式组织的作用；既要有科学管理、理性分析能力，也要通晓人性，重视人际关系协调。

生产率的提高主要取决于工人的工作态度以及他和周围人的关系。梅奥认为提高生产率的主要途径是提高工人的满足度，即工人对社会因素特别是人际关系的满足程度。如果满足度高，则工作的积极性、主动性和协作精神就高，即士气高，从而生产率就高。

继梅奥的研究之后，有许多学者从心理学、社会学角度致力于这方面的研究和探索。梅奥的理论被称为人际关系学说。从1949年起，该领域的研究成果被称为行为科学。

(4) 当代管理理论

经历了20世纪30年代至40年代的发展时期后，管理学进入了蓬勃发展阶段。特别是第二次世界大战后，管理领域出现了百花齐放的局面，由于管理学家和实业家们所研究的侧重点不同，因而呈现出管理学派林立的局面。故有人称之为"管理理论的丛林"，这种概括未必准确，却也反映了管理理论研究的多姿多彩局面。

1）管理过程学派。管理过程学派一直致力于研究和说明"管理人员做些什么和如何做好这些工作"，侧重说明管理工作实务。管理过程学派的创始人被认为是法约尔，孔茨是这一学派当代最著名的代表人物。管理过程学派吸收其他管理学家的思想和主张，不断丰富各项管理职能的内容，具有非常广泛的影响。当代管理过程学派对管理职能的概括是：计划职能、组织职能、协调职能、领导职能、控制职能。

2）管理科学学派。管理科学学派又称数量管理学派，它是指管理过程中以现代自然科学和技术科学的最新成果（如先进的数学方法、电子计算机技术、系统论、信息论和控制论等）为手段，运用数学模型，对管理领域中的人、财、物和信息资源进行系统的定量分析，并做出最优规划和决策的理论。管理科学的研究可以追溯到泰勒所从事的科学管理运动，与科学管理理论属于同一思想体系。随着计算机信息系统和网络技术的应用，将给组织管理过程带来一场深层次的革命，这场革命必将深刻地改变人类的管理生活。

3）社会系统学派。社会系统学派的主要代表人物是美国的巴纳德。社会系统学派强调系统的综合性、整体性，强调构成系统各部分之间的联系，认为只有把各个部门、各种资源按系统的要求进行组织和利用，才能提高企业的整体效益。其主要观点为：①组织是一个协作系统；②组织存在需要明确的目标、协作意愿和意见交流三个基本要素；③组织效力与组织效率是组织发展的两项重要原则；④管理者的权威来自下级的认可。

4）行为科学学派。行为科学学派是从心理学、社会学角度侧重研究个体需求和行为、团体行为、组织行为、激励和领导方式的学派。继梅奥的开创性研究之后，行为科学方面的研究长盛不衰，构成管理学的一个重要分支。其中著名的成果有马斯洛（Abraham H. Maslow）的"五层次需要论"、麦格雷戈（Douglas M. McGregor）的"X理论—Y理论"、赫茨伯格（Frederick Herzberg）的"双因素理论"、利克特（Rensis Likert）的"领导方式理论"。

5）经验主义学派。经验主义学派的主要代表人物是美国学者彼得·德鲁克（Peter F. Drucker）。经验主义学派主要从管理者的实际管理经验方面来研究管理，认为成功的组织管理者的经验是最值得借鉴的。他们通过分析一大批组织或管理者成功或失败的实例，研究在类似情况下，如何采用有效的策略和方法来达到改良的目标。通过分析总结，加以概括，找出他们成功经验中具有共性的东西，然后使其系统化、理论化，以建立一套完整的理论和技术体系。

6）决策理论学派。决策理论学派是以统计学和行为科学作为基础的，主要代表人物是美国的西蒙（H. A. Simon）。西蒙发展了巴纳德提出的社会系统理论，对经济组织内部的决策程序进行了开创性的研究。西蒙的主要贡献有：一是突出决策工作在管理活动中的地位，西蒙认为决策贯穿于管理的全部过程，决定着管理的成败，管理就是决策；二是西蒙对于决策的程序、准则、类型及其决策技术等做了科学的分析，提出在决策中应用"令人满意"的准则代替传统决策理论"最佳化"准则；三是强调决策者的作用，提出组织是由决策制定者个人所组成的系统。

7）权变理论学派。权变理论学派是20世纪70年代在西方风行一时的管理学派别，主要代表人物是美国尼布拉加斯大学教授卢桑斯（F. Luthans）。该学派认为，由于组织内部各个部分之间的相互作用和外界环境的影响,没有一成不变、普遍适用的"最好的"管理理论和方法。权变理论是研究组织与环境的主要变量以及彼此之间的相互关系的一般模型。该学派认为,环境同管理之间存在着一种函数关系,其中环境是自变量,管理是因变量。权变管理就是依据环境自变量和管理思想及管理技术因变量之间的函数关系来确定一种有效的管理方式。

8) 企业文化管理。企业文化是与企业相伴而生的客观现象,在企业这一经济组织形态诞生之时就存在企业文化。人们关注和研究这一文化现象则始于 20 世纪 80 年代初期。首先提出并倡导企业文化理论的是美国的管理学者。众所周知,美国一直是世界上第一经济强国,但进入 20 世纪 70 年代以后,美国遇到了日本的强大挑战。现实迫使美国学者认真研究日本的成功之谜。通过实地考察和对比研究,他们发现在日本经营管理最成功的企业里,居第一位的并不是严格的规章制度,更不是计算机或任何一种科学管理技术,而是企业文化。1982 年,以美国人迪尔和肯尼迪的一本企业文化的专著《企业文化——企业生存的世俗与礼仪》作为开端,进入了一个新的管理阶段。企业文化包括了企业环境、价值、企业中的英雄、仪式和文化网络这五大要素,其核心是组织成员的共同价值观。"企业文化"管理理论很快被世界各国所接受。

三、企业管理

1. 企业管理的概念与任务

(1) 企业管理的概念

所谓的企业管理,就是由企业经理人员或经理机构对企业的经济活动进行计划、组织、指挥、协调和控制,以提高经济效益、实现盈利这一目的的活动的总称。

企业的生产经营活动包括两大部分:一部分是属于企业内部的活动,即以生产为中心的基本生产过程、辅助生产过程以及产前的技术准备过程和产后的服务过程,对这些过程的管理统称为生产管理;另一部分则属于企业外部的活动,联系到社会经济的流通、分配、消费等过程,包括物资供应、产品销售、市场预测与市场调查、对用户服务等,对这些过程的管理统称为经营管理,它是生产管理的延伸。随着市场经济的发展,企业管理的职能正由生产型管理发展为生产经营型管理。因此,企业管理的任务是,不仅要合理地组织企业内部的全部生产活动,而且还必须把企业作为整个社会系统的一个要素,按照客观经济规律科学地组织企业的全部经营活动。

(2) 企业管理的任务

一是合理组织生产力。合理组织生产力是企业管理最基本的任务。合理组织生产力有两个方面的含义:一方面,使企业现有的生产要素得到合理配置和有效利用。具体说,就是要把企业现有的劳动资料、劳动对象、劳动者和科学技术等生产要素合理地组织在一起,恰当地协调它们之间的关系和比例,使企业生产组织合理化,从而实现物尽其用、人尽其才。另一方面,不断开发新的生产力。①不断地改进劳动资料,并不断地采用新的更先进的劳动资料;②不断地改进生产技术,并不断地采用新的技术来改造生产工艺、流程;③不断地发现新的原材料或原有原材料的新用途;④不断地对职工进行技术培训,并不断地引进优秀科技人员和管理人员。

二是维护并不断地改善社会生产关系。企业管理总是在某种特定的社会生产关系下进行的，一定的社会生产关系是企业管理的基础，它从根本上决定着企业管理的社会属性，从全局上制约着企业管理的基本过程。因此，企业管理的重要任务之一就是要维护其赖以产生、存在的社会关系。另一方面，由于生产关系具有相对稳定性，在相当长的一个历史阶段内，其基本性质可以保持不变，而生产力却是非常活跃、不断变革的因素，必然会与原有的生产关系在某些环节、某些方面发生矛盾。这时，为了保证生产力的不断发展，完全有必要在保持现有生产关系的基本性质不变的前提下，通过改进企业管理手段、方法的途径对生产关系的某些环节、某些方面进行调整、改善，以适应生产力不断发展的需要。

2. 企业管理发展的主要趋势

（1）现代信息技术的发展将给企业管理带来的影响

随着现代信息技术的发展，计算机的应用领域已拓展到政治、经济、文化、军事、科技等人类社会活动的各个方面。既然信息社会的到来对人类社会的各种活动都产生巨大影响，那么，首当其冲，企业管理作为人类社会的重要的和基本的经济活动，自然要面临着巨大的变革。从1954年美国通用电气公司将电子计算机用于工资计算开创了电子计算机辅助管理新纪元开始，至今世界上80%的计算机是用于管理领域，尤其是现在企业管理的理论、思想和方法多是以现代化大生产的工业社会为背景产生的，显然信息社会给企业管理带来的变革一定是革命性的。而且这种革命性的变革是全方位的，涉及20世纪管理学所关注的所有主题：管理与管理者、领导、组织与人事、效率、市场与顾客、竞争与战略、管理创新与组织变革、大公司组织结构和管理全球化等。莫顿（Morton M. S. Scott）的研究表明，这种变革至少可以归结为六个方面：给企业生产、管理活动的方式带来了根本性的变革；信息技术将企业组织内外的各种经营管理职能、机制有机地结合起来；信息社会的到来会改变许多产业的竞争格局和态势；信息社会给企业带来了新的、战略性的机遇，促使企业对其使命和活动进行反思；为了成功地运用信息技术，必须进行组织结构和管理的变革；企业管理的重大挑战是如何改造企业，使其有效地运用信息技术适应信息社会，在全球竞争中立于不败之地。

（2）以重视人的作用为核心，丰富"人本管理"的思想

"人本管理"是与"以物为中心"的管理相对的概念，它要求理解人、尊重人，充分发挥人的主动性和积极性。"人本管理"可分为五个层次，即情感管理、民主管理、自主管理、人才管理和文化管理，具体包括这样一些主要内容：运用行为科学，重新塑造人际关系；增加人力资本，提高劳动力质量；改善劳动管理，充分利用劳动力资源；推行民主管理，提高劳动者的参与意识；建设企业文化，培育企业精神，等等。可以预见，在21世纪，随着社会的发展和进步，理解人、尊重人的价值观将会得到广泛认可，通过具体管理理论和实践的创新，上述"人本管理"的内容将得到进一步丰富和发展。

（3）无形资产管理成为现代企业管理的重要内容

20世纪初期，企业管理的重点是在企业内部，因此减少费用、降低成本、提高质量、增加产量一直是管理者关注的主要问题。20世纪后期，产品日益丰富，竞争日趋激烈，企业生产出的产品是否能卖得出去成了企业经营管理的主要问题，由此营销地位日渐突出。但是，这种变化仍然是将有形资产作为管理对象，所以，对原材料采购、储存、使用的管理，在制品的管理、产成品的管理、产品销售的管理，以及对机器设备的管理等一直是20世纪企业管理的一些主要内容。但是，随着人类社会的进步和科学技术的不断发展，尤其是现代

信息技术的日新月异，世界各国的经济增长越来越依靠知识、技能、人力资本和信息等无形资产的产生和应用，这使得每个国家都把加快科技进步、发展教育、保护知识产权、加强无形资产管理放在国民经济发展的重要位置。随着经济的发展，现代企业间的竞争日趋激烈，竞争制胜的关键已不再仅取决于先进的设备、厂房等有形资产，更多的是依靠知识产权、商誉等无形资产。现代企业越来越重视无形资产管理，无形资产管理成为现代企业管理的重要内容也就理所当然。与之相适应，围绕无形资产管理进行创新也就成为现代企业管理创新的一种必然趋势。

（4）管理方法的创新倾向于依靠计算机技术

一般地说，科学是认识世界的工具，而技术则是改造世界的手段。计算机技术的产生和发展，已经且正在加速地改变这个世界。手段是服务于目的的，但有时如果没有相应的手段，人们就不可能去设想某种目的。对于企业管理手段而言，可以划分为人工手段和计算机技术手段。随着 21 世纪信息社会的全面到来和计算机技术的迅速发展，现代企业的管理手段已经更多的是计算机了。计算机手段在现代企业管理中的广泛运用创新了大量的管理方法，从而实现了没有计算机时管理者想象不到的管理目标。由于现代企业中管理方法的创新几乎都是与计算机管理手段的运用密切相关的，而且两者关系是如此之密切，以至于难以完全说清这种创新是管理方法还是管理技术或手段。可以预见，随着信息技术的不断发展，管理方法创新将与计算机技术手段密不可分。由于决策管理在企业管理中的地位越来越重要，以及随着新的科学技术在生产领域的应用，企业生产规模不断扩大，影响企业生产的因素越来越多，市场竞争激烈程度加强，影响企业经营状况的经营环境变得越来越难预见，使得决策日益复杂和困难。这就对决策管理方法提出了更高的要求。现代企业将适应这种要求，不断进行决策管理方法创新。在新的管理方法中，决策管理将占很大的比重。另外，在信息社会，由于强调知识的"整合""集成"，所以，许多新的方法的出现都不是为了解决某一个专业管理的问题，而是为了解决企业生产经营过程中的一系列问题或一些综合性的问题。因而，解决综合性问题的管理方法创新将增多。

（5）管理组织将呈现出网络化、扁平化、柔性化

在全球化、市场化和信息化三大时代大潮的背景下，组织环境一方面呈现出复杂多变的发展趋势，另一方面又为组织应对这种趋势提供了一定的技术工具。这使得管理组织创新呈现出追求网络化、扁平化、柔性化的发展趋势。

长期以来，企业都是按照职能设立管理部门，按照管理幅度划分管理层，形成了金字塔型的管理组织结构。这种组织结构越来越不适应信息社会的要求，减少管理层次和管理职能部门必将成为一种新的趋势，其结果是管理组织结构正在变"扁"变"瘦"，综合性管理部门的地位和作用更加突出，扁平化、网络性的组织结构将发展起来。组织结构的柔性是指在组织结构上不设置固定的和正式的组织，而代之以一些临时性的、以任务为导向的团队式组织。借助组织结构的柔性化，可以实现企业组织集权化和分权化的统一，稳定性和变革性的统一。例如，可以把一个企业的组织结构分为两个组成部分：一个部分是为了完成组织的一些经常性任务而建立的组织结构，这部分组织结构比较稳定，是组织结构的基本组成部分；另一个部分是为了完成一些临时性的任务而成立的组织机构，是组织结构的补充部分，如各种项目小组、临时工和咨询专家等。又如，一些大企业为了提高自己的组织结构弹性，在组织结构上把核算单位划小，让基层组织有更大的自主权和主动性，通过划小经营单位，提高

了组织结构的弹性,这也是组织结构柔性化的一种表现形式。

第二节　企业管理的性质和职能

一、企业管理的性质

1. 企业管理的二重性

管理的出现是由人类活动的特点决定的,人类的任何社会活动都必定具有各种管理职能。如果没有管理,一切生产、交换、分配活动都不可能正常进行,社会劳动过程就要发生混乱和中断,社会文明就不能继续。这一点马克思在100多年前就作了有力的论证:"一切规模较大的直接社会劳动或共同劳动,都或多或少地需要指挥,以协调个人的活动,并执行生产总体的运动——不同于这一总体的独立器官的运动——所产生的各种一般职能。一个提琴手是自己指挥自己,一个乐队就需要一个乐队指挥"(《马克思恩格斯全集》第23卷第367页,人民出版社1972年9月第一版)。马克思在《资本论》中分析,凡是有许多人进行协作的劳动,过程的联系和统一都必然要表现在一个指挥的意志上,表现在各种与局部劳动无关而与全部活动有关的职能上,就像一个乐队要有一个指挥一样。这是一种生产劳动,是每一种结合的生产方式中必须进行的劳动。

企业管理具有自然属性与社会属性二重性,这是马克思主义管理理论的主要内容,是研究资本主义管理科学、建立社会主义管理科学的理论基础和基本出发点。马克思在《资本论》中分析管理问题时指出:"凡是直接生产过程具有社会结合过程的形态,而不是表现为独立生产者的孤立劳动的地方,都必然会产生监督劳动和指挥劳动"(马克思《资本论》第三卷第431页,人民出版社)。由此可见,任何社会的管理都具有二重性,即自然属性和社会属性。"指挥劳动"是同生产力直接相联系的,是由共同劳动的社会化性质产生的,是进行社会化大生产的一般要求和组织劳动协作过程的必要条件,它表现了管理的自然属性。共同劳动的规模越大,劳动的社会化程度越高,管理也就越重要。只有通过管理才能把实现劳动过程所必要的各种要素组合起来,使各种要素发挥各自的作用。"监督劳动"是同生产关系直接相联系的,是由共同劳动所采取的社会结合方式的性质产生的,是维护社会生产关系和实现社会生产目的的重要手段,它表现了管理的社会属性。管理的社会属性与生产关系、社会制度紧密相连。由此可见,管理的二重性是由生产过程中生产力和生产关系的统一体所决定的。管理既要对生产力发挥组织作用,又要维护和巩固一定的生产关系。前者是与社会制度没有直接联系的职能,呈现管理的自然属性;后者则直接决定生产关系的性质,呈现管理的社会属性。

管理的二重性是相互联系、相互制约的。一方面,管理的二重性是相互联系的。管理的自然属性不可能孤立存在,它总是在一定的社会形式、社会生产关系条件下发挥作用;同时,管理的社会属性也不可能脱离管理的自然属性而存在,否则,管理的社会属性就会成为没有内容的形式。另一方面,管理的二重性又是相互制约的。管理的自然属性要求具有一定的"社会属性"的组织形式和生产关系与其相适应;同样,管理的社会属性也必然对管理的科学技术等方面发生影响或制约作用。

马克思关于管理二重性的理论,是指导人们认识和掌握管理的特点和规律、实现管理任务的有力武器。明确了管理的自然属性,我们就可以在研究企业生产技术和生产力合理组织方面,吸收和借鉴资本主义发达国家在这方面的先进经验;明确了管理的社会属性,我们就可以划清社会主义企业管理与资本主义企业管理的本质区别。因此,只有认识和掌握管理二重性的原理,才能分清资本主义管理和社会主义管理的共性和个性,正确处理批判与继承、学习与独创、吸收外国管理经验与结合中国实际之间的关系,实事求是地研究和吸收外国管理中有益的东西,做到兼收并蓄,洋为中用。

2. 科学性和艺术性

企业管理是指导人们从事管理工作的一门科学,但它确实不可能为管理者提供解决一切管理问题的标准答案。它只是探索管理的一般规律,提出一定的理论、原则和方法,而这些理论、原则和方法等的应用,要求管理者必须从实际出发,具体情况具体分析,发挥各自的创造性,从这个意义上说,管理又是一门艺术。所以,企业管理既是一门科学,也是一种艺术,它是科学和艺术的辩证统一,是科学和艺术的有机结合。

管理的科学性,是指由大量学者和实业家在总结管理工作的客观规律基础上形成的,用以指导人们从事管理活动的理论与知识。有了系统化的科学管理知识,管理者就有可能对管理活动中存在的问题设想出可行的、正确的解决方法并预测其结果。管理的科学性在这里得到了很好的体现。对新的管理对象所采取的非程序性活动也只能依据过去的科学结论进行,这本身也体现了管理的科学性。管理科学性的核心是用理论指导实践,尊重事实、尊重科学。从科学的角度解释管理,要求管理者的管理工作应具有高度的规范化,克服靠经验办事,杜绝凭主观愿望和碰运气的做法。由于外部环境变化的复杂性,因此管理科学并不能为管理者提供解决一切问题的标准答案,它要求管理者树立变革观念,结合实际情况,对具体问题进行具体分析,以求得问题的有效解决。事实上,管理活动的成效与管理者管理技巧的发挥有很大的关系,而管理者管理技巧发挥的大小体现了其设计和操作管理活动的艺术性。在众多的实现组织目标的管理手段、管理方法中,选择一种更加合适有效的手段和方法是管理者的一种艺术技能,这一技能更多地取决于管理者的天赋与直觉。

企业管理的科学性和艺术性,最能体现出管理的本质特征。

企业中的管理活动可以分成两大类:一类是程序性活动;另一类是非程序性活动。所谓程序性活动是指有章可循、照章运作就可取得预期效果的管理活动。在处理这类活动时要求管理者更多地运用科学理论,这些理论不会因为地域、文化和社会制度的差异而不同,也不以人们的主观意志为转移。非程序性活动是指无章可循,需要边运作、边探讨,需要发挥管理者主观能动性的管理活动。在处理这类活动时,要求管理者具备更多的艺术性。程序性活动和非程序性活动之间是可以相互转化的。

企业管理是在组织中进行的一种社会活动,其核心是有效地配置组织的各类资源,以达成组织目标。而组织中的各类资源会形成两类关系:一类是人与财、物的关系;另一类是人与人的关系。处理组织中的人与财、物关系的活动更多地体现为理性化和程序性,在这里管理的科学性体现得尤为突出。由于人与人之间的沟通是在复杂的心理背景、不同的感情动机需要、不同的文化背景等综合而成的环境中进行的,更多地带有"非理性"和"非程序化"的色彩,体现出了管理的艺术性。"柔性管理"正是管理艺术性核心的集中体现。

管理既是科学又是艺术，并不矛盾。管理的科学性强调的是科学的管理理论对管理活动的指导作用，管理的艺术性强调的是管理的实践性，没有实践则无所谓艺术。不重视管理的艺术性，科学的管理理论只是一堆僵硬的教条；不注重管理的科学性，只强调管理的艺术性，这种艺术性只会导致随意性，给组织带来混乱和低效率。正如管理学家孔茨所言："最富有成效的艺术总是以对它所依借的科学的理解为基础的。因此，科学和艺术不是相互排斥的，而是相互补充的。"

二、企业管理的职能

许多新的管理理论和管理学实践已一再证明：计划、组织、领导、控制、创新这五种管理职能是一切管理活动最基本的职能。

1. 计划职能

（1）计划的概念

计划是指用文字和指标等形式所表述的，企业以及企业内不同部门和不同成员，在未来一定时期内，关于行动方向、内容和方式安排的管理文件。这是计划名词意义上的定义。从动词意义上说，计划是指为了实现决策所确定的目标，预先进行的行动安排。这项行动安排包括：在时间和空间两个维度上进一步分解任务和目标，选择任务和目标实现方式，进度规定，行动结果的检查与控制等。

哈罗德·孔茨把计划比喻为一座桥梁。他说，"计划工作是一座桥梁，它把我们所处的这岸和我们要去的对岸连接起来，以克服这一天堑。"计划工作给组织提供了通向未来目标的明确道路，给组织、领导和控制等一系列管理工作提供了基础，同时计划工作也要着重于管理创新。

计划包括定义企业的目标，制定全局战略以实现这些目标，开发一个全面的分层计划体系以综合和协调各种活动。

（2）计划的类型

1）战略计划与战术计划。根据涉及时间长短及其范围广狭的综合性程度标准，计划可分类为战略计划与战术计划。战略计划是指应用于整体组织的，为组织未来较长时期（通常五年以上）设立总体目标和寻求组织在环境中的地位的计划。战术计划是指规定总体目标如何实现的细节的计划，其需要解决的是组织的具体部门或职能在未来各个较短时期内的行动方案。战略计划显著的特点有两个：一个是长期性，一个是整体性。长期性是指战略计划涉及未来较长时期，整体性是指战略计划是基于组织整体而制定的，强调组织整体的协调。战略计划是战术计划的依据，战术计划是在战略计划指导下制定的，是战略计划的落实。

2）短期计划与长期计划。根据时间的长短，可将计划分为长期、中期和短期计划。长期计划描述了组织在较长时期（通常为五年以上）的发展方向和方针，规定了组织的各个部门在较长时期内从事某种活动应达到的目标和要求，绘制了组织长期的发展蓝图。短期计划具体地规定了组织的各个部门在目前到未来的各个较短的时期阶段，特别是最近的时段中（一般指一年内），应该从事何种活动，从事该种活动应达到何种要求，因而为各组织成员在近期内的行动提供了依据。

3）具体性计划与指导性计划。根据计划内容的明确性标准，可以将计划分类为具体性计划和指导性计划。具体性计划具有明确规定的目标。指导性计划只规定某些一般的方针和行动原则，给予行动较大的处置权，它指出重点但不把行动者限定在具体的目标上或特定的行动方案上。

4）业务计划、财务计划和人事计划。从职能空间分类，可以将计划分为业务计划、财务计划和人事计划。组织往往是通过一定的活动立身于社会的，业务计划是组织的主要计划。通常用"人财物，产供销"来描述一个企业所需的要素和企业的主要活动。业务计划涉及"物、产、供、销"，而财务计划涉及"财"，人事计划的内容涉及"人"。企业作为经济组织，业务计划包括产品开发、物资采购、生产作业以及产品销售等内容。财务计划与人事计划是为业务计划服务的，也是围绕业务计划而展开的。

2. 组织职能

（1）组织的含义

所谓组织，是指人们为了达到一项共同目标建立的组织机构，是综合发挥人力、物力、财力等各种资源效用的载体。它包括对组织机构中的全体人员指定职位、明确责任、交流信息、协调其工作等，具体包含三层含义：组织作为一个整体，具有共同的目标，因此在管理活动中一个组织机构的建立、撤销、合并等，都必须服从于组织的目标；完成组织目标的业务活动和主要责任是决定各级组织权责范围的基础；决定组织效率的两个主要因素是组织内的信息交流和协调配合。

（2）组织的要素

1）协作意愿。协作意愿是个体为组织贡献力量的愿望，即日常所说的劳动积极性、工作积极性。个人在组织中的协作意愿意味着个人自我克制、放弃完全人格性行为的自由和一定程度上个体行为的非个体化。个人协作意愿总体上的组织结果是个人努力的凝聚。

2）共同目标。共同目标是协作意愿的必要前提，组织要求个人提供的行为必须是有方向性的行为，否则不可能成为现实的行为。组织的共同目标不仅要得到各组织成员的理解，而且必须被他们接受，否则无法对行为起指导作用，无法成为激励的力量。

3）信息沟通。信息沟通是组织内部上下左右之间情报信息传递、沟通、反馈、处理的体系和规程。上述两种要素只有通过信息沟通才能连接起来，信息沟通是组织成员理解共同目标、相互沟通、协同工作的条件，是组织的基础。

3. 领导职能

（1）领导的定义

所谓的领导，就是指挥、带领、引导和鼓励部下为实现目标而努力的过程。这一定义包括三个要素：领导者必须有部下或追随者；领导者拥有影响追随者的能力或力量，它们既包括由组织赋予领导者的职位和权力，也包括领导者个人所具有的影响力；领导的目的是通过影响部下来达到组织的目标。

（2）领导的作用

领导的作用是指领导者在带领、引导和鼓舞部下为实现组织目标而努力的过程中，要有指挥、协调和激励三个方面的作用。指挥作用是指在组织活动中，需要有头脑清醒、胸怀全局、能高瞻远瞩、运筹帷幄的领导者帮助组织成员认清所处的环境和形势，指明活动的目标和达到目标的路径；协调作用是指组织在内外因素的干扰下，需要领导者来协调组织成员之间的关系和活动，朝着共同的目标前进；激励作用是指领导者为组织成员主动创造能力发展空间和职业发展生涯的行为。

（3）领导的功能

领导的功能是指通过管理者实施影响下属的领导行为，把组织成员的个体目标和组织目标进行有效匹配。因此，从根本上说，组织成员是在一定组织环境中，通过管理者的指挥和协调，完成组织目标的过程。

4. 控制职能

（1）控制的含义

控制是管理工作的最重要的职能之一，它是保证企业计划与实际作业动态相适应的管理职能。控制工作的主要内容包括确立标准、衡量绩效和纠正偏差。一个有效的控制系统可以保证各项活动朝着达到组织目标的方向进行，而且控制系统越是完善，组织目标就越易实现。

控制有两种形式：直接控制和间接控制。直接控制着眼于培养更好的主管人员，使他们能熟练地应用管理的概念、技术和原理，能以系统的观点来进行和改善他们的管理工作，从而防止出现因管理不善而造成的不良后果。间接控制着眼于发现工作中出现的偏差，分析产生的原因，并追究其个人责任使之改进未来的工作。

（2）控制的必要性

斯蒂芬·罗宾斯这样描述控制的作用："尽管计划可以制定出来，组织结构可以调整得非常有效，员工的积极性也可以调动起来，但是这仍然不能保证所有的行动都能按计划执行，不能保证管理者追求的目标一定能达到。"其根本的原因在于管理职能中的最后一个环节，即控制。理想的状态是不可能成为企业管理现实的。无论计划制定得如何周密，由于各种各样的原因，人们在执行计划的活动中总是会或多或少地出现与计划不一致的现象。管理控制的必要性主要由以下因素决定：

1）环境变化因素。如果企业面对的是一个完全静态的环境，其中各个影响企业活动的因素不发生变化，比如市场供求、产业结构、技术水平等，那么企业管理人员便可以年复一年、日复一日地以相同的方式组织企业经营，工人可以以相同的技术和方法进行生产作业，因而，不仅控制工作，甚至管理的计划职能都将成为完全多余的东西。事实上，这样的静态环境是不存在的，企业外部的一切每时每刻都在发生变化。这些变化必然要求企业对原来制定的计划进行调整，从而对企业经营的内容作相应的调整。

2）管理权力的分散。每一个管理者能直接管理的下属人数是有限的。受认识和信息处理能力的制约，管理者的有效协调人数有一个客观限度，通常称之为管理幅度。管理幅度的有限性导致了管理层次的产生，进而产生了管理层次之间的协调问题，这就是部门化。因此，任何企业的管理权限都制度化或非制度化地分散在各个管理部门和层次。企业分权程度越高，控制就越有必要。控制系统可以提供被授予了权力的管理者的工作绩效的信息和反馈，以保证授予他们的权利得到正确的利用，促使这些权利组织的业务活动符合计划与企业目的的要求。如果没有控制，没有为此建立的相应的控制系统，管理人员就不能检查下级的工作情况，即使出现滥用职权或不符合计划要求的情况，管理人员也无法发现，更无法采取及时的纠正行动。

3）工作能力的差异。即使企业制定了全面完善的计划，经营环境在一定时期内也相对稳定，对经营活动的控制也仍然是必要的。这是由不同组织成员的认识能力和工作能力的差异所造成的。完善计划的实现要求每个部门的工作严格按计划的要求来协调进行。然而，由于组织成员是在不同的时空进行工作的，他们的认识能力不同，对计划要求的理解可能发生差异；即使每个员工都能完全正确地理解计划的要求，但由于工作能力的差异，他们的实际工作结果也可能在质和量上与计划要求不符。某个环节可能产生的这种偏离计划的现象，会对整个企业活动造成冲击。因此，加强对这些成员的工作控制是非常必要的。

5. 创新职能

（1）创新职能的含义

任何社会系统都是一个由诸多要素组成的系统，与外部不断发生物质、信息、能量交换的动态、开放的非平衡系统。而系统的外部环境是在不断地发生变化的，这些变化必然会对系统的活动内容、活动形式和活动要素产生不同程度的影响；同时，系统内部的各种要素也是在不断发生变化的。系统内部某个或某些要素在特定时期的变化必然要求或引导系统内其他要素的连锁反应，从而对系统原有的目标、活动要素间的相互关系等产生一定影响。系统若不及时根据内外变化的要求，适时进行局部或全局的调整，则可能被变化了的环境所淘汰，或为改变了的内部要素所不容。这种为适应系统内外变化而进行的局部或全局的调整，便是管理的创新职能。创新职能与其他各种管理职能不同，它本身并没有某种特有的表现形式，它总是在与其他管理职能的结合中表现自身的存在与价值。

（2）创新职能的基本内容

1）目标创新。企业是在一定的条件与环境下确定的各种目标。目标创新就是当企业所面临的环境发生了变化，那么企业的生产方向、经营目标以及在生产过程中与其他经济组织的关系都要进行调整。每一次调整都是一次目标的创新。

2）技术创新。技术创新是企业创新的主要内容，企业中出现的大量创新活动是有关技术方面的。技术创新主要表现在要素创新、要素组合方法的创新以及产品创新。要素创新包括材料创新、设备创新两方面；要素组合方法的创新包括生产工艺和生产过程的时空组织两个方面；产品创新是企业技术创新的核心内容，主要包括品种和结构的创新。

3）制度创新。制度创新是从社会经济角度来分析企业各成员间的正式关系的调整和变革。制度是组织运行方式的原则规定，主要包括产权制度、经营制度和管理制度。产权制度主要体现所有者的权益；经营制度主要体现在经营者的权益；管理制度，尤其是其中的分配制度应该体现的是劳动者的权益。企业制度创新的方向是不断调整和优化企业所有者、经营者、劳动者三者之间的关系，使各方面的权利和利益得到充分的体现，使组织的各成员的作用得到充分发挥。

4）组织创新。组织创新是指组织机构和结构创新。组织机构主要涉及管理劳动的横向分工问题，即把对企业生产经营业务的管理活动分成不同部门的任务；而组织结构主要涉及管理劳动的纵向分工问题，即所谓集权与分权的问题。不同的机构设置要求有不同的结构形式；相同的机构设置，但机构之间的关系不一样，也会形成不同的结构形式。组织创新的目的在于更合理地组织管理人员的分工，提高管理劳动的效率。

5）环境创新。环境是企业经营的土壤，同时也制约着企业的经营。企业与环境的关系，不是单纯地去适应，而是在适应的同时去改造、去引导，甚至去创造。环境创新主要指通过企业积极的创新活动去改变环境，从而引导环境朝着有利于企业经营的方向变化。对企业而言，环境创新的主要内容是市场创新，通过企业的活动去引导消费，创造需求。成功的企业经营不仅要适应消费者已经意识到的市场需求，而且要去开发和满足消费者自己可能没有意识到的需求。

第三节　电力企业管理的特点和内容

一、电力工业

电力工业既是国民经济和社会发展的基础工业，又是公用事业。它主要是生产和销售电能产品，为用户服务。电气化程度是衡量一个国家现代化水平的一个重要标志。

1. 电力工业在国民经济中的作用和地位

能源是社会发展的动力，电能是能源中的佼佼者，是一种优质的二次能源。电力工业既是能源工业，又是公用事业。电力广泛应用于社会生活、国民经济各行各业和生产、流通、信息传递等各个领域，对促进社会和经济发展以及提高人民物质文化生活水平，起着极其重要的作用。

电力工业与国民经济发展的关系极为密切，经济发展越快，现代化水平越高，对电能的需求量也就越大。电力的使用范围不断扩大，电能消耗量不断上升，世界能源消耗变化总趋势是电能将成为主要能源，因此电力工业发展速度总是超过国民经济发展速度。通常把一定期间发电量的年平均增长率与国民经济总产值的年平均增长率之比值称为电力弹性系数，则电力弹性系数也必然大于1，这叫作电能超前或电力先行。过去，由于人们对电力工业发展必须超前的规律认识不足，造成我国电力长期供应不足、经济损失很大的后果，这个历史事实不应让其重演。作为优质二次能源的电力需求动向和电力工业发展动向，对国家未来能源的供求关系和国民经济的发展产生着极大的影响。所以，世界各国都把电能消费占总能源消费的比重和电力工业的发展速度，作为衡量国家经济发展和现代化水平的标志。电力工业已经成为国民经济中具有社会公益性和发展先行性的国民经济基础行业，是实现国家经济发展先行性的国民经济基础行业。电力在建设社会主义制度中的重要地位，列宁曾给予极高的评价："共产主义就是苏维埃政权加全国电气化"。

新中国成立以后，党和政府对电力工业十分重视，将其在国民经济中的地位比作"先行官"。特别是党的十一届三中全会以来，我国实行改革开放政策，对电力工业给予极大的关注，明确提出了能源工业的发展以电力为中心，并制定了一系列加快电力工业改革与发展的方针和政策，使我国电力工业取得了突飞猛进的发展和举世瞩目的成就。改革开放以来，我国电力工业得到了长足发展。1978年改革开放到2000年，我国发电装机和发电量先后超越法国、英国、加拿大、德国、俄罗斯和日本，居世界第二位。进入新世纪，电力工业进入历史上的高速发展阶段，2004年全国发电装机突破4亿kW，2005年超过了5亿kW。截至2018年底，中国发电装机容量为189967万kW，其中火电为114367万kW，水电为35226万kW，核电为4466万kW，风电为18426万kW，太阳能发电17463万kW，分别占60.2%、18.5%、2.35%、9.7%、9.2%。同时技术装备水平也在稳步提高，技术经济指标逐步改善。

2. 电力工业的特征

电力工业是建立在现代电力生产、传输、分配等科学技术基础上的高度集中的社会化大生产产业，它既有现代一般工业社会化大生产的共有特征，又有电力大生产的自身特征，电力工业的特征主要有以下几个方面：

（1）电力工业是基础产业

电力工业是大量消耗一次能源和提供优质电能的基础产业，能源管理是电力工业管理的核心内容。电力工业是利用一次能源转换为优质二次能源——电能，并通过电网将电能供应给电力用户的一种能源加工转换型的电力商品基础产业。它既是消耗一次能源的能源大用户，又是能源市场中电力能源商品的供应者。它像煤炭、石油、冶金等产业一样是为国民经济、为社会提供基础物质商品的基础产业。研究电力商品市场、电力能源合理开发利用、节约能源，研究电力供需平衡、电力工业发展布局、能源结构，是电力宏观管理和微观管理的基本内容。

（2）电力工业是电力市场供需直接对应型的基础产业

电能是一种无形的、不能大量储存的优质二次能源，电力生产、流通与消费紧密相连，在瞬间同时进行，同时完成。这一特殊的生产、流通、消费过程表明：电力工业是产、供、销一体化、工商合一的供需直接对应型基础产业，它具有电网区域供电专营特性。电力的产、供、销始终处于直接动态平衡中，电力市场的电力需求与电力供应是瞬间变化的，电力企业的生产经营活动必须完全适应市场需求并保持电力供需动态平衡。

（3）电力工业是技术、资金密集型基础产业

电力生产、传输、分配的过程技术复杂、自动化程度高，既需要大规模的高效先进的发电设备系统，又需要建设分布极广的流通系统和分配系统。因此，发展电力工业既需要高效先进的发供电技术设施与手段，又需要庞大的资金支持，它是一种技术与资金密集型产业。技术密集主要是指广泛应用现代科学技术和装备，企业的机械化、自动化水平高，要求掌握技术知识的人员多，所以有时称技术密集型企业为知识技术密集型企业。资金密集主要是指该产业或企业单位产品或产值所需投资多、技术装备程度较高、用人较少的产业或企业，它是相对于劳动密集型企业而言的。

（4）电力产品是优质二次能源产品

电能是一种看不见、摸不着、无形体的能量。它与一般工业有形产品不同，是在高技术、高自动化的生产过程实现电能的转换、传输、分配、消费。电能可以很灵活、方便地转换成其他各种形式的能源，比如机械能、热能、磁能、光能以及化学能等。利用电能还可以在许多工业领域产生新的生产流程、新工艺、新产品。电能容易控制和使用。电能也是各种能源中经济效益最好的能源，电能的生产，从初级能源转换为精炼电能过程中的效率最高。由于发电技术性能高（高参数等），转换电能的效率可达35%左右，这是任何使用非电能能源所达不到的。电能转换成其他形态的能源时，其效率也是最高的，这就提高了能源的利用效率，节约能源消耗。电能是一种没有污染的"清洁"能源。使用电能代替其他能源，可以大大改善工作、生活环境和劳动者的劳动工作条件。随着现代科学技术发展，自动化办公、自动控制、现代通信以及电化教育、家庭电器的普及，社会经济和人民生活用电日益增长，电力已成为其他能源不可代替的、不断扩大应用领域替代其他能源的能源。它是广泛应用于国民经济各个行业生产、流通和信息传输以及社会生活各方面不可缺少的社会基本必需

商品。

（5）电网是电力工业发展的基本形式

电力工业从诞生就是以电网形式出现的发电、送电、变电、配电和用电紧密连接，形成一个不可分割的整体。电网一经建立都是从小到大不断发展的，发展电网是电力工业发展的规律。

3. 电力工业的性质

根据电力工业的作用、地位和基本特征，可以归纳出电力工业区别于其他行业的性质。电力需求增长速度超过国民经济增长速度的规律，决定了电力工业是一种具有发展先行性质的基础产业；电力工业的广泛社会性和不可缺性，决定了电力工业是一种具有社会公用服务性质的社会公益型行业；电能不能大量储存，电力生产、供应、消费同时进行，决定了电力工业是一种具有与需求直接对应性质的供需一体化产业；电力工业生产中将一次能源转换为电能，并直接将其输送、分配、销售给大量的各种电力用户，决定了电力工业是一种能源转换传输型行业；电力工业生产技术的复杂性、设备的先进性及对建设资金的大量需求，决定了电力工业是一种技术与资金密集型行业。

电力工业的本质特征和性质，是电力工业发展的客观规律，是科学进行电力行业宏观管理和电力企业微观经营管理的基本依据。

二、电力企业

1. 电力企业的概念

电力企业是生产、经营电能这一重要产品的相对独立的经济实体，是实行自主经营、自负盈亏的商品生产者和经营者，是具有一定权利和义务的法人。电力企业具有自我改造和自我发展的能力。

2. 电力企业的种类

电力企业按照对电能产品的生产经营方式及其具体的业务内容可分为发电企业、输电企业、供电企业、电力建设企业、电力修造企业和其他一些类型的电力企业。

（1）发电企业

发电企业主要是从事电能产品的初加工，把水能、煤炭、石油、天然气、核能、风能、太阳能等一次能源加工转换成电能这种二次能源。比如各种类型的发电厂、发电公司等。

（2）输电企业

输电企业主要是从事电能的输送、传输活动的企业。由于一次能源的分布结构、天然、地理条件、环境保护要求等方面的因素，发电企业所生产的电能不可能完全直接就地供应给电力用户，绝大多数电能需要由输电企业通过输电设施传输给远方的电力用户或是供电企业，由供电企业再分配给用户进行消费使用。

（3）供电企业

供电企业主要是从事电能的供应、配售活动的企业，是直接面向电力用户（消费者）的电力企业。

（4）电力建设企业

电力建设企业主要是从事电力项目的施工建设以及电力设施的安装、调试等活动的企业。比如电力建设公司、电力建筑安装公司等。

(5) 电力修造企业

电力修造企业是从事电力设备以及相关设施的产品开发、生产制造、维修服务等活动的企业。比如各种电力设备制造公司、设计开发公司、检修公司等。

除上述类型的电力企业外，还有从事资产经营、咨询服务以及多种经营等活动的电力相关企业，比如电力投资公司、电力工程咨询公司、电力实业公司等企业。

3. 电力企业发展的新趋势

2002 年 10 月 20 日，国家电力公司宣布电力体制改革的确定方案，设立国家电网公司、南方电网公司，重组、设立五家发电公司。我国电力企业发展到了一个新的时期。很明显，国家电力改革主旨是实现"厂网分离、竞价上网"，在电力行业引入市场竞争机制。这种变化究竟对电力企业有什么影响呢？

(1) 竞争态势正在改变

我国电力行业企业正经历企业体制的深刻变革，同时，进入 WTO 以后，国外资本也虎视眈眈，准备进入国内市场。针对发电企业，有关部门也提出了引入多种经济成分，进行充分竞争的设想。我国电力行业正逐步形成多元化的新竞争格局。

(2) 竞争形态由区域垄断到广域竞争

事实上，许多国家都走过了电力行业由政府管制到局部放开或完全放开的道路。我国电力行业此次全面资产重组，实现厂网分离，由政府完全管制到市场竞争、国家监控的新体制的转型也是大势所趋。原来由国家电力公司统一管理，成立多家区域子公司，事实上形成了区域垄断的电力供应格局。电力体制改革完成后，发电企业通过竞价上网形成竞争，并可以直接供应用户。我国电力市场将呈现由区域垄断走向广域竞争的态势。

(3) 产品渠道由一厂一网到竞价上网

电力企业的产品就是电力。重组完成后，供应销售渠道发生巨大变化。电厂的产品销售渠道在体制改革以前，主要是根据国家计划供应到固定的电网，渠道单一、计划性强。体制改革完成以后，发电企业与电网企业的关系是竞价上网，电力产品的渠道发生巨大变化，呈现出多元性与不确定性。

(4) 运营模式由生产主导到客户主导

在市场大环境变化的情况下，电力行业引入竞争与市场机制，电力企业最根本的变化就是，原来是让上级单位满意，现在则是让用户满意。企业要应对这种变化，不仅仅是增加销售部门，更重要的是整个运营模式与出发点都要发生变化。无论对电网或发电企业，由原来生产主导到以后的客户主导，都是今后管理模式调整的方向。

(5) 发展动力由被动发展到主动竞争

电力企业体制改革以前，主要是根据计划被动发展电力企业，发展缓慢，没有内在发展动力。引入竞争后，企业生存与发展的空间大了，政策活了，电力企业在市场中更多地表现为主动竞争、积极发展。

(6) 国家政策由政策管制到局部放开

电力行业体制改革与国家政策紧密相关。电力行业重组，引入竞争，相应的国家政策、监管机制都需要调整或重新建立。从大趋势看，国家政策由政策管制到局部放开是一定时期内电力行业发展的方向。对企业来说，如何以正确的心态面对相关政策的改变，需要时间适应变化，继续发展。

总之，电力改革已经全面改变了电力企业面对的市场环境，每个企业都要重新考虑企业的未来与发展，如何在新形势下找准企业自身的定位，并立足本位、不断发展，这是目前电力企业需要考虑的重点问题之一。

三、电力企业管理

1. 电力企业管理的概念

电力企业管理是指遵循电力生产经营活动的自然规律和客观经济规律，对统一电力系统及其组成部分——发电、输变电、配电和用电的生产、流通和消费全过程，实施各项管理功能，进行生产经营活动，以实现电力企业的经营目标，满足社会对电力供应的需要。

电力企业管理的内容极为广泛，从企业的人、财、物到产、供、销的各个环节，从生产到生活的各个方面，都存在组织管理问题，但从理论上概括，主要是生产力、生产关系和上层建筑三个方面的问题。生产力方面主要是研究生产力的合理组织，即研究电力产、供、销全过程的生产力的合理组织，以确保为社会提供充足、可靠、合格、廉价的电力；生产关系方面主要研究如何正确地处理电力企业内部人与人之间的关系，还要研究如何正确处理电力企业内部的分配关系，企业与国家、企业与企业之间的经济关系，并建立和完善管理体制、组织机构、经济责任制等，以充分调动各个方面的积极性和创造性，争取获得最大的经济效益；上层建筑方面主要研究如何结合电力企业实际，贯彻执行党和国家的方针、政策、法令，健全规章制度、严格劳动纪律等，以维护社会主义生产关系，促进生产力的发展。

2. 电力企业管理的特点和内容

现代电力工业是一种高度集中的电能社会化大生产的行业。除了具有社会化大生产的一般规律外，电力企业管理还有很强的行业特点。这些特点从不同方面反映了电力工业发展和电力生产经营活动的客观规律，是电力企业生产经营管理的出发点和基础，并且决定了电力企业生产经营管理的主要内容。电力企业管理的主要特点和由这些特点决定的主要内容可以概括为以下几个方面：

1）电力产、供、销的同时性决定了电力电量的平衡管理是电力企业生产经营管理的主要内容。电力系统内的供电功率、供电量必须与用户的用电功率、用电量保持严格的平衡，这是保证安全、可靠、优质地向用户供电的基本条件。为了实现这一平衡，电力企业必须做好用户负荷预测、电网发展规划、电力基本建设、电网调度管理等工作，并保证电力系统有足够的备用容量和足够的一次能源储备。电力企业生产经营管理应以电力电量平衡管理为主体，协调其他计划和工作之间的平衡关系，并据此制定企业的经营目标，进行生产经营活动。电力产、供、销的同时性，还决定了电力企业生产经营活动与整个电力用户之间的相互依存关系。电力企业必须通过供电管理协调发、供电与用电的关系，保持电力电量平衡和供应合格电能，从而使有限的电力得到合理利用，发挥其最大的社会经济效益。

2）电力发展的先行性决定了电力工业必须超常规发展。经济发展规模越大、速度越快，越要增大电能在总能源消费中的比重，形成电力发展速度高于国民经济发展速度的规律。同时，电力不能储存的特点，又决定了发展电力工业的唯一途径是靠增加新的生产能力，即电网要不断发展建设。因此，科学地制定电力开发方针、确定电力超前发展计划、加快电力建设规模和速度以及调动各方面积极性等，是电力企业生产经营的重要内容。只有电力发展先行了，才能保证宏观的经济效益，使电力企业真正做到充足、可靠地供电。

3）电力生产供应的高度安全可靠性决定了电力企业管理必须坚持"安全第一"的方针。电力是高质量发展的能源物质基础，电力事故是工业的灾难，安全发供电关系各行各业，影响千家万户，电力企业管理必须把"安全第一"作为永久性的方针，切实抓好电网的可靠管理。电网可靠性是指电网对用户连续可靠供电的水平。这种水平是建立在概率数学基础上的定量评价，加强电网可靠管理，要从规划、设计、制造、基本建设和生产运行各方面做好工作，只有这样，才能保证向用户供电的可靠性达到较高水平。

4）电力生产的技术和资金密集性决定了资金、技术、设备的管理是电力企业管理的重要内容。电力企业是技术、资金密集型企业，设备贵重，技术先进，占用资金量特别大。而且，电力超常规发展，必须有更多的高电压、大容量的机组、超高压输电线路投入运行，新的科技成果要推广应用，使得电力企业的有机构成不断提高。因此，要做好技术经济分析，提高投资效果；不断采用新技术，更新设备；加强生产技术管理和设备管理，提高设备利用率已成为影响电力企业经济效益的关键因素。

5）电力发、供、用紧密相连，互相依存，不可分割，是个统一整体的特点，决定了电网必须实行高度集中统一管理。集中统一管理有利于动力资源合理利用，有利于电网合理布局，有利于电网安全可靠和经济运行，有利于电力合理分配使用和充分发挥电网的经济效益。电网管理的高度统一性是由电网的统一调度、统一指挥来实现的。

6）电力供应的地方公益服务性要求电力企业管理必须以"人民电业为人民"为服务宗旨，做好为地方、用户用电服务和管理工作。同时，还要争取地方关心、支持电力工业的发展建设工作。

7）电价的合理性和多样性要求电价改革，切实做好电价管理。要在国家价格政策指导下，根据发、输、用电的特点，按电力企业合理受益、用户公平负担的原则，依据用户类别和用电方式来制定出多种电价，同时还要建立正常的电价调整制度，调节电力供求关系。

8）发电能源的高效率性要求认真做好动力资源的合理开发和利用，确定合理的电源结构和布局，正确规定各类电源在电网中的运行方式，实行经济调度，做好能源定额管理等工作，以有效利用能源、节约能源，不断提高电力企业的经济效益和社会效益。

第四节　企业管理现代化

一、企业管理现代化概述

1. 企业管理现代化的概念

企业管理现代化就是指在现有企业管理水平基础上，运用现代自然科学、现代技术科学、现代社会科学的成果，运用现代管理科学的理论和现代化管理方法及手段，使企业生产经营达到当代的世界先进水平。企业管理现代化是一个系统的、整体的概念，是一个动态的过程，它的具体内容随着时间的推移而不断发生变化。

企业要重视战略管理，要根据实际情况，围绕实现企业的战略目标，按照系统观念和整体优化的要求，在管理人才、管理思想、管理组织、管理方法、管理手段等方面实现现代化，并把这几个方面的现代化内容同企业各项管理职能有机地联系起来，形成面向新时代的中国特色的社会主义现代化企业管理体系。

2. 企业管理现代化的指导方针

中国企业管理现代化的指导方针是：

1）以习近平新时代中国特色社会主义思想为指导，坚持马克思主义基本原理和贯穿其中的立场、观点、方法，保证企业沿着中国特色社会主义方向发展。

2）全面贯彻新发展理念，加强企业发展的前瞻性思考、全局性谋划、战略性布局、整体性推进，提升企业的生命力与发展潜力。

3）坚持企业管理现代化同全面深化改革、技术创新相结合，提高企业的整体素质，增强企业核心竞争力。

4）贯彻"以我为主，博采众长，融合提炼，自成一家"的方针，推动我国传统管理思想的创新性发展，立足我国国情，学习借鉴国外先进管理经验，建立和完善本土化与国际化兼具的中国特色企业管理理论体系。

5）树立以人为中心的管理思想，强化民主管理，推进法制建设，充分调动企业和职工的积极性和创造性。

3. 企业现代化管理体系的主要标志

企业管理现代化是一个动态的概念，不同的时代有着不同的内容，而且企业管理现代化涉及面广、内容多。企业管理的现代化就是把现代自然科学和社会科学（包括经济学、数学、技术工程学、心理学、行为科学等）一系列成果综合应用于企业管理，使企业管理能符合高质量发展的客观要求，能适应科学技术的发展。企业现代化管理体系的主要标志是：

1）具有正确的经营思想并能适应企业内外环境条件的变化，推动企业发展的经营战略。

2）按照《企业法》规定，建立起民主与集中相结合，适应现代化生产要求的领导制度。

3）培养出一支德才兼备，熟练地掌握现代化知识和技能的管理队伍和职工队伍。

4）有一套符合企业特点，保证生产经营活动高效率运行的组织机构和管理制度。

5）在企业生产经营各个主要环节普遍有效地使用科学管理方法和手段，并建立起比较完善的计算机管理信息系统。

6）树立企业信誉，培育企业文化，为社会提供高质量的产品和服务。

二、企业管理现代化的主要内容

1. 管理思想的现代化

管理思想的现代化就是要把企业看作是一个经济组织，是一个相对独立的商品生产者和经营者。企业的一切人员，尤其是企业领导者要树立市场意识、服务意识、竞争意识、创新意识、经济效益意识和经济战略意识等。一个企业既要抓生产，又要抓经营，既要有计划、预测，又要立足于市场，要多方面做好为用户服务的工作，并且不断改善企业的管理组织、制度和方法，提高经济效益。

2. 管理组织合理化

管理组织合理化就是企业要根据生产关系适应生产力、上层建筑适应经济基础的原理，根据集权和分权相结合，统一性和灵活性相结合的原则，建立起高效率的管理体制和管理机构，确定科学合理的生产组织和劳动组织，克服官僚主义，提高工作效率，促进生产力不断发展。

3. 管理方法科学化

管理方法科学化就是要有一套适合高质量发展要求的科学管理方法，使企业的各项管理工作做到标准化、系统化、准确化、文明化和最优化。

4. 管理手段信息化

随着工业生产的发展，企业信息量急剧增加，对信息处理的速度和准确性提出了更高的要求，生产经营中各种原始记录、统计资料、情报、报告、汇总表、总结等形式的信息交流，使管理人员的工作量大大增加。将计算机及其他先进的通信工具应用于管理，可以大大提高管理效率，从而实现对生产过程的最优控制。

5. 管理人员专业化

管理人员专业化就是企业管理人员中要有各方面的专家。产品系列化、性能多元化、元件标准化、生产专业化，客观上要求从事企业中的设计、工艺、设备、制造、质量管理、供销、经济核算等工作的人员具备一定的专业知识，掌握必要的技术和方法。这种管理工作的专门化，必然要求企业管理人员的专业化。

6. 管理方式民主化

管理方式民主化就是企业管理要充分发扬民主，要发挥下级管理部门和管理人员的积极性、主动性和创造性。21世纪是知识经济和信息化的时代，这给企业管理现代化也提出了新的挑战。企业要对管理制度、机制、技术、文化进行全面创新，着力提高创新设计能力和国际竞争能力，加快企业管理现代化的速度，以经济效率为中心，依靠科技进步和技术创新，全面提高品种质量，依靠互联网将产品推向国际市场，把资本和利润的"蛋糕"越做越大。

三、电力工业现代化的意义及标志

电力工业作为国民经济的基础产业，是能源转换型产业，电力工业在为用户提供电力能源产品的同时，自身也在消耗大量的一次能源，因此电力工业的现代化问题直接影响着社会一次能源的开发和利用效果，从这个方面来看，电力工业实现现代化对于社会资源的科学合理配置和经济高效利用具有非常重大的意义。

根据电力工业在国民经济中的地位、社会发展的要求和电力工业自身的特点，以及国内外电力工业发展的情况，实现电力工业现代化，其技术水平主要表现为"三大三高"，即：大电网（统一调度的电网装机容量为40000~80000MW）；大电厂（火电厂装机容量为4000~6000MW，水电厂装机容量为10000~14000MW，抽水蓄能电厂装机容量为2000~3000MW，核电厂装机容量为4000MW）；大机组（火电机组单轴容量为600~1200MW，双轴为1000~1300MW，水电机组容量为700~800MW，抽水蓄能机组容量为240~600MW，核能机组容量为1000~1300MW）；高电压（交流输电电压为500~1000kV，直流输电电压为主±800kV）；高参数（火电机组采用高温高压超临界机组，24MPa/540℃）；高度自动化（电网调度实现综合自动化，火电厂实现全集控运行，水电厂实现无人值班、少人职守和梯级集中控制，二次变电站实现无人值班、少人职守和区域集中控制，配电设施实现小型化、整体化和地下化）。

四、电力企业管理现代化

1. 电力企业管理现代化的内容

企业管理现代化不仅要合理组织生产力，发展生产，还要涉及生产关系和上层建筑的合理调整和变革。企业管理现代化的中心问题是大幅度提高生产力，这就要求多方面地调整或改变同生产力发展不相适应的生产关系和上层建筑，调整、改变不适应的管理方式、活动方式和生活方式。按当代世界科学技术发展和先进工业国家发展的情况，结合我国经济管理的实际情况，企业经济管理现代化的主要内容是：管理思想现代化、管理组织现代化、管理方法手段现代化、管理人才现代化、管理体制现代化。

（1）管理思想现代化

要按照科学的管理理论管理企业，企业的生产经营活动和决策要遵循企业发展规律，按我国的实际情况应在管理思想上树立以下七个观念：①社会化大生产观念，要认识和掌握现代电力生产的特点和规律，从过去管理小电厂、小电网的思想意识和传统经验管理观念中解放出来，建立管理大机组、大电厂、大电网的思想观念；②市场观念，树立在社会主义市场经济体制下，商品生产、商品经营的市场意识，树立"人民电业为人民""为用户服务"的思想；③投入产出观念，注重上项目、投资多元化，电力生产能力扩大后，要善于调整投资各方经济利益，并能保证电网经济效益和社会效益；④金融观念，要善于使用银行贷款，发行债券、股票，集中社会的力量及外资等渠道融资办电；⑤竞争观念，既要重视主业，又要大力发展电力企业多种经营，在市场经济中开拓新局面的思想，树立竞争思想，在竞争中求生存和发展；⑥树立时间与信息观念，要充分发挥它们的作用，要对国内外经济、科技信息高度敏感，迅速收集分析，正确处理并及时做出相应的对策；⑦智力开发观念，要重视智力投资、重视教育与科技的投入，重视人才因素的作用，要善于发现人才、培养人才、合理使用人才，要能吸引人才，并用有效的办法激励人才的成长。

作为现代电力企业，在社会主义市场经济体制下，还要树立法制观念，为用户服务和对用户、对社会负责的观念，多种经营的观念，合理利用多种资源的观念，对国内外开放的观念，技术开放的观念等。

（2）管理组织现代化

管理组织现代化是指企业的管理体系和管理机构要适应现代化生产的需要，也称为管理的高效化。按照现代化电网的结构要求，建立完善的现代化生产指挥系统和现代化的企业管理体系，在企业内部实行厂长（经理）负责制，实现统一、高效的生产指挥和经营管理。管理组织现代化必须坚持的原则是：讲求效率、效益的原则；统一指挥和专业分工相结合的原则；有效管理制度的原则；因事择人的原则；纵向、横向管理协调一致原则；经济责任制上下配合、考核的原则。

（3）管理方法、手段现代化

管理方法、手段现代化主要是指管理科学化，是在企业的生产经营管理中，采用符合客观规律的科学方法和管理手段。比如：在现代电力企业中的技术管理方面，推行可靠性管理；在生产经营方面，推行目标管理方法和网络技术管理，加强计划性管理和工程管理；在物资管理方面，推行ABC分类法的经济管理；在电力行业公共关系方面，推行为用户服务、为电力工业发展服务；在火电、送变电设计方面，树立为生产服务思想，坚持"百年大计、质量第一"的全面质量管理，推行设计先进化、定型化、标准化、通用化；在修造企业和施工企业方面，推行全面质量管理。

电力企业管理手段的现代化主要是指用现代新技术设备实施管理，如计算机在管理体系中的广泛应用。要完善信息系统，应用运筹学、数理统计、系统工程、模拟技术等科学的理论与计算机结合，为管理决策和日常管理服务。

（4）管理人才现代化

在实现管理现代化中，人是最活跃、最重要的因素，是现代化管理的关键。首先应注意企业领导集团的专家化，要坚持干部"四化"（革命化、年轻化、知识化、专业化）的方针。经营管理人员知识面要广，专业技术要精，要具有洞察力、想象力、判断力、计划力、指挥力等。特别是担任企业一级的经营管理领导，还必须具备经营决策能力和组织指挥能力，以及具有较高政策水平和一定的法律知识，能善于协调企业内外各方面的关系，能调动广大职工的积极性，具有很好的领导艺术水平。

（5）管理体制现代化

"生产型"管理和"生产经营型"管理，代表着两个不同的管理时期，后者反映现代化管理的理论要求。管理体制现代化主要是指电力企业管理从生产型转变为生产经营型，在企业领导体制上实行厂长（经理）负责制，在企业内部经济核算上划小核算单位，引入竞争机制，建立起有效的激励和约束机制等。总之，管理体制的变革要按生产关系适应生产力发展的要求进行。

上述管理现代化内容的关系应该是：管理思想现代化是先导，管理人才现代化是关键，管理方法和手段现代化是条件，这几个方面有机地结合便可形成一个完整的现代化管理体系。

2. 电力企业管理现代化的标志

按照上述电力企业经济管理现代化的内容要求，那么实现电力企业经济管理现代化的标志应该是：

1）经营管理模式转轨变型，向集约型、控股型转变。

2）管理目标追求经济效益和效率，并把企业经济效益和社会效益统一起来。

3）管理观念更新，树立市场、效率、竞争、人才等观念。

4）管理组织合理化，建立规范的法人治理结构，采用动态的组织结构。

5）管理方法科学化，积极采用现代管理方法，使现代管理科学的新成果尽快在企业管理中充分发挥作用。

6）管理手段电子化，积极推广应用ERP系统等现代办公自动化手段。

7）职工队伍高素质，培养和造就一支懂技术、善经营、会管理、通财务、熟法律的管理队伍和一专多能的职工队伍。

五、现代企业制度

1. 现代企业制度的基本特征

（1）现代企业制度的含义

现代企业制度是指以完善的法人财产权为基础，以有限责任为基本特征，以专家为中心的法人治理结构为保证，以公司企业为主要形态的企业制度。这种企业体制涉及企业内部机制和外部环境的各个方面，是企业一系列制度的总称。其中既包括企业的产权制度、组织制度、领导制度、管理制度、财务制度和人事制度，又包括在现代市场经济条件下处理企业与各方面（政府、出资者、职工、社会各界等）关系的行为准则和行为方式。

我国过去一直试图创造一种世界上不曾有过的、最适应中国社会主义条件的、最具理想完美性的企业制度，但实践已经表明：创造企业制度只能以现实为条件，以继承前人的成果为基础。建立现代企业制度是我国企业改革思路的一次革命，它意味着我们不再单纯地去谋求世界上还没有的、最理想完美的企业制度，而是要选择已被现代经济史证明是行之有效的企业制度。这样的转变，表明我们对待改革的态度已更务实和更成熟。

（2）现代企业制度的基本特征

现代企业制度的基本特征是产权明晰、权责明确、政企分开和管理科学。

1）产权明晰。产权明晰就是要明确企业的出资人与企业组织的基本财产关系。现代企业制度下，所有者与企业的关系演变成了出资人与企业法人的关系，即股东与公司的关系。这种关系与其他企业制度下的所有者与企业的关系的区别在于：将出资人所有权与企业法人财产权进行合理分解，使出资人与企业法人各自拥有独立的财产权利。

出资人的权利主要表现为：以所有者身份享有资产收益权，对企业经营方针、长期投资计划、年度预决算、利润分配和亏损弥补方案、增加或减少注册资本、重大产权变动等重大问题的决策权，以及选择确定管理者（选举董事会成员）的权利；企业法人的权利则表现为：对出资人注入企业的资本金及其增值形成的财产，享有独立的占有权、使用权和处分权。

在现代企业制度下，出资人与企业法人的这种基本财产关系，通过国家法律给予确认，受法律的保护和约束。公司制的产权组织形式是这种关系的典型表现形式。在公司制企业，由全体出资人组成的股东大会，作为公司的最高权利机构行使所有者权利。股东大会委托代理人组成董事会，代表全体股东在股东大会闭会期间行使所有者权利；股东不再参与公司的日常决策和具体经营管理。所有者与企业生产经营的关系相对淡化，仅为一种间接控制的关系。

我国国有企业建立现代企业制度，也应明确企业与其出资人的基本财产关系。毫无疑问，国有资产即国家所有（全民所有）的资产，国务院才能代表国家行使所有权职责。但是，国务院不可能直接面对所有国有企业，只有通过国务院授权的机构来代表国有资产的出资人。这样的机构依法享有国有资产出资人的各种权利。然而在原有体制下，企业的国有资产并没有人格化的投资主体，似乎每一个政府部门都可以对企业行使出资人的权利；企业也没有完整的法人财产权，国有资产的运营受到多个政府部门的制约，其合法权益难以得到保障。因此，"明晰"国有资产的产权代表，完善企业法人制度和有限责任制度，使国有资产能高效地运营，仍是当前的首要任务。

2）权责明确。权利与责任是不可分割的统一体。权责明确是指企业有了"明晰"的产权主体，仍需通过法律来确立出资人和企业法人各自应履行的义务和承担的责任。

出资人应履行的义务是：必须依法向企业注入资本金，并在企业的正常存续期内不得随意抽回其出资，只有依法转让。出资人一旦把资本金注入企业，即与出资人的其他财产区分开来，成为企业的法人财产；出资人不能直接支配企业的法人财产。出资人还应以其出资额为限，对企业债务承担有限责任。我国的国有企业一直存在着预算约束软化的状况，国家对企业的债务实际上承担着无限责任。现代企业制度要求改变这种状况，国有资产的产权代表也只对企业债务承担有限责任。

企业法人应履行的义务是：依法自主经营、自负盈亏，以独立的法人财产对其经营活动负责，以其全部资产对企业的债务承担责任。同时，企业法人行使法人财产权，要受到出资人所有权的约束和限制，必须依法维护出资人权益，对所有者承担资产保值增值的责任。出资人与企业法人各自的义务和责任明确后，还应在企业内部明确所有者、经营者以及生产者的义务和责任，使这些利益主体之间关系分明、利益分配合理，既相互制衡，又协同一致。

3）政企分开。政企分开是指在明晰产权的基础上，实行企业与政府的职能分离，理顺政府与企业的关系。政府是政权机关，虽然对国家的经济具有宏观管理职能，但这种管理不是对企业生产经营活动的直接干预，而是通过经济手段、法律手段及发挥中介组织的作用，对企业的活动进行调节、引导、服务和监督。企业是以盈利为目的的经济组织，是市场活动的主体，它必须按照价值规律办事，按照市场的要求组织生产和经营。

我国原有体制存在严重的政企不分的状况。其原因主要在于政府作为国有资产出资人的所有者职能，与政府作为社会公共事务管理者的一般行政职能没有区分，使得国有资产的投资主体不明确，造成政府部门都有权直接干预企业的现象。因此，必须把政府行政管理职能和企业经营管理职能分开，政府主要通过法律法规和经济政策等宏观措施调控市场、引导企业；取消企业与政府之间的行政隶属关系，企业不定行政级别，企业的管理人员也不应作为国家公务员；规范国家与企业的分配关系，政府依法收税，企业依法纳税；把企业承担的社会职能分离出去，改由政府和社会组织来承担。

4）管理科学。管理科学指企业内部的管理制度既能体现市场经济的客观要求，又能体现社会化大生产的客观要求。从市场经济的要求看，企业内部应具有规范的公司治理结构。也就是说，企业内部应建立由股东会、董事会、监事会和经理层组成的企业内部管理体制，使企业的决策权、执行权和监督权既相互分离，又相互制衡。就我国企业现状而言，建立规范的公司治理结构，除了要按规范成立由股东会、董事会、监事会构成的"新三会"外，还应注意处理好与由党委会、职代会、工会组成的"老三会"的关系。

从高质量发展的要求看，企业内部应具有科学的职能管理和岗位管理制度。职能管理制度的内容很多，涉及生产力方面的主要有计划管理、生产管理、质量管理、设备管理、计量管理等；涉及生产关系方面的主要有用工制度、经济核算制度和利益分配制度等。岗位管理制度主要是为保证各个工作岗位有条不紊地开展工作，有利于提高职工的工作效率的各种规章制度。

科学的企业内部管理制度能使出资者、经营者、生产者的积极性都得以调动，行为都受到约束，利益都得到保障，做到出资者放心、经营者精心、生产者用心。

2. 现代企业制度的主要内容

现代企业制度的主要内容包括法人制度、有限责任制度和科学的法人治理结构。

（1）法人制度

法人制度是指对企业赋予法律上认可的人格的制度。法人是与自然人相对应的一个法学概念。法人是一个团体组织，具有与自然人相同的民事权利能力和民事行为能力，能独立享有民事权利和承担民事义务。

法人制度规定：出资人构造出企业法人后，企业就依法获得了出资人投资所形成的全部法人财产权，成为以其全部法人财产自主经营、自负盈亏的经济实体。包括国家在内的出资人将资产投入法人企业后，就丧失了对资产的直接支配的权利，不能直接干预企业日常的生产经营活动。企业的生产经营交给具有知识和技能的专家经理阶层，由他们作为股东的代表经营管理企业。出资人只是以所有者的身份，依法享有资产受益、重大决策和选择管理者的权利。

（2）有限责任制度

有限责任是指企业法人和出资人所承担的经济责任有限度。这项制度规定，企业以全部法人财产为限度，对其债务承担有限责任；出资人在企业破产清算时，以其投入企业的出资额为限度，对企业债务承担有限责任。

有限责任制度与法人制度密切相联，是法人企业的出资人减少投资风险、实行自我保护的有效办法，并有利于企业根据市场需求适时调整生产和经营，实现资源的优化配置。

（3）科学的法人治理结构

科学的法人治理结构是指企业内部的一套科学的组织管理体系。在这个体系中，股东会是最高权力机构，董事会是经营决策机构，监事会是监督机构，专业经理层是执行机构。机构之间相互独立，责权明确，并形成相互制衡关系。

3. 现代企业制度的组织形式

现代企业制度的内容需要通过一定的组织形式来体现。公司和企业集团是现代企业制度中的基本形式，它们与社会化大生产及市场经济相联系，是市场经济的资产组织形式。

（1）公司

法人制公司既不是自然人企业，又具有整体性特征（企业内部各组成部分不是独立的经济实体，其行为必须由企业整体统一负责），公司实行有限责任制度，并具有严密科学的组织管理制度。这种组织形式较全面地体现了现代企业制度的主要内容，因而成为现代企业制度的主要形式。

法人制公司企业按投资者承担的责任不同，在法律形态上可以划分为无限责任公司、有限责任公司、股份有限公司、两合公司和股份两合公司五种形式。其中，有限责任公司和股份有限公司是法人制公司企业的主要形式。

1）有限责任公司。有限责任公司是指由一定人数的出资人共同出资组成的，股东以其出资额为限对公司承担责任，公司以其全部法人资产为限对其债务承担责任的公司。有限责任公司具有以下特点：①企业具有独立的法人地位，拥有法人财产权，能以法人资格承担民事权利和义务；②股东人数有明确的高低限规定；③公司不得公开发行股票，股本由股东协商确定认购，不划分等额股份；④公司的股份一般不得任意转让，如需转让股份，转让前须经其他股东的同意，并首先在内部转让；⑤公司实行有限责任制度。

有限责任公司的主要优点是：设立程序简单；公司股东人数较少，便于沟通和协调；股东承担有限责任，风险较小。其主要缺点是：具有不公开性，为非上市公司，股本转让比较困难；股东人数少，筹资规模有限。因此，有限责任公司这种形式比较适合中小型企业和合资经营企业。

2）股份有限公司。股份有限公司是通过发行股票集资，资本分为等额股份，以一定法律程序组建的，以其全部资产为限对公司债务承担责任的公司。股份有限公司的主要特征有：①它是按一定的章程和法律程序设立的法人企业，能以自己的法人资格履行民事权利和义务；②公司的资本一般没有最高限制，但有最低限额。与此对应，公司的股东人数只有下限而没有上限。公司的全部资本划分为等额的股份，股权平等，一股一权，一权一利一责；③公司实行有限责任制度；④公司的股票一般要上市公开交易，可以自由转让，具有充分的流动性。但股东一旦投资入股，就不能从公司抽回股本；⑤公司奉行财务公开的原则；⑥公司的所有者与经营者相分离，形成了一套严密、科学、高效的管理体制。

股份有限公司的优点是：通过发行股票筹集资金，股票具有充分的流动性，有利于吸收资本，扩大生产规模；公司实行有限责任制度，且股权分散，有利于降低投资风险；公司的所有权与经营权相分离，由经验丰富的专门人员进行经营管理，有利于提高企业的管理水平；公司奉行财务公开的原则，有利于对公司经营行为的监督，使公司的经营行为规范化。股份有限公司的缺点是：设立程序较为复杂，设立成本较高；财务必须公开，保密性差；由于股票的证券化，易于形成产业空心化等。尽管如此，股份有限公司仍是一种最为典型的现代企业制度形式，是现代市场经济中进行规模化经营的最佳企业组织形式。

（2）企业集团

1）企业集团的概念。公司的出现特别是其典型形式——股份有限公司的出现，加速了资本集中的过程，使单个的、闲散的资金有可能被集中成大资本而被投入社会化大生产，适应了社会经济发展对资本集中的客观要求，并大大推进了社会经济的发展。但是，随着资本的集中、企业规模的扩大、生产技术水平和经营管理水平的提高以及生产格局的变化，竞争也在更大规模、更深层次上更加激烈地展开。企业要想立于不败之地并取得进一步发展的一条重要途径，就是有效地扩大企业规模，成功地组建企业集团。

所谓企业集团，是指以一个或若干个大型企业为核心，按控股、参股和契约关系，由一大批企业或事业单位联合组成的具有层次性的稳定的经济组织。企业集团作为一种适应现代市场经济发展内在要求的经济组织，是普遍存在于发达的市场经济国家中的。在不同的国家，这种经济组织的名称存在着差异，如美国称之为财团（或利益集团），德国称之为康采恩，日本则称之为企业集团。尽管发达国家的企业集团在主要经营领域及其他方面存在着很大的不同，但它们在组织结构、功能等方面大同小异。

企业集团是市场经济和社会化大生产高度发展的产物。纵观发达市场经济国家的经济发展史，企业间通过"弱肉强食"的激烈竞争，最终往往导致为数不多的企业集团垄断大部分行业的主要经济领域。时至今日，企业集团已经成为发达市场经济国家重要的经济支柱。随着社会主义市场经济的发展和经济体制改革的不断深入，在企业间横向联合的基础上，我国的企业集团也有了一定的发展。

2）企业集团的特点。从国外经验及国内比较成功的企业集团来看，企业集团大多具有以下主要特点：

① 法人多元的群体性。企业集团不是类似公司的单一法人的经济实体，而是由多个法人组成的联合体。这类法人并不局限于企业，也可以是科研单位、基金会等，但企业集团本身并不是法人。

② 组织的稳定性。企业集团成员之间以一定的纽带联系在一起，如以资产、契约等为纽带连接成企业集团，并以资产为主要的连接纽带，这是组织稳定的基础。企业集团成员之间通过持股、控股、融通资金等方式联结起来，在此基础上，辅以人员、生产、销售、技术等方面的联系，使集团成员之间形成了经营上共担风险、利益上共负盈亏的关系。因此，企

业集团具有长期稳定的特性。

③ 多层次的结构。企业集团是多个独立企业按生产经营需要联合成疏密程度不一的多层次的经济组织。一个成熟、规范的企业集团，一般包括四个层次：核心层即具有母公司性质的集团公司，享有独立法人资格；紧密层由被集团公司控股（即持股达50%以上）的子公司或孙公司（即子公司的子公司）组成；半紧密层由集团公司参股（即持股未达50%）的关联公司组成；松散层由承认企业集团章程，与集团公司有稳定的互惠性协作关系的企业所组成。当然，不是所有的企业集团都同时具有这四个层次，但只要有前两个层次，即可成为企业集团。如果只有核心层和半紧密层、松散层，或者只有核心层和松散层，就不能被认为是规范的企业集团，而只是联合程度较低的、较为松散的企业联合体。

④ 多角化的经营。企业集团作为一个整体，其经营方针体现了多角化的特点。企业集团既经营能源、原材料，又经营加工制造业，还经营商业、银行、保险业等。多角化的经营可以避免处于单一行业领域中可能面临的巨大经营风险，而且还能获得专业化生产经营的效率。因此，它成为各企业集团普遍采用的经营战略。

⑤ 跨国生产经营。随着竞争的日趋激烈，大型企业集团并不局限于垄断国内市场，而是积极向外开拓。跨国公司的迅速发展成为战后发达国家企业集团发展的一个重要趋势。跨国公司可带动本国的商品输出，促进国际贸易，扩大商品市场。从广泛的意义上来说，跨国公司还具有在世界范围内寻求资源最佳配置的动因。跨国公司的兴起使企业集团走向国际化。

3）企业集团的组织结构。企业集团的基本组织结构可分为两大类，即"金字塔型"企业集团和"环型"企业集团。

① "金字塔型"企业集团。一般也称为工业型企业集团。在这种企业集团中，由一家实力雄厚的大企业担任核心层的角色，它是"塔顶"。这个大企业可以是纯粹的控股公司，以产权经营管理为方式，以资产保值增值为目标；也可以是一家在某个行业中居于垄断地位的生产性企业，这个企业不仅自身从事生产经营，也通过股权投资和产权买卖来壮大实力，获得营业外的资本收入。"塔身"为集团公司下的紧密层、半紧密层企业。"塔底"为大量靠契约纽带联系的协作企业，即松散层企业。集团公司控制子公司的股份，子公司控制孙公司的股份，整个集团的组织结构呈现一种"金字塔型"。如日本的独立系企业集团、德国的工业康采恩和英美等国的混联公司等都是"金字塔型"企业集团。我国的企业集团一般属于"金字塔型"企业集团。

② "环型"企业集团。"环型"企业集团一般为财团型企业集团。这种企业集团的核心是数家大型工业公司、大银行、金融公司、综合商社等相互持股呈环状，由此结成经济联合体。而这些大型公司往往也是某一个围绕它的企业集团的核心，这呈现了一种集团中套集团的格局（当然，也有某个企业同时参加数个企业集团的情况），因此，"环型"企业集团往往规模极大。如欧美国家的财团和日本的金融系企业集团，这类企业集团在我国被称为"强强联合型企业集团"。

从发展来看，"环型"企业集团的核心圈日益增大，经营范围遍及各行各业，相互之间的经济技术联系较弱，所以其组织呈日益松散的趋势。而"金字塔型"的企业集团一般联系紧密，运行效率高，所以是更典型、更有前途的企业集团。

思考题与习题

1-1 试述企业的产生与发展过程。
1-2 试述科学管理之前的管理发展。
1-3 为什么称泰勒为"科学管理之父"?
1-4 法约尔对管理学的主要贡献是什么?
1-5 什么是理想的行政组织?
1-6 巴纳德理论的特征何在?
1-7 梅奥人际关系学说的主要思想是什么?
1-8 企业管理发展的主要趋势是什么?
1-9 试述电力企业管理的特点和内容。
1-10 电力企业现代化的内容是什么?

第二章 电力市场

从 20 世纪 80 年代开始，以英、美等国为代表，西方工业国家陆续进行了电力市场化改革。进入 20 世纪 90 年代以后，以打破垄断引入市场竞争为取向，以建立开放电力市场为标志的电力工业体制改革已成为全球范围的潮流。我国电力市场的建立也迈出了实质性的步伐。

第一节 电力市场概述

一、电力市场的定义与特征

1. 电力市场的定义

市场有狭义和广义之分，狭义的市场是指商品交换的场所；广义的市场是指商品交换关系的总和。就经济学意义而言，市场由供给和需求两个基本要素组成，供求双方相互作用、相互协调，使市场趋于均衡。

电力作为一种商品同其他商品一样具有价值和使用价值。但是，在计划经济体制下，人们对电力是商品的认识不够，对电力市场的概念模糊。加上电力工业本身具有的特点，如电力产品的无形性、电力生产与使用的瞬间平衡性、电力无法大规模存储等，使电力这种商品市场的形成过程比一般性商品要复杂得多。

从世界各国电力工业发展的趋势看，传统的自上而下的垂直型管理模式受到市场的严重挑战，在电力工业中引进竞争机制已被大多数国家接受。随着我国社会主义市场经济体制的建立，电力工业体制改革也在逐步深入，培育与发展电力市场已是大势所趋。因此有必要对电力市场的基本概念进行阐释。

电力市场是采用经济、法律等手段，本着公平竞争、自愿互利的原则，对电力系统中发电、输电、供电和用电等各环节组织协调运行的管理机制、执行系统和交换关系的总和。

可见，电力市场的基本概念包括以下含义：

1）电力市场是一种管理机制，这种机制与传统的行政命令的机制不同，它不采用行政手段，而是采用经济和法律的手段进行管理。

2）电力市场的基本原则是公平竞争、自愿互利。

3）电力市场应该是一个执行系统，包括贸易场所、计算系统和通信系统等。

4）电力市场体现电力买卖双方交换关系的总和。

2. 电力市场的基本特征

由于电力生产具有的瞬时性、平衡性和经济性等特点，决定了电力市场具有以下基本特征：

1）电力市场具有开放性和竞争性。与传统的电力系统相比，电力市场具有开放性和竞争性。由于电力市场的发电环节和输电、供电环节之间具有不同的技术经济特性，这些不同的技术经济特性决定了输电、供电环节具有自然垄断性，而发电环节不具有自然垄断性。一些发达国家在发电环节中引入竞争机制、开放发电环节的成功经验已经证明了这一点。我国电力工业实行厂网分开，在同网、同质、同价的原则下，发电竞争上网的趋势已不可逆转。这也有力地说明了发电环节具有开放性和竞争性。

2）电力市场具有计划性和协调性。与普通的商品市场相比，电力市场具有计划性和平衡性。一方面，电力系统的各个环节是相互联系的，电能的生产、输送和使用要求瞬时平衡，任何一个环节都会对电力系统产生影响，因此，要求电力市场中电力的生产、使用和交换具有计划性；另一方面，电力系统要求随时做到供需平衡，这就要求电力市场中的电力供应者之间、电力供应者和电力使用者之间相互协调，保持平衡。可见电力市场具有计划性和协调性。

3）电价作为经济杠杆是电力市场的重要内容。电力市场主要采用经济手段对电力系统的各个环节进行管理，因此制定电价原则、计算交易电价、采用电价作为经济杠杆进行调节是电力市场的一个主要内容。

4）转供是电力市场开放的主要标志。随着高压、超高压和特高压输电网络的发展，电力系统日益成为多个区域性电网互联的大型电网，甚至形成国家电网和跨国电网。由于各地区的资源构成不同，劳动力价格和负荷水平有差异，造成各地区电网的发电成本不同，在各地区电网之间出现了功率交换，由发电成本低的电网向发电成本高的电网售电。当售电、购电双方的电网不相邻时，需要售电电网和购电电网之间的电网承担转供任务。电力市场公平竞争的原则使发电者和电力客户能够自由地选择贸易对象，因此，转供就成为电力市场开放的主要标志。

5）电力市场的客户具有能动性。在传统的电力系统中，一般称电力使用者为用户，这种用户是被动的。在现代电力市场中，电力使用者的主动性提高了，能自由地选择贸易对象，一般称为客户。电力市场的客户也可以通过需求侧响应与电网形成互动。因此，电力市场的客户具有能动性。

6）电力市场的商品生产者具有身份的双重性。电力市场中的生产者、供应者具有双重身份。例如，当某电力公司有富裕的电能向其他电力公司输送时，该电力公司具有供应者的身份，而当需要从其他电力公司购买电能时，该电力公司又具有需求者的身份。

二、电力市场的要素

为保证电力市场的正常运行，电力市场需要具备以下六个基本要素。

1. 电力市场主体

市场主体是指进入市场的具有独立经济利益和财产，享有民事权利并承担民事义务的法人和自然人，包括自主经营和自负盈亏的企业、作为商品交换者的政府、社会集团和有独立经济能力的个人等。

按在社会再生产中所起的作用不同，市场主体可分为商品生产者、商品消费者、商品经营者和市场管理者。对电力市场来讲，商品生产者是指各类电力产品的生产者和供应者，包括发电公司、输电公司（电网公司）、供电公司，他们为电力市场提供不同电压等级的电能和服务；商品消费者是指电力客户，即电力商品的购买者，属于市场需求一方，有时各电力企业之间也可能互为客户；商品经营者是指电力商品交易的中介者，起到电力生产者与电力消费者联系的媒介作用；电力市场管理者是指以国家和各级政府有关管理机构的职能身份出现的，起着组织协调、管理监督等方面的作用，推动电力市场合理运转的一种特殊当事人。

电力市场中最重要的市场主体是进入各级电力市场进行售电和购电的发电公司、输电公司（电网公司）、供电公司等电力企业。

2. 电力市场客体

市场客体是指市场上买卖双方的交易对象，即商品。电力市场的客体与市场本身的发达程度有关，主要包括电力（电量）和辅助服务等。电量是指在一定时间内，生产或消费的电力总量，单位是千瓦小时；辅助服务是指网络运行人员为了维护电力系统的安全稳定运行，保证电能质量，由发电企业和电力用户所提供的除正常生产电能以外的服务，包括调频、备用、无功调节和黑启动。

3. 电力市场载体

市场载体是指市场主体对市场客体进行交换的物质基础。一般意义上的市场载体包括网点设施、仓储设施、运输设施、通信设施和商品交易的场所设施等。对电力市场而言，市场载体就是电力网。由于电网具有自然垄断的属性，常常由国家或其委托的公司统一管理，为了保证市场的公平和公正，电网必须对所有成员无条件地开放。

4. 电力市场价格

价格机制是市场机制的核心，在经济调节中起着非常重要的作用。电价是电力市场的核心和杠杆，是电力市场中传递供求变化最敏感的信号，也是体现管理思想的重要工具。与此同时，电价也有其自发性和盲目性的一面，政府管理部门应进行适度调控和监管，保证价格总水平基本稳定，维护公平竞争。研究电价的关键是电价形成机制和电价结构。

电价形成机制是指遵循价值规律和供需调节规律，由市场形成价格的定价机制。电价结构通常包括电价构成和电价体系两部分：电价构成包括市场成本、期间费用、利润和税金四部分；电价体系是指不同商品之间的比价关系和同种商品价格在不同流转环节的差价关系，以及它们之间的有机联系。电价体系可以经常变动，它在一定程度上是由国民经济的运动而引起的。

随着电力市场的成熟和完善，"电力商品"将不仅仅限于电力和电量，围绕电力平衡存在的各种服务也将成为商品，并在电力市场中大量交易。可见，电力市场中的电价问题更加突出和复杂，电价的多样性必然要求建立完整和可操作的电价监督和管理体系，必须研究和推出较为完善和可行的交易电价理论。

5. 电力市场运行规则

电力市场运行规则分为体制性规则和运行性规则两类。

1）体制性规则。体制性规则包含在承认和维护财产所有权的有关法律之中，主要保证市场运行主体的财产所有权及其合法利益不受侵犯。

2）运行性规则。运行性规则包含在政府的有关市场活动的法规和条例之中，包括进入市场的各种主体的行为规范以及处理各种主体之间相互关系的准则。这些规范和准则明确规定了市场上所不允许的行为，要求任何市场主体只能在不损害公众利益的前提下追求和实现自己的利益。运行性规则包括市场进入规则、市场交易规则和市场竞争规则。市场进入规则主要是对市场主体的规定，市场主体是指符合《公司法》规定的具有法人资格条件的电力公司，各类电力企业进入电力市场都要按国家规定和市场规则操作；市场交易规则是指电力企业之间的交易行为都应按《合同法》的规定，在自愿、等价、互惠的基础上，签订经济合同，规范责任、权利和利益；市场竞争规则主要指从事市场活动的各种市场主体之间开展竞争时所应遵守的准则，包括反对垄断、反对协议价格、反对诋毁竞争对手的信誉、反对不正当的诱导和虚假宣传、反对区别性对待等内容。

为了保证电力市场有序运行，必须制定严密的市场运行规则，核心是引入竞争机制，保证电力市场进行公平、有序的竞争。

6. 电力市场监管

市场监管通常是指依靠经济组织、行政组织和司法组织，按照市场管理规则和市场运行规则，对从事交易活动的市场主体行为以及市场运行过程进行监督的活动。市场监管在市场管理中起着重要的作用，不仅有助于克服市场经济自身的盲目性，及时调整各经济成分之间的利益分配，而且有助于市场管理机构执法的严明公正。

对于电力市场而言，各级电力市场都必须有专门的监督机制，其主要职能是监管电力市场的交易行为和竞争行为，处理不公平竞争和违反法律、法规的行为，并对电力市场运行中发生的纠纷、争议和投诉进行调节和仲裁。

第二节　电力市场研究的问题

近一百年来，电力工业一直处于垂直一体化的垄断中。在那个年代，工程师们把这类工业的管理看作是一系列富有挑战性的优化问题，在过去的几年里，这类优化问题在规模、复杂性与范围上都有所深入。由于新的算法的研制以及更高性能计算机的应用，使得电力系统规划与运行水平得到改善。随着电力工业竞争机制的引入，打破了垄断，有着相互独立又相互竞争的多个参与者在相互影响中输送电能，保障电力供应。虽然电力系统的物理本质没有改变，但传统的优化问题已不再适用，取而代之的是许多新的问题的提出。为了在竞争中获得期望的利益，一些传统问题必须通过新的方法予以解决。置身于商业领域的这些相互独立的新公司（发电、输电、配电、用电）必须最大程度地从其所提供的服务中获得回报。因此，仅仅弄清电力系统物理本质显然是不够的，还要明白经济学是怎么作用于电力系统的物理问题的以及物理本质是怎样制约经济问题的。

一、电力市场结构

目前各国电力工业商业化运营的相同之处是厂网分开，但输电网服务这一部分的商业化运营机制各不相同，而这正是各国电力市场最具特色的部分，也是电力市场不同于其他商品市场的关键部分。输电网服务要素主要包括电能交易（Power Exchange，PX）中心、独立系统运行员（Independent System Operator，ISO）、输变电设备拥有者（Transmission Owner，

TO)、辅助服务（Ancillary Service，AS）和发电协调（Scheduler Coordinator，SC）。这些要素的不同组合就形成了不同的电力市场结构。以下对这五个组成要素进行简单介绍。

1. 电能交易（PX）中心

PX 中心的主要职能是提供一个电能供求双方交易的场所。交易期限可以涉及 1h 到 12 个月。最常见的是一日前的电能交易，但应辅以 1~2h 的交易和几个月的交易。PX 的最简单的形式可能是用信息板的形式使电能的供求方签订双边合同。但 PX 中心也可以作为一个交易竞价中心，按供求曲线确定市场出清价，并以出清价作为电能交易结算的依据。采取这种方法可促使竞价者在市场上报价以接近其边际费用。

2. 独立系统运行员（ISO）

ISO 对电力系统进行操作并对所有输电系统用户提供服务。对 ISO 的基本要求是不从发电和负荷市场获取经济利益。在大多数情况下，ISO 也包含不拥有输变电设备和不从这些设备中获得经济利益。但 ISO 的责、权、利在不同电力市场结构中是不一样的。

ISO 的主要职责包括：运行方式制定、适时调度、系统监控、在线安全分析、市场管理以及经营辅助服务。

3. 输变电设备拥有者（TO）

电力市场条件下输变电设备应对所有用户开放。为了形成公平透明的竞争市场，应有一个 ISO 来调度输电系统并向所有用户提供输电服务。但输变电设备的维修、操作仍属于输变电设备业主的业务。

输变电业主主要考虑输变电规划和在新的环境下进行市场分析。后者包括输电系统阻塞的收入、一次和二次输变电设备使用权以及输变电基础设备在通信等其他市场的收入。

4. 辅助服务（AS）

AS 提供输电系统支持服务以保证电力系统可靠运行。实际上，AS 主要提供有功和无功电源，使输电系统安全稳定运行。

根据市场结构的不同，辅助服务的交易可在 PX 或/和 ISO 中进行。辅助服务可捆绑在一起成套提供，也可以分开提供。英国的国家电网公司（NGC）属于前一种类型，而美国电力市场多属于后一种类型，即辅助服务可以由用户自己提供或由 ISO 提供。

由输电用户自己提供的辅助服务包括：调节备用、旋转备用、辅助备用（非旋转备用）及电能不平衡的消除等。如果用户不能自己提供，则必须向 ISO 购买。以下两种辅助服务必须向 ISO 购买：无功/电压支持和系统控制/再调度。

5. 发电协调（SC）

SC 把电能供求双方撮合在一起，而不必遵从 PX 的规则。PX 也可以看作是一个受管制的 SC。SC 以分散的方式促进电能供求进行交易。发电协调者通常需要传统的开停机优化软件和市场分析、竞价策略以及合同优化等配备的分析软件。

根据上述的五项输电职能，可以在电力市场形成五种类型的机构，比如美国的加州电力市场；但也可以将其中一些职能结合起来形成较少类型的机构，比如挪威将 ISO 和 TO 结合；英国将 PX、ISO 和 TO 结合，由 NGC 负责，等等。

一般来说，输电网职能分类愈细，对电力市场的竞争、透明度和公平性愈有利，但在管理、硬件和软件方面都会带来一些问题。如何构成适合我国情况的电力市场，使之适于过渡、易于操作、利于竞争、便于监督，这是电力企业改革需要论证的关键问题。

二、电力市场技术支持系统

电力市场是电力系统运行、负荷管理、供用电合作、通信和计算机系统的总和,通过电力交易的方法实现其自身的运作。因此电力市场的运作是一项综合技术,需要一整套准确、可靠的电力电量计量系统、高效的信息处理系统、调度监视系统和结算系统,并需建立一系列适应市场机制要求的调度管理规则和制度。

电力市场要求有较高的自动化水平,从发电、输电、供电、配电到用电都要进行协调控制和管理,以满足对机组和负荷进行控制的要求。与以往强制性的调度和管理不同的是:电力市场的各种控制和管理是建立在贸易伙伴关系上的,最重要的控制信号已不再是机组的调节和开关信号,而是电价。国外电力市场的实际运营情况表明,自动化水平的高低直接制约着经济功率交换所带来的效益。由于过去对经济性重视不够,因而系统经济调度的基础较薄弱。

1. 计量装置

在计划经济体制下,由于是统配电力电量,而且通常都是固定时间、固定电价,因而当时的计量装置也较简单,最大的特点是不需要时间标志。后来有了峰谷电价的差别,计量方法也向分时段计量前进了一步,但是与电力市场计量的要求还相差很远。由于电力市场采用实时电价或分时电价,因此,为了便于结算电费,严格要求量测量带有时间标志。电力市场中使用的量测计量装置通常是按分钟采集记录的。电力市场的计量装置不仅关系到结算的准确性,涉及各利益主体的经济效益,而且对系统的运行具有参考和指导意义。调度运营人员对采集的电力、电量等数据进行分析、评价,可以及时采取措施,调整发供电方式,不断提高电网运行的经济性。

2. 交易管理系统

电力市场交易管理系统是实现电力市场顺利运作的基础,电力市场中一切与经营有关的活动都是从"交易"开始的。它的主要功能是:依据市场参与者的申报数据,根据负荷预测和系统约束条件,进行交易计划编制,经过安全校核后将计划结果传给市场参与者和相关系统,为电力调度和电力市场的结算提供基础。交易计划包括现货交易计划、实时交易计划和辅助服务计划。

3. 结算系统

尽管目前各网、省电力公司具有电网的结算功能,如对统配计划的电力电量进行统计,并按某个电价进行结算,不过那不是电力市场意义上的结算。电力市场中结算是与电力市场的若干规则联系在一起的,不仅要对系统在正常运行方式下进行结算,而且在发生违约情况下要对违约方根据有关条例进行经济处罚。总之,电力市场的结算系统应能准确、合理地反映各方在电力市场中的经济行为。

4. 信息处理系统

电力市场的信息是广泛的,包括电力电量采集等数据处理,电能交易、输电服务、招标与投标、期货与现货交易等市场管理,供求信息、输电服务信息、实时电价信息等信息发布,监视与管理合同执行的合同管理以及电费管理等多种信息,数据量非常大。电力市场信息处理系统不仅要求功能可靠、完善,而且要求速度快。受局域网、广域网以及与 Internet 接口的传输速率的限制,我国电力市场的信息传输速率受到限制,从而影响电力市场实时性的要求。

5. 电力调度

传统的五级调度是根据负荷预报确定开停机计划，根据电能的质量对负荷实行控制。进入电力市场后，经济性被提到了前所未有的高度，调度部门的行为都是经济行为，不仅正常的功率缺额要受到经济惩罚，而且意外停电也要根据有关协议进行核算，确定对损失的赔偿。在电力市场条件下的经济调度也是一个崭新的课题、迫切需要新的电力系统经济学理论的指导，主要涉及负荷模型、用户响应、停电损失、最优功率交换、投资风险评估等。

三、电力市场运行的基本原则

建立电力市场的目的是在电力系统中引入竞争机制，一个充满竞争的电力市场中，参与者之间都是平等的，所以电力市场最基本的原则是公平。这表现在以下两个方面：一是对发电厂，平等的环境能够促进竞争，激励各发电厂提高生产效率，降低成本，增加活力；二是对客户，按真实的供电成本收费，尽量减少客户补贴是保证客户之间平等的根本点。同时，为了保证电力市场公平竞争的原则，还必须做到：电力市场要有公开性，包括成本、定价、计量、计划等公开，以便监督；扩大自由选择权利，保证电网的公开性；建立有关的法律、法规，以便使竞争规范化。

1. 要保证发电企业之间的公平性

在电力市场中，发电企业最关心的问题有两个：上网电价和发电计划。

上网电价是指独立核算的发电企业向电网经营企业提供上网电量时与电网经营企业之间的结算电价。按统一上网电价结算，有利于鼓励各发电企业降低成本，挖掘潜力，提高效率。从理论上讲，如果发电企业的边际运行成本比上网电价低得越多，则获利越多；如果发电企业的边际运行成本高于上网电价，则将失去发电机会；如果发电企业的边际运行成本等于上网电价，则无利可图。

关于编制发电计划，目前我国各级调度部门所依据的原则，是根据各发电企业或机组的煤耗微增率，按全网煤耗最低的原则编制发电计划。随着电力体制改革的深化，由于各地煤价相差较大，很多电网已提出以全网费用最低为目标函数，按运行费用的等微增率原则制定发电计划。这种做法与英国的做法比较一致。

2. 要保证电力客户之间的公平性

（1）电力客户是一切经营活动的出发点

在电力市场中，电力客户与经营者之间的关系与其他商品市场中客户与经营者的关系不同，电力客户在电力市场中处于特殊地位。电力客户与电力生产者、电力经营者之间由电力线路、电力潮流连接在一起，成为利益共同体。电力客户居于电力市场中，是牵动一切电力活动的源头。主要表现在：

1）电力生产量和输送量必须与电力客户的需要量一致。

2）电力网与电力客户连接点的电压必须与电力客户的用电设备的电压相一致。

3）电力生产者与输送者的成本消耗全部来自电力客户支付的电费。

4）在电力生产与输送时发生的生产事故，不仅损害电力企业的利益，也会损害电力客户的利益。

5）电力生产和经营的效率和效益高低，不仅与电力企业的利益相联系，更与电力客户的利益相联系。

6）电力建设发展的增长率必须与电力客户的增长率相一致，电力不足与电力过剩都会损害电力企业的利益，也会损害电力客户的利益。

由此可见，电力客户是电力建设和经营活动的中心，电力市场的所有工作都是围绕电力客户展开的，电力客户是一切经营活动的出发点和落脚点。

(2) 从电力负荷到电力客户

从计划经济体制转变为市场经济体制也要改变对电力客户地位的认识。在传统的电力系统中只有负荷的概念，没有真正意义上的客户的概念。电力部门将负荷看作是固定的、被动的，没有协作和理性的受控制的终端。在电力市场中，负荷通过客户参与到市场中来，客户作为负荷的代表被看作是电力市场的成员，既参与竞争又参与协作，因此客户具有能动性。从电力负荷到电力客户，这是一个重要的观念转变。发挥客户的能动性，进行竞争和协作，将为电力市场的各方成员带来效益。

(3) 如何实现电力客户之间的公平性

在电力市场中，必须保证电力客户是平等的，但这并不意味着电力客户的电价是绝对一样的。由于电力客户用电水平和性质的不同，如果对不同种类的电力客户收取相同的电费，实际上是将供电费用绝对分摊，必然造成供电成本低的客户补贴供电成本高的客户，这实际上是不公平的，也是不平等的。

真正的公平，必须按电力客户的实际供电成本收费，对不同用电种类进行公平合理的成本分摊，尽量减少电力客户之间的补贴。对电力客户可以区分为以下不同的情况进行处理：

1）按电压等级区分客户。不同电压等级的电力客户，因其所需的输电网络、变电和配电设备的不同，在制定电价时应考虑电压等级的影响。一般地，电压等级高的客户，所需的配电设备较少，电价较低；反之，电压等级较低的客户，所需的配电设备较多，电价应较高。

2）按用电情况区分客户。由于各种电力客户用电情况的不同，有的容量大、负荷低、用电量少，有的容量小、负荷高，所以应将供电成本分为固定费用和可变费用。固定费用是与供电设备容量有关的费用，可变费用是与使用的电量有关的费用。在电价中，相应地分为容量（电力）电价和电量电价，这也是通常所讲的两部制电价。

3）按消耗无功功率的不同区分客户。电力客户负荷的无功功率对供电设备的充分利用和电压质量影响很大，为了考虑这种影响，应该制定无功电价，按照客户实际消耗的无功电量计算无功电费，这样可以合理地分摊系统的无功供电成本。

4）按对供电可靠性的要求区分客户。由于电能的不可储存性，决定了电力商品的特殊性，即电力生产必须与电力需求相匹配。但由于电力需求变化的随机性和发、输、变、配电设备故障的随机性，不可能保证绝对连续不断地供电，有可能会出现紧急停电。

一般根据对供电可靠性的不同要求，将电力客户分为三类：

第一类客户。这类客户为重要客户，对这类客户，如果计划停电或事故停电可能对政治、经济及公民生命财产造成重大影响和损失，这类客户享有最高的供电可靠性。

第二类客户。这类客户不如第一类客户那么重要，计划停电或事故停电虽然会造成较大的损失，但不是不可挽回的。对这类客户，电力系统至少要提供中等程度的供电可靠性。

第三类客户。这类客户与人民的生命财产和安全并无关系，中断这类客户的供电，带来的损失最小。当电力系统由于容量不足或出现事故停电要限制用电时，首先被拉闸限电的就是这类客户，因此这类客户的供电可靠性是最低的。

电力市场中要体现对客户的公平性，就必须对不同供电可靠性的客户，制定不同的电价，收取不同的电费。当客户选择了一定的供电可靠性水平后，如果供电可靠性水平未达到，则供电企业应对电力客户进行赔偿。赔偿金额可以参照《营业规则》中的有关规定制定。

5）按用电时间区分客户。由于电力需求变化的随机性，或发、输、变、配电设备故障的随机性，电能的供需情况是不断变化的，供电成本也随之变化。即使同一客户，不同时间用电时，其供电成本也是不同的。为了反映这种差别，可以使用峰谷分时电价或丰枯季节电价。

3. 电力市场要具有公开性

在电力市场中，为保证贯彻公平性这一基本原则，必须具有一定的公开性，以便监督。电价是电力市场中各电力市场主体最关心的问题，因此发电企业的上网电价和电力客户的用电电价必须公开。发电企业根据上网电价随时了解电厂的运行经济状况，电力客户依据用电电价制定最优用电计划和调整用电结构。

电力输送网络的收费也是电力市场中各电力市场主体关心的问题，必须明确收费标准并向公众公布，以便在选择不同贸易方式时作为经济比较的依据，必要时还可以采取价格听证制度。电力市场必须使参与者了解电力市场的管理、运行方式。

4. 电力市场的参与者要具有自由选择的权利

单纯从市场角度来看，市场应能满足参与者自由选择的权利，即供应方有自由选择客户的权利，客户也有自由选择供应方的权利。但电力市场有其特殊性，在垂直一体化的电力体制下，市场的参与者不具有自由选择的权利。随着电力市场的逐步开放，市场参与者选择的自由度越来越大。一般是先开放发电市场，然后逐步开放输电市场，此时大客户具有选择权，最后开放配电市场，此时大、小客户都具有选择权。

5. 电力市场运行应有法律保障

由于电力商品的特殊性，要求电力市场在进行供需匹配时，还要负责电网的安全稳定运行，因此电力市场运行必须有法律保障。与此同时，电力在进行贸易时，有关价格、赔偿等也应做到有法可依。《中华人民共和国电力法》的颁布，标志着我国电力工业的管理已经走上法制的轨道，但还需继续完善相关的法规制定工作，不断规范电力市场操作。

四、电价理论

电价理论是电力市场的核心理论之一。国外电力市场理论研究起源于20世纪80年代末对实时电价的研究，它从理论上证明了实时电价对优化配置资源的有效性。电价理论研究可分为两部分：电能成本分析（电价预测）和电力市场电价形成机制。电能成本分析是电价预测的基础，对于电力市场宏观控制、优化电力资源配置有决定性影响。但电价最终要通过市场机制形成。从理想市场运行看，电力市场出清电价应与电力系统电能边际成本相对应。

电能成本的研究可分为短期电能成本分析与长期电能成本分析。短期电能成本分析核心是电力系统优化调度、运行生产模拟及开停机计划的问题。在我国，燃煤火电机组占总装机

70%以上，其起停不仅需要几小时，而且需要很大的起停费用。因此，在进行电能成本分析时，不考虑起停问题，就不可能经济运行，达不到优化资源目的；而不考虑机组带负荷爬坡能力，有时就不能保证供电可靠性。然而，涉及这些因素的电能成本分析理论和算法目前还未成熟。电能长期成本分析除运行方式及开停机计划优化之外，还要考虑电源优化规划与输电系统优化规划。在电力市场条件下，电源规划与电网规划的目标发生了变化。在可行性研究时必须增加投入产出分析，这又不能不涉及未来电价预测问题。此外，作为规划标准的可靠性指标也必须得到电力市场对参与者的认可。

输电及其他辅助服务的量度和定价是电力市场理论研究中比较薄弱的环节，目前只有一些框架式的分析。如何从资源配置和公平公开的原则上具体量化这些服务，以及相应的定价原则都还没有成熟的理论。输电或转运服务的分析给电力系统分析乃至电路理论研究带来巨大挑战，使得这一领域的研究需要对潮流或电流的追踪分析问题有突破性进展。因此，对电价方面研究主要有以下几方面内容：

1）电能成本，包括水火电调度、随机生产模拟、发电机组的开停优化、日运行方式优化。

2）输电成本，包括输变电设备利用份额、网损分摊、带安全约束最优潮流、输电阻塞问题等。

3）辅助服务成本，主要包括各种备用容量、能量平衡、AGC、无功及电压调节等服务成本量化研究。

4）电力市场环境下的规划，包括确定系统可靠性指标机理、电源投入产出分析、专项输电项目论证及投资分摊等。

五、电力市场的交易形式

电力交易可采取双边合同和竞价上网形式，一般电力市场都包含这两种交易形式。但是电力市场以何种形式为主，或这两种形式各占多大份额，应该根据具体情况进行分析。英格兰电力市场在这方面的经验为我们提供了一定参考价值。1990年4月英国电力工业私有化开始电力市场化进程，其特点是主要电力交易通过国家电网公司（NGC）的电力库（POOL）以竞价形式进行。1997年10月电力监管机构遵从政府要求，对上述POOL经营模式进行审查。1998年10月英国能源部长宣布将进行根本的市场变革，支持监管机构提出新交易方案。新方案将促进电力交易与其他商品交易有更多共同之处，尽可能去除电力市场中不合理现象。根据新方案，电力交易将主要在"远期合同市场"和"期货市场"中进行。而接近实际运行的"短期双边市场"将提前1天滚动开市，通过公开屏幕进行交易。在新方案中，NGC作用可能仅限于占交易份额很小的"平衡市场"。

美国电力市场中竞价上网是电力交易的重要形式。而在我国电力行业"厂网分开，竞价上网"呼声很高，但"老电老价，新电新价"及发、输电设备差异极大的还贷状况使以竞价上网作为主要电力交易形式有一定困难。因此，在我国这两种交易形式应各占多大比例是电力市场值得研究的问题。

竞价上网方式和竞价策略是电力市场理论中的难点，实时性要求很强。该问题不仅与电力市场经济效益有关，而且直接影响电力系统的安全性和可靠性。对一个发电厂商来说，竞价决策和优化运行有密切关系，竞争目标是要获取最大利润。发电厂商如何制定最优竞价策略，以及电力交易（PX）中心如何模拟和选择发电厂商以使电力用户电能费用最小化问题将涉及电力系统的生产运行优化模型和算法。从目前研究情况看，从理论和算法上都远没有满足实际电力市场竞价上网需要，急需开发新型高效模型和算法。为解决这些问题，可采用动态规划法（Stochastic Dynamic Planning）、场景分析法（Scenario Analysis）、多目标决策（Multiple Objective Decision Making）以及顺序优化法（Ordinal Optimization）等方法。

六、电力市场的分析与模拟

电力市场的形成受诸多因素影响，需要大量艰苦的探索，除了要对以上各方面问题进行理论和算法研究以外，还应把上述研究得出的理论、方案和算法组合在一起，以我国典型的电力系统为例进行电力市场营运模拟仿真研究，对电力市场运行的可操作性、经济效益以及给电力系统带来的问题进行评估。应该指出，为了避免出现类似美国加州1996年发生的两次灾难性大事故，在电力市场运营时应对电力系统电能质量、输电阻塞以及可靠性等问题给予高度重视。为了在瞬息万变的电力市场运营条件下对电力系统的运行情况，特别是对运行的安全性和可靠性做出及时判断，需要开发一个高效的、综合性的电力市场运营评估系统。

电力市场运营评估与模拟系统应包括以下内容：

1）从经济运行及微观经济理论两方面评估电力市场竞争的公平性和效益以及电力市场自身稳定性等。

2）电力市场环境下电力系统安全可靠性及其他运行问题。如发电容量充裕性、备用性及可靠性问题，输电系统阻塞问题，甚至分散环境下系统保护、安全自动装置的配合问题。

3）电力市场对各种情况适应能力（如大故障、水电丰枯、新能源、新技术等）。

4）电力市场运营模拟系统集成。主要功能为：决策模拟分析和培训仿真除了发展等效模型算法外，还要求应用并行算法，以满足快速模拟要求。

总之，电力市场问题是国际电力领域重大研究课题，它涉及电力系统优化、运行分析及可靠性等诸方面的理论和算法，其研究成果对电力系统经济性及可靠性有深远影响。因此，有关电力市场问题正在世界范围内掀起热潮。对我国来说，在深化电力工业改革的新形势下，电力市场的研究已到了刻不容缓的地步。在这种情况下，应积极开展我国电力市场的电价理论、交易机制及模拟研究。需要解决的关键问题包括：社会主义市场经济大环境下电力市场的结构；大规模电能成本分析所需的非线性优化高效算法；竞价上网及电价形成的随机优化模型；电力市场运营对电力系统安全影响的模拟及对策；电力市场运营模拟的并行算法。

第三节 电力市场的运营

一、电力市场运营的参与者

要深入研究电力市场，首先要了解在这种市场中充当一定角色的公司与机构的各种类型。在每个国家与地区电力市场有着不同的发展方向和发展速度，这些类型不一定都会出现在每个市场中。在有些情况下，一个公司或机构往往会表现出以下描述中的一个或多个功能。

1. 发电公司

发电公司又称为发电商，其承担在市场上生产并出售电力的职能。它们可能还会向系统运营商出售辅助服务，如自动发电控制、电压控制与备用，它们的作用在于保证电力供应质量与安全。承担辅助服务的发电商又叫作辅助服务供应商（AS）。

一个发电商可能只拥有一座电厂（机组），也可能拥有多种不同技术类型的电厂（机组）。发电商有时会与垂直一体化垄断企业所属的发电公司同时存在于一个市场中，此时它又被称为独立发电商（IPP）。

2. 配电公司

配电公司拥有并负责运营特定区域的配电网络。在传统体制下，它们垄断了连接在其配电网络中的所有用户的电能销售业务。但在电力市场中，电能销售业务可能会与配电网络运营、维护及建设等业务分离开来。诸多电力零售企业可以开展电能销售竞争，而此类零售企业中的某一个也许就是区域配电公司的下属子公司。

3. 零售商

这类企业还可称为供电商、售电商等，一般情况下不进行区分。零售商可以在批发市场上购买电能，然后转售给那些不愿或未被允许参加批发市场买卖的用户。零售商不需要拥有发电、输电与配电资产。零售商的所有用户也不必全部连接在同一个配电公司的网络上。

4. 市场运营者

市场运营者一般操纵一个计算机系统，这个系统根据买方和卖方提交的投标，匹配合适的交易，也对已经成交的交易进行结算。这意味着运营者在电能交易实现后负责由买方到卖方的资金流动。独立系统运行员（ISO）的职责是运营市场的最后一环，即发电与负荷用电瞬时平衡的实时市场。非实时的市场，典型的方式是由以盈利为目的市场运营者运作。市场运营者即第二节中提到的电能交易的执行者。

5. 独立系统运行员

独立系统运行员的主要职责是保证电力系统安全。之所以说是"独立"，原因是竞争性环境下的系统运行员不能偏向其中某些市场成员，或者不利于另外一些市场成员。独立系统运行员通常仅拥有监视与控制电力系统所必需的计算与通信设施，但其往往兼有系统运营与最终市场运营职能。

独立系统运行员通常负责管理最终市场，也就是平衡负荷与发电的实时市场。至于在实时运行之前某段时间存在的市场如日前市场，一般可以交由电能交易中心管理。电能交易中心和独立系统运行员的区别可以简单地理解为：前者更倾向于市场交易职能，而后者更关注系统的物理职能。在许多电力市场中两者是合二为一的。

6. 输电公司

输电公司即第二节中提到的输变电设备拥有者，它们拥有输变电设备如输电线路、电缆、变压器及静止无功补偿设备等，并依照独立系统运行员的指示来运行这些设备。一些输电公司有时也可能拥有发电子公司。独立输电公司（ITC）则不允许拥有发电厂，但是可以兼有独立系统运行员的部分职能。

7. 监管部门

监管部门是确保电力市场公正有效运营的政府机构。它可以决定或批准电力市场规则，调查滥用市场力的情况。监管部门还可能会负责设定垄断型电力企业所提供的服务与产品的价格。

8. 小用户

小用户通常从电力零售商处购买电能。为了连接到电力网络，它们通常需要向区域配电企业租赁相关设备。小用户参与电力市场的形式非常简单，在大多数情况下，它们只能从所在区域的许多零售商当中挑选一个进行电力交易。

9. 大用户

大用户与小用户不同，它们通常会直接通过电力批发市场购电，在电力市场中扮演积极的角色。有一些大用户还能够对其自身的负荷进行控制，ISO 可以将其当成一种可调用的系统运行资源。有时少数规模较大的用户会直接与输电系统连接。

二、电力市场的竞争模式

Hunt 和 Shuttleworth 在 1996 年提出了四种电力市场运营模式，用来描述电力工业从一个垄断管制状态到全面竞争的演变。

1. 垄断模式

电力市场垄断模式如图 2-1 所示，对应于传统的垄断式电力企业。模式 a（即图 a）描述的是发电、输电及配电一体化的电力企业。在模式 b（即图 b）中，发电与输电是由一个部门掌管，该部门向当地的配电垄断部门出售电能。这类模式不排除不同地域的电力运营商之间的双边能量交易，所进行的交易在数量上都是大宗的。

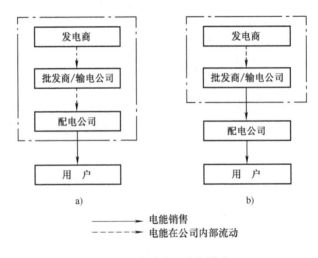

图 2-1　电力市场垄断模式
a）发电、输电及配电为垂直一体化的电力公司
b）配电部分由一家或几家独立的公司经营

2. 趸售模式

图 2-2a 说明了在电力工业引入竞争最可能迈出的第一步。一体化企业不再拥有所有发电容量。独立发电商（IPP）接入电网，它们将电能趸售给充当购买代理的电力企业。图 2-2b 显示出了这类模式进一步的演变，企业不再拥有任何发电能力，它们从独立发电商那里购得电能。配电与零售活动也同样分离开来。然后配电公司向购电代理商那里购得电能供用户使

用。购电代理商所设定的价格要受到管制,因为它们向下对于配电公司有垄断能力,向上对于电力供应商又具有买家独家垄断的能力。因此在此模式中,没有像自由市场经济那样的反映成本的价格发现机制。尽管如此,它也具有一些优点,在没有花太大力气去建构一个竞争性的市场(接下来要描述更复杂的类型)的前提下,在发电商间引入了竞争。

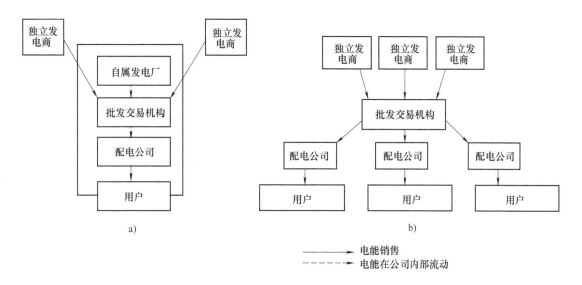

图 2-2 电力市场代理购买模式

a) 一体化模式 b) 分立模式

3. 批发竞争模式

在这个模式中,如图 2-3 所示,不会出现中央机构对电能供应负责。取而代之的是配电部门直接从发电公司手中购得电能供给消费者使用。这些交易都是在电能批发市场上进行的,一些特大的用户通常被允许在批发市场上购买电能。批发市场可以采用联营体或者双边交易的形式。在批发交易的层面上,仍然要集中进行的运作是现货交易市场的运营及输电网络的运行。在零售层面上,系统仍将处于集中控制之中,因为每一个配电公司不仅运营本地的配电网,还代表它服务区域内消费者的利益来购买电能。

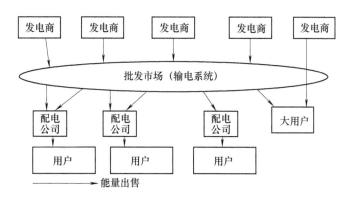

图 2-3 电力市场批发竞争模式

这类模式在发电公司中间引入了相当大的竞争，因为批发价格是由供给与需求之间的相互作用来决定的。另一方面，零售电价要受到管制，这是因为在这种情况下小型用户在感到电价太高时，他们无法选择参与竞争的供电商。

4. 零售竞争模式

图 2-4 描述了最终的电力市场的竞争模式，在这种模式下，用户可以选择自己的电力供应商。由于交易成本的原因，只有大型用户才会直接从批发市场上购买电能。大部分中小型用户都从零售商那里购得电能，而零售商是在批发市场上购进这些电能的。在这种模式下，配电公司的线路经营通常会与零售活动分开，因为它们不再对其电网覆盖地区的电能供应拥有垄断权。在这个模式中，唯一保留垄断作用的就是输电网和配电网。

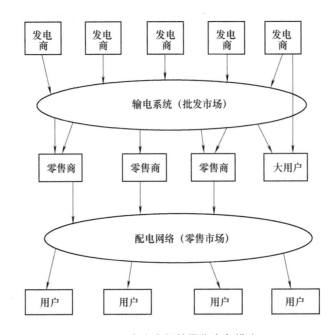

图 2-4 电力市场的零售竞争模式

一旦一个充满竞争的市场建立起来，零售价格将不再受管制，因为消费者可以选择电价更便宜的零售商。从经济学角度上来讲，这一模式是最令人满意的，因为电价都是通过市场机制作用而形成的。尽管如此，实现这一模式还需要相当大量的计量、通信与数据传输。

输电与配电的费用仍然会向用户收取。因为这些网络仍然是垄断的，所以仍需以管制为基础。

第四节 国外电力市场综述

一、国外电力市场概述

电力工业的市场化改革需要解决体制、机制、技术和利益分配等诸多方面的问题，不可避免地要经历一个不断探索和逐步完善的过程。由于各国的国情不同，改革的背景也不尽相同，因此按照市场经济的一般规律和电力工业的基本规律实行电力企业重组、建立竞争机制的过程中，各国在改革的力度和推进改革的方法上存在差异。本节将对英国、澳大利亚、美国、欧盟、日本、俄罗斯比较有代表性的电力市场进行介绍。

1. 英国电力市场

英国是电力市场化改革的先锋，其改革始于撒切尔时代。撒切尔夫人坚信"市场万能"，力主减少政府对经济的直接干预，进行了一系列国有行业私有化改革。英国输电系统由英格兰和威尔士系统、苏格兰系统和北爱尔兰系统三部分组成。改革前，各区域的电力工业由地方政府实施纵向一体化垄断式管理经营。1988年2月英国发表《电力市场民营化》白皮书，拉开了电力市场化改革的序幕，电力工业逐步完成了结构调整和私有化。改革后，在英格兰和威尔士地区，原国营的中央发电局拆分成三家发电公司和一家高压输电公司，配电系统也重组成12个地区配电公司。

英国的电力市场改革主要经历了三个阶段：电力联营体（Electricity Pool）模式、新电力交易协议（New Electricity Trading Agreement，NETA）模式、英国电力交易和传输协议（British Electricity Trading and Transmission Agreement，BETTA）模式。英格兰和威尔士电力联营体于1990年3月31日开始交易。电力联营体是一个强制性的、单边的日前市场，从1998年起，开始允许大于1MW的用户选择供电商。电力联营体的电价和发电计划由发电商的复合标竞价确定，为了克服市场电价波动带来的不确定性，电力联营体中的电能交易一般都附带一个金融合同，最常见的是差价合同。计划电量和实际电量之间的不平衡量所产生的费用由所有的市场参与者分摊，而且用户必须支付一定的容量费用。市场运营机构和系统运行机构的职能没有完全分开，市场由所有的市场参与者共同管理。电力联营体的运行总体上是成功的，但仍存在一些问题，主要有电价波动较大、电价制定方法复杂而且透明度低、用户不能直接参与电价的制定过程等。因此，2001年3月27日，NETA施行，英国电力改革进入第二阶段，这个阶段以多个市场和双边合同取代强制性电力联营体。NETA设有远期合同市场、期货市场和短期现货市场，大多数电能交易是电能交易商在电能交易所通过自由谈判以双边合同形式进行的。为消除供需不平衡，NETA还设计了调节发电和负荷运行水平的平衡机制，针对市场参与者的合同电量和实际电量之间的偏差量，提供一种接近实时的结算机制进行定价和结算。2004年7月，英国推出BETTA模式，旨在将英格兰和威尔士（E&W）地区成功的电力市场模式扩展到苏格兰，以打破苏格兰发电领域内的行业垄断，建立以E&W模式为基础的统一电力交易、平衡和结算系统，并统一输电定价方法和电网使用合同体系。2005年4月BETTA正式实施，英国输电系统的三部分合并为一体，由国家电网天然气公司经营。

英国电力工业的监管机构（Office of Gas and Electricity Markets，OFGEM）是一个独立于政府的组织，同时监管天然气和电力两个市场，对电力工业的监管主要依据电力法的授权，为发电、输电、配电和供电等各类业务活动颁发业务许可证，监督这些许可证相关条件的执行情况，并有权对违规行为做出处罚。

2. 澳大利亚电力市场

澳大利亚自1990年开始对电力工业进行改革，并于1991年5月成立了国家电网管理委员会（NGMC）。澳大利亚建立电力市场的原则是在发电和电力供应中引进竞争机制，要求开放国家电网，允许私营电厂、国有公司及公有、私有客户在大电力系统中进行公开交易，从而增加市场成员的选择范围。

(1) 澳大利亚电力市场的管理机构

澳大利亚电力市场的管理机构由国家电力市场管理公司、国家运营规约管理协会及系统运行部门组成。

1) 电力市场管理公司。电力市场管理公司代表市场成员管理批发市场，收集来自参与者的投标，结算短期提前电力市场及实时电力市场，计算系统实时运行的发电计划并报告系统运行人员。

2) 运营规约管理协会。国家运营规约管理协会的责任是：监督并报告执行规约的一致性、高效性和完备性，强化规约，完善规约，解决争端等。在新的电力市场中，所有参加电力市场交易的成员必须服从《运行规约》。《运行规约》是电力市场管理的核心和依据，主要包括如下内容：①市场规则：规定实时电力市场、短期提前电力市场等的运行机制；②网络价格：规定网络所有者的责任及网络收费问题；③网络连接：规定发电者、客户、零售商如何使用电网进行贸易，规定测量标准，以确保交易中电能计量的准确性；④法规部分：规定市场参与者的责任、争端的处理方法、对法规进行更改的机制；⑤系统安全部分：规定在正常运行及故障时，确保系统安全的措施。

3) 系统运行部门。系统运行部门与系统的实际运行紧密相关，必须每时每刻平衡发电与需求，负责网络元件的控制，维护系统运行的安全稳定，但与市场中错综复杂的财政关系没有联系。系统运行人员在各州的电力控制中心，根据市场规约及电力市场管理公司的发电计划，平衡电力供应。在事故情况下，系统运行人员有权不按市场运行机制，尽力保证系统安全。

在澳大利亚电力市场管理中，电力市场管理部门与系统运行部门是相互独立、相互制约的两套系统。这与英国电力市场的管理方式有很大不同。系统运行部门不参与市场的贸易和计算，但为了维持系统的安全，有权否决市场管理部门制定的贸易计划。

(2) 澳大利亚电力市场的运行机构

澳大利亚电力市场的运行机构由发电公司、客户、零售商和输电网络组成。

1) 发电公司。发电公司负责电力生产。目前主要有8家独立发电公司，每个发电公司的容量都超过500MW，有的发电公司属于国有，有的属于私人拥有。有些发电公司可以拥有许多家发电厂，如昆士兰发电公司；有些是单个发电厂运行，如格兰得斯通发电厂。澳大利亚电力市场规定，所有容量超过30MW的发电厂，必须参加电力批发交易市场。

2) 客户。目前只允许负荷容量超过10MW的大客户可以选择供电方，将来限制可能会逐渐放宽。

3) 零售商。零售商从市场中购买批发电力，向客户售电。除现有的配电机构外，将出现大批不拥有配电网络却从事电力零售业务的零售商。

4) 输电网络。与英国电力市场不同，澳大利亚电力市场的输、配电网络并没有收归国有，而是作为电力市场的参与者承担电能的输送与分配，并收取费用。网络所有者必须保证网络的安全运行，对所有成员无歧视地开放。《运行规约》具体地制定了网络运行必须遵守的规则。

(3) 澳大利亚电力市场的贸易形式

澳大利亚电力市场的贸易形式分为零售贸易和批发贸易，一般根据客户容量的大小选取贸易形式。

1) 对于小客户。小客户必须参加零售贸易，其所需电力由零售商供应。零售商购买批发电力并交付网络的费用，与以往传统的贸易方式相比，现在的客户可以选择不同的零售商，从而获得最优的电价和供电方式。零售商为了争取客户，将千方百计地降低电价，增加供电方式、服务方案、信用方案等，可见在供电业务中引进了竞争机制。

2) 对于大客户。对于容量超过 10MW 的大客户，有权自由选择供应方。大客户可以选择零售贸易或批发电力市场贸易。如果客户进入批发电力市场贸易，则客户的选择范围很大。客户进入批发电力市场，首先要进行登记，缴纳成员费，满足咨询要求，遵守电力市场的规约。在批发电力市场中，有三种贸易方式：长期双边合同、短期提前电力市场、实时电力市场。下面分别进行说明：

① 长期双边合同。对于数量较多的电力交易，在批发市场中买卖双方之间可以采用长期双边合同的方式。卖方可以是发电者或发电业务代理人，买方可以是终端大客户或零售商。这种交易，确保在规定的时间内，以商定的电价供应规定数量的电力。如果合同双方最终不能按合同规定的数量供电或用电，则超过或不足部分由电力市场按实时电价结算。

② 短期提前电力市场。由于电量供应和使用是不能非常精确预测的，作为长期双边合同的补充，短期提前交易可使市场参与者在交易前的较短时间内改变其发电计划或电力需求。这种选择，一般在电力交易的前一天或两天做出。

③ 实时电力市场。实时电力市场的交易，维持了电力供应的平衡。发电者和客户在实时电力市场中，对未能由长期双边合同和短期提前交易完成的电力交换进行交易。实时电力市场是对电力系统短期运行的协调，是由电力供应中电能不能储存的特点所决定的。

(4) 网络电价

澳大利亚电力市场的网络电价原则是以成本为基础计算输、配电电价。电力市场将保证无歧视地开放网络，电力市场成员向网络所有者交付使用费。使用费包括市场成员与网络连接的费用和网络使用的费用。网络费用独立于客户交易的各种合同，当不同地区之间出现输电限制时，有可能交付较高的网络费用。市场运行规约中，规定了网络运行水平的种类。网络的使用者可以选定某种网络运行水平并交付相应的费用。若网络所有者未能满足运行要求，则必须给予网络使用者补偿。

(5) 结算

批发电力市场的电量结算，由中心计算系统完成。每个批发电力市场的成员，均拥有一个账号，包括该成员以 0.5h 计的电力生产、消费及所应承担的网损的全部信息。在结算时，计量设备是十分重要的。批发电力市场的成员均必须有仪表能记录并储存 0.5h 电量消费数据，以作为计算依据。

3. 美国电力市场

美国电力改革的核心是放松管制，引入竞争，提高效率，降低电价。改革前，美国的电力工业基本上是地区性垄断经营的，但电力公司并非国营性质。最初的改革开始于零售市场价格较高和批发与零售差异较大的那些州，如加利福尼亚州、宾夕法尼亚州、纽约州等，工业用户、独立发电商和可能的市场参与者们迫切希望通过引入竞争，促成零售价格的显著下降，以享受到批发市场中的低电价。

1996 年，联邦能源管理委员会（Federal Energy Regulatory Commission, FERC）出台了 888 号和 889 号法令，详细规定了电力公司开放准入的输电服务价格和辅助服务价格，并且规定发电和输电必须从功能上分离，无歧视对待所有的发电商。这些法令的颁布对美国一些地区电力市场的形成产生了积极的促进作用。针对输电网开放实践中出现的问题，FERC又提出发展地区输电组织（Regional Transmission Organization，RTO）（1999年2000号法令），可以在提高供电可靠性、消除准入歧视、改善市场效率以及便于政府监管等方面获得显著的区域效益。

美国目前已经形成的有组织的电力市场区域包括：新英格兰（ISO-NE）、纽约（NYI-SO）、PJM、德克萨斯（ERCOT ISO）、加利福尼亚（CAISO）、中西部（MISO RTO）和西南部（SPP RTO）等，其他如东南部、西北部等区域有组织的电力市场正在酝酿或发展。在所有的区域中，目前都存在短期的双边电力交易，主要是日前双边交易，用以满足下一天的负荷需求。在有组织的电力市场区域内，则存在着日前市场和实时市场，所有的ISO和RTO都不组织长期电力交易市场，所有的长期交易均以双边合同形式实现。美国各市场的发展并不统一，有成功的经验，也有失败的教训，北美地区最大的互联电力系统PJM和加利福尼亚州是两个典型的代表。

加利福尼亚州放松电力管制后，2000年夏季出现了规模空前的电力危机，停电警报频发，批发电价飞涨，供电公司入不敷出、濒临破产。危机的根源，除了天气异常炎热、燃料价格上涨等客观原因外，电力市场的设计缺陷是不容回避的因素。与世界其他市场相比，加利福尼亚州市场存在固有的缺陷，即缺少中长期电量合同或其他形式的长期供电协议：三大电力公司被强迫出售50%的发电容量，同时不允许与任何发电商签订长期稳定的供购电合同，必须100%从现货市场购电。这样，再加上市场冻结对最终用户的零售价格，当批发市场价格大幅波动和上涨时，电力公司必然面临价格倒挂，最终因财政入不敷出而申请破产保护。保证电网用电增长需要的系统容量增加和输电线路扩建责任不落实，而寄托于市场的自我调节，也是导致该州供电紧张、电价上涨的重要原因之一。加利福尼亚州的电力危机引发了电力专家、经济学者和政策制定者对将竞争引入电力工业的可行性及意义的重新思考。一个重要的共识由此产生，即电力商品具有不同于一般商品的特殊性，设计一个强壮健康的电力市场要求市场设计者们在技术上对电力系统有充分的理解和认识。

PJM的市场转型被认为是成功的范例。PJM运行有日前能量市场、实时能量市场、每日容量市场、每月和多月的容量市场、调频市场、旋转备用市场和金融输电权的每年和每月拍卖市场。其成功经验有：①市场的改革和发展循序渐进，首先将各电力公司发电、输电、配电、供电进行功能性分离，财务分开核算，建立联营市场，有利于实现平稳过渡；②市场提供了灵活的交易机制和多样化的交易种类，为市场成员提供了充分的选择权和防范风险的手段；③系统运行及规划集中由PJM负责管理和协调，有效地保证了供电的安全性和可靠性；④负荷服务企业（电力公司及供电商）必须满足它们应该分担的一部分系统容量，即容量责任，不足将受处罚。满足容量责任的途径有本公司电厂、双边交易合同、日或月容量市场。电力市场交易容量约占15%。容量市场可以令发电商在电能交易之外通过容量交易获得一定的收入，为新建和扩建发电容量积累资金，有利于保证发电容量的稳定增长。

传统上，美国电力工业受州政府监管。各州对于竞争性批发和零售电力市场建设以及电力公司重组有着不同的观点，因此改革很大程度上依赖各州和FERC的合作以使用其有限的州立法案来支持。FERC于2002年7月31日颁布《标准电力市场设计》，试图为全美各区域的电力批发市场建设提供一个有效的统一标准。2009年《美国清洁能源安全法案》推出后，由于市场设计需要继续完善以适应可再生能源的大规模接入，因此该标准暂停执行。

4. 欧盟的电力市场

欧盟于1996年12月19日一致通过关于放宽电力市场的指令，内容包括：

1）有选择权的用户可自由选择供电商，参与的欧盟及欧洲经济区13个国家必须依据时间表开放供电市场。

2）供电市场可采用不同的业务模式。①第三方接入：有选择权的客户和供电商可接入供电网络；允许采用纵向整合化系统，但必须将发电、输电和配电行业的会计账目分开；可采用管制价格或协商价格。②单一买家：有选择权的客户可与独立供电商签订合同，但所有电力均由单一买家供应，而单一买家则按约定价格向合约供电商购买电力。

3）对于发电市场，欧洲国家可选择采用招标机制或许可证制度来监管新的发电容量。

欧盟指令发布后，整体而言，市场改革步伐比"欧洲竞争指引"的指令所预期的要快得多，在2000年，欧洲市场已开放了80%，远远超过规定的30%。欧盟指令对欧洲电力市场造成的影响主要有：分开会计账目的规定迫使许多公司就发电、输电和配电业务成立不同的法人实体；行业并购和重组增加；公司开始从技术推动市场策略向以市场为主导的业务阶段过渡；消除了欧洲共同体间内部贸易的壁垒，竞争促进了价格的下降。为解决国与国之间电网互联薄弱、线路堵塞的问题，加快欧洲统一市场建设，实现更大范围内的资源优化配置，欧洲正努力加强国与国之间的联网建设。他们认为同步电网没有界限，越大越好。因此，除加强欧洲大陆联网建设外，他们还计划建设环地中海电网，将北非、中东等二十几个国家电网连接到一起，实现优势互补。

5. 日本电力市场

日本电力在1951年以后放开而实行民营化，形成了区域垄断的9家电力公司，这9家电力公司在区域都是实行发、输、配垂直一体化的管理体制。由于日本的一次能源基本都是依赖进口，9大电力公司之间电源结构趋同，因此在国内不存在北电南送、西电东送问题和电源结构调整的问题。9大电网之间是弱联系，交换的电力和电量很少。

日本政府由通产省负责对电力实施管制，管制的主要内容是电价、环境保护和规划。电价管制的原则：一是成本主义原则——按完全成本作为核定电价的基础；二是共同报酬的原则——合理的利润，最早的总资本报酬率为8%；三是公平负担的原则——采用成本加利润的办法。对环境保护的管制主要是限制二氧化碳的排放和对核电建设的环境评价；对规划的管制主要是对长期供求规划和核电建设规划要与电力公司共同讨论。

1999年出台的新电力法是为了促进竞争，实现电力自由化。它的主要内容：一是放开占市场份额30%的特别高压用户（20kV，用电2000kW以上），允许这些用户自主选择电力公司，直接参与电力零售；二是新建电源项目实行招标。新电力法的施行，虽然放开了30%的电力市场，但到目前只有2%至3%的用户更换了供电商。从2000年3月电力市场放开，实行自由化。

6. 俄罗斯的电力市场

俄罗斯在很多方面与我国有相似之处。例如，同样经历了从计划走向市场的经济体制转轨；同样处于经济快速发展、电力供应相对短缺、电力建设亟待加强的时期；同样存在幅员辽阔，但经济发展与能源分布不对称的情况。因此，俄罗斯的电力市场改革经验对我国有明显的借鉴意义。

苏联的电力工业是计划经济体制，垂直垄断经营，归国家电力工业部主管。苏联解体后，俄罗斯于1992年完成了电力工业的政企分开的改革，撤销电力工业部，组建俄罗斯统一电力系统股份公司（RAO），RAO仍然是集发、输、配、售电业务于一体的垄断经营集团公司。各地区的电力联合公司改组为地区电力股份公司，一般拥有并负责运营所在区域的配电系统、热电联产电厂、小水电及区域调度机构等，由RAO控股45%以上。但此次改革并没有打破RAO的垄断地位，股份制改革还因为出现一些个人和财团的从中谋利而受到诟病。此后，俄罗斯的电力改革进展缓慢，尽管提出了多个方案，但均未付诸实践。2001年1月，俄罗斯成立由不同利益集团代表组成的电力工业改革工作组，经过反复协商和充分论证，终于确定了一个在国家控制下向有竞争性电力市场平稳过渡的改革方案。改革的目标是建立适合电力行业特点的市场运行机制，即将高压输电、低压配电和电力调度界定为垄断性业务，坚持由国家所有和控制；发电、售电、维修服务等则界定为竞争性业务，推进产权制度改革。

2008年7月1日，RAO停止运营，除核电继续由国家经营管理外，旗下发电资产被拆分为1个水电公司、6家独立发电公司和14家区域发电公司（主要为热电联产机组），参与市场竞争，并在发电企业的重组中积极推进私有化。输电资产中220kV及以上的骨干电网由新成立的联邦电网公司所有，强调政府的控制；以地区配电网为基础，组建12个区域性配电公司，除莫斯科和圣彼得堡配电公司外，其余公司在2010年后进行私有化。电力零售业务仍由配电公司负责，并鼓励大用户直接购电。此外，俄政府还成立了独立的电力系统调度公司与交易机构。俄罗斯电力大致分为三个区域：欧洲区、西伯利亚区和远东区，其中欧洲区和西伯利亚区建立了以双边合约为主的区域电力市场，95%的电量参与政府管制电价的双边交易，另外5%的电量将参与电力现货市场竞争。现货市场实行日前报价，基于边际成本进行竞争。随着市场的发展，竞价电量将逐渐增加比例。完全实行市场化后，合同电价将取代政府管制电价，容量电价通过自由双边合同或集中拍卖的形式定价，电量电价实行现货市场价格。

俄罗斯联邦能源部负责电力市场的大部分监管职能，重点加强对垄断环节的控制与监管。市场委员会作为非盈利和自律性监管机构，由发电、电网、售电企业和主要电力用户等组成，主要负责通用合同格式的审批、批发市场运行程序的核准、合同争议解决程序的审批、监管办法的核准、对违规行为的处罚、具体援引条款的审批等。

二、西方发达国家电力市场化改革的原因分析

1. 传统体制的低效率是引发电力市场化改革的根本原因

西方电力工业经过100多年的发展，形成了两种基本的体制模式：一种是私有电力政府监管体制，如美国。这种体制下政府允许私人公司垂直拥有电力资产以及经营发、输、配和零售业务。私人电力企业对市场的垄断由政府通过监管来控制。其中，电力监管机构的主要任务是审核电力公司的成本，并根据成本加合理利润的原则制定监管电价。另一种是政府直接经营的国有国营体制，如英、法等西欧国家。这一体制直接以国家垄断代替私人垄断，国家垂直拥有电力发、输、配资产和零售业务。由于国家垄断的电力公司并不以利润最大化为其经营目标，实际上作为政府的政策工具，因此该体制下不存在美国式的电力监管委员会，政府一般通过某一行政部门或专门管理委员会来指导和监督电力公司的经营。

西方传统的两种电力工业体制不仅有效地控制了垄断对消费者造成的利益损失，而且对电力工业的长期发展起到了积极作用，满足了西方国家经济社会发展对电力的需求。但是，随着电力消费需求的饱和以及20世纪70年代以后技术进步的逐步停顿，传统电力体制下激励不足、经济效率低下的弊端逐步暴露出来，无论是"私有政监"还是"国有国营"，都缺乏市场竞争所具有的激励机制，使得电力企业投资浪费和冗员现象严重，导致电力的高成本和高价格。正是电力工业的低效率和高电价，成为各国消费者要求进行电力改革的基本动因。如美国率先实行电力市场化改革的加利福尼亚、宾夕法尼亚、纽约等州，其电价明显高于美国平均电价水平（1999年美国平均电价6.66美分，加利福尼亚、宾夕法尼亚、纽约的电价分别是9.34、7.67和10.40美分），这些地区要求改革的呼声最高。

2. 掀起的新经济自由化政策，推动了电力市场化改革

西方经济学从重商主义开始就存在着关于市场与政府关系的基本争议，主张市场机制的经济自由主义和强调政府作用的国家干预主义代表着两种对立的经济哲学。电力行业由强调政府控制到强调市场竞争的转变反映了西方经济学理论的发展。

从20世纪六七十年代开始，西方经济学理论取得了多方面的新发展。在宏观经济理论上，新古典经济学派开始质疑凯恩斯的政府积极干预经济的理论和实际作用，主张减少政府干预，让市场自由发挥作用。在公共选择理论上，新的理论开始认识到政府的政策制定者和执行政策的公务员与平常人没有什么不同，没有理由认为他们可以做出比生产者和消费者更明智的决策。在微观和工业组织理论方面，新的研究发现在电力工业生产过程中，发电和输配电环节各有不同的技术特征和市场特征，笼统地认为电力工业具有天然垄断性是不够科学的。实际上，发电和零售环节具有竞争性，在这些环节引入竞争可以提高电力系统的经济效率。这些倾向市场的经济理论发展在20世纪70年代末变成了新的经济自由化政策，由此掀起了一轮放松政府监管的浪潮，金融、电信、航空、能源等一系列部门纷纷开始引入市场竞争的改革，20世纪90年代的电力市场化改革也是这一浪潮的延续和组成部分。

3. 电力市场化改革的示范效应，促进了改革的扩散

最先开始实行电力市场化改革的新西兰、英国、澳大利亚等国，最初几年改革的效果十分明显，电价下降，供电服务质量改善，效率提高，过度投资得到抑制。良好的改革示范效应使电力市场化改革迅速席卷全球，到2000年底，几乎所有的西方工业国家都制定了电力市场化改革方案。这一趋势在2000年美国加州发生电力危机后才转趋谨慎。

由于电力工业有其特有的属性，即产供销瞬时完成、即时平衡，发输配售是一个不可分割的系统整体，网络型电网又具有自然垄断性。因此，电力市场不同于一般普通的商品市场。不论电力是供过于求，还是供不应求，都必须严格保持电力系统中发电、输电、供电与用电之间的瞬时平衡。从世界各国在电力工业中引入竞争机制的实践来看，基本做法就是将电力系统中的发电、输电、供电与用电等环节分割，引入竞争机制，在发电环节和售电环节实施竞争，输配环节保持垄断经营。这样在从发电开始到用户使用的整个电力商品的流通过程中，既有竞争经营的部分，也有垄断经营的部分，就其总体结构而言，是一个复合性的市场。

三、世界电力市场化改革的成效

20世纪80年代末以来，世界上许多国家先后对其电力行业进行市场化改革。各国改革的主要举措有：打破电力企业集中一体化的传统经营模式，将具有潜在竞争性的发电和零售业务与仍具垄断性的输配电业务分开；对国有电力资产进行私有化；建立竞争性的批发和零售市场；对垄断性的输配环节实行基于绩效的监管；设立独立监管机构。尽管改革思路基本一致，但由于各国改革的初始条件各异，改革成效也不尽相同。

1）私有化和监管的加强提高了供电企业的效率和服务质量。英国、澳大利亚、新西兰在私有化和实行基于绩效的监管之后，配电企业加强了管理，因维护不善和设备陈旧及窃电造成的技术性和非技术性电损大幅减少，同时还裁减了冗员，企业的劳动生产率和服务质量均有所提高。在几个拉美国家停电事故大量减少，向贫困群体和地区的供电服务显著增加。

2）竞争性电力市场促使发电企业提高效益、降低成本。发电侧引入竞争后，发电商关闭了不具经济有效性、不环保的发电设施，同时通过优化内部管理、改变燃料采购等经营行为，提高了自身竞争力。

3）放开准入，增加了电力投资。在许多实行了电力改革的国家，由于进入市场的壁垒大大降低，私营资本对电力行业尤其是发电领域的投资大量增加。拉美国家除巴西外，改革后发电容量都大幅增加，私营资本在配电领域的投资也很可观。在英国甚至出现大量的新增投资引起电价大幅下降，以至于出现一些发电企业难以继续生存的现象。

4）价格趋于合理。电力批发市场的建立和更多新的市场主体的进入，使得英国、澳大利亚，以及阿根廷等几个拉美国家的电力批发价均有显著下降。许多发达国家的最终消费电价也有所下降。

第五节 我国电力市场的进程

一、我国电力体制改革的五个发展阶段

我国电力体制改革大体上经历了五个发展阶段。

一是国家独家垄断经营阶段。从1949年到1985年的30多年中，电力工业一直实行高度集中的计划管理。电力企业的建设及生产活动全部是由政府部门直接指挥。电力建设由政府财政拨款，管理开支也由财政部门核定拨付，办电权完全掌握在国家手中，而管理模式是政府垂直统一管理和发供电一体化管理。这一时期的突出矛盾是体制性问题造成电力供应严重短缺。

二是集资办电阶段。进入20世纪80年代以后，原有的管理体制严重束缚了电力工业生产力的发展，全国范围内处于严重缺电的状况。投资管理体制改革成为当务之急，集资办电政策应运而生。山东龙口电厂集资办电取得成功，是电力工业投资体制改革的第一个诱发点。这一实践打破了政府独家办电的坚冰，给人们展示了走出办电困境的巨大希望。到1985年，国务院批转了《关于鼓励集资办电和实行多种电价的暂行规定》，后又批准出台了电价随燃料加价浮动的重要政策。1988年，国务院批转了全国征收2分钱的电力建设基金。自集资办电和"2分钱"电建基金政策后，我国多家办电的格局已经形成，中央和地方，内资和外资，各地方、各部门、各企业的各种形式的合资电厂纷纷建立，发电市场已逐步开放。为了保证集资办电各方出资人的权益，出现了新的电厂形式——"独立发电厂"（IPP）。独立发电厂是由各出资人组建的有限责任公司或股份有限公司，是独立的经济实体，与电网

之间是买卖电的关系。独立发电厂的发展调动了各方面办电的积极性，保护了各投资方的合法权益，进而达到了发展电力工业的目的。从1985年到1997年，实行了发电市场的部分开放，以鼓励社会投资。这一时期的突出矛盾是存在着政企合一和垂直一体化垄断两大问题。

三是从1997年到2000年，随着集资办电的发展，电力投资主体呈多元化，独立发电公司越来越多。我国电力工业从电力供应严重短缺转到供需相对缓和。随着近年电量增长回落以后，电力企业普遍面临着机组年最高利用小时数降低、经营效益下降的局面。而许多电力体制改革中深层次的问题也日渐突出。以解决政企合一问题作为改革的重点，成立了国家电力公司，同时将政府的行业管理职能移交到经济综合部门。这一时期的突出矛盾演变成垂直一体化垄断的问题。从这一改革的历史轨迹可以清晰地发现，改革的主线是市场化趋向改革的逐步深化、政企关系的逐步确立，以及集中解决不同时期存在的突出矛盾。

四是从2002年4月开始，国家电力监管委员会等12家涉及电力改革的相关企业和单位，已于2002年12月29日正式成立。此次同时挂牌的12家电改单位，包括国家电力监管委员会、国家和南方两大电网公司、五大发电集团和四大辅业集团。五大发电集团为华能集团、华电集团、龙源集团、电力投资集团和大唐集团，四大辅业集团为水电规划设计院和电力规划设计院两个设计单位以及葛洲坝集团和水利水电建设总公司两个施工单位。南方电网公司由广西、贵州、云南、海南和广东五省电网组合而成。国家电网公司下设华北（含山东）、东北（含内蒙古东部）、华东（含福建）、华中（含四川、重庆）和西北五个区域电网公司。

五是从2015年3月开始，中共中央、国务院《关于进一步深化电力体制改革的若干意见》（即9号文）印发，开启了新一轮电力体制改革。随着六个配套文件相继出台，新一轮电力体制改革加快推动电力交易市场化，使得电力市场的大环境发生了极大的改变，对电网企业产生了直接的影响。这轮改革明确提出推进交易机构相对独立的要求，将原来由电网企业承担的交易业务和其他业务分开，形成规范运行、公平公正的交易平台，电力交易中心在全国范围内陆续成立。

新一轮电力体制改革要求多途径培育市场主体，鼓励社会资本有序投资、运营增量配电网，由此促进了售电公司的大量出现。除了电网企业，9号文明确指出了有资格从事售电业务的五类社会资本，包括发电公司、公共服务行业、高新技术产业园区、含分布式电源及微网的系统和其他社会资本。各类售电公司通过竞争创新，为用户提供安全、方便、经济的供电服务。这种投资主体的多元化必然形成对高收益电力项目相互竞争的局面，使配电网运营权不再集中于电网企业。

截至2017年年底，电力体制改革综合试点扩至22家；输配电价改革试点已覆盖全部省级电网；售电侧市场竞争机制初步建立，售电侧改革试点在全国达到10个，增量配电业务试点达到195个，注册登记的售电公司超过1万家；交易中心组建工作基本完成，组建了北京、广州两个区域性电力交易中心和32个省级电力交易中心。电力现货市场建设试点启程，8个地区被选为第一批电力现货市场建设试点。

随着新一轮电力体制改革的推进，大用户直购电、跨省跨区竞价交易、售电侧零售等具有市场化特质的电量交易已初具规模，市场化交易电量占比日益提高，降低了企业用电成本，促进了资源的优化利用。

二、我国电力市场的建立

世界电力市场改革的经验表明：电力市场改革必须根据本国电力发展的特点选择适当的模式，经过研究论证，制定目标明确的计划，并在法律法规的支持下，逐步有序地实施。我国处于社会主义初级阶段，电力工业改革起点和国外不同，终点也不完全一样。我国电力工业商业化运营的目标是提高效益、改善服务、增加活力。从我国目前电力工业发展程度和相关社会经济环节来看，我国电力市场改革的目标必须分阶段逐步来实现。通过在电力生产的不同环节逐步引入竞争，充分考虑已形成的电力供应特性和电力网络结构，结合电网未来发展格局，分阶段选择电力市场模式，分级构筑市场结构，选择并制定适当的市场运行机制，同时建立健全市场管理体系，使电力市场改革平稳地向前发展。

我国电力市场建立的阶段性目标可分为以下三个阶段：

(1) 发电侧引入竞争机制的模式

这一阶段是我国电力市场的初期阶段。按照国务院的统一部署、在各级政府部门的指导和推动下，国家电力公司在浙江、上海、山东、辽宁、吉林、黑龙江六省（市）进行试点。在这个发电环节竞争的市场中，省电力公司是单一购买者。独立发电公司在法律上是独立法人，实行自主经营。在股权结构上有三种情况：与省电力公司完全无关；省电力公司参股；省电力公司控股或拥有。按照市场规则，电网调度要做到公开、公平、公正。对于违反市场规则的行为，电力管理部门应给予纠正，使发电侧电力市场逐步走向规范。

在初期阶段中，运作省电网电力市场的省电力公司主要承担职能有：输电，调度，市场运作，单一购买者，控制和掌握骨干电厂和主要的调峰、调频电厂及配电公司（主要指县级供电公司）。区域电网电力市场在这一阶段开始进行试点。集团公司改为国家电力公司的分公司，掌握一定的骨干电厂和调峰、调频电厂，负责省际的电量交易。根据我国电网的实际情况，电网经营企业掌握一定的调峰、调频骨干电厂，对于电网的安全运行是十分必要的。

处在初期阶段的电力市场是一种有限竞争的市场。部分电量进行竞价，按差价合同进行价格结算。市场监管形式是政监合一，作为政策制定者的政府管电部门同时是电力监管机构。各级经贸委是政府管电部门，电力投资和电价由计委和物价部门管理。这一阶段的改革需要政策和法律法规环境的支持，例如，要制定与单一购买者市场相适应的电力监管法规；要进行与竞价上网相适应的电价机制改革等；在电力的规划、投资环节，引入市场导向。在初期阶段中，国家电网电力市场尚未形成，区域电网电力市场开始起步运作，输电和配电仍需统一经营和管理。为保证各独立发电公司（或发电集团）的平等参与竞争，电力公司对买、卖的运行操作须坚持公平、公开、公正的原则，电力交易过程始终要在法律和政府的有效监督之下。

初期阶段的电力市场，各市场要素都不规范、不完善。然而，重要的是厂网分开、竞价上网使电力市场建设跨出了重要的一步，引入了竞争机制，走上了市场经济的道路。

(2) 发电环节竞争，输电网开放模式

这一阶段是我国电力市场的中期阶段。输电运行机构为电量交易提供转运服务；逐步进行配电公司、大用户与发电公司的双向选择，进行期货交易和现货交易；电网经营企业作为主要购买者，在市场中发挥主导作用，体现对市场的控制力。发电商和配电公司通过市场直接交易；配电公司在其专营区对用户提供电力。

市场以区域电网公司、省电力公司、发电公司、配电公司、大用户为主体。发电资产的重组形成以独立发电公司为主体发电侧电力市场；省电力公司在中期阶段中承担输电、调度、市场运作、配电公司股东、购电者等项职能。区域电网公司承担输电、调度、市场交易中心等职能。

在中期阶段，大部分电量由买卖双方通过双向选择的竞争方式签订合同进行期货交易；小部分电量通过市场竞价进行现货交易；这种方式的竞争力度比单一购买者市场大大增强。市场管理政监分开，将作为政策制定者的政府管电部门与电力监管机构分开，设立电力监管机构。同时制定与多个购买者市场相适应的电力监管法规。输电网的开放，需要制定输电价格等配套政策。在中期阶段，国家电网电力市场初步形成框架；区域电网电力市场的交易量逐步增加。与第一阶段市场不同，市场更多地允许发电商与供电公司之间的自愿交易，可以在现货交易市场上进行交易，也可以通过合同方式来实现交易。

上述特点表明：这一阶段的电力市场各市场要素逐步完善，竞争力度增大，发电环节已展开比较完全的竞争。

(3) 零售竞争阶段

这一阶段的电力市场配电网开放，配电业务与售电业务分开，零售公司在电力零售市场展开竞争，用户对零售商有选择权。市场以国家电网经营企业、区域电网经营企业、省电力公司、配电公司、从事售电业务的公司、用户为主体。零售商向用户发出告示，用户根据电价及服务质量选择零售商，与零售商签订供用电合同；这一阶段在发电环节和零售环节都展开较完全的竞争。这一阶段的市场应实行集中监管。国家和省两级电力监管机构不仅与政府管电部门分开，实行政府管电部门领导下的自主监管，而且把"多头监管"改为"集中监管"，对电力投资和电价的监管职能也由电力监管机构统一承担。同时制定与发电环节、零售环节开展完全竞争相适应的电力监管法规。在这一阶段国家电网电力市场逐步完善；区域电网电力市场逐步与国家电网电力市场融为一体，全国电力市场的效益得到较好的发挥。

上述三个阶段是我国电力市场模式逐步升级、市场开放程度逐步扩大、市场要素逐步完善、竞争力度逐步增强的过程，也是电力企业改革和政府机构改革逐步深化的过程。分阶段、有步骤地进行电力市场改革是必需的。

三、我国电力现货市场的情况

电力现货市场是电力体制改革的重要环节，随着我国电力体制改革的不断深化和中长期电力交易机制的不断成熟和完善，电力现货市场也正在逐步启动试点与运行。业内素有"无现货，不市场"之说，电力现货市场会产生反映电力商品不同时段、不同地点的电力供需特性和边际发电成本的价格。

2018年8月广东电力现货市场试运行正式启动，这是我国第一个试运行的电力现货市场。从广东电网的电力资源、负荷特性、电网结构等实际情况出发，广东电力现货市场采用集中式市场模式，其核心特征为"中长期差价合同+全电量竞价现货市场"。下面简要介绍广东电力现货市场交易情况。

基于现货交易的广东电力市场包括基数电量、中长期交易、现货交易和辅助服务交易。基数电量一般为必须调度的机组的发电量，它是由政府主管部门制定下达，落实优先发电、优先购电政策，保障清洁能源全额消纳，保障不参与市场交易的用户用电。基数电量可通过计划拟定的曲线进行调度。下面仅对其他几种交易方式进行简单介绍。

1. 中长期电能量交易市场

中长期电能量交易市场以中长期电能量合约为基础，通过典型曲线或自定义曲线约定合约周期内分时电量，并约定结算价格参考点。中长期电能量合约为差价合约，根据交割日的日前市场价格进行差价结算，不作为调度执行依据。中长期电能量交易市场是场内外双边协商或集中撮合的电量交易市场，为市场成员提供保障利益与规避价格风险的方式。通过参与中长期交易市场，发电企业可以锁定收益，电力用户可以锁定用电成本，从而有效规避参与日前现货市场的价格波动风险。市场成员可自行选择参与中长期交易市场，不对日前以至日内、实时的最优调度运行造成限制。

中长期电能量交易市场的交易品种包括双边协商交易、月度集中竞争交易、合约转让交易，下面予以简要介绍：

1）双边协商交易。参加双边协商交易的市场主体包括准入的发电企业、电力大用户、售电公司。在日前市场开市前的任何时间，市场成员均可开展协商交易，但必须在规定时间窗口将交易合同申报，作为结算依据。市场初期，市场主体应于每月底前申报涉及次月交割的双边协商合同。

2）月度集中竞争交易。月度集中竞争交易指市场主体通过技术支持系统申报电量、电价，采取双向报价的形式，电力交易机构进行集中撮合出清，确定成交对象、成交电量、成交价格与相应的分时电力曲线。原则上在每月30日前组织开展次月的月度集中竞争交易。电力交易机构在不迟于交易日的3个工作日前发布月度集中竞争市场交易预通知，其中包括交易的开市时间、交易主体范围等信息。

3）合约转让交易。合约转让交易在日前市场开市前的规定时间开展。市场初期，拟于每周组织开展涉及次周交割的合约转让申报以及场内交易。现阶段，在发电企业之间开展基数电量、双边协商交易电量和集中竞争交易电量的转让交易，允许西南富余水电机组作为受让方参与合约转让交易。暂不开展用电侧合约转让交易。

2. 现货电能量交易市场

现货电能量交易市场包括日前现货交易和实时现货交易，采用全电量集中竞价优化、分时分节点出清的组织方式。日前市场的组织方式包括"发电侧报量报价、用户侧报量不报价"和"发电侧报量报价、用户侧报量报价"两种模式。初始阶段广东电力现货市场按照"发电侧报量报价、用户侧报量不报价"的模式起步，条件成熟后再采用"发电侧报量报价、用户侧报量报价"模式。

在"发电侧报量报价、用户侧报量不报价"的初始阶段，参与市场的发电机组在日前市场中申报运行日的发电量和报价信息，参与市场的用户（包含售电公司）在日前市场中申报运行日的用电需求曲线，但不申报价格。综合考虑负荷预测和电网安全约束条件，以全社会发电成本最低为优化目标，采用安全约束机组组合（SCUC）、安全约束经济调度（SCED）方法进行集中优化计算，初步得到运行日的机组开机组合、分时发电出力曲线以及分时节点电价。若电力用户在日前的申报电量与实际用电量有偏差，则实际用电与日前申报的偏差电量需要按实时电价结算。

广东电力市场最终将采用"发电侧报量报价、用户侧报量报价"的模式，参与市场的发电机组在日前市场中申报运行日的发电量和报价信息，参与市场的用户（包含售电公司）在日前市场中申报运行日的用电需求量价曲线。综合考虑用户侧申报的需求量价曲线和非市场用户需求，以全社会福利最大为优化目标，计算得到日前市场机组分时中标出力曲线、市场用户分时中标用电曲线以及分时节点电价。然后综合考虑负荷预测和电网安全约束条件，以全社会发电成本最低为优化目标，采用安全约束机组组合（SCUC）、安全约束经济调度（SCED）方法进行集中优化计算，对运行日的机组开机组合、机组发电出力曲线进行调整，确保运行日的电力供需平衡、电网安全运行和清洁能源消纳需求。

实时电能量市场采用全电量集中优化出清的方式开展。实时市场基于日前市场封存的申报信息，以集中优化、节点定价的组织方式确保系统平衡、实施阻塞管理。实时电能量市场中用户侧无须进行申报。按照全网发电总成本最小化的目标，基于发电机组在日前市场中的申报信息以及最新的电网运行状态与超短期负荷预测信息，考虑电网运行与机组运行的各类约束条件，以15min为滚动出清周期，采用安全约束经济调度程序实施最优经济调度，形成各发电机组需要实际执行的发电计划与用于事后偏差结算的实时价格信号等信息，并在实时市场中进行信息发布。

3. 辅助服务交易市场

广东辅助服务交易市场目前包括调频辅助服务市场交易，初期与电能量市场分开运行、独立优化，后期与现货电能量市场联合优化、统一出清。调频市场采用日前预出清、实时正式出清的方式开展。符合调频市场交易准入条件的发电机组在日前电能量市场申报环节需同步申报调频报价，通过集中竞争方式，经安全校核后形成调频市场预出清及出清结果。

四、我国电力市场深化改革的目标和思路

1. 电力市场化改革的目标

今后一段时期内，电力市场化改革的总体目标是建立政府宏观调控、依法实施监管下的公平竞争、开放有序、健康发展的电力市场体系。具体目标是：

1）理顺电网企业组织关系，规范国家电网公司的准确定位；在区域电网公司层面，以产权主体多元化为基础，组建规范的输电有限责任或股份公司；在省级和省以下组建规范的配电、售电或供电公司，鼓励城市供电企业民营化。对发电集团公司、所属投资企业，电力设计、施工、修造和"三产"、多经企业全面建立现代企业制度，规范公司治理结构，切实转换经营机制。

2）全面建立区域电力市场，按照市场运营规则，全面实行竞价上网、放开工业大用户，以双边交易为主，实时竞价为辅，全面落实电价改革方案，在发电和售电环节实现有效竞争，对输配电垄断环节实现有效监管，切实由市场发现价格，由价格调整供需关系，主要由市场发挥资源配置的基础性作用。

3）在深化政府机构改革的基础上，规范政府宏观管理与行业监管的准确定位，完成各项宏观配套改革，最大限度地减少行政审批，最大程度地发挥行业规划、产业政策、市场信息的引导作用，充分让市场主体做出投资决策、承担投资风险。建立比较规范的电力法律法规体系，形成有效的电力监管体系和电力公共服务政策体系，较好地解决"三农"用电、清洁能源发电、电力科技环保等公益性问题，全面完成行业协会、中介组织的改革改组。

2. 电力市场化改革的基本思路

1）有序推进电价改革，理顺电价形成机制。单独核定输配电价，分步实现公益性以外的发售电价格由市场形成，妥善处理电价交叉补贴。

2）推进电力交易体制改革，完善市场化交易机制。规范市场主体准入标准，引导市场主体开展多方直接交易，鼓励建立长期稳定的交易机制，建立辅助服务分担共享新机制，完善跨省跨区电力交易机制。

3）建立相对独立的电力交易机构，形成公平规范的市场交易平台。遵循市场经济规律和电力技术特性定位电网企业功能，改革和规范电网企业运营模式，组建和规范运行电力交易机构，完善电力交易机构的市场功能。

4）推进发用电计划改革，更多发挥市场机制的作用。有序缩减发用电计划，完善政府公益性、调节性服务功能，进一步提升以需求侧管理为主的供需平衡保障水平。

5）稳步推进售电侧改革，有序向社会资本放开售电业务。鼓励社会资本投资配电业务，建立市场主体准入和退出机制，多途径培育市场主体，赋予市场主体相应的权责。

6）开放电网公平接入，建立分布式电源发展新机制。积极发展分布式电源，完善并网运行服务，加强和规范自备电厂监督管理，全面放开用户侧分布式电源市场。

7）加强电力统筹规划和科学监管，提高电力安全可靠水平。切实加强电力行业特别是电网的统筹规划，切实加强电力行业及相关领域科学监督，减少和规范电力行业的行政审批，建立健全市场主体信用体系，抓紧修订电力法律法规。

思考题与习题

2-1 电力市场的基本概念和特征是什么？
2-2 电力市场的基本要素是什么？
2-3 电力市场运行的基本原则是什么？
2-4 试述电力市场研究的基本问题。
2-5 试述电力市场的竞争模式。
2-6 试述国外电力市场的概况。
2-7 试述西方发达国家市场化改革的原因。
2-8 世界各国电力改革的主要措施有哪些？
2-9 试述我国电力市场化改革的进程。

第三章
现代电力企业管理的基础工作

第一节 电力企业基础工作概述

一、电力企业管理基础工作的含义

电力企业管理基础工作,是企业在生产经营活动中,为实现企业的经营目标和有效地执行各项管理职能,提供资料依据、共同准则、基本手段和前提条件等专业管理工作。它主要包括:建立健全企业的各项规章制度、标准化工作、计量工作、信息工作、定额工作、原始记录与统计工作和基础教育工作等。

二、电力企业管理基础工作的作用

基础工作是构成企业素质重要的基本要素,是提高企业管理水平的重要途径。企业管理基础工作的作用具体表现为:

1)为企业有效地组织生产经营活动,建立正常的生产经营秩序提供必要的管理手段和管理方法。

2)为企业各项管理职能和业务提供依据和标准。

3)是改善企业素质,提高经济效益的基本条件和前提。

4)是提高企业管理水平和实现管理现代化的起点。

基础工作作为一个特定的概念,是建设具有中国特色的社会主义企业管理体系的一项重要内容。实践证明,完善和提高企业管理水平离不开基础工作,管理现代化必须在坚实的基础工作上起步和发展。基础工作为企业管理提供了实践条件和依据,而企业管理水平的提高又使基础工作得到充实、发展、完善和提高。企业管理与基础工作相辅相成,彼此促进,共同发展。可以说,没有企业管理的基础工作就没有企业管理,更谈不上企业管理的现代化。

第二节 电力企业基础工作的内容和要求

一、建立健全企业各项规章制度

1. 建立健全规章制度的意义

规章制度是企业为保证生产经营活动正常进行而对生产技术、经济等项活动所制定的各项规则、章程、程序和办法的总称，是企业全体职工在生产经营活动中共同遵守的规范和准则。

电力企业规章制度是社会化大生产的客观需要，它既反映合理组织电能生产经营的要求，又反映生产关系的要求。规章制度使全体职工在各项生产经营活动中明确分工、各负其责、相互协作，做到有章可循、有据可依，保证电能生产经营活动顺利进行，并取得预期效果。

据有关数据表明，国有工业企业管理制度健全并严格执行的仅占15%，一半企业有制度但执行不严，一半以上的企业需要重新修订制度，大约有4%的企业各项管理制度不健全，所以对每个企业来讲，都应扎扎实实抓好规章制度的制定与执行工作。为确保规章制度的贯彻执行，除要加强职工教育、做好培训、提高职工技术业务水平外，更应结合企业制度改革的要求，将责任制渗透到各项规章制度中，建立和健全以责任制为核心的规章制度。

2. 电力企业规章制度的主要内容

电力企业规章制度主要包括生产技术规程、管理工作制度和各种形式的责任制。

（1）生产技术规程

生产技术规程是按照电力生产技术过程客观规律的要求，对电网规划、生产运行指挥、设备和仪器的使用及维护、安全技术和电能质量等方面所做的规定，是指导电力职工进行生产技术活动的规范和准则。

电力企业已形成了关于电力生产、安全、设备及技术管理的规章制度，即电力企业的"三规十制"。"三规"是指电力生产的安全规程、运行规程、检修规程；"十制"是指各类人员的岗位责任制、运行管理调度、检修管理制度、设备管理制度、安全管理制度、技术培训制度、备品配件管理制度、能源管理制度、技术档案和技术资料管理制度、合理化建议与技术改进管理制度。

此外，电力发供电基层企业还结合本单位具体情况，制定了相应的规章制度，如"四项技术监督"是指金属监督（通过金属探伤、金屑试验、光谱分析等技术、管理手段和方法，系统地了解和掌握受压金屑部件的技术状况，及其在长期运行中金属组织和性能的变化规律。对金属材质进行鉴定，预防和消除金属事故）、绝缘监督（是指防止电气设备绝缘损坏和保证安全运行）、仪表监督（主要是热工仪表和自动装置的检查）、化学监督（主要指发电厂用水、气、油、煤的质量监督）。"五项基本制度"指交接班制度、巡回检查制度、设备缺陷管理制度、电气操作票制度和电气与热力检修工作票制度。

随着科学技术的发展和管理水平的提高，规章制度也要不断地充实新的内容，使之与大机组、大电厂、大电网、高电压、高参数、高度自动化的现代电力工业相适应。

（2）管理工作制度

管理工作制度是按照电力企业生产经营管理的要求，对各项管理工作的范围、内容、程序和方法等所做的规定，是指导全体电力职工进行各项管理活动的规范和准则。

建立一套科学的管理制度，可使电力企业各管理层次的负责人员有效地指挥和组织电能的生产经营活动，使企业的各个职能部门分工明确、职责清楚、相互协作、提高工效，最终实现企业目标。电力企业的管理制度有：计划管理制度、统计工作制度、生产技术管理制度、调度管理制度、设备管理制度、劳动人事管理制度、电能销售管理制度、财务审计管理制度、生活福利管理制度及其他管理制度等。

1）计划管理制度。规定发供电企业在计划工作的职责范围、计划编制程序和方法、计划的变更和考核等。

2）统计工作制度。规定发供电企业在统计工作上的职责范围、原始记录和统计图表编制程序及方法、统计分析与考核、统计资料的保管和传递程序及时间等。

3）生产技术管理制度。规定发供电企业在生产技术工作上的职责范围，主要包括生产运行的管理、安全监察、供用电管理、设备检修管理、辅助生产管理、事故统计分析、事故调查、防火安全管理、技术档案管理、技术革新管理、环境保护管理、可靠性管理、科技情报管理等。

4）调度管理制度。规定供电企业在调度工作上的职责范围，主要包括电能质量管理、倒闸操作管理、设备检修进度管理、通信远动设备管理、继电保护动作管理等。

5）设备管理制度。规定发供电企业在设备管理工作上的职责范围，主要包括设备缺陷、检修、评级管理及备品配件管理等。

6）劳动人事管理制度。规定发供电企业在劳动人事工作上的职责范围，主要包括招工费用制度、劳动定额和定员管理、劳动力调配、干部管理制度、劳动考勤制度、职工奖惩制度、职工培训制度、工资管理制度、劳动保护等。

7）电能销售管理制度。规定供电企业在电能销售工作上的职责范围，主要包括电能计量管理，电费抄、核、收管理，用电服务制度等。

8）财务审计管理制度。规定发供电企业在财务审计工作上的职责范围，主要包括审计管理制度、成本管理制度、固定资产管理制度、现金管理制度、备用金管理制度及经济事故管理制度等。

9）生活福利管理制度。规定发供电企业在生活福利工作上的职责范围，主要包括计划生育管理制度、医疗卫生管理制度、集体福利事业（如幼儿园、职工食堂等）管理制度、房产管理制度等。

10）其他管理制度。规定发供电企业在其他管理工作上的职责范围及分工，主要包括档案和文书管理制度、治安保卫管理制度、车辆管理制度及绿化管理制度、思想政治工作管理制度等。

（3）责任制

1）岗位责任制。岗位责任制是发供电企业按照电能生产经营全过程的实际需要而设立的，它规定了每个岗位的职责和权限。

岗位责任制包括领导干部岗位责任制、各职能机构专业人员岗位责任制和生产工人岗位责任制。生产工人岗位责任制是责任制的基础，按照《发、供电企业新体制模式方案》，火力发电厂可设立运行分场、燃料分场（燃料公司）、化学分场、维护分场四个分场，并相应规定了每个分场下设的三级机构各岗位的职责。各职能机构专职人员和领导干部的岗位责任制，通常是以职责条例或办事细则的形式明确其任务、职责和权限。

岗位责任制是一项综合性制度，它将日常电力生产运行中的各项工作具体落实到每一个人身上，并与一定的经济奖惩相联系，从而极大地调动了职工的积极性、主动性和创造性，保证企业目标的根本实现。

2）经济责任制。经济责任制是指企业在市场经济条件下，为提高企业整体素质而采取的以责、权、利相结合为基本特征的激励性综合经营管理制度。

企业经济责任制包括两个部分：一是扩大企业自主权，明确企业对国家承担的经济责任，在企业与国家关系上实行经济责任制；二是在企业内部实行层层落实到人的经济责任制。这两者是不可分割的一个整体。

企业经济责任制的基本点是责、权、利紧密结合。责，即经济责任，企业应依法自主经营、自负盈亏，照章纳税，对出资者承担资产保值增值的责任，它是实行经济责任制的基本前提；权，即经济权利，正确划分国家与企业及企业内部的经济权限，赋予企业必要的经营自主权利和企业职工民主管理企业的权利，是完善经济责任制的必要条件。利，即经济利益，正确处理国家、企业、个人三者的经济利益关系，将企业与个人完成经济责任的情况同他们的经济利益直接联系起来，真正体现按劳分配的原则，企业不但负盈，还应负亏，实行独立经济核算，这是促使企业和职工努力完成对国家的经济责任的经济动力。

电力企业经济责任制的制定原则是：①摆正国家、集体、个人三者利益关系，把国家利益放在第一位；②摆正责、权、利三者关系，坚持以责为核心，以岗定责，以责定权，以贡献大小定分配；③坚持以安全生产为前提，以经济效益为中心不断开拓企业生产经营新路子；④坚持先进的安全经济技术指标和劳动定额；⑤坚持严格的考核制度和标准，用数据说话，按程序办事。

电力企业经济责任制总体内容应满足以下要求：①符合国家方针政策；②确保上级指令性指标的完成；③确保企业年度目标的完成；④符合设备和人员素质状况；⑤坚持国内外先进水平或标准。

电力企业经济责任制内容由实施办法、承包办法（含承包合同）和综合通用考核细则等部分组成。经济责任制实施办法，主要是规定全局、厂实施经济责任制应遵循的主要原则和各专项奖励办法，明确经济责任制的运转程序和时效区间及解释权的授予等。经营承包办法及经营承包合同，重点是明确各单位的承包内容、权利义务关系和奖惩条件。综合通用考核细则，主要是依据基础管理工作的要求，明确各项考核指标的奖惩额度。

二、标准化工作

1. 标准化及标准化工作的含义

标准化是指在经济技术、科学及管理等社会实践中，对重复性事物和概念，通过制订、发布和实施标准达到统一，以获得最佳秩序和社会效益的活动过程。

标准化工作就是对电力企业各项标准的制订、执行和管理。它使得电力企业的生产、技术、经济活动和各项管理工作达到合理化、规范化和高效化。通过标准化工作，电力企业能建立起良好的生产秩序，发供电设备处于良好的技术状态，为电力企业电能生产经营活动奠定良好的技术基础和管理条件。

2. 企业标准化工作的任务

1）贯彻执行上级标准化的方针、政策、规定。

2）制订和修订企业标准。

3）建立和完善企业的标准体系。

4）对标准的实施进行监督，以提高质量，降低消耗，增加效益。

5）培训企业标准化人员，提高人员素质。

6）逐步开展新技术、新工艺的标准化审查与管理工作。
7）开展标准化情报交流。

3. 企业标准的内容

标准可分为技术标准与管理标准两大类。

（1）技术标准

技术标准是对技术活动中需要统一协调的事物制定的技术组织准则。它是根据不同时期的科学技术水平和实践经验，针对具有普遍性和重复出现的技术问题，提出最佳解决方案。技术标准的对象既可以是物质的，如产品、材料、工具等，也可以是非物质的，如程序、方法、图形、符号等。

技术标准按其颁布的级别分为国家标准、部颁标准和企业标准。国家标准和部颁标准是制造企业技术标准的依据。电力企业技术标准的实施是贯彻国家标准和部颁标准的具体活动过程，是保证电力企业正常生产的准则。技术标准一经批准发布就是技术法规，必须严格执行，不得更改或降低标准。

企业技术标准的使用期为5年，超过使用期要由生产计划处组织修订，修订依据主要有：电力工业技术管理法规；部颁的典型标准（规程），部局有关标准（规程）制度及设备系统图册修编的有关规定；制造厂家说明书，设备规范和图样；经网局、部批准的设备参数改变的批准书和文件；现场实际设备及管道系统布置等。

（2）管理标准

管理标准是企业在生产技术的经营管理领域中，为实现管理职能的重复性事务和概念所做的规定。管理标准包括的内容很广泛，种类也繁多，为了方便制订，管理标准的分类方法有以下几种：

1）按管理职能分类。按标准管理职能，企业管理标准可分为：管理基础标准、方针目标管理标准、企业组织标准、计划管理标准、信息管理标准、标准化管理标准、全面质量管理标准、生产管理标准、财务成本管理标准、技术管理标准、设备管理标准、计量管理标准、能源管理标准、物资管理标准等。

2）按标准的法律效力分类。按标准法律效力，企业管理标准可分为：指令性的管理标准、指导性的管理标准和供企业参考的管理标准等。

3）按标准的成熟程度分类。按标准的成熟程度可分为正式管理标准、试行管理标准。

4）按标准的使用范围分类。按标准的使用范围可分为基础管理标准、通用管理标准以及专用管理标准等。

5）综合性的分类方法。企业管理内容十分广泛，涉及企业生产技术和经营管理等许多环节和许多方面，但综合起来企业管理标准可归纳为七大类，即技术管理标准、生产组织管理标准、经济管理标准、行政管理标准、管理业务标准、劳动管理标准和干部管理标准。

管理标准的使用期为3~5年，超过使用期，由管理标准的主管部门负责组织修订。管理标准修订主要依据：①上级颁发的有关政策、法令、法规、标准等；②本企业颁发的有关制度、规定、办法等；③管理制度、规定、办法等符合"标准"定义的可按标准化要求将其转为相应的管理标准（标准是对重复性事务的概念所做的统一规定）。

三、计量工作

1. 计量及计量工作的含义

计量是指用一种标准的单位量去测定另一种量的值,它包括测试、试验及对各种理化性能的测定分析等。计量是企业经济活动中取得数据的重要手段,是电力企业的一项综合性的技术基础工作,对于实现电能生产、转换、传输、分配和使用的信息交流,促进技术进步,保障国家和人民利益具有重要意义。

计量工作是指计量检定、测试、化验分析等方面的计量技术和管理工作。它主要是用科学手段和方法,对电力企业生产经营活动中的量的和质的数值进行测算,为企业生产运行、科学试验、经营管理提供准确数据。它直接关系到电能质量、安全经济运行、环境保护和经济效益。

2. 电力企业计量工作的基本任务

计量工作的基本任务是:宣传、贯彻、执行《计量法》及上级部门有关计量文件;负责制定企业计量管理制度和计量发展规划,组建计量管理系统;负责计量值传递系统的组建和计量标准的建标工作;负责企业内各种计量器具和计量设施购置计划的审批,监督计量器具流转的全过程;对企业内部执行计量监督,处理企业内外计量问题及计量纠纷;组织计量人员的技术业务培训、法规学习并考核;负责计量器具的检定、测量、量值传递。

3. 计量工作的主要内容

(1) 计量器具的配备

能源计量器具的配备应按国家经委颁发的《企业能源计量器具的配备和管理通则(试行)》《全国供用电规则》及国家电力公司有关规定配备。经营管理计量器具的配备应根据本企业大宗物料进出的吞吐量和检测的需要配置。工艺质量、生产过程运行参数、监测控制、保证安全生产对设备诊断等计量器具的配备,应根据"发供电企业计量管理规范"配备。电压质量监测点计量器具的配备应按《电力系统电压和无功电力技术导则(试行)》和《电力系统电压和无功电力管理条例》要求配备。

(2) 计量器具使用与维护

计量器具必须经过检定合格后,方能投入使用,并按照使用说明书和操作规程操作。各类计量器具必须建账,做到账、卡、物相符。对计量器具应设专人管理并进行定期性维护,保证器具准确灵敏、安全好用。

(3) 计量器具的检定

1) 计量器具的周期检定。计量器具经过一段时间的使用,应按照有关技术规定进行定期性检定。主要包括确定检定周期和制定周期检定计划。计量器具的检定周期,应按下列原则确定:①用于国家强检管理的工作计量器具,应由生技处向市技术监督局提出申请,经市技术监督局授权后,按规定周期实施强检。未授权开展强检的项目,应按国家规定及时向有关授权单位送检;②企业最高计量标准器具应按国家规定的周期送检;③其他工作标准计量器具的检定周期按国家有关规定确定;④用于生产工艺过程控制并装在发供电主、辅设备上的计量器具,在国家允许的最大周期内与设备计划检修相同步;⑤属于非生产和其他计量器具的检定周期,由使用单位视具体情况自行确定,但不得超过国家规定的最大周期。

属于国家强检管理范畴的计量器具,其周期检定计划及检定的组织工作由生技处负责,周检率须达到100%。计量标准器具的周期检定,由其使用单位做出计划,并按计划及时送检,周检率要达到100%,检定结果每月一次报生技处。超过检定周期而尚未送检者,即视为失准,失准的标准器具,不允许用作量值传递。

2)计量器具的抽检。为保证在用计量器具的准确,检定单位应每季按检定量的10%对未到期的计量器具进行抽检。计量器具经检定后,由检定单位按照检定规定,根据检定情况出具相应的《检定合格证》《检定结果通知书》。检定合格证应保存2年。

(4) 能源计量与物料计量

能源计量是对各种能源储存、传递、使用过程中各种参数,诸如:温度、压力、流量、成分、重量的测量。能源计量的主管部门负责监督各单位能源计量器具的配备和检测,汇总企业能源消耗情况。物料计量是由其主管单位(物资供应部门和燃料管理部门)监督各部门物料计量器具的配备和检测,汇总企业物料消耗情况。

(5) 数据管理

各种原始记录(检定记录和检测记录)必须做到数据齐全、字迹清晰、不漏项、无涂改、有审核。

(6) 计量监督

计量办公室对企业动力量、物资量、运行表计的实抄数、计量检定、统计报表等数据进行监督检查,发现不真实问题,根据造成后果的轻重及时向主管领导提出建议进行处理。

(7) 计量培训

计量办公室负责组织检定员的业务更新学习,并组织参加网局及省、市举办的各种学习班。检定人员必须持有"检定员合格证",履行国家计量局发布的《计量检定人员管理办法》中的职责,保证检定工作质量。

四、信息工作

1. 信息及信息工作的含义

信息是指自然界和人类社会中一切事物自身运动状态以及它们之间相互联系、相互作用所表达或交换的内容。信息可以从各种不同角度,按其不同特征和作用进行各种分类,如生物信息、地质信息、气象信息、经济信息、科技信息、军事信息及管理信息等。信息是系统各组织之间联系的特殊形式,利用信息可以反映出各事物之间的相互关系,以及事物运动过程在时间和空间上的分布状况和变化程度。管理科学从一定意义上来说,可以看成是以研究处理信息为中心的科学。

围绕企业生产经营活动所收集和运用的各种信息,一般称为管理信息。它用于沟通企业组织机构相互的意见,交流人员的思想,反映企业生产经营活动的情况和外部环境的变化。企业常用的信息有各类资料、报表、指令、报告、数据、凭证、密码等。

信息工作则是企业进行生产经营活动和进行决策、计划、控制所必须的资料、数据的收集、处理、传递和储存等管理工作。简单地说,信息工作就是对管理信息的收集、处理、传递和储存等管理工作的总称。

2. 信息工作在电力企业管理中的重要作用

(1) 信息是企业经营决策的依据

现代企业作为一个开放系统,每时每刻都要与外界环境发生密切联系。它要从外界输入各种能量和信息，包括资金、劳动力、原材料、技术、信息等，通过生产经营活动，向外部输出人力、产品、信息等。尤其是在市场经济条件下，为适应买方市场的需要，要通过市场调查搜集各种有用的信息，据此进行预测并做出正确的决策，使企业在激烈的市场竞争中处于不败之地。

（2）信息是对企业生产经营过程实行有效控制的工具

在企业的生产经营活动过程中始终贯穿着两个"流动"，即物质流和信息流。物质流简称物流，是指由原材料等资源的输入到变为产成品而输出，是在物质生产系统内进行形态、性质的变化过程。信息流则对物流起着指挥和控制的作用，它要根据生产经营活动中的技术、经济规律来计划和调节物流的数量、流向、速度、目标，并驾驭物质使之进行有目的、有规则的活动，并且通过反馈机构使实际结果同规定的目标、计划和各种标准进行比较，若有偏差，则加以修正。信息如果失真，就会造成指挥错误；信息如果不合理，就会造成指挥混乱；传递迟缓，就会贻误良机；信息如果反馈不及时，就会造成管理上的失控。

（3）信息是企业提高经济效益的必要手段

取得较好的经济效益和社会效益，不断满足人民日益增长的美好生活需要，是管理的基本目的。影响经济效益的因素很多，但在人力、物力已定的情况下，特别是在科学技术迅速发展、创造发明日新月异的今天，信息已成为效益高低、事业成败的关键。国内外大量事实证明：在当前激烈竞争的环境里，谁的管理信息系统现代化水平高，谁重视信息资源的开发和利用，谁就能抓住时机，在竞争中取胜。因此，从这个意义上说，信息出速度、出效益、出财富，它是比物质和能量资源更为重要、更为关键的资源。

当前，知识经济在世界范围内悄然兴起，知识经济时代是信息时代，它使知识的经济功能通过信息载体得到充分的体现。企业管理的着力点必须加强信息化建设和管理，在信息的生产和利用上，必须要敏捷、快速、高效和协调统一，这应成为企业管理的重要职能。

3. 企业管理信息系统

管理信息要靠管理信息系统收集、加工和提供，因此研究管理信息，必然要研究管理信息系统。

管理信息系统（Management Information System，MIS），是专指以电子计算机网络为基础的自动化数据处理系统。但是从一般意义上来说，管理信息系统实际是指那些专门为管理系统生产和提供有用信息以便使其正确地发挥管理职能，达到管理目的的系统。

4. 开发信息资源，服务电力发展

当今已进入信息时代，信息化的浪潮正席卷全球。我国的信息事业也方兴未艾，近几年来，各种各样的信息机构、信息网络、信息服务如雨后春笋般蓬勃发展。在国民经济信息化的进程中，电力工业作为国民经济的基础产业，其信息系统的建设正面临着新的发展机遇和挑战。电力信息工作要为电力工业的改革与发展的总体目标提供强有力的信息支持，必须做好四个服务：为电力生产建设服务、为领导部门决策服务、为全行业的科技进步服务、为发展电力市场服务。

（1）加强信息网络的建设，沟通信息渠道

计算机信息网络是今后信息资源采集的主渠道，要建好、管好和用好这个渠道，同时也要重视文献资料等传统的信息资源和以信息人员（信息机构）构成的信息网的作用。因此，在充分发挥计算机信息网络的功能的同时，应继续开发利用现有各级电力文献资料中心馆藏的图书、资料和期刊，并根据发展的需要逐步调整其结构，充实其内容。要开拓多种形式的信息渠道，加强国际信息交流，在现有合作的基础上，逐步发展与世界各国电力信息机构的交往，以便更加及时、准确地获取世界各地的电力科技、经济和管理信息。

（2）强化数据库的开发和利用

数据库的开发利用是今后信息资源开发利用的核心，也是电子信息产品的主要形式。数据库的发展正由以科技领域为主转变为经济、科技、社会领域共同发展的局面。因此，电力信息数据库的开发利用也应在继续发展和完善基础型文献数据库的同时，加强国内外电力统计数据库的开发利用，大力发展包括成果数据库、产品数据库和宏观决策指标数据库在内的各种实时数据库。在开发电力信息产品的同时，还要继续办好各类信息刊物，发挥这些传统信息产品的作用。

（3）不断提高信息分析研究的水平

要紧密结合电力生产建设中的关键技术问题、发展战略问题以及经营管理问题，及时、准确地提供国内外有关信息和分析建议，为电力企业的发展和改革服务，为领导进行信息引导和决策服务。要把传统的信息研究和新兴的软科学研究结合起来，既要通过对国内外电力发展水平和动向的跟踪进行对比分析，又要通过全面掌握数据和建立数学模型进行预测和评价。为此，不仅要有高水平的信息研究人员和传统的文献检索系统，还要在完善数据库建设的基础上，建立计算机决策支持系统，以适应对复杂问题进行信息分析的需要，更好地为电力生产建设和领导决策服务。

（4）加强信息咨询服务，培育电力信息市场

信息咨询服务是信息资源开发利用的重要环节，也是信息产品转化成生产力的重要环节。要加强决策咨询、技术咨询、查新咨询和检索服务等工作，充分发挥现有的国际联机检索和分布在各电力网、省网的34个检索分终端的功能。同时，要大力发展信息中介服务，为科技成果尽快地转化成生产力打通信息渠道，为引进国外先进技术和产品打通信息渠道，发挥信息在推动电力市场发展中的作用，并在其中实现信息产品的价值。

五、定额工作

1. 技术经济定额及定额工作的含义

技术经济定额是在一定的生产技术组织条件下，电力企业规定的人力物力财力的利用和消耗方面所遵循的标准简称"定额"。电力企业各类技术经济定额的制定、执行和管理统称为定额工作。

电力企业技术经济定额的主要作用有以下五个方面：①是计划编制、统计监督和考核评比的计算依据；②是组织经济运行、贯彻按劳分配的科学依据；③是考核和分析电能生产经营活动成果的评价标准；④是总结推广先进经验和开展劳动竞赛的科学手段；⑤是企业管理现代化成果经济效益评价的依据。

定额管理的内容一般包括：发动群众制定和修订定额、定额的执行、分析定额完成情况及总结经验等。

2. 技术经济定额的种类

技术经济定额多种多样，电力企业常用的有以下几种：

1）劳动定额。劳动定额是指在一定的生产技术组织条件下规定的劳动消耗的标准，有

两种表现形式：一种是时间表现的劳动定额，即工时定额；另一种是用产量表示的劳动定额，即产量定额。

2）能源消耗定额。在一定的生产技术组织条件下，产品在开发、加工、生产过程中，所确定的能耗指标叫作能源消耗定额。能源消耗定额包括单项能耗定额和综合能耗定额，其内容应包括工艺能耗定额、设备能耗定额、产品能耗定额、产值能耗定额，如供电煤耗率、产品用电单耗、水电耗水率等。

3）物资消耗定额。物资消耗定额是指在一定的生产技术组织条件下，制造单位产品或完成单位工作量所必须的物资消耗量。物资消耗定额按参与生产的特征或用途大体可分为：原材料消耗定额、主要材料消耗定额、辅助材料消耗定额、燃料消耗定额、电力消耗定额等。

4）设备利用定额。设备利用定额是指在一定的生产技术组织条件下，对于设备利用效率所规定的标准，如设备完好率、设备利用率、停机时间定额、单位机组产量定额等。

5）储备定额。储备定额是指在一定的生产技术组织条件下，规定保证电力生产经营活动正常进行需要储备的物资数量标准，如燃料储备定额等。

6）流动资金占用定额。流动资金占用定额是指在一定的生产技术组织条件下，保证电力企业生产、经营活动正常进行所必需的最低限度的流动资金数额，如主要储备资金、生产资金等。

7）管理费用定额。管理费用定额是指企业管理费和车间经费方面所分配的支出限额，如车间经费方面定额、企业管理费用定额等。

8）其他定额。

3. 技术经济定额制定方法

定额水平的高低对调动劳动者的积极性及发展电力生产都有很大影响。制定定额的方法主要有以下几种：

1）经验估计法。经验估计法是由制定定额的人员根据以往的实际工作经验，参考有关资料，对有关因素进行大体分析来确定定额的方法。用经验估计法制定出来的定额，通常称为经验定额。

2）统计分析法。统计分析法指根据过去的统计资料，经过分析整理，并结合当前生产技术组织条件来制定定额的方法。用这种方法制定出的定额，通常称为统计定额。

3）技术测定法。技术测定法指对当前的技术条件、组织条件和工艺方法进行分析研究，设计出新的比较先进合理的工艺操作方法。在新的条件下，技术测定法是指根据现场实际观察的结果，或根据时间标准资料的计算来制定定额的方法。采用这种方法制定出来的定额，通常称为技术定额。

4）典型推算法。典型推算法是指以某种同类型产品的典型定额为依据来制定定额的方法，也称比较类推法。

5）幅度控制法。幅度控制法是指由厂部下达定额的控制数，各车间、各工区等部门根据控制数的幅度制定各车间、各工区、本部门的有关定额的方法。

以上方法各有优点，在实践中可以取长补短综合应用。

4. 技术经济定额的修订

定额随着生产的发展、技术条件的改进和实际完成定额水平的提高，必须及时地进行修订，以保证定额的准确性和先进性。在一般情况下，可以把定期进行全面修订和不定期个别修订结合起来。定期的全面修订，主要是确定一个适当的修改间隔期，使定额水平适应电力生产发展和技术进步的要求；不定期的个别修订，主要是对个别明显不合理的定额进行不定期的个别修订。在编制计划时，计划期与定额修订期往往是不一致的，必须对现行定额作一定的调整，才能作为确定计划指标的依据。经过调整后用于计划编制的定额，称为计划定额。

在电力企业实践中，无论是制定定额还是修订定额，都必须走群众路线，并不断提高群众执行定额的自觉性，使各项定额指标达到并超过历史的以及国内外最好水平。

六、原始记录和统计工作

1. 原始记录

原始记录是按照规定的要求、以一定的形式对企业各项生产经营活动所做出的最初的直接记载，是反映情况的第一手资料。原始记录的范围广、种类多，所有直接登记电能生产经营活动事实的各种表、票、单、卡等都是原始记录。它是发供电企业进行计划、统计和经济核算工作的主要依据，是企业管理基础工作之一。发供电企业原始记录按内容可分为生产管理和经营管理两大类。

发电企业在生产管理方面的原始记录主要包括：

1）电能生产记录。它反映电能生产、运行进度、电能数量和质量，并为考核个人、班组的业绩提供资料，如操作票、工作票、运行日志等。

2）劳动工资记录。它反映职工人数变动和出勤情况，为核算职工工资、计算工人出勤率和工时利用率提供依据，如职工调动通知单、考勤卡（表）、请假单等。

3）物资记录。它反映原材料、辅助材料、燃料等的消耗和利用情况，如领料单、退料单、废料回收记录等。

4）设备记录。它反映生产设备的数量增减、维修和利用情况，如设备运行情况登记表、设备调拨单、设备报废单、设备大小修登记表、设备事故登记表等。

5）技术革新记录。它反映新工艺、新材料以及设备更新改造等情况，如技术革新项目成果登记表等。

除上述生产管理方面的原始记录外，还有经营及其他方面的记录，如生产准备阶段的记录、燃料库存情况的记录、管理费用方面的记录，如出差旅费报销单等。

供电企业在经营管理方面原始记录主要包括：

1）电能销售过程的记录。它反映供电地区市县、大用户电能销售和使用情况，如用电分类记录、大用户用电情况记录等。

2）财务活动记录。它反映资金筹措、使用情况，如资金分配和使用记录等。

3）利税情况记录。它反映税率、税种和税后利润分配记录，如各种税金记录等。

4）主要大用户用电情况记录。它反映主要大用户计划用电指标执行情况记录，如用电单耗记录、用电量及用电最大负荷记录等。

5）营业、计量情况记录。如业务扩充记录、用电申请记录、计量试验和轮修记录等。

6）生产及其他方面的记录。如输变电设备记录、技术革新记录、物资记录、管理费用记录等。

原始记录要力求准确、全面、及时和整洁。原始记录的格式一般有单据式、日报式和台卡式三种。

2. 统计工作

统计工作和原始记录有着密切的关系。原始记录是统计的基础，统计是原始记录的提炼，它们的性质都是生产经营活动实际情况的反映。统计工作必须认真贯彻执行《统计法》和上级的各项方针政策及统计规章制度，向上编报各种统计报表。

对于统计工作的要求一定要做到：①及时、准确、全面地统计和反映电力工业再生产过程、生产过程、价值过程及资金过程中各项主要经济指标的完成情况；②收集和整理电力工业企业本身和国民经济各部门的有关电力生产相关行业用电资料，为做好电力平衡和制定电力计划提供依据；③收集、整理和分析国内外有关电力再生产和扩大再生产的变化规律，为开展电力和经济研究服务；④检查和监督计划执行情况，及时反映计划执行过程中出现的新情况、新问题，以便上级及企业本身及时采取对策，保证计划的顺利完成；⑤为加强企业管理和领导决策提供资料；⑥为预测电力工业发展提供资料；⑦为加强电力工业信息管理服务；⑧为电力企业评比竞赛、经济技术指标考核和经济效益分析提供资料。

电力工业企业的统计范围包括：①产品产量统计：发电量、供热量；②产值统计：总产值、商品产值、净产值；③产品质量统计：中枢点电压合格率、频率合格率；④生产设备统计：发电设备、供热设备、供电设备；⑤事故统计：人身事故、设备事故；⑥经济技术指标统计：能源消耗、供电标准煤耗；⑦电力工业负荷统计；⑧用电统计：用电分类、用电单位产值耗电；⑨供热负荷统计：供热负荷、供热单耗；⑩劳动工资统计；⑪财务统计；⑫基本建设统计。

七、基础教育工作

基础教育是指职工从事本职工作、履行本岗位职责所必须进行的基础思想政治教育和技术业务教育，包括思想品德教育、纪律教育、职业道德教育、生产操作、管理技能等基本功的训练以及管理现代化方法和手段的普及教育等。

1. 加强思想政治工作

企业思想政治工作要以习近平新时代中国特色社会主义思想为指导，从实际出发，围绕企业不同阶段的中心工作，以职工为对象开展思想政治工作，不断提高职工的积极性、创造性和奉献精神，推动企业两个文明建设。

（1）思想政治工作的基本任务

基本任务是：用习近平新时代中国特色社会主义思想统一职工的思想，认真贯彻执行党的基本路线；提高职工素质；加强企业文化建设，培育企业精神，建设社会主义精神文明；做好生产经营中的思想政治工作，遵循规律，把握时机，协调关系，提高效益。

（2）思想政治工作的基本原则

思想政治工作的基本原则有以下几条：①思想政治工作为经济建设服务的原则；②思想政治工作与安全生产、经营管理相结合的原则；③以抓积极因素为主的原则；④疏通引导，以理服人的原则；⑤身教与言教相结合，身教重于言教的原则；⑥解决思想问题同关心、解决职工实际问题相结合的原则。

（3）思想政治工作的方法

思想政治工作的方法有以下几方面：①运用全面质量管理的方法，动员全体职工参与，加强对思想政治工作的全方位、全过程的控制，不断加强和改进思想政治工作；②建立、健全各级、各类人员的岗位责任制，党政工团互相配合，齐抓共管，共同开展思想政治工作；③完善思想政治工作网络制度，坚持经常化、制度化，有针对性地做好思想政治工作；④坚持进行正面教育，说理灌输，帮助职工树立正确的世界观、人生观和价值观；⑤思想政治工作紧密与企业生产经营相结合，抓生产经营从抓思想政治工作入手，把思想政治工作渗透到企业的各项工作中去；⑥树立榜样，培养典型，用榜样和典型激励职工，调动职工的积极性；⑦加强感情投资，以最大的努力帮助职工解决实际问题和实际困难；⑧加强企业文化建设，运用多种载体，开展形式多样的活动，寓教于乐；⑨加强思想政治工作研究，在不断变化的形势下，研究新问题、总结新经验、创造新方法。

2. 大力开展职业道德教育

职业道德是指人们在从事特定的行业职业中所应遵循的行为规范。职业道德教育是思想政治工作的一项主要内容，也是社会主义精神文明建设的中心环节。

电力行业的特点要求电力战线的全体职工具有高尚的职业道德。首先，电力是一种特殊的商品，各行各业都需要使用电力，因此电力部门的职工要与千家万户发生联系。同时，由于电力产供销的同时性，决定了电能质量的好坏与电力用户的利益直接相关联，尤其是拉闸限电会给用户带来很大的经济损失。其次，电力企业在经营上具有地区独家供电的性质，因而形成垄断性的卖方市场。所有这些电力行业的经营特点都要求电业职工特别是直接和用户打交道的供电部门职工提高服务质量，端正行业作风，树立良好的信誉。

电业职工应当明确以下几方面要求：

1）端正业务指导思想，树立安全生产、经济效益、服务用户的整体观念，处理好企业效益、全网效益和社会效益的关系，坚持"两个文明"一起抓。

2）树立良好的行业作风，遵纪守法，严格按政策和规定办事。坚决杜绝以权谋私、以电谋私、乱收乱摊、乱拿乱要、公事私了等不正之风。

3）忠于职守，认真办事，讲求质量，提高效率，优质服务，减少乃至消除无计划的拉闸限电。

4）树立全心全意为人民服务和"用户至上"的思想，用文明礼貌语言接待用户，想方设法为用户服务。

5）注意听取广大用户的意见，接受人民监督，在群众监督下不断提高服务质量。

6）积极学习新知识、新技术，熟练运用计算机。

3. 深入开展职工岗位培训

要为用户提供更便捷的服务。岗位培训是全面提高职工队伍素质的重要手段，岗位培训工作要结合生产实际突出岗位技能和业务技能的培训，加强职业道德教育，按需施教，学用一致，注重实效。发供电企业要认真贯彻执行上级有关电业生产管理人员培训的方针政策，并结合本企业实际情况，全面开展各层次、各专业的培训工作，全面提高全体职工的文化、技术、业务素质，以适应生产发展的需要。要严格执行"先培训、后上岗""先培训、后转岗"的制度，贯彻"培训、考核、使用、待遇相结合"的原则。

第三节　电力企业管理信息

信息是信息科学中最基本、最重要的概念。随着社会生产力的高速发展，新技术层出不穷，信息量急剧膨胀，使整个人类社会成为信息化的社会，人们对信息和数据的利用与处理已进入智能化、网络化和社会化的阶段。例如，查找情况资料、处理银行账目、仓库管理、科研生产等无不需要利用大量的信息资源。因此，有效地对数据和信息进行管理成为人们关注的课题。

一、信息

信息这一术语在不同的领域里有着不同的定义，在管理科学领域中，通常认为信息是经过加工处理之后的一种数据形式，是一种有次序的符号排列，它是系统传输和处理的对象。信息能够提高人们对事物认识的深刻程度，能帮助人们制订工作计划。

信息和数据互相密切联系、不能分割，但又各有不同的含义。数据是记录客观事物的性质、形态、数量、特征的抽象符号，比如文字、数字、图形、曲线等，其本身不能确切地给出其具体含义。信息是由数据产生的，可以简单地理解为数据加工得到的结果，是反映客观事物规律的一些数据，是进行决策的依据。因此，把数据进行加工后的结果称为信息，如报表、账册、图纸等都是信息。

在信息管理中，信息是一项极为重要的资源，是有指导性、有价值的情报。信息的类型及表现形式多种多样，它有各种属性，这些属性和信息的分类直接影响信息管理的开发。信息的产生过程如图 3-1 所示。从图 3-1 可以看出，数据是客观事物的一种表现形式，信息是数据经加工处理的结果。

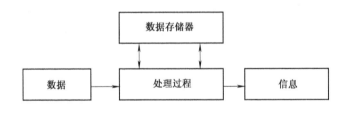

图 3-1　信息的产生过程

1. 信息的特征

信息的主要特征有以下几个方面：

1）信息的可识别性。识别信息有两种方法：直观识别法和间接识别法。直观识别法是通过感官来实现的，而间接识别法则通过各种探测手段来完成，不同的信息来源有不同的识别方法。

2）信息的可变性。根据信息的相对变动性能，信息可以分为固定信息、相对固定信息和可变信息。固定信息是在很长时期内不变动的信息，如姓名、单位名称、产品等；相对固定信息是在一定时期内不变动的信息，如不变价等；可变信息是经常变化的信息，如数量、金额等。

3）信息的可流动性。信息可以从一种形态转换到另一种形态。这种转换既有单向流动的输入信息和输出信息，如报表等，也有双向流动的输入输出信息，如账册等。

4）信息的可存储性。信息的存储分为长期存储和短期存储两种。计算机的信息存储通过内存储器和外存储器来实现，内存储器是短期存储信息的方法，而外存储器是长期存储信息的方法。

5）信息的可处理性。一般来说，用人的大脑处理信息就是思维活动。用计算机进行处理要靠人编写的计算机程序语言来实现。

6）信息的可再生性。信息可通过语言、文字、图像等形式再生成。计算机收集的信息也可以用显示、打印、绘图等形式再生成。

7）信息的有效性和无效性。信息源是客观事物，不同的信息应用于不同的领域，信息要受人的个体影响。人的社会分工不同，对在分工范围内的信息是有效的，对不在分工范围内的信息是无效的，人类的社会分工越细，有效的信息越专业化。

8）信息的属性。信息的属性分为单一属性和集合属性两种。单一属性都是属于独立使用的信息，包括信息的精确度、信息的幅度、信息格式、信息量、信息使用频率、信息使用者和提供者、信息的时间范围、信息的有价性；集合属性是信息在使用中所涉及的综合信息的情况，包括信息集合关联性、信息集合完整性、信息集合时间性。时间性对信息来说十分重要，陈旧的信息将失去它的使用价值。

9）信息的使用性。信息的使用性能决定了信息可分为累积信息和累计信息。累积信息是将输入信息积累起来，基本保持信息的原始面貌，一般作为存档用；累计信息是将输入信息累加起来，只保持经累加以后的信息。

2. 信息的处理过程

数据从收集开始，经过加工处理，直到最终提供结果，这样的过程就称为信息处理过程。

信息处理过程大致分为数据收集、数据加工处理、提供结果。数据收集是指原始数据的收集，根据不同的要求和目的就有不同的数据，原始数据的收集工作很重要，它是整个信息系统的重要环节，因为信息的质量很大程度上取决于原始数据的完整性、真实性和准确性。数据加工处理实际上是对数据进行分类、计算、合并、选择等处理工作，分类是对数据按不同属性进行有规则的排列，计算是对数据的运算。数据经过分类、合并、检查的加工后，要对数据进行保存和传送。数据的传送可以是单向传送，也可以是多向传送，传送过程的好坏直接影响信息的质量。

数据的存储是对数据进行保存。保存的形式可分临时和永久两种：临时保存指的是中间性的数据结构，永久保存是经加工处理后的信息。这种信息都是宝贵的资源，对科学决策提供依据。

在信息处理过程中还具有以下主要特点：信息处理适用于对大量数据的重复处理；对原始数据的初加工处理；信息处理对数据进行严密的组织；信息处理的结果以资料的形式加以保存。

二、管理信息及信息工作

围绕企业生产经营活动所收集和运用的各种信息，一般称为管理信息。它用于沟通企业组织机构相互的意见、交流人员的思想、反映企业生产经营活动的情况和外部环境的变化。企业常用的信息有各类资料、报表、指令、报告、数据、凭证、密码等。

信息工作则是企业进行生产经营活动和进行决策、计划、控制所必须的资料和数据的收集、处理、传递和存储等管理工作。简单地说，信息工作就是对管理信息的收集、处理、传递和存储等管理工作的总称。信息工作包括企业内部的信息和外部信息，由原始记录、统计分析、经济技术情报和档案工作组成。

1. 原始记录

产品生产方面的原始记录包括记载各种制品（成品、半成品、在产品等）的生产数量、质量、产品工时、生产进度等内容的原始记录，如施工单、生产记录单、产品质量检验单、产品入库单等。

物资方面的原始记录包括各种原材料和辅助材料的收入、领用、拨出、消耗等记录，如材料入库单、领料单、调拨单等。

设备方面的原始记录包括记载各种设备的增减、运转、利用、维修、完好情况和事故方面的记录，如设备入厂和调出登记卡、设备运转和维修记录卡、设备事故记录卡等。

产品销售方面的原始记录包括各种产品销售的数量、品种、价格、购货单位等记录，如销售合同、提货单、发货单等。

成本、财务方面的原始记录包括各种原始凭证。

2. 统计台账

统计台账是一种将原始记录按时间顺序汇总在一起的表格和账册，如产品进度台账、工时台账等。

3. 统计报表

企业的统计报表包括企业向国家有关部门报送的统计报表和企业内部用的统计报表。它是根据原始记录和统计台账的资料进行整理、汇总和计算后填写而成的，是企业决策者和管理人员以及国家有关部门取得信息的一种重要方式，包括产品产量、质量、销售量、工时、成本、原材料消耗、设备运转、工时利用和技术革新方面的统计报表。信息在现代管理中是决策的依据，是帮助管理者做出正确决策的资料，提供的信息越准确、越迅速，则管理决策越正确、越及时。

三、电力企业管理信息的结构与分类

1. 结构

管理信息按管理层次划分，有如表 3-1 所示的结构与特征。

表 3-1 管理信息的层次分类与特征

管理层次	信息特征						
	来源	范围	概括性	时间性	变化性	精确性	使用频率
战略管理	外部	很宽	概括	未来	相对稳定	低	低
战术管理	内部	相对确定	较概括	综合	定期变化	较高	较高
作业管理	内部	确定	详细	历史	经常变化	高	高

2. 分类

电力企业管理信息按管理内容分,一般有以下几点:

1)综合统计。它包括能反映该企业生产和经营的主要数据,如装机容量、发电量、燃料供应情况、生产技术状况、安全状况、设备利用率、煤耗、线损、负荷率、用电情况、经济效益、劳资变动、物资供应等。

2)计划信息管理。它包括中、长期负荷预测,电源和电网中、长期发展规划,年度发展计划和生产计划,年度计划执行情况的检查分析等各种信息的管理。

3)电力勘测设计信息管理。它包括工程概预算、技术经济指标、标书与合同、勘测设计资料、图样与技术档案等各种信息的管理。

4)基建工程信息管理。它包括工程标书与合同、施工计划、进度与施工组织、技术指标与经济指标、技术资料与图样等信息的管理。

5)生产维护信息管理。它包括发、送、供电设备的参数、技术状况、运行健康状况、检修工程、技改措施、安全与环境保护等各种信息的管理。

6)生产调度信息管理。它包括短期负荷预测、运行方案优选、运行数据统计分析、燃料供应与水文资料等信息的管理,其中有些信息需要实时监测、即时管理。

7)用电与营业信息管理。它包括对城市和农村的计划用电、节约用电、用电检查和用电营业的信息管理;配/用电设备管理、用户报装、用电指标分配、用电与节电统计分析、计量设备与计量监督;电价和电费等信息的管理。

8)财务信息管理。它包括财务计划、专项费用管理、账户处理与会计管理、财务分析、财务统计等。

9)物资器材信息管理。它包括基建和运行维护所需的各种材料、零配件及设备的储运和供销等信息的管理,要用计算机进行统计、汇总和分析,掌握需求计划、储运和供应、实际消耗的信息,协助进行库存管理、供销合同管理等。

10)人事劳资信息管理。它包括干部和工人的档案、工资、劳动考核、劳动编制、劳动保护和保险以及离退休人员的管理等,用计算机建立数据库进行各种统计分析和查询。

11)办公事务信息管理。它包括收发文管理、资料和档案管理、秘书工作、行政工作以及后勤总务工作的信息管理,利用计算机和其他现代化手段实现办公自动化。

12)领导决策信息管理。它包括要帮助领导者掌握决策所需的各种信息,如外部有关信息、发展规划信息、当前企业经营的重要信息、重要生产信息等,还要利用电子信息技术辅助领导进行正确决策。

第四节 电力企业管理信息系统

管理信息系统(MIS)是一门新兴的学科,它是随着管理科学、系统科学、计算机科学和通信技术日益完善而逐步形成的具有独特风格的交叉学科。管理信息系统包括三大要素:系统的观点、数学的方法和计算机应用。因而,学习和研究管理信息系统涉及管理科学、运筹学、信息论、系统工程学、经济学和计算机科学等多门学科的基础和专业知识。

管理信息系统是一门交叉性学科,至今尚未形成完整的理论体系,但它作为一门学科已建立起相应的研究对象和任务。其研究对象是系统(企业、部门)管理中的信息活动过程,即系统管理中的信息和决策过程，以及运用计算机（包括网络、通信）实现的过程。具体说就是研究系统中信息的需求、产生、收集、整理、分发、存储、使用及其提供辅助决策的全过程。总之，管理信息系统所研究的内容，是一个既包括一切管理过程中的信息工作，又包括一切计算机在管理方面应用的系统；既包括数据的收集、保存，又包括处理和支持决策；既涉及机器，又涉及人。管理信息系统与传统管理作业相比，不仅能快速准确地提供信息，而且通过模型库、方法库、统计库与管理者进行信息交换，从而提供有效的辅助决策。

电力系统是我国开展计算机应用起步较早的部门之一，在多个应用领域取得了较好的效果，在电力系统安全生产、节能降耗、降低成本、缩短工期、提高劳动生产率等方面取得了明显的社会效益和经济效益。而在管理信息系统这一领域，尽管做了一些开发和研究，但在大力开发利用信息资源，发展信息网络，建立信息产业，促进全电力行业信息化，推动电力工业实现两个根本转变，为国民经济先行产业的电力工业持续、快速、健康发展服务方面，还有相当大的差距。因而需要在管理信息系统的开发研究上投入大量的人力、物力，急需一大批从事信息系统开发、研究、应用的水平较高的专门人才。

一、电力企业管理信息系统定义

1. 系统的定义

"系统"一词应用十分广泛，并不局限于计算机专业，在不同的场合有不同的定义。几乎任何东西都可以称作"系统"，要囊括一切加以定义极为困难。对于系统的定义，有多种说法：

1)"系统"是指为了某种目的、具有高效率和某些特定功能、多元素的有机结合体。

2)"系统"是具有同一目标的若干相互联系、相互影响部分构成的有机整体。

3)"系统"是一组相互作用着的为实现某种共同目标而运行的要素集合。也就是说，一个科研部门、一项研究计划、一个财务汇总都可以看作是一个系统。例如，一个供电企业管理系统是为了完成电力经营计划，由销售、生产、财务、人事这些相互影响、相互联系的部分结合成的有机整体，供电企业管理系统是一处于运动状态的系统。

任何系统的存在都有三个必要条件，即目标、功能、机构。这三个条件是互相作用、互相影响的结合体。根据系统原理，任何一个系统都由输入、输出、处理、反馈和控制五个基本要素组成。

2. 系统与管理

从系统和组织的一般描述中，可以发现组织和系统并非是单个人、单个物体、单个孤立事件的个体行动，而是相互关联的整体活动。在现实社会中，有各种形式的组织、各种类型的系统，它们之间存在着差异，有的相互对立，有的相互关联，然而它们当中许多却又是为着一个共同的目标而存在着、发展着。例如，我国的电力产业或者电信业都是一个独立的系统，它们都有自己的目标，然而它们又都是为着一个共同的目标——整个国家的经济发展而服务的，为此，管理必须对各个组织之间、系统之间存在的矛盾进行协调，人们通常把这种努力称之为管理。在企业中对生产活动的管理称为生产管理，对经营活动的管理称为经营管理。

企业管理应遵循讲求经济效益的原则、优化原则、系统性原则、权威性原则和物质利益原则。在企业管理中，要把提高经济效益作为自己的出发点和落脚点，充分利用人力、物力、财力，挖掘内部潜力，尽可能提出多种方案和办法，并从中选出最优方案，加以实施，以争取最佳经济效益。要把企业作为整个社会大系统的一个子系统来看待以求得整体目标的实现。

3. 信息系统

输入是数据，经过加工处理后输出的是各种信息的系统，称为信息系统。有的教材将信息系统定义为对信息进行采集、处理、存储、管理、检索和传输，并能向有关人员提供有用信息的系统。本文讨论的是以计算机为主要工具的信息系统。

信息系统分为四种类型：事务处理系统（Transaction Processing System，TPS）、管理信息系统（Management Information System，MIS）、决策支持系统（Decision Support System，DSS）、办公信息系统（Office Information System，OIS）。

（1）事务处理系统（TPS）

使用计算机替代手工处理记录，其处理过程一般结构化较好。系统建成以后可以每天、每周、每月重复调用。事务处理系统的典型例子，包括民航订票系统、财务管理（包括账目接收支付系统、通用分类账目系统）、订单处理系统、销售点 POS 系统、仓库管理系统等。这些系统一般是针对企事业单位组织管理中某一特定业务建立的，它所处理的数据是大量组织记录形式的。有时把这类系统，也称为保持记录型系统（Record-Keeping System）。由于数据结构形式比较单纯，基本上局限于文件记录类型，一般可采用计算机文件系统来处理这些数据。在 20 世纪 60 年代数据库技术还未成熟应用的时候，这样的处理方式极为普通。较早出版的信息系统图书，重点局限于讲解这一方面的内容。

（2）管理信息系统（MIS）

这里所指的管理信息系统是指以计算机为基础的信息系统，而不是指任何企事业组织客观存在的业务信息系统。后面将做重点介绍。

（3）决策支持系统（DSS）

决策支持系统是 20 世纪 80 年代以来引起人们普遍重视的不断发展的新领域，对它的定义自然更加困难一些。这里将 DSS 定义为：以管理科学、运筹学、控制论和行为科学为基础，以计算机技术、仿真技术和信息技术为手段，综合利用各种数据（信息）、知识，利用建模与人工智能技术，辅助管理人员解决半结构化或非结构化的决策问题，是以计算机处理为基础的人机交互信息系统。在决策支持系统中，数据结构形式更为复杂。除了数据库组织以外，必须考虑模型与方法，需要采用模型库（Model Base）、方法库（Method Base）结构来处理。而对于进一步智能化来说，还要建立知识库（Knowledge Base）。对于决策支持系统，通常称之为三库或四库结构。

（4）办公信息系统（OIS）

办公信息系统是在管理信息系统以后提出来的，开始时主要考虑办公业务中的文字处理（Word Processing，WP），以后又扩展到表格处理、图形图像处理、声音处理以及电子邮件处理等方面。办公信息系统（OIS）的定义为：将计算机技术、通信技术、系统科学及行为科学应用于结构不分明的办公业务的信息系统。对于 OIS 来说，除了 MIS 所述的数据处理功能以外，还需要以下的专用处理技术支撑：文字处理、表格处理、图形处理、图像处理、电子邮件，并在此基础上建立适用于办公业务的应用系统。

当然，以上的四种类型划分并没有绝对的界限。就其功能来说，这四类系统是既有联系又有区别的信息系统。

4. 管理信息系统

管理信息系统是一个由人和计算机等组成的能进行信息收集、传输、加工、存储、维护和使用的系统。它能进行企业（组织）的业务处理，能实测企业（组织）的各种运行情况，能利用过去的数据预测未来，能从全局出发进行辅助决策，能利用信息来控制企业（组织）的活动，并帮助其实现规划目标。

管理信息系统是一门新的学科，到目前为止，发展还很不完善，它引用其他学科如管理科学与工程、经济理论、统计学、运筹学以及计算机科学等许多学科的概念和方法，融合成一门新的综合性、边缘性的学科。管理信息系统科学的三要素是系统的观点、数学的方法和计算机的应用，而这三点也正是管理现代化的标志。

管理信息系统是依赖于计算机的发展而发展的，从原理上说，任何企业无论有没有计算机，均有信息的收集、加工和使用工作，似乎都有管理信息，但是只有计算机的使用才使管理信息系统的主要功能显露出来。

人与计算机之间的联系与交流是管理信息系统的重要一环，近代有所谓以人为主的信息系统、与人友善的信息系统等概念。管理信息系统是一个人机系统。建立和设计 MIS 必须重视人和计算机的关系，不重视人这个系统的重要组成部分，往往是系统设计失效的重要原因。

（1）管理信息系统的特点

管理信息系统的特点可归纳为：数据集中统一，采用数据库；数学模型的应用；有预测和控制能力；面向决策。

（2）管理信息系统的结构

管理信息系统的结构是指各部件的构成框架，由于对部件的不同理解就构成了不同的结构方式，其中最重要的是概念结构、功能结构、软件结构和硬件结构。从概念上看，管理信息系统由四大部件组成，即信息源、信息处理器、信息用户和信息管理者，如图 3-2 所示。

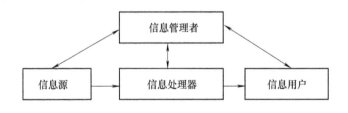

图 3-2 管理信息系统的组成

信息源是信息产生地；信息处理器担负信息的传递、加工、保存等任务；信息用户是信息的使用者，应用信息进行决策；信息管理者负责信息系统的设计实现，在实现以后负责信息系统的运行和协调。按照以上四大部件及其内部组织方式可以把信息系统看成以下各种结构。

首先，根据各部件之间联系可分为开环和闭环结构。开环结构又称无反馈结构，系统在执行一个决策的过程中不收集外部信息，并不根据信息情况改变决策，直至产生本次决策的结果，事后的评价只供以后的决策作参考。闭环结构是在过程中不断收集信息、不断输送给决策者,不断地调整决策,事实上最后执行的决策已不是当初设想的决策。一般来说,计算机实时处理的系统均属于闭环系统,而批处理系统均属于开环系统,但对于一些较长的决策过程来说批处理系统也能构成闭环系统。

其次,根据处理的内容及决策的层次来看,可以把管理信息系统看成一个金字塔式的结构,如图3-3所示。

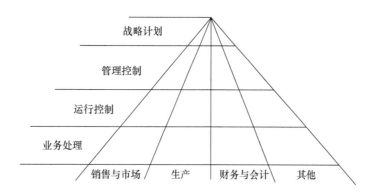

图3-3 管理信息系统的结构

由于一般的组织管理均是分层次的,比如分为战略计划、管理控制、运行控制三层,为它们服务的信息处理与决策支持也相应分为三层,并且还有最为基础的业务处理,就是统计、簿记、文字等工作。由于一般管理均是按职能分条的,信息系统也就可以分为销售与市场、生产、财务与会计、人事及其他。一般来说,下层的系统处理量大,上层的处理量小,所以就组成了纵横交织的金字塔结构。管理信息系统的结构又可以通过系统及它们之间的连接来描述,所以又有管理信息系统的纵向综合、横向综合以及纵横综合的概念。不太准确的描述就是:横向综合是按层划分子系统,纵向综合就是按条划分子系统。例如,把车间、科室以及总经理层的所有人事问题划分成一个子系统。纵横综合则是金字塔中任何一部分均可与任何其他部分组成子系统,达到随意组合自如使用的目的。

5. 电力企业管理信息系统

(1) 系统的目标

电力企业的总目标是:确保电网安全、稳定、优质、高效地生产运行,保质、保量地为用户提供可靠的电力供应。与此相应,电力企业计算机管理信息系统的总目标应是:为确保电力企业目标的实现,给企业的管理人员提供及时、准确、完整、可取的信息服务,以提高企业管理的效率和决策的正确性,提高其管理现代化水平。总目标由许多分目标集成,其分目标是:为保证企业各项管理内容的实施提供必要的信息服务。

(2) 系统的功能

电力企业计算机管理信息系统应具备下列功能:

1) 具有灵活的信息渠道,能利用先进的技术手段,完整、准确、及时、可靠地收集本部及下属部门的产、供、销、人、财、物及与其有关的各种信息。

2) 有高质量、高效率的数据加工处理能力,能对所收集的数据迅速进行加工,及时提供指挥生产和经营管理所需的各种统计汇总与分析报表,如电力生产运行日报、月报、季报、年报,各管理职能部门分工编制的各种专业管理需要的统计与分析报表等。

3）把各种有用的历史的和当前的数据分门别类存储在数据库中，实现数据资源共享，并能提供灵活的查询功能。业务管理和决策人员可随时查询各自所需的历史的或现时的、静态的或动态的数据，如历年发电能力、某项基建工程进展情况、设备安全运行状况、电力供应情况、备品和备件及器材供应情况、各种技术经济指标等。

4）能提供各种预测、决策模型，利用现代数学方法对电力工业的发展规划、企业的生产和活动进行定量分析，做出科学的预测和最佳决策，如负荷发展预测、电源与网络规划、工程进度的安排、生产运行调度方案、用电分配、物资最佳库存量等决策。

5）管理信息系统与生产运行监测系统结合，使电厂、电网的实时监测数据送入数据信息系统，为专业管理人员和决策人员提供实时信息服务。

(3) 系统的管理内容

电力企业计算机管理信息系统的管理内容，一般有以下几点：

1）综合统计。它包括能反映该企业生产和经营的主要数据，如装机容量、发电量、燃料供应情况、生产技术状况、安全状况、设备利用率、煤耗、线损、负荷率、用电情况、经济效益、劳资变动、物资供应等。

2）计划信息管理。它包括中长期负荷预测，电源和电网中长期发展规划，年度发展计划和生产计划，年度计划执行情况的检查分析等各种信息的管理。

3）电力勘测设计信息管理。它包括工程概预算、技术经济指标、标书与合同、勘测设计资料、图样与技术档案等各种信息的管理。

4）基建工程信息管理。它包括工程标书与合同、施工计划、进度与施工组织、技术指标与经济指标、技术资料与图样等信息的管理。

5）生产维护信息管理。它包括发、送、供电设备的参数、技术状况、运行健康状况、检修工程、技改措施、安全与环境保护等各种信息的管理。

6）生产调度信息管理。它包括短期负荷预测、运行方案优选、运行数据统计分析、燃料供应与水文资料等信息的管理，其中有些信息需要实时监测、即时管理。

7）用电与营销信息管理。它包括对城市和农村的计划用电、用电检查和营销信息的管理、配、用电设备管理，用户报装，用电指标分配，用电与节电统计分析，计量设备与计量监督，电价和电费等信息的管理。

8）财务信息管理。它包括财务计划、专项费用管理、账户处理与会计管理、财务分析、财务统计等。

9）物资器材信息管理。它包括基建和运行维护所需的各种材料、零配件及设备的储运和供销等信息的管理。要用计算机进行统计、汇总和分析，掌握需求计划、储运和供应、实际消耗的信息，协助进行库存管理、供销合同管理等。

10）人事劳资信息管理。它包括干部和工人的档案、工资、劳动考核、劳动编制、劳动保护和保险以及离退休人员的管理等，用计算机建立数据库进行各种统计分析和查询。

11）办公事务信息管理。它包括收发文管理、资料和档案管理、秘书工作、行政工作以及后勤总务工作的信息管理。利用计算机和其他现代化手段实现办公自动化。

12）领导决策信息管理。它包括要帮助领导者掌握决策所需的各种信息，如外部有关信息、发展规划信息、当前企业经营的重要信息、重要生产信息等，还要利用电子信息技术辅助领导进行正确决策。

（4）系统的结构

这里所说的系统结构，主要是指管理系统的逻辑结构。系统的结构应该按功能分工来划分，并大体上和企业的管理体制与组织形式相适应。

1）电力企业的管理体系与系统边界。电力企业的管理体系，大体上可以说是三级管理，即电力集团公司—省电力公司—大中型发电厂、市供电公司。电力集团公司是独立核算、自主经营的大型企业；省电力公司也是一个体系完整的大型企业，是独立核算单位，在集团电力公司领导下具有一定自主权；发电厂和市供电公司在电力企业体系内属于基层单位，在省电力公司领导下工作，在地方上它们又是一个完整的独立企业。至于县供电公司则属基层之下的企业。

就电力企业的整个体系来看，可以说是一个大的管理信息系统，而其中每个单位企业内则又是一个相对独立和完整的管理信息系统，如某集团电力公司管理信息系统、某省电力公司管理信息系统，它们皆指单位内部的系统，不包括下属单位，其上下左右的各单位皆属其外部环境。

2）单位企业的管理信息系统。在一个单位内部，处在不同岗位的人所考虑的问题和所关心的信息也不一样。居于领导层的人多考虑的是综合性、影响全局的问题，关心的是战略决策信息；处于管理层的人，多考虑的是某一管理功能方面的问题，关心的是管理决策信息；处于作业层的人，岗位责任就是执行作业，更多关心的是事务处理的具体信息。单位内管理信息系统的塔型结构与图3-3相似。

3）管理信息系统的上下联系。电力行业是一个生产比较单一、管理比较集中的行业，其内部上下间的联系比较密切。各单位的职能部门，除直接接受本单位决策层的领导外，同时也接受上级对口职能部门的业务指导。因而，在这套管理系统中，为了统一领导，还纵向地构成各项职能管理体系，如统计、计划、基建、生产、供用电、营销、财务、设备与物资、人事等，上级单位与下级单位的相应子系统之间必然要有紧密的联系。这种纵向的关系，又称为纵向结构。

4）电力企业管理信息系统的体系结构。综上所述不难看出，电力企业管理信息系统的体系结构，以单位企业管理信息系统内部横向联系为主线，以上下级相应于系统的纵向联系为辅线，横纵交织在一起。

二、电力企业管理信息系统的分类

电力企业管理信息系统按照功能大体可分为营运（供电）管理信息系统、生产（发电）管理信息系统、企业财务会计管理信息系统等。从子系统的角度上讲，又可分为预算管理信息系统、业务处理信息系统、账务管理信息系统、财务报告信息系统、固定资产管理信息系统、债权债务管理信息系统、合同管理信息系统、物资管理信息系统、工资管理信息系统、借贷款管理信息系统等。

1. 营运（供电）管理信息系统

电力系统的供电企业代表着电网系统与来自各方面的错综复杂的单元发生联系，所涉及数据纷繁众多。加强数据管理，是做好供电营运工作的基础条件。从客观上看，建立一个完善的营运（供电）信息系统的作用在于：第一，通过计算机的使用，实现电力系统管理的科学化、信息化；第二，通过系统收集、存储和处理数据，减少了数据的丢失、歪曲和传输延误，有助于供电管理者使用正确的信息，提高供电管理的水平。必须指出，营运（供电）信息系统中的每个子系统都是由若干个模型库中的计算机程序构成的。系统提供的信息要更多地用来直接指导供电管理活动的预测和决策。事实上，它更符合电力企业管理的横向综合方式。

2. 生产（发电）管理信息系统

电力系统的发电企业是生产电能产品的基础单元。安全生产、降低消耗和减少污染是发电厂管理的三大任务。建立发电企业的管理信息系统，必须围绕这些目标进行。生产（发电）信息系统模型除了必须发挥与营运信息系统相同的两方面作用外，还应注意实时控制对信息的特殊需要。

3. 企业财务会计信息系统

电力企业财务会计信息系统模型是从行业的实际出发，结合我国财务会计制度和国际接轨的有关内容设计并运行的。它应体现财务预算子系统的计划性、财务会计核算和成本核算子系统的过程性、资金管理子系统和财务监督与控制子系统的综合性，并视发电、供电单位的各自特点加以具体设计。

三、电力企业管理信息系统的技术基础

1. 硬件技术基础

管理信息系统的硬件结构说明硬件的组成及其连接方式，还要说明硬件所能达到的功能。广义而言，它还应当包括硬件的物理位置安排，如计算中心和办公室的平面安排。目前我国的应用情况是，硬件结构所要关心的首要问题是用微机网还是用小型机及终端结构。主机终端网结构是由一台或两台主机，通过通信控制器和许多终端相连，也和机器所用的各种外部设备相连。一般主机放在信息中心的机房中，而终端放在各办公室或远离中央办公室的车间中。微机网的结构是由许多台微机通过网络把它们连接起来的，网络的形式有星形、环形和总线型。硬件结构还要说明硬件的处理能力，如有无实时、分时成批处理的能力等。

2. 软件技术基础

支持管理信息系统各种功能的软件系统或软件模块所组成的系统结构是管理信息系统的软件结构。一个管理系统可用一个功能/层次矩阵表示，如图3-4所示。

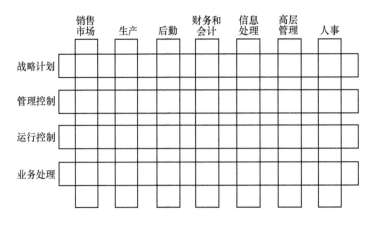

图3-4 管理系统的功能/层次矩阵

图中每一列代表一种管理功能，共有七列，其实这种功能没有标准的分法，因组织不同而异。图中每一行表示一个管理层次，行列交叉表示每一种功能子系统可为四个管理层次，每一层次要包括所有管理功能。各个职能子系统的简要职能如下：

（1）销售市场子系统

它包括销售和推销。在运行控制方面包括雇用和训练销售人员、销售和推销的日常调度，还包括按区域、产品、顾客的销售数量的定期分析等。在管理控制方面包含总的成果和市场计划的比较，它所用的信息有顾客、竞争者、竞争产品和销售力量等。在战略计划方面包含新市场的开发和新市场的战略，它使用的信息包含顾客分析、竞争者分析、顾客评价、收入预测、人口预测和技术预测等。

（2）生产子系统

它包括产品设计、生产设备计划、生产设备的调度和运行、生产人员的雇用和训练、质量控制和检查等。典型的业务处理是生产订货（即将成品订货展开成部件需求）、装配订货、成品票、废品票、工时票等。运行控制要求把实际进度与计划相比较，发现"卡脖子"环节。管理控制要求进行总进度、单位成本和单位工时消耗的计划比较。战略计划要考虑加工方法和自动化的方法。

（3）后勤子系统

它包括采购、收货、库存控制和分发。典型的业务包括采购的征收、采购订货、制造订货、收货报告、库存票、运输和装货票、脱库项目、超库项目、库营业额报告、卖主性能总结、运输单位性能分析等。管理控制包括每一后勤工作的实际与计划的比较，如库存水平、采购成本、出库项目和库存营业额等。战略分析包括新的分配战略分析、对卖主的新政策、新技术信息、分配方案等。

（4）人事子系统

它包括雇用、培训、考核记录、工资和解雇等。其典型的业务有雇用需求的说明、工作岗位责任说明、培训说明、人员基本情况数据（学历、技术专长、经历等）、工资变化、工作小时和离职说明等。运行控制关心的是雇佣、培训、终止、工资率变化、产生效果。管理控制主要进行实情与计划的比较，包括雇用数、招募费用、技术库存成分、培训费用、支付工资、工资率的分配和政府要求符合的情况。战略计划包括雇用战略和方案评价、工资、训练、收授、建筑位置及对留用人员的分析等，把本国的人员流动、工资率、教育情况和世界的情况进行比较。

（5）财务和会计子系统

财务和会计有不同目标，财务的目标是保证企业的财务要求，并使其花费尽可能地降低。会计则是把财务业务分类、总结，填入标准财务报告，准备预算、成本数据的分析与分类等。运行控制关心每天的差错和异常情况报告、延迟处理的报告和未处理业务的报告等。管理控制包括预算和成本数据的分析比较，如财务资源的实际成本、处理会计数据的成本和差错率等。战略计划关心的是财务保证的长期计划、减少税收影响的长期计划、成本会计和预算系统的计划。

（6）信息处理子系统

该系统的作用是保证企业的信息需要，典型的任务是处理请求、收集和改变数据及程序的请求、报告硬件和软件的故障、规划建议等。运行控制的内容包括日常任务调度、差错率、设备故障,对于新项目的开发还应当包括程序员的进展和调试时间。管理控制关心计划和实际的比较,如设备成本、全体程序员的水平、新项目的进度和计划的对比等。战略计划关心功能的组织分散还是集中、信息系统总体计划、硬件软件的总体结构。办公室自动化也可算作与信息处理分开的一个子系统或者是合一的系统。办公室自动化主要的作用是支持知识工作和文书工作,如字符处理、电子信件、电子文件和数据与声音通信。

(7) 高层管理子系统

每个组织均有一个最高领导层,如公司总经理和各职能域的副总经理组成的委员会,这个子系统主要为他们服务。其业务包括查询信息和支持决策、编写文件和信件便笺,向公司其他部门发送指令。运行控制层的内容包括会议进度、控制文件、联系文件。管理控制层要求各功能与系统执行计划的总结和计划的比较等。战略计划层关心公司的方向和必要的资源计划。高层战略计划要求广泛的、综合的外部信息和内部信息,这里可能包括数据检索和分析以及决策支持系统,它所需要的外部信息可能包括竞争者的信息、区域经济指数、用户喜好、提供的服务质量。

3. 数据库原理与技术

(1) 数据库及其特征

数据库是以一定的组织方式存储在一起的相关的数据集合,它能以最佳方式、最少的数据重复为多种应用(用户或应用程序)服务;数据的存储方式独立于使用它的应用程序。数据库是数据管理的最新技术,是一种先进的软件工程,是计算机领域中最重要的技术之一,是管理信息系统中至关重要的一部分。目前,数据库及其技术已成为计算机系统设计与应用中人们普遍关心和研究的热门课题之一。

对于不熟悉数据库的人来说,把它比作图书馆可能更易于理解。图书馆是存储和负责借出图书的部门,而数据库则是存储数据并负责用户访问数据的机构。正像图书馆不能简单地与书库等同起来一样,数据库也不能仅仅被理解为存储数据的集合,而应视为一个系统,即数据库系统。数据库系统是为了组织和存取大量数据的管理系统。数据库系统应具备以下主要性能:

1)数据的独立性。数据的独立性指应用程序对数据库系统的非依赖性。文件系统中数据存储方式的微小变化都要求重编应用程序,而数据库系统中,当数据存储方式和数据逻辑结构改变时,并不需要改变用户应用程序。

2)最小冗余度。最小冗余度是指存储在数据库中的数据的重复尽可以减少。数据的一再重复是过去传统做法(文件系统)的一大障碍,不但占用了机器存储系统宝贵的存储空间,浪费了搜寻数据的有限时间,而且增加了建立大量数据查询的困难。减少更新重复数据项的操作可以避免由冗余数据值而引起的数据不一致(如修改某个文件中某个数据,而没有在另外的文件中进行相应的修改)。

3)共享性。存储在数据库中的数据应能做出多种组合,以最优的方式去适合多个用户的需求。不同的使用者可以用不同的方式调用数据。

4)整体性。数据库应能充分描述数据间的内存联系。数据库中的所有分系统或各项数据应具有相互结合、调配、转化运用的能力,以保证数据的整体性。在数据记录和数据结构设计时所使用的名称、位置、次序应予以标准化,目的是使数据的存储、更新和修正方便可行。

5）可修改与可扩充性。整个数据库系统在结构和组织技术上应该是容易修改和扩充的。因为数据通常不是一次建立的，而是逐步建立起来的，数据需要不断地扩充，用户也是在不断变化的。

6）安全和保密性。数据库系统中的数据必须确保安全和保密性。有时数据库中存储有某一重要的信息，要给予安全的措施，以避免硬件或软件的失常、异常所导致的灾祸、误用或破坏。数据安全性涉及数据的保护措施，也就是要避免无权使用的人或无权修改的人对数据做有意或无意的破坏或泄露。数据保密性则涉及个人或机构自身的权利，它决定信息传送的时间、对象和方式。数据的安全性是相当复杂的问题，负责安全设计的系统分析人员需要了解系统的所有特性，才能设计出可行的安全措施项目。

（2）数据库系统的构成

数据库系统是由计算机系统、数据、数据库管理系统和有关人员组成的具有高度组织的总体，某数据库系统的主要组成部分如下：

1）计算机系统。计算机系统是指用于数据库管理的计算机硬件和基本软件。数据库系统需要容量大的主存以存放操作系统、数据库管理系统例行程序、应用程序（包括用户工作区）、数据库表、目录和系统缓冲区等。在辅存方面，需要大容量的存储设备。此外，还要求有较高的通道能力。

2）数据。在数据方面有存放实际数据的物理数据库和存放数据逻辑结构的描述数据库。描述数据逻辑结构的模式与子模块用源形式输入，以目标形式存于辅存上。这项工作由数据库管理员进行，而不是由应用程序员在程序中进行。

3）数据库管理系统。数据库管理系统是管理数据库的一组软件，通常包括数据定义语言及其编译程序、数据操纵（或查询）语言及其编译（或解释）程序、数据管理例行程序。

4）有关人员。它包括数据库管理员（DBA）、系统程序员或系统设计者和用户。

（3）数据库管理系统

数据库管理系统（Data Base Management System，DBMS）是管理数据库数据的软件，是数据库系统中各部分取得联系的中心枢纽，主要进行数据的存放和查找，对数据有定义、管理、维护和通信的功能。

DBMS 具有以下功能：①描述数据库，也称为定义数据库功能或数据字典，是把数据描述语言所描述的各项内容，从源形式转换成目标形式存放在数据库中供系统查阅。②管理数据库，也称为对数据库的控制功能，包括控制整个数据库系统运行用户的并发性访问；执行对数据的安全、保密、完整检验；实施对数据检索、删除、修改等操作。③维护数据库，它包括初始时装入数据库；运行时记录工作日记、监视数据库性能，数据库性能变坏时重新组织数据库；在用户要求或系统设备变化时修改和更新数据库，在系统软、硬件发生故障时恢复数据库等。

DBMS 通常由三部分组成：数据库描述语言及其编译程序、数据操作语言及其编译（或解释）程序、数据库管理例行程序。

4. 网络与数据通信技术

通信技术是信息技术的另一个重要组成部分。数据通信是 20 世纪 50 年代后期随着计算机的广泛应用而发展起来的。数据通信系统是以计算机为中心，结合分散在远程的终端装置或其他计算机，通过通信线路彼此连接起来，进行数据的传输、交换、存储和处理的设备总称。

数据通信系统主要由中央处理装置、终端设备、通信线路及相关设备（如调制解调器、集线器）等三大部分组成。

1）中央处理装置包括主处理器、前端机及通信处理器，其主要功能有：完成两个部件之间通信；在通信系统与计算机主机之间形成一个接口，用以实现速度缓冲或串/并行转换。

2）终端设备是向系统发送数据或程序并从系统接收信息的设备。

3）通信线路及相关设备。通信线路是连接所有设备的通道，它可以是电话线路、双绞线路或光纤线路等。通信线路的优劣常由传输速率和出错率两个指标衡量。通信线路的连接方式有点—点连接、分支连接和集线式连接，通信线路的通信方式有单工通信、半双工通信和全双工通信。调制解调器可将终端或处理器的脉冲信号转变成载波信号送入电话网络系统或将电话网络中的载波信号转变为脉冲信号传送给终端或处理器。集线器是将两个以上的通信信道组合在一起，形成一个更高速的通信信道，以降低通信线路费用。

四、数据处理及决策支持系统

1. 数据处理的主要目的

数据处理的目的可归纳为以下几点：

1）把数据转换成便于观察分析、传送或进一步处理的形式。

2）从大量的原始数据中抽取、推导出对人们有价值的信息以作为行动和决策的依据。

3）科学地保存和管理已经过处理（如校验、整理等）的大量数据，以便人们能方便而充分地利用这些宝贵的信息资源。

2. 数据处理的基本内容

①数据收集：根据系统的需求和用户的需要收集相关的数据；②数据转换：为了使收集的信息适用于计算机处理，设计各种代码来描述自然界中的各种实际数据，这种将实际数据采用代码表述的方法被称为数据的转换；③数据的筛选、分组和排序；④数据的组织：将具有逻辑关系的数据组织起来，按一定的存储表示方式存放在计算机中，目的是使计算机处理时速度快、占用存储器的容量少、成本低；⑤数据的运算：指算术运算和逻辑运算；⑥数据存储；⑦数据检索；⑧数据输出。

数据处理是管理活动的最基本内容，也是管理信息系统的基本功能。数据处理一般不涉及复杂的数学计算，但要求处理的数据量很大，因此，进行数据处理时需要考虑以下几个方面的问题：数据以何种方式存储在计算机中；采用何种数据结构能有利于数据的存储和取用；采用何种方法从已组织好的数据中检索数据。

3. 决策支持系统简介

决策支持系统（Decision Support System，DSS）的有关概念，最早是由美国学者 Michael S. Scott Morton 于 1975 年在《管理决策系统》一书中首先提出的。从 1971 至 1976 年，从事决策支持系统研究的人数逐渐增多，大部分人认为决策支持系统就是交互式的计算机系统，与此同时，很多人把注意力集中到如下的技术设计上：有界推理、非结构任务、组织的信息处理以及决策者的认识特征等。1975 年以后，决策支持系统作为这一领域的专有名词逐渐被大家承认，1978 至 1988 年的 10 年间，DSS 得到了迅速的发展，但学术界至今没有给出一个公认的严格的定义。在此将决策支持系统定义为：综合利用各种数据、信息、知识，特别是模型技术，辅助各级决策者解决半结构化决策问题的人机交互系统。

DSS 应用的基本环境包括：问题环境、任务、用户和 DSS，如图 3-5 所示。

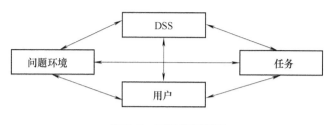

图 3-5　DSS 应用环境

DSS 求解问题的一般过程是：用户通过人机交互系统把关于问题的描述和要求输入 DSS，人机交互系统对此进行识别和解释，并通过知识系统中的知识库或数据库系统收集与该问题有关的各种数据、信息和知识，对该问题进行识别，判定问题的性质和求解过程，通过模型库系统集成构造解题需要的规则模型或数学模型，并对该模型进行分析鉴定，在方法库中识别进行模型求解需要的具体算法并进行模型的分析求解，对得到的结果进行分析评价，最后通过人机交互系统对求解结果进行解释，转变为具有实际含义、用户可直接理解使用的形式，并输出结果。这样就完成了一次求解过程，用户可以根据需要与 DSS 不断进行对话，进行多次求解，直到得到满意的结果为止。

由于应用领域和研究方法的不同，DSS 的结构有多种形式。在 20 世纪 70 年代末至 80 年代初，DSS 的结构主要包括五个部件：人机接口（对话系统）、数据库、模型库、方法库和知识库，后来在这五个部分的基础上又开发了各自的管理系统，即对话管理系统、数据库管理系统、模型库管理系统、知识库管理系统和方法库管理系统。因此，这十个基本文件的不同组合和集成可以组成实现任何层次和级别的 DSS。

从 20 世纪 80 年代开始，随着计算机集成制造系统（CIMS）的发展，人们对 DSS 结构的理解也发生了一些变化。人们相继提出了语言系统（LS）、问题处理系统（PPS）和知识系统（KS），认为 DSS 由这三部分组成。实际上，这三种系统是在上述的基本元件基础上发展起来的。其中 LS 实际上是一个人机交互接口，但强调自然语言在接口中的重要作用，从而配备相应的语言处理器。根据知识工程的观点，模型和知识都是广义的知识，因此有人提出将数据库、模型库和知识库统称为知识系统，但目前绝大部分人仍认为 DSS 的基本元件由五个部组成，即人机交互、数据库、模型库、知识库和方法库，而将问题处理系统（PPS）纳入人机对话系统范围。

（1）人机交互系统

人机交互系统是用户与 DSS 的接口部分，又称为人机接口、对话系统、用户界面等，它是 DSS 不可缺少的重要组成部分，是连接人和系统的中间纽带，是为用户提供交互处理的接口软件和硬件，也提供用户与 DSS 联系的交互手段和对某一具体问题进行求解分析的管理功能。人机界面要将用户与数据库、模型库、方法库和知识库联系在一起，根据决策支持的基本概念，人机交互是非常重要的工作，它一方面向子系统提供信息，提出任务要求；另一方面系统向人提供解答方案和各种辅助决策信息。

（2）知识系统——四库系统

知识系统是 DSS 处理问题的后台资源库。它由 DSS 数据库系统、知识库系统、模型库系统和方法库系统组成，采用与数据库管理系统相似的技术对各库进行管理操作。而人工智能则用于在知识系统中对各种非结构化和半结构化问题进行定义、识别、存储和解释。

1）数据库系统（Data Base System）。数据库系统是 DSS 的一个最基本的部件，一般情况下，任何一个 DSS 都不能缺少数据库及其管理系统。数据库系统是 DSS 求解问题的主要数据源，由数据库及其管理系统组成。DSS 和 MIS 的数据库及其管理系统在概念上有许多共同点，如数据库的某些功能及其实现方法等，但是由于 DSS 和 MIS 之间存在根本的差别，所以它们对数据库的要求也有着本质的差别，DSS 使用数据库的主要目的是支持决策，因此它对综合性数据或经过预处理后的数据比较重视，而 MIS 支持日常事务处理，所以它特别重视对原始资料的收集整理和组织，一般情况下 DSS 的数据库更庞大、复杂，但在组织机构内使用同一数据库。

2）知识库系统（Knowledge Base System）。当 DSS 向智能方向发展时，知识和推理的研究就显得越来越重要，事实上只有当知识库和推理技术应用于 DSS 时，才能真正地达到决策支持所提出的目标，DSS 设立知识库的主要目的是为了扩大与决策者共有的论域，以便更好地沟通思维。知识库系统由知识库及其管理系统组成。由于 DSS 处理的问题是半结构化和非结构化问题，无法用常规的数学方法进行描述和处理，大多借助于人的知识和经验，用定性求解方法。因此，要利用计算机进行辅助求解，首先必须解决的是如何在计算机内对这些定性问题进行描述和识别，以及如何利用人的知识和经验进行求解处理。因此，在 DSS 中利用人工智能方法建立知识库，运用逻辑规则对各种专家知识和经验进行描述，并以类似于数据库的方式进行知识的收集、存储、处理和输入，解决知识和经验解这个关键问题。当求解问题时，利用逻辑语言进行问题描述，而后在知识库中寻求相关知识，并利用 DSS 规则模型进行推理判断，从而模拟人的决策思维过程，达到辅助决策的目的。知识库采用的处理方法一般包括谓词演算、语义网络、框架网络、模糊逻辑和产生式系统等。

3）模型库系统（Model Base System）。模型库系统是传统 DSS 的三大支柱之一，也是 DSS 最有特色的部件之一，是 DSS 最重要的部分，但却不是必不可少的部件。DSS 模型库系统由模型库及其管理系统组成。在 DSS 中，为了保证构造模型的灵活性，以标准模型块（Model Module）的形式存储备种模型，包括通用模型、专用模型和用户模型等，并具有与数据库管理系统功能相似的模型库管理系统。当完成了问题识别，确定了需要构造的模型类型及内容以后，就可以从模型库中调用适当的模型块，以"积木"方式构造新模型，模型块在系统中以标准子程序或模拟语言等方式进行存储和处理。

4）方法库系统（Method Base System）。方法库系统由方法库及其管理系统组成，是一个软件系统，它结合了数据库和程序库，其基本功能是对各种模型的求解分析提供必要的算法。在方法库中，以标准模块方式（标准子程序、内部函数等）存储各种算法，通过格式化接口与模型库系统、知识库系统、数据库系统和问题求解系统进行联系，完成对已构造的模型进行分析求解和处理，并具有与数据库管理系统功能相似的方法库管理系统，对方法库内算法模块进行必要的处理。

(3) 支持功能

为了完成预定的工作任务，DSS 应具备相应的支持功能。主要包括：

1）信息服务。它可以分为外部服务和内部服务两大类：外部服务主要为决策者提供信息及为其他系统提供信息资源；内部服务是为其他功能的实现提供数据。

2）科学计划。它是指在辅助决策时提供必要的计算，其计算模型不注重复杂性，而注意用户的参与和选择。

3）决策咨询。在科学计算基础上，增加知识和推理功能，从而对决策起进一步的支持作用。

4）人工智能。具有人工智能的支持功能是 DSS 追求的更高境界，它追求的目标是人和机器之间的充分交互，共同完成决策任务。

众所周知，DSS 的理论发展及其开发与很多学科有关，涉及计算机硬件和软件、信息论、人工智能、管理科学、行为科学等。这些学科构成了 DSS 发展的理论框架。

五、管理信息系统对提高管理水平的意义

1. MIS 的发展

MIS 的发展对企业和企业管理的变革产生了和正在产生着深远的影响。MIS 可以辅助决策特别是战略决策，它的好坏直接影响企业的生存和发展。MIS 正在促使管理方法由定性向定性和定量相结合的方向发展，这表现在管理中运用预测和各种数学模型来定量分析企业中的问题。过去管理问题难以进行实验，而 MIS 则可以结合管理需要，提供充分的数据，为模拟创造条件。

随着 MIS 的发展，许多企业把分散的信息集中起来成立了直属经理的信息系统部，企业对高技术人才的需求不断增加，而能力不够者将逐步被淘汰。这就迫使人们通过学习、培训，不断提高个人素质。

随着通信、网络和文档传输系统的发展，网上办公系统大大节省了开支，使工作效率明显上升，为提高办公人员的创造性创造了优越的条件。一种更先进的制造业战略——灵活制造企业，完全根据用户需求来组织设计与生产，可以通过信息流调动不同地域的企业为同一个产品进行大协作，通过对机器的重新编组和对资源、人员的重新组织，构成一个新的制造系统，使得生产成本与批量几乎无关。灵活制造企业与用户建立了一个完全崭新的战略依存关系，将会引起产业结构的又一次革命。MIS 和计算机辅助设计（CAD）、计算机辅助制造（CAM）结合在一起形成的计算机集成制造系统被称为 21 世纪的管理系统。

2. MIS 的发展对企业的影响

1）企业组织结构向菱形结构发展。信息资源的开发与利用成为企业的一项战略任务，越来越多的企业设立了信息管理机构，而且规模不断扩大，地位逐步提高。信息管理成为企业中不可缺少的职业，信息管理职业不仅集中在信息管理机构，其他管理与技术部门也都开始设立信息管理与应用的职位或工作。

2）使企业组织结构向扁平化方向发展。今天的信息系统已能向企业各类管理人员提供越来越多的企业内外部信息和各种经营分析与管理决策功能，丰富全面的决策信息与方便灵活的决策功能将使企业的管理决策工作不再局限于少数专门人员或高层人员。外部环境的要求和信息系统提供的可能，已使企业中许多不同职能、不同技能的各类管理与技术人员参与决策工作。决策工作必将成为企业每一位管理与技术人员的工作内容之一，相应地许多决策问题也不必再由上层或专人解决。这种趋势导致了企业决策权力向下层转移并逐步分散化，企业组织结构由原来立式的集权结构向卧式的扁平化分权结构发展。

3）信息交流与共享，提高了组织结构的灵活性与有效性。

4）增加了企业过程重组及组织结构优化的成功率。信息系统对企业变革的使能器作用，增加了企业过程重组及组织结构优化的成功率。信息系统促进了业务流程重组（Business Process Reengineering，BPR）的发展与成功；信息系统与 BPR 的目标是一致的。信息系统是 BPR 的技术基础，也是 BPR 成功的保证，信息系统的建设与 BPR 同步或交错开展可明显地提高 BPR 的成功率。信息系统的使能器作用同时也促使企业组织结构朝适合全新运作方式和管理过程的方向发展。

思考题与习题

3-1　电力企业管理有哪些基础工作？加强电力企业管理基础工作的作用是什么？

3-2　什么是标准化？电力企业标准化工作的任务是什么？

3-3　计量工作的任务和作用是什么？

3-4　什么是技术经济定额？有何作用？有哪些种类的定额？

3-5　什么是信息和信息工作？信息工作在电力企业管理中有何作用？

3-6　开发信息资源，促进电力信息化建设应采取哪些措施？

3-7　什么是管理信息？电力企业管理信息有哪些种类和内容？

3-8　什么是信息系统，包括哪些类型？

3-9　理解电力企业管理信息系统的目标、功能、结构与分类。

3-10　什么是决策支持系统？它由哪几部分构成？

第二篇

现代电力企业经营管理

第四章
现代电力企业经营管理概论

第一节　现代电力企业经营管理概述

一、经营管理的概念

所谓经营，是指企业以市场需求为导向，以商品生产和交易为手段，为实现企业预期的效益目标和发展目标所进行的一切经济活动的总称。

经营管理，指在市场经济条件下，面向市场和用户，为实现企业经营目标，使企业的生产技术、经济活动与企业经营环境达成动态均衡的一系列有计划有组织的活动。其目的是争取企业的生存和发展，争取最大的经济效益。简言之，经营管理就是要解决企业经营目标、企业能力、经营环境这三者之间的动态平衡问题。因此，广义上的经营管理既包括企业的原材料供应、生产、销售等全部活动的管理，也包括企业为提高经济效益，实现企业的自我改造、自我发展所进行的有关资金的有效运作，以及人力资源的科学组织等方面管理。从这个意义上说，企业的经营管理几乎包括了企业管理的全部内容。

按照市场法规运行，围绕着用户用电需求做出决策、采取行动，首先必须重视市场信息，做好市场调查和电力负荷预测，这是电力企业经营活动的起点。根据市场需要，制定出电力企业长远发展规划，进行电力基本建设，组织电力的产、供、销以满足社会的需要是电力企业经营活动的基本内容。经营计划是企业全部生产经营活动的综合规划和行动纲领。财务管理和价格管理是电力企业管理的重要内容。抓好电网的安全经济运行，同时努力提高电力企业的技术创新能力，大力促进技术进步与经营管理的紧密结合，是提高经济效益的有效手段，是电力企业经营活动中的重要课题。

随着市场经济体制的建立、企业制度的创新和电力供需矛盾的缓和，电力的发展必须靠市场，求质量，求效益。传统的经营观念是一种以生产为导向的经营观念，而新型的经营观念则包括市场营销观念和社会营销观念，是抓住经济活动中的重点环节，树立以市场需求为导向，以满足用户需求为中心，以引导客户消费并取得社会效益和经济效益相统一的企业经营新战略。

在我国以公有制为主体、多种所有制经济共同发展的新格局下，电力工业企业应不断加强竞争优势和驾驭市场的能力，以适应市场经济的要求，成为依法自主经营、自负盈亏、自我发展、自我约束的法人实体和竞争主体。因而，电力企业必须特别重视企业的经营管理。

二、经营思想和方针

1. 电力企业经营的指导思想

电力企业的经营指导思想是关系全局的问题，它必须符合社会主义性质，适应社会主义市场经济规律。电力企业经营指导思想是：

1）牢固树立"人民电业为人民"的思想，这是电力企业经营的基本指导思想。电力企业与国民经济各部门和人民生活紧密相连，电力企业职工要树立优质服务观念，从用户的需求出发，安全、可靠地向用户供电，不断提高服务工作的质量。

2）不断提高经济效益是电力企业经营思想的核心。在社会主义市场经济中，电力企业是自主经营、自负盈亏、自我发展、自我约束的法人实体和市场竞争主体，其运营规则是适应市场变化，组织生产经营和商业化经营，在法律的规范下，追求企业的商业目标。因此，不断提高经济效益，增加盈利是电力企业经营思想的核心。

3）树立"大经营"观念。"一业为主，多种经营"是电力发展、公司壮大的重要途径。电力企业要积极探索与主营业务相关或与共同市场、共同技术相关的领域，大力发展多种经营产业，积极探索多种经营企业的技术创新，提高产品的科技含量。多种经营要放到提高电力企业整体竞争力的全局考虑，多种经营要成为企业发展战略的有机组成部分。

4）树立长远发展的战略观念。电力企业是一次能源最大的消费者，开发建设周期长、资金密集，因此正确拟定电力企业长远发展规划在电力企业经营管理活动中具有特别重要的意义和作用。

5）树立依法经营观念。电力企业要正确处理企业和国家、企业与用户的关系，维护国家利益，满足用户需求。

6）树立人才开发观念。建立有利于人才培养和使用的激励机制，培养适应经济发展和国际竞争需要的各类人才，促进企业的发展。

2. 电力企业经营管理的方针

电力企业经营管理方针是实现经营目标的经营活动方向，经营方针是由经营指导思想决定的。

1）电力工业实行"联合电网、统一调度"的经营方针，这是电力工业特点所决定的。电网集中统一管理，有利于安全经济运行，有利于提高电网和社会的综合经济效益。

2）根据能源资源的特点和电力工业的发展规律，正确制定和执行电力工业的开发方针。

3）实施科教兴电的战略方针。建立科技创新机制，使电力企业沿着依靠科技进步和提高劳动者素质的轨道发展。

4）贯彻"安全第一、预防为主"的方针。电力安全关系各行各业，影响着千家万户，"安全第一"是电力工业长期坚持的经营方针。

5）开拓新的电力应用领域与市场的方针。随着电力市场化改革的发展，电力企业必须以市场求发展，以效益求生存。

6）坚持以电力为先导，发展各种产业的方针。为促进电力企业减人增效、实施再就业、实现结构调整以及提高企业综合经济效益服务。

7）全面加强企业管理的方针。推行科学管理，改善经营，提高效益，创建一流企业。

三、电力企业经营管理的主要内容

电力企业经营管理的主要内容有以下几个方面：

1. 制定经营战略决策

电力企业的经营战略决策包括：近期和长期的市场调查及预测，也就是电力电量需求调查及预测；确定企业经营目标，包括电力发展、生产、销售、成本、利润等目标；电力企业扩大再生产所需资金的筹措；企业重大财务活动，等等。上述经营战略决策是关系企业全局性的重大决策问题。切合实际的、正确的经营战略决策是做好企业管理的重要前提，也是关系企业成败兴衰的重要前提。

2. 努力提高经济效益

努力提高经济效益是企业经营管理的核心问题，也是企业经营管理的基本任务。提高企业的经济效益不仅是为职工谋求正当合理的福利，而且更重要的是为了增强企业自我发展、自我改造的能力，增强企业偿还各种贷款及利息的能力。提高经济效益要贯穿到企业的全部管理中去，从电力开发、基本建设到日常的生产经营活动，都要围绕以提高经济效益为中心来开展；在具体评价企业经营成果和业绩时，要把经济效益指标放在首要地位。

3. 做好电力开发工作

电力开发工作包括电力开发方针的研究，财务活动方案的选择、资金筹措、投资效果研究，电力产品成本核算与分析，资金核算及利用分析，利润的分配使用与积累等。

四、电力企业经营管理的地位与意义

加强企业经营管理在企业中具有重要地位与意义。由于生产管理有其具体的专业性内容，且有一套行之有效的较为完整、严密、科学的管理办法，因此，把生产管理和经营管理分开客观上是可行的、需要的。那么，同样道理，基建管理、营销管理、人力资源管理乃至财务管理等也都属于类似情况。在实际工作中，为适应职能分工的要求和职能机构的设置，也往往把不同的管理分开，特别是电网经营企业把企业管理分成生产、基建、经营三大块，习惯称之为"口"，即生产口、基建口、经营口，也有的再加上人劳口。还有的企业分得更多一些、更细一些。经营口除了包括财务管理之外，有的还包括营销（用电）和人力资源的全部或一部分。因此，经营口的内容并无规定，需要根据不同企业的业务范围、历史条件而因地制宜地具体界定。

必须强调指出的是：

1）职能分工不是分家，必须要有协作，必须防止过去那种"两张皮"甚至"几张皮"相互脱节的弊端。企业的领导者既要善于组织分工，也必须善于协调和协作，善于为实现企业的经营战略目标而组织协同作战。

2）经营管理应处于企业管理的中心地位，这一点至关重要，这不是主观的要求而是客观的需要。因为经营管理包括经营战略决策、提高企业经济效益等重要内容。

第二节 电力企业经营目标

一、电力企业经营目标的概念

1. 企业经营目标

确定企业经营目标是企业经营管理的首要任务,因为企业的一切生产经营活动最终都是为了达到一定的目标。所谓经营目标,是指生产经营活动在一定时期内预期达到的成果。任何一个企业都要有它的总体经营目标,而企业各部门、各环节的生产经营活动也要有它自己的具体经营目标。

企业的总体经营目标是要通过企业各个部门和各个环节的生产经营活动来实现的。因此,各个部门都应围绕企业的总体目标制定本部门的目标。同时,总体经营目标按业务内容又划分为若干中间目标(如品种发展目标、质量目标等),中间目标又划分为若干具体目标(如质量目标分为不同的工作质量目标、服务质量目标等),这样就形成了一个目标体系(见图4-1)。在目标体系中,除了总体、中间、具体目标之间有纵向联系外,它们之间还必须有横向的有机联系,以便使各部门、各单位的生产经营活动实现紧密的衔接配合。

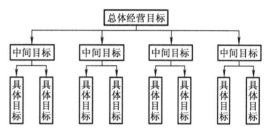

图 4-1 经营目标体系图

2. 电力企业经营目标

电力企业经营目标是指企业在一定时期内,根据企业经营战略思想、企业内外条件,按其经营方向所要达到的预期成果。经营目标可以是定性的,也可以是定量的,如企业获利能力目标、生产率目标或市场占有率目标等。正确的经营目标对电力企业的行为具有重大指导作用,确定正确的经营目标有着重要的作用:它能指明企业在一定时期的经营方向和奋斗目标,使企业的生产经营活动突出重点;它能使企业的各项经营活动达到有效的协调,从而提高管理效率和经营效果;它能促使职工提高工作主动性和积极性,从而有利于开创"全员经营"的新局面。

3. 制定经营目标的基本原则

一般地说,制定经营目标应遵循的基本原则是:

1)关键性原则。要求企业对一定时期的决策目标必须突出本企业经营的重要问题,它是关系着企业全局、重大的经营战略问题。

2)可行性原则。总体目标的确定,必须是经济上合理、技术上可行、措施有保证、经过努力能够如期实现的。

3)定量化原则。总体目标的确定,必须能用数量或质量指标来表示,使目标有可行性、有可比性。

4)一致性原则。总体目标要同中间目标和具体目标协调一致,形成系统,而不能互相矛盾、互相脱节。

5）激励性原则。总体目标的确定，对调动全厂职工的积极性有强大的号召力和激发力。

6）灵活性原则。企业的经营目标不是一成不变的，而是要根据企业内部条件和外部环境的变化及时调整与修正。

二、电力企业经营目标的特征

1. 接受性

实施和评价电力企业经营战略主要是通过企业内部人员和外部公众来完成的，因此，经营目标必须能被他们理解并符合他们的利益。但是，往往不同的利益集团有着互不相同甚至是冲突的目标。例如，在有的电力企业中，股东追求利润最大化，职工需要增加工资和改善工作条件，管理人员希望拥有权力和威望，用户渴望获得廉价的、稳定的电能产品，政府则要求企业取得一定的社会效益，企业必须努力满足所有上述相关方的要求，以便他们与企业合作。一般来讲，经营目标的表述必须清楚，有实际含义，不易产生误解，易于被企业职工理解的目标也易于被接受。

2. 检验性

经营目标应该是具体的、可以检验的，以便准确衡量企业管理活动的效果。目标的定量化可使目标具有可检验性，例如，"努力提高企业销售利润率"的目标，就不如"到2015年，电能产品的年销售额达到1.2亿元，税后利润为1400万元。使销售利润率达到15%"的目标恰当。又如企业生产目标不应是"尽可能多地生产电力产品"，而应是"2015年发电量为24亿kW·h，质量达标"。事实上，有些目标难以定量化，特别是时间跨度长、战略层次高的目标更具有模糊性，这就要求明确经营目标实现的时间并详细说明工作的特点。一般地说，电力企业的经营目标一经制定，应该保持相对稳定，同时要使经营目标保持一定的弹性，以便客观环境变化时做出相应的调整。

3. 实现性

企业在制定电力企业经营目标时，应全面分析企业内部条件的优劣与外部环境的利弊，判断企业经过努力后经营目标所能达到的程度。既不能脱离实际将目标定得过高，又不能把目标定得过低。这是因为：过高的目标会挫伤职工的积极性、浪费企业资源，过低的目标易被职工所忽视，错过市场机会。此外，经营目标应能够分解为具体的小目标和工作安排，从而促进管理者有效地从事计划、组织、激励和控制工作，促进各职能单位、企业职工积极实现企业的总体经营目标。

4. 激励性

当电力企业经营目标充分体现企业职工的共同利益时，使企业的总体经营目标和个人小目标很好地结合在一起时，就会极大地激发全体职工的工作热情和献身精神，这要求企业经营目标必须具有感召力和鼓舞作用，而且经过努力可以达到。

三、电力企业经营目标的内容

电力企业经营目标是企业经营领域功能的具体化，一方面有关企业生存和发展的各个部门都需要有目标，从不同侧面反映出企业的自我定位和发展方向；另一方面，目标还取决于个别部门的不同发展战略。因此，企业的战略目标是多元化的，既包括经济性目标，也包括非经济性目标；既包括定量目标，也包括定性目标；既有对社会的贡献目标和市场目标，也有自身的发展目标和效益目标。

1. 对社会贡献目标

对社会贡献目标是指企业在一定时期内，为社会做出哪些贡献。其贡献大小通常可用品种、产量、产值和上缴利税以及自然资源的合理利用、降低能源消耗、保护环境等方面来表示。

电力企业在制定对社会贡献目标时，要把它同国家制定的电力工业发展战略目标联系起来，与国家长期计划协调一致，为实现国家总体发展战略目标做出应有的贡献。电力企业的贡献目标则表现为：发电量、电能质量（电压、周波合格率）、供电可靠率、煤耗率、厂用电率、上缴税金以及环境保护目标等。

2. 市场目标

市场目标是指企业在一定时期内，占有市场的广度和深度，即市场面和市场占有率的大小。市场目标包括新市场的开发和传统市场的纵向渗透，也包括市场占有份额的增加；市场是企业的生存空间，企业应把不断地开辟国内国际新市场，提高竞争能力，列为一项重要的长期目标。在市场经济环境下，电力企业应把不断开拓市场的广度和深度作为自己的重要经营目标。

3. 发展目标

发展目标是指企业在一定时期内，工厂规模、品种产量、技术水平的扩大和提高程度。企业的发展一般表现为企业的纵向、横向的联合，扩大生产规模；增加固定资产、流动资金，提高生产能力；增加品种、产量和销售额；机械化、自动化水平的提高等。

在市场竞争日趋激烈的条件下，企业经营如果不求发展壮大，迟早会危及企业的生存。因此，企业管理者要高度重视经营目标的制定，有效挖掘企业的内部资源，用战略的眼光规划企业的未来。电力企业的发展目标，则表现为一定时期的装机容量和发电量的增长水平与速度。

4. 效益目标

效益目标是指企业在一定时期内，为本企业和全体职工创造多少物质利益。利益目标直接表现为利润总额、利润率和由此而决定的税后利润留成、奖励和福利基金多少。效益目标直接反映电力企业经营成果的大小，是企业生产经营活动的内在动力。它关系到企业自我发展、自我改造的能力，关系到企业对扩大再生产外部资金的偿还能力以及职工工资、奖金、福利等切身利益。电力企业效益目标表现为实现利润、利润率、自留利润、奖励、福利基金等指标。

企业的总体经营目标一般通过编制企业经营计划具体体现出来，并且规定有一定的目标值。

第三节　电力企业经营决策

一、企业经营决策含义

1. 决策

所谓决策，狭义地说，就是在几种可行方案中做出选择，选取其中某一最好的方案作为行动准则。广义的决策则还包括在做出最后选择之前所必须进行的一切活动,因而,它是一个过程。

企业的好坏在管理,管理的重心在经营,而经营的关键在于决策。决策是人们生活和工作中普遍存在的一种活动,是为解决当前或未来可能发生的问题,选择最佳方案的一种过程。决策贯穿于管理的全过程,经营管理工作实质上是一种决策工作。因为一项设计或计划通常总会面对几种不同情况(即所谓的自然状况),又可能采取几种不同的方案(即所谓的行动方案),最后,总要选定某一个方案,所以,决策是管理过程的核心,是执行管理职能的基础。在企业管理的全部活动中——包括计划、组织、指挥、协调、控制,要做到这一点,决策者就必须要有科学的作风,掌握科学的决策原理和方法。

2. 经营决策

经营决策是对企业的经营目标和实现目标的手段做出的最优决策。它包括决策前的调查、研究、分析和最后所做出的决定,它是一个过程。

电力企业如何根据自己的内部和外部条件,来确定本企业的战略方针、发展方向和远近期发展目标,并拟定出为实现此目标的各种计划,均要进行经营决策。

经营决策应按照严格的科学程序办事,但同时不要忽视决策者在决策当中的决定性作用,因而决策者素质的高低是决策成败的关键。为了防止凭"经验"和"个人意志"决策的出现,应依法经营,强化监督约束,完善法人治理结构,使决策、执行、监督三个体系真正到位,做到以经济效益为中心,科学决策。

二、经营决策的内容和分类

1. 决策的内容

按业务性质分,决策包括以下几个方面:

1)经营战略方面的决策。它包括企业经营目标、经营方针、发展规划、综合计划等全面性的决策。

2)科技进步和技术创新方面的决策。它包括大幅度提高生产效率和经济效益的重大科研项目、科技规划等决策。

3)产品销售方面的决策。它包括市场研究、需求预测、销售计划和产品价格等方面的决策。

4)财务方面的决策。它包括财务活动、投资、筹资、收支平衡、目标成本、目标利润等方面的决策。财务决策在经营管理中处于特殊地位,起着综合平衡、评价选择和资源分配等作用。

5)人事组织方面的决策。它包括经理、厂长到各级干部的选择配备、职工培训、劳资计划等。

2. 决策的分类

企业经营决策的内容十分广泛,从不同的角度划分为不同的类型,下面介绍几种常用的经营决策的分类方法:

(1)按时间长短分类

按时间长短不同,可分长期决策和短期决策。长期决策又叫战略决策,它涉及有关企业生存发展的全局性的长远问题,确定的是企业发展方向和远景规划,属于企业大政方针的决策，应采取集体决策的形式。短期决策又叫战术决策，是实现战略决策的短期具体决策，一般可采取个人决策的形式。

（2）按决策的层次分类

按决策的层次不同，可分为经营战略决策、经营管理决策、经营业务决策。

1）经营战略决策。经营战略决策是决定企业生存和发展的全局性、长期性的重大决策，属于大政方针方面的决策。它是所有决策问题中最重要的决策。这种决策旨在提高企业的经营效能，使企业的经营活动与企业外部的环境变化相适应。因此，它较多地注意企业的外部环境，如企业的经营目标、经营方针，企业的长远规划，企业管理体制，投资、价格、销售，组织机构调整，干部人选与配备等均属于此类决策范围。经营战略决策对企业的影响范围是全面的，影响时间也较长，决策者所负的责任比较大，因此，这类决策者一般为企业高层领导。

2）经营管理决策。经营管理决策是在执行经营战略决策过程中的具体战术决策。这种决策旨在提高企业的管理效能，是为实现经营战略决策的目标，对人力、物力、财力和组织方面的一些具体问题所进行的决策，如生产计划、成本利润、资金平衡、设备更新改造、生产组织的调整等。这类决策者一般为企业中层领导。

3）经营业务决策。经营业务决策是在日常生产经营活动中，为提高生产效率以及更好地执行经营管理决策所进行的具体决策，如部门之间的经营协作、生产任务的日常分配与检查、生产组织的局部调整、定额的制定、班组生产进度的监督与管理、生产的日常调度与控制、岗位责任制的制定与执行、资金的划拨、物资的库存等。这类决策一般由企业的基层管理人员做出，它对企业的影响是局部的。

以上三类决策对于企业各级管理者来说，应当各有侧重，但应有一定的渗透交叉。

（3）按决策的重复程度分类

按决策问题的重复性不同，可分为程序化决策和非程序化决策。

1）程序化决策。程序化决策又称为常规性经营决策，是对经常重复发生的经营问题进行的决策。这些问题是以相同或相似的形式重复出现，决策者对这类问题的性质、情况和结局有充分的了解，因此可以预先规定处理的程序和规则。如原材料的采购与库存、工资的发放、日常生产的计划与调度等均属于此类决策，主要由中下层管理人员承担。

2）非程序化决策。非程序化决策又称为非常规经营决策，是对那些牵涉面广且未出现过或不经常出现的问题进行的决策。这类问题比较复杂，决策时无章可循，而且往往是有关重大战略问题的决策，因此需要最高管理者参与决策。如企业规模的扩大、新产品的开发、重大的技术革新和改造、市场的开拓、发展多种经营等决策均属此类。这类决策除采用定量分析方法外，还常采用定性的分析方法。

（4）按决策的条件分类

根据决策的条件不同，经营决策可分为确定型经营决策、风险型经营决策、非确定型经营决策。

1）确定型经营决策。如果决策的每一个备选方案的已知条件（自然状况）是明确的，并且各备选方案在该自然状态下所达到的效果可以准确地计算出来，从而根据决策目标做出抉择，这类决策就属于确定型经营决策。企业经营管理中的运输问题、库存量问题、设备更新选择问题、生长任务的安排问题等多属于确定型经营决策问题。

2）风险型经营决策。如果决策的每一个备选方案所面临的自然状态是不能肯定的，各种自然状态的出现是随机的，可以根据统计资料或具体调研分析预测其出现的概率，按这些概率来进行的决策就是风险型经营决策。由于概率不是一种肯定，而只是一种可能，这就使得这种决策带有一定的风险，故称为风险型经营决策。

3）非确定型经营决策。如果决策的每一个备选方案所面临的自然状态是不能肯定的，同时也难以根据统计资料对其出现得到一个客观的概率，这种情况下的决策就称为非确定型决策。这种决策只能凭借决策者的能力、经验、胆识来进行，因而决策的难度和风险就更大。

（5）按决策的性质分类

按决策的性质不同可将决策分为定量决策和定性决策。

三、经营决策的程序与原则

1. 经营决策的程序

1）发现并提出问题。发现并提出问题是一个领导者的重要职责。能否敏锐地察觉问题，抓住问题的实质并明确地阐明问题，是一种重要的领导艺术。

2）确定目标。确定目标是决策中最重要的问题，目标错了必将导致决策的错误。因此，确定目标前，必须对企业内外的客观情况和限制条件进行充分的分析和估计，并在可能的情况下进行各种预测，以保证目标的合理性、正确性。

3）制定可行方案。根据企业内外条件及预测结果，制定实现此目标的可能行动方案，一般需要拟定多种方案。

4）综合分析和选择。对各种可行方案进行定量和定性分析，选择其中最优方案作为推荐方案。

5）经营决策的落实和反馈。根据决策拟定实施计划并贯彻执行。利用反馈原理，检查决策的正确程度，及时采取调整措施，保证全部决策目标的实现。反馈的结果常常导致一个新的决策，从而进入一个新的决策过程。

2. 经营决策的原则

要进行正确的决策，决策者必须全面地考虑各种有关因素的影响，权衡利害关系，通常应遵循以下七个原则：

1）经济上的合理性。要充分考虑方案对企业生产成果、生产消耗与经营成果的影响程度。选定的方案必须是能取得最好的经济效益的方案。

2）技术上的先进性。选择的方案必须保证其技术的先进性，以使其具有较大的竞争能力。

3）市场的适应性。经营决策要能适应市场具体情况的变化，实施动态决策。

4）企业的稳定性。经营决策的实施应有利于企业的稳健经营和规范运作。

5）企业的资源条件。选择方案必须充分注意本企业的财力。

6）对社会环境的影响。经营决策必须考虑对社会环境的影响，尽量选择对社会环境污染最小的方案。

7）国家方针政策的要求。国家方针政策的要求是选择方案的重要依据，企业的经营决策必须符合国家方针政策、符合国家利益。

总之，社会主义企业经营必须坚持社会主义方向，遵守国家的政策法令，在国家宏观指导下，面向市场和用户，最大限度地满足国家与用户的需要，充分利用本企业的资源条件，争取最大的经济效益。

第四节　经营决策技术

随着数学、经济学、计算机科学与技术等学科成就越来越多地在企业经营管理决策中的应用，决策方法日趋系统和完善，为企业经营决策提供了可靠的支持。下面根据决策性质的不同分别介绍几种常用的有代表性的方法。

一、定性决策方法

定性决策方法也称为主观决策方法，它是指经营决策中充分发挥人的智慧的方法，即通过各种有效的组织形式、方法、步骤和环境气氛，充分依靠决策者的知识、经验、能力来探索事物的规律，从而做出科学、合理的决策。

由于在企业的经营过程中，多数决策问题属于战略性的非程序化问题，这类问题往往涉及政治、经济、生态和社会等方面，涉及的问题纷繁复杂。同时，市场经济的发展以及科学技术的日新月异，使得企业经营决策过程中的不确定性大大增加，这些都导致很多决策难以借助于数学方法来解决。因此，定性决策方法在经营决策中仍占有十分重要的地位。常用的定性决策方法主要有：经验判断决策法、专家论证决策法和职工民主决策法。

1. 经验判断决策法

经验判断决策法又称为经理（领导）人员决策法，它是指企业领导层凭借自身的经验和才智，对决策目标和备选方案做出评价、判断和优选的一种决策方法。这种决策方法有利于集中高层管理者的智慧和经验，利用他们在知识素质、实际经验和决策能力等方面的优势，相互启发，比较评议，抓住时机，做出决策。目前，这也是企业最常用、最实用的一种决策方法。

经验判断决策法的具体形式：

1) 全过程法。即企业的领导班子成员自始至终参与决策的全过程。从根据生产经营面临的问题自己提出决策目标和备选方案到召开领导班子会议，集体进行评价、判断、选择，以致最后做出决策。

2) 自下而上法。决策过程中，先由企业内部各职能部门提出具体的决策目标和备选方案，企业领导层只是在此基础上进行评价和优选，并拍板决策。

3) 上下结合法。在决策过程中，由企业领导层先提出决策目标，再由各职能部门据此制定各种备选方案，最后由领导层再进行评价、优选和决断。

经验判断决策法的优点是：由于主要是企业的领导层参与决策，因而便于抓住时机，果断决策，灵活性好；出于决策者拥有较高的素质和丰富的经验，决策的成功概率较大。缺点是这种方法有一定的主观性、片面性，容易受到领导者个人素质的影响。

2. 专家论证决策法

专家论证决策法是指企业通过不同的形式，组织有关专家围绕企业针对决策问题提出的决策目标和备选方案进行可行性论证，然后根据专家的意见做出决策的一种方法。这种方法能够利用专家的专长，对企业面临的一些关系重大、影响因素众多以及需要进行严密的论证、发挥创造性思维的决策问题，做出正确评价和判断，以提高企业决策的科学性。目前，国内外企业界常用的几种专家论证决策法有协力创新法、德尔菲法、头脑风暴法等。

3. 职工民主决策法

职工民主决策法是指企业实行民主化原则，发挥职工群众的聪明才智，进行群体决策的一种决策方法。决策民主化是企业经营管理决策的基本要求，是决策科学性的重要保证。职工民主决策的基本形式有以下几种：通过职代会决策法、企业群体自上而下决策法和企业群体自下而上决策法。

职工民主决策的优点是：①职工群众直接参与企业的决策活动，有利于增强广大职工的主人翁意识和责任感，使决策实施有了组织保证；②经过层层评价、完善和优选，能够发挥出群体智慧，减少决策失误。缺点是：速度慢，耗时长，决策的时效性差。因此民主决策法一般适用于对企业重大问题或时效性不强的生产管理问题的决策。

二、定量决策方法

计量决策方法是建立在数学模型基础上的决策方法。它是根据决策目标，把决策问题的变量因素以及变量因素与目标之间的关系用数学关系表示出来，通过数学模型的求解确定决策方案，其中，复杂的数学模型的决策方案还必须借助于计算机来寻求答案。

1. 确定型决策

确定型决策因其自然条件和结果均是确定的，一般采用运筹学中线性规划就可解决。如某电厂可向两家银行贷款，而贷款利率不同，甲银行利率8%，乙银行利率7%，通过比较很容易判断，从乙银行取得贷款的方案为最优方案，这就是确定型决策问题。确定型决策问题看起来似乎很简单，但在实现工作中并非如此，因为决策人面临的方案数量可能很大、变量可能很多，从中选出最优方案并不容易。

（1）线性规划法的原理

线性规划法是在一些线性等式或不等式的约束条件下，求解线性目标函数最大值与最小值的方法。线性规划问题的共同特征是：①每一个问题都用一组未知数 $(x_1, x_2, \cdots, x_n)$ 表示决策变量，其值就代表具体方案，这些未知数取值为非负；②存在一定的限制条件（约束条件），可用等式和不等式表达；③有一目标函数，要求其最大化或最小化。这种方法特别适合于利润的实现需要综合考虑人力、设备、材料供应、资金等条件的制约之类的情况。现举例说明。

1）生产计划问题。下面例4-1所建的数学模型就是一个收益最佳的生产计划问题。

【例4-1】 某电力机械厂在计划期内要安排生产甲、乙两种产品，这些产品分别需要在A、B、C、D四种不同设备上加工，甲、乙产品按工艺要求在各设备上所需要的加工台时数（台时指一台设备工作1h）、设备在计划期内有效台时数和甲、乙产品的单产收益（价值系数）均列于表4-1中，求收益最大的生产计划。

表 4-1 机床台时及单产收益

机 床	甲产品/台时	乙产品/台时	总 台 时
A	2	2	12
B	1	2	8
C	4	0	16
D	0	4	12
单产收益/万元	2	3	

解：该问题用线性规划求解。

设甲产品的产量为 x_1，乙产品的产量为 x_2，最大利润为 $\max Z$。根据以上条件，可列出联立方程如下：

目标函数 $\max Z(X) = 2x_1 + 3x_2$

约束条件 $\begin{cases} 2x_1 + 2x_2 \leq 12 \\ x_1 + 2x_2 \leq 8 \\ 4x_1 \leq 16 \\ 4x_2 \leq 12 \end{cases}$

非负条件 $x_1, x_2 \geq 0$

求解过程略。

解得：$x_1 = 4$ 件，$x_2 = 2$ 件，则 $\max Z = 2 \times 4 + 3 \times 2 = 14$ 万元，即当企业生产甲产品 4 件，生产乙产品 2 件时，可获最大利润 14 万元。

2）发电厂燃煤的混合问题。合理地混合不同品种的煤，可使锅炉在最佳工况下安全经济运行，这是一个很有必要探讨的问题。

【例 4-2】 某火电厂燃烧甲、乙、丙三种煤，每种煤的含硫量、发热量以及每吨价格，如表 4-2 所示。现要将三种煤混合使用，按锅炉要求，混合煤发热量不低于 16800kJ/kg，按环境保护要求，其含硫量不能超过 0.025%，问如何混合最经济？

表 4-2 燃煤数据表

煤 种	含硫量（%）	发热量/kJ·kg^{-1}	价格/元·t^{-1}
甲	0.01	16000	40
乙	0.05	19200	36
丙	0.03	17600	38.5

解：假设每吨煤中甲、乙、丙三种煤分别为 x_1、x_2、x_3（单位为 t），则每吨混合煤的发热量为 $1000(16000x_1 + 19200x_2 + 17600x_3)$，而含硫量为 $(0.01x_1 + 0.05x_2 + 0.03x_3)\%$，依题意 x_1、x_2、x_3 应满足：

目标函数 $\min Z(X) = 40x_1 + 36x_2 + 38.5x_3$

约束条件 $\begin{cases} 16000x_1 + 19200x_2 + 17600x_3 \geq 16800 \\ 0.01x_1 + 0.05x_2 + 0.03x_3 \leq 0.025 \\ x_1 + x_2 + x_3 = 1 \end{cases}$

非负条件 x_1，x_2，$x_3 \geq 0$

解这个数学模型就可以求出经济合理的配煤方案。需要指出的是，这一数学模型也同样适用于燃油、燃气等其他燃料的混合。

(2) 线性规划的求解方法

线性规划问题的所有可行解构成的集合是凸集，也可能为无界域，它们有有限个顶点，线性规划的每个基可行解对应可行域的一个顶点；若线性规划问题有最优解，则必在某顶点上得到。线性规划模型的求解方法有图解法和单纯形法。

1) 图解法。图解法是最原始、最有效的直观方法。图解法对线性规划最优解的性质——几何意义一目了然，特别适合只有两个变量的线性规划问题。图解法的基本思想是先确定线性规划模型的可行解区，然后再从中得到最优解。

【例4-3】 以例4-1的内容为题目，试用图解法求解。

解： 设决策变量 x_1、x_2 分别为计划期甲、乙产品的产量，则求解过程如下。

① 列写线性规划模型

目标函数 $\max Z(X) = 2x_1 + 3x_2$

约束条件 $\begin{cases} 2x_1 + 2x_2 \leq 12 \\ x_1 + 2x_2 \leq 8 \\ 4x_1 \leq 16 \\ 4x_2 \leq 12 \end{cases}$

非负条件 x_1，$x_2 \geq 0$

② 以 x_1 为横坐标，x_2 为纵坐标，画出直角坐标系。因为变量非负，可行解区当然在第一象限，如图4-2所示。

从图4-2中，不难看出：GNME0 为可行解区，这是一个凸五边形，凸五边形上的任意一点都能满足所有的约束条件和非负条件。

③ 从可行解区求最优解，需结合目标函数进行综合分析。

已知 $\max Z(X) = 2x_1 + 3x_2$

去 max 并移项 $x_2 = -\dfrac{2}{3}x_1 + \dfrac{Z}{3}$

直线斜率 $m = -\dfrac{2}{3}$

直线截距 $b = \dfrac{Z}{3}$

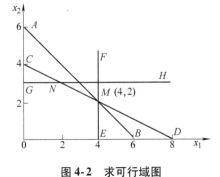

图4-2 求可行域图

令 Z 取不同的值，将会得到一组斜率 $m = -\dfrac{2}{3}$ 的平行线，位于同一直线上的点具有相同的目标函数值，因而称之为"等值线"。当 Z 值由小变大时，直线 $x_2 = -\dfrac{2}{3}x_1 + \dfrac{Z}{3}$ 沿其法线方向向右上方移动，当移动到 M 点时，Z 的取值最大，得到了最优解，这时 M 的坐标是 (4，2)，最优值是 $\max Z(X) = 14$，如图4-3所示。

这说明该厂的最优生产计划方案是：在计划期内生产甲产品 4 件，乙产品 2 件，可得到最大利润 14 万元。

运用图解法，也可以求最小值。通过图解法可归纳线性规划解的性质：①线性规划问题的所有可行解构成的可行域一般是凸多边形；②若存在最优解，则一定在可行域的某顶点上得到；③若在两个顶点上同时得到最优解，则这两顶点连线上的任一点都是最优解，即无穷个最优解；④若可行域无界，则可能发生最优解无界的情况（这时最优解不存在，或无最优解）；⑤若可行域是空集，则为无可行解，当然也就无最优解了。

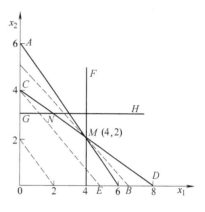

图 4-3 求最优解图

从上例可以看出图解法非常简单、直观，但是在变量增加到三个及以上的时，这种方法就无能为力了，这时就必须使用单纯形法。

2）单纯形法。单纯形法是解线性规划的系统方法。它可以由一个可行解向另一个可行解移动，每一次移动都使目标函数得到改善，当目标函数达到最大值时，问题就得到了最优解。它还可以根据对偶原理，保持对偶问题的解是可行解，而原问题在非可行解的基础上，通过迭代逐步达到基本可行解，这样也就得到了最优解，这就是对偶单纯形法。由于单纯形法有以上特点，所以能够作为一种计算工具而广泛地应用。

下面以例 4-4 问题为例，说明应用单纯形法的解题过程。

【例 4-4】 以例 4-2 的内容为题目，试用单纯形法求解。

解：步骤 1：列出数学模型。

原方程经整理可化成：

目标函数 $\max Z(X) = -40x_1 - 36x_2 - 38.5x_3$

约束条件 $\begin{cases} -20x_1 - 24x_2 - 22x_3 \leqslant -21 \\ x_1 + 5x_2 + 3x_3 \leqslant 2.5 \\ x_1 + x_2 + x_3 = 1 \end{cases}$

非负条件 $x_1, x_2, x_3 \geqslant 0$

步骤 2：引入松弛变量，化为标准型。

设 x_4 为发热量的松弛变量（潜在发热量），x_5 为含硫量的松弛变量（潜在含硫量），则数学模型改写为

目标函数 $\max Z(X) = -40x_1 - 36x_2 - 38.5x_3 + 0x_4 + 0x_5$

约束条件 $\begin{cases} -20x_1 - 24x_2 - 22x_3 + x_4 = -21 \\ x_1 + 5x_2 + 3x_3 + x_5 = 2.5 \\ x_1 + x_2 + x_3 = 1 \end{cases}$

非负条件 $x_1, x_2, x_3, x_4, x_5 \geqslant 0$

步骤 3：列出初始单纯形表。先以 x_4、x_5 为基变量作辅助表，如表 4-3 所示。

以 "$a_{32} = 1$" 为主元素，用矩阵初等行变换得初始单纯形表，如表 4-4 所示。因为初始

单纯形表中,常数列的数字有负数,而且"检验数"行的数字非正,故需进一步计算。

表 4-3 单纯形法辅助表

行序号	基变量	x_1	x_2	x_3	x_4	x_5	常 数
(1)	x_4	-20	-24	-22	1	0	-21
(2)	x_5	1	5	3	0	1	2.5
(3)	x_2	1	1	1	0	0	1
(4)	检验数	-40	-36	-38.5	0	0	0

表 4-4 初始单纯形表

行序号	基变量	x_1	x_2	x_3	x_4	x_5	常数	迭 代
(5)	x_4	4	0	2	1	0	3	(5)=(1)+(3)×24
(6)	x_5	-4	0	-2	0	1	-2.5	(6)=(2)-(3)×5
(7)	x_2	1	1	1	0	0	1	(7)=(3)
(8)	检验数	-4	0	-2.5	0	0	36	(8)=(3)×36+(4)

步骤 4:确定换出变量。选取单纯形表常数列中最负的数所对应的基变量 x_k 为换出变量,即常数 -2.5 对应的 x_5 为换出变量。

步骤 5:确定换入变量。计算所有负检验数与 x_k 行中负的元素对应的比值,取比值最小的所对应的非基变量为换入变量,即按最小比例规则计算为

$$Q = \min\left(\frac{-4}{-4}, \frac{-2.5}{-2}\right) = 1$$

故确定 x_1 为换入变量,由此确定"$a_{21} = -4$"为主元素。主元素指换入变量列和换出变量行所交叉的那个元素。

步骤 6:以主元素为中心,进行初等变换。即使主元素所在列(包括所对应的检验数)为单位列向量,所在行(包括常数项)也需进行相应的变换。变换后得新的单纯形表,如表 4-5 所示。

表 4-5 初等变换表

行序号	基变量	x_1	x_2	x_3	x_4	x_5	常数	迭 代
(9)	x_4	0	0	0	1	0	0.5	(9)=(5)-(10)×4
(10)	x_1	1	0	0.5	0	-0.25	0.625	(10)=(6)÷(-4)
(11)	x_2	0	1	0.5	0	0.25	0.375	(11)=(7)-(10)
(12)	检验数	0	0	-0.5	0	-1	38.5	(12)=(8)+(10)×4

步骤 7:求最优解。表 4-5 中,常数列的数字全部非负,而检验数全部非正,故已达到最优。最优解是

$$x_1 = 0.625, \ x_2 = 0.375, \ x_3 = 0, \ x_4 = 0.5, \ x_5 = 0$$

去掉人工变量(松弛变量)得最优解是

$$x_1 = 0.625, \ x_2 = 0.375, \ x_3 = 0$$

步骤 8:将所求最优解代入约束方程看是否符合约束条件,然后将最优解代入目标函数

方程，求目标函数值。

代入约束方程有

1) $-20 \times 0.625 - 24 \times 0.375 - 22 \times 0 = -21.5 \leq -21$
2) $0.625 + 5 \times 0.375 + 3 \times 0 = 2.5 \leq 2.5$
3) $0.625 + 0.375 + 0 = 1$，满足约束条件

代入目标函数方程得

$$(40 \times 0.625 + 36 \times 0.375 + 38.5 \times 0) 元 = 38.5 元$$

很明显，求出的最优值与表4-5中"检验数"行中"常数"栏内的数据相等。

结论：该发电厂每吨混合煤中甲、乙、丙三种煤分别占0.625t、0.375t、0t时最安全经济，混合煤的最低价格是38.5元/t。因此，该厂以不进或少进丙种煤为好。

上例虽然只是三个决策变量的情况，遇见多个决策变量的问题，解法也是一样。综合上例的解题方法，可以概括单纯形法的计算步骤如下：

① 根据线性规划问题，列出初始单纯形表。检查初始单纯形表中常数列的数字，若都为非负，检验数都为非正，则已得最优解，停止计算。若常数列中至少还有一个负元素，检验数保持为非正，那就进行以下计算。

② 确定换出变量。从常数列中选择最负的数所对应的基变量 x_k 为换出变量。

③ 确定换入变量。在单纯形表中检查 x_k 所在行的各元素，如果所有元素非负，则原问题无解，停止计算；若存在负元素，则算出负检验数与 x_k 行中负的元素对应的比值，按最小的比例规则，选取比值最小的所对应列的非基变量为换入变量。

④ 进行迭代。以主元素为中心，进行行初等变换（迭代），求得新的单纯形表。重复以上的步骤计算。

2. 风险型决策

风险型决策也称随机型决策，它是指决策对象存在着两种以上的自然状态，将来会出现哪一种自然状态不能肯定，但是各种自然状态将来出现的概率是可以预先估计出来的。这种决策是对未来情况不完全了解的条件下做出的，因此具有一定的风险，故叫风险型决策。它必须具备下列五个条件：①有一个明确的决策目标，如最大期望值、最低成本等；②存在着两个以上的备选方案；③存在着两个以上的自然状态，比如市场销售情况有销路好、销路差等；④不同方案在各种自然状态下的损益值；⑤各种自然状态发生的概率。

风险型决策方法主要有：期望值决策法和决策树法。

（1）期望值决策（Expected Monetary Value，EMV）法

对每一个行动方案按照已知的损益值和概率综合计算其损益期望值，然后选择收益期望值最大者为最优方案，这种把每个行动方案的期望值求出来，然后再加以比较并选优的方法，就叫作期望值决策法。期望值一般可用最大利润、最小损失、最少投资、最高产值来表示。

概率是对随机事件发生的可能性的度量，一般以一个0到1之间的实数表示。某事件绝对不发生，则概率为0，反之绝对发生，则概率为1。因此，任何一件事物出现概率都在0与1之间，若出现的机会越多，概率值越高。用符号 $P(A_i)$ 表示 A_i 事件出现的概率。概率的基本性质集中反映在式（4-1）中：

$$\begin{cases} 0 \leqslant P(A_i) \leqslant 1 \\ \sum_{i=1}^{n} P(A_i) = 1 \end{cases} \quad (4-1)$$

一个决策 X 的期望值，记为 E，就是它在不同自然状态下的损益值乘上相对应发生的概率之和，用公式表示为

$$E(X) = \sum_{i=1}^{n} X_i P(i) \quad (4-2)$$

式（4-2）中，$E(X)$ 为决策 X 的期望值；X_i 为决策 X 在自然状态 i 下的损益值；$P(i)$ 为自然状态 i 的发生概率。

【例 4-5】 某公司对未来五年产品需求进行预测，A 产品市场需求的高需求概率为 0.3，中需求的概率为 0.5，低需求的概率为 0.2，对此可有建新厂、扩建老厂或对老厂设备进行技术改造三个方案，已知有关资料如表 4-6 所示。问采用哪个方案较好？

表 4-6　损益表　　　　　　　　　　　　　　（单位：万元）

方　案	高需求 $P(X_1)=0.3$	中需求 $P(X_2)=0.5$	低需求 $P(X_3)=0.2$	投　资
新建 X_1	120	40	-30	100
扩建 X_2	100	50	0	50
改建 X_3	40	30	20	20

解： 根据已知资料，三个方案损益期望值计算如下：

新建方案 $E(X_1) = [(120 \times 0.3 + 40 \times 0.5 + (-30) \times 0.2) \times 5 - 100]$ 万元 = 150 万元

扩建方案 $E(X_2) = [(100 \times 0.3 + 50 \times 0.5 + 0 \times 0.2) \times 5 - 50]$ 万元 = 225 万元

改造方案 $E(X_2) = [(40 \times 0.3 + 30 \times 0.5 + 20 \times 0.2) \times 5 - 20]$ 万元 = 135 万元

比较三个方案收益期望值，扩建方案期望值较大，在其他非计量因素允许的件下，采用扩建方案的决策。

【例 4-6】 某发电厂在订购进口发电机时，同时要订购一部分构造复杂、价格昂贵的备件，因这部分零件无通用性或其他原因，故必须与发电机时同时订购。现订购一台发电机，同时要订购一定数量的线棒，每根线棒的价格 $c_1 = 500$ 元。如果在发电机运行时线棒损坏而又没有备件时，发电机将停止运行。再加上特殊配制该部件的费用，共计需要损失 $c_2 = 10000$ 元。同时我们知道以往 100 台同类型发电机备用线棒需要量的统计资料如表 4-7 所示，问订购发电机的同时应购多少个备用线棒为宜？

表 4-7　发电机备用线棒需求概率统计表　　　　　　（单位：个）

备用线棒需要量 r	0	1	2	3	4	5	6	6 以上
相应发电机台数	90	5	2	1	1	1	0	0
状态概率 $P(r)$	0.9	0.05	0.02	0.01	0.01	0.01	0	0

解： 在这里备用线棒的需要量不是一个确定的常数，而是以一定的概率（百分数）出现的不确定数。因此需要计算订购不同数量的备用线棒时，最可能的费用损失的期望值 $E(s)$。决策的原则以费用损失期望值（积压损失 + 机会损失）最小时的订购量为最合适的

订购量。

① 假如订购 $s=5$ 个备用线棒，则

对于90%的发电机是多余的，对这些发电机来讲，将造成积压损失为
$$C_1(s)P(0) = (500 \times 5 \times 0.9)元 = 2250元$$
对于5%的发电机，因其只需1个备用线棒，故有4个是多余的，造成的积压损失是
$$C_1(s-1)P(1) = [500 \times (5-1) \times 0.05]元 = 100元$$
同理，可算出其他可能情况的积压损失为
$$C_1(s-2)P(2) = [500 \times (5-2) \times 0.02]元 = 30元$$
$$C_1(s-3)P(3) = [500 \times (5-3) \times 0.01]元 = 10元$$
$$C_1(s-4)P(4) = [500 \times (5-4) \times 0.01]元 = 5元$$
$$C_1(s-5)P(5) = [500 \times (5-5) \times 0.01]元 = 0元$$
因此，订购 $s=5$ 个备用线棒时的总损失的期望值为
$$E(s=5) = \sum_{r=0}^{5} C_1(s-r)P(r) = (2250 + 100 + 30 + 10 + 5 + 0)元 = 2395元$$

② 假如订购 $s=4$ 个备用线棒，则

如上可以计算当订购 $s=4$ 个备用线棒可能造成的积压损失为
$$C_1(s)P(0) = [500 \times (4-0) \times 0.9]元 = 1800元$$
$$C_1(s-1)P(1) = [500 \times (4-1) \times 0.05]元 = 75元$$
$$C_1(s-2)P(2) = [500 \times (4-2) \times 0.02]元 = 20元$$
$$C_1(s-3)P(3) = [500 \times (4-3) \times 0.01]元 = 5元$$
$$C_1(s-4)P(4) = [500 \times (4-4) \times 0.01]元 = 0元$$
另有1%的发电机需要 $r=5$ 个备用线棒，但只订购了4个，这种情况将失去一次更换的机会而造成停机，其机会损失为
$$C_2(r-s)P(r) = [10000 \times (5-4) \times 0.01]元 = 100元$$
因此，订购 $s=4$ 个备用线棒时总损失费用的期望值为
$$E(s=4) = \sum_{r=0}^{4} C_1(s-r)P(r) + C_2(r-s)P(r)$$
$$= (1800 + 75 + 20 + 5 + 0 + 100)元 = 2000元$$

③ 同理，可以求得 $s=3, 2, 1, 0$ 个备用线棒总损失费用的期望值为
$$E(s=3) = \sum_{r=0}^{3} C_1(s-r)P(r) + \sum_{r=4}^{5} C_2(r-s)P(r) = 1710元$$
$$E(s=2) = \sum_{r=0}^{2} C_1(s-r)P(r) + \sum_{r=3}^{5} C_2(r-s)P(r) = 1525元$$
$$E(s=1) = \sum_{r=0}^{1} C_1(s-r)P(r) + \sum_{r=2}^{5} C_2(r-s)P(r) = 1550元$$
$$E(s=0) = \sum_{r=1}^{5} C_2(r-s)P(r) = 2100元$$

根据决策原则可得

$$\min[E(s=0), E(s=1), E(s=2), E(s=3), E(s=4), E(s=5)]$$
$$= \min[2100, 1550, 1525, 1710, 2000, 2395]元 = 1525元 = E(s=2)$$

故应在订购该发电机时订购2个备用线棒为宜。

（2）决策树法

1）单级决策树。决策树是图论中的树图应用于决策的一种工具。它是以树的生长过程的不断分枝来表示各方案不同自然状态发生的可能性，以分枝和剪修来寻求决策的方法。决策树的结构是由决策点、方案分枝、状态节点、概率分枝所组成，如图4-4所示。①决策点：就是树的出发点，表明决策结果，用方块表示；②方案分枝：就是从决策点引出的若干条直线，每条线代表一个方案，并由它与自然状态节点相连接；③状态节点：就是在各方案分枝末端画圆圈来表示，用它来表明各种自然状态所能获得效益的机会；④概率分枝：就是从状态节点引出的若干条直线，每一条直线代表一种自然状态。

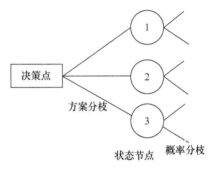

图4-4 决策树结构图

决策树法的基本原理是以计算各方案在各种自然状态下的收益值或损失值，即损益期望值作为决策标准的。用决策树法进行决策分析，树形是按书写的逻辑顺序从左向右横向展开。方案选优过程是从右向左逐一地计算损益期望值，然后比较期望值大小，分层进行决策选优。

决策树绘制的步骤如下：

① 绘制树形图。绘图前必须预先确定有几个可供选择的方案，以及各个方案将会发生几种自然状态。

② 计算期望值。期望值的计算要由右向左依次进行。首先根据各种自然状态的发生概率分别计算每种自然状态的期望值。当遇到状态节点时，计算其各个概率分枝期望值的和，标记在状态节点上。当遇到决策点时，则将状态节点上的数值与前面方案分枝上的数值相加，哪个方案分枝的汇总的期望值大，就把它标记在决策点上。

③ 剪枝决策。就是方案比较选优的过程，从右向左逐一比较，凡是状态节点上的值与方案分枝上数值汇总后小于决策点上数值的方案分枝一律剪掉，最终剩下的方案分枝就是最佳方案。

【例4-7】 某电力机械厂拟生产一种新产品，有两种方案：一种是建大车间，需投资300万元；另一种是建小车间，需投资120万元。两种方案的使用年限均为10年，每年损益及自然状态的概率如表4-8所示，试用决策树法做出决策。

表4-8 方案损益表　　　　　　　　　　　　　　　　（单位：万元/年）

自然状态	自然状态概率	建大车间	建小车间
销路好	0.7	100	40
销路差	0.3	−20	30

解： 画出决策树，如图4-5所示。

计算各状态节点的损益期望值为

$$E_1 = [0.7 \times 100 + 0.3 \times (-20)] \times 10 \text{ 万元} - 300 \text{ 万元} = 340 \text{ 万元}$$

$$E_2 = [0.7 \times 40 + 0.3 \times 30] \times 10 \text{ 万元} - 120 \text{ 万元} = 250 \text{ 万元}$$

决策原则是以盈利期望值大的为优,故

$$\max(E_1, E_2) = \max(340, 250) = 340 \text{ 万元}$$

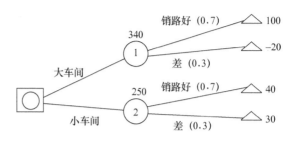

图 4-5 决策树

显然,建大车间为宜。决策树法具有明显的优点,犹如一个作战地图,一目了然,因而得到了广泛应用,特别适用于多级决策。

2)多级决策树。多级决策树实际上是单级决策树的复合,即把第一阶段决策树每一个末梢作为下一阶段决策树的根部,从而形成枝叶繁茂的各级的多阶段的决策树。多级决策树的绘制也分为画树形图、计算期望值和剪枝三步,但不是第一阶段(单级)走完三步之后再进行下一阶段,而是从左到右完成所有的第一步建树之后再进行下一阶段,再从右到左完成所有阶段的计算期望值和剪枝的步骤。举例说明如例 4-8 所示。

【例 4-8】 某电力修造公司为满足电网对某一产品的需求设计了三个方案:第一个方案是新建一个大工厂,需投资 320 万元;第二个方案是新建一个小工厂,需投资 140 万元;第三个方案是先投资 140 万元建造一个小工厂,3 年以后,如果销路好再考虑扩建,扩建需追加投资 200 万元,收益与新建大工厂方案相同。根据预测,该产品在前 3 年销路好的概率为 0.7,销路差的概率为 0.3。如果前 3 年销路好,则后 7 年销路好的概率为 0.9,销路差的概率为 0.1;如果前 3 年的销路差,则后 7 年的销路必定差。每个方案的年收益如表 4-9 所示,试用决策树法做出决策。

表 4-9 方案的年收益表 (单位:万元)

自然状态	概率		方案及年收益			
	前 3 年	后 7 年	大工厂	小工厂	先小后大	
					前 3 年	后 7 年
销路好	0.7	销路好 0.9,销路差 0.1	160	80	80	160
销路差	0.3	销路好 0,销路差 1	-40	20	20	-40

解:决策步骤如下:

① 画出决策树,如图 4-6 所示。

② 计算出每个方案的综合损益期望值。先算出节点 5、6、7、8 和 10 的期望值,有

$$E_5 = [0.9 \times 160 + 0.1 \times (-40)] \times 7 \text{ 万元} = 980 \text{ 万元}$$

$$E_6 = [1.0 \times (-40)] \times 7 \text{ 万元} = -280 \text{ 万元}$$

$$E_7 = [0.9 \times 80 + 0.1 \times 20] \times 7 \text{ 万元} = 518 \text{ 万元}$$

$$E_8 = [1.0 \times 20] \times 7 \text{ 万元} = 140 \text{ 万元}$$

$$E_{10} = [1.0 \times 20] \times 7 \text{ 万元} = 140 \text{ 万元}$$

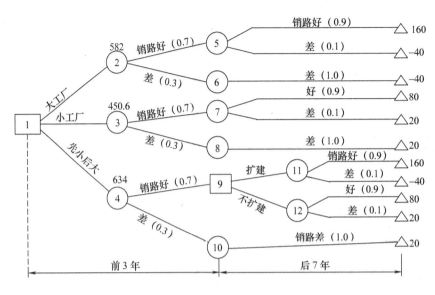

图 4-6 决策树

节点 9 是决策点,先计算节点 11 和 12 的期望值为

$$E_{11} = [0.9 \times 160 + 0.1 \times (-40)] \times 7 \text{ 万元} - 200 \text{ 万元} = 780 \text{ 万元}$$

$$E_{12} = [0.9 \times 80 + 0.1 \times 20] \times 7 \text{ 万元} = 518 \text{ 万元}$$

进行第一次决策,剪枝舍去不扩建方案。故得到节点 9 的期望值,$E_9 = 780$,而后,求出三个方案的综合损益期望值为

$$E_2 = [0.7 \times 160 + 0.3 \times (-40)] \times 3 \text{ 万元} + [0.7 \times 980 + 0.3 \times (-280)] \text{万元} - 320 \text{ 万元}$$
$$= 582 \text{ 万元}$$

$$E_3 = [0.7 \times 80 + 0.3 \times 20] \times 3 \text{ 万元} + [0.7 \times 518 + 0.3 \times 140] \text{万元} - 140 \text{ 万元} = 450.6 \text{ 万元}$$

$$E_4 = [0.7 \times 80 + 0.3 \times 20] \times 3 \text{ 万元} + [0.7 \times 780 + 0.3 \times 140] \text{万元} - 140 \text{ 万元} = 634 \text{ 万元}$$

③ 最终决策。比较方案,按照综合损益期望值的大小进行评价,则先建小工厂后建大工厂的方案优于其他方案,可选为决策方案。

从以上分析可以看出,决策树分析方法有许多优点:程序清晰、结果明了、形式形象化,特别是对于连续的分阶段决策和多目标的风险决策,采用决策树法分析较为方便。所以决策树在多阶段决策中应用得较多。风险型决策问题在实际工作中普遍存在,解决的方法除期望值法和决策树法,还有贝叶斯决策法、最大可能法和矩阵法。

(3) 对决策方案的综合评价

为了保证决策的科学性和正确性,对风险型决策方案不仅要比较损益期望值的大小,还需运用多种技术经济分析方法进行评价。

1) 相对收益期望值的比较。在决策树法所举例题(例 4-7)中,建大车间方案的绝对投资收益值为 340 万元,大于建小车间的方案,如果用相对期望收益率指标进行评价,就更具有可比性了。

建大车间方案投资 300 万元,年投资期望收益率为

$$[0.7 \times 100 + 0.3 \times (-20)] \div 300 = 21.33\%$$

建小车间方案投资 120 万元，年投资期望收益率为

$$(0.7 \times 40 + 0.3 \times 30) \div 120 = 30.83\%$$

若考虑资金的时间价值，从投资效果评价应是建小车间方案较优。

2）风险型决策问题的灵敏度分析。所谓灵敏度分析，就是自然状态的概率值变动时，分析它们对选择最优方案的影响。通常，估计或预测的自然状态概率不一定十分准确。因此，必须计算概率误差对决策方案的影响程度，以提高实施决策方案过程中的应变能力。还是以决策树法所举例题（例 4-7）说明，如果不考虑投资，建大车间方案的年期望收益为

$$[0.7 \times 100 + 0.3 \times (-20)] 万元 = 64 万元$$

建小车间方案的年期望收益为

$$[0.7 \times 40 + 0.3 \times 30] 万元 = 37 万元$$

按照上述计算，建大车间方案明显优于建小车间方案。但如果销路前景的概率估计不是 0.7:0.3，而是 0.6:0.4 又将会如何呢？为此，必须找出两个方案综合期望值相等的转折概率。

以 P 表示销路好的概率，则销路差的概率为 $(1-P)$，两者期望值相等的概率计算如下：

$$100P + (-20) \times (1-P) = 40P + 30 \times (1-P)$$

整理后得，$P \approx 0.45$。即当销路好的自然状态概率为 0.45 时，两方案的期望值相等，这个概率叫作转折概率，用 $\overline{P}$ 表示。当 $P > 0.45$ 时，应选择建大车间方案；当 $P < 0.45$ 时，应选择建小车间方案。

决策的风险程度取决于敏感性系数的大小。敏感性系数越小，决策越稳定，风险越小；敏感性系数越大，决策越不稳定，风险越大。敏感性系数公式表示如下：

$$敏感性系数 = 转折概率/预测概率 \tag{4-3}$$

决策树例子中销路好的概率为 0.7，则有

$$敏感性系数 = 0.45/0.7 = 0.65$$

因敏感性较大，决策方案不够稳定。风险型决策是一个复杂的问题，除了进行定量分析与评价外，还需结合企业的具体情况，充分发挥决策者的主观能动作用，如丰富的经验、敏锐的洞察力、机智的判断力、敢于承担风险的胆识等，把定量决策与定性决策结合起来，以提高决策的科学水平。

3. 非确定型决策

所谓非确定型决策，就是存在着两种以上的自然状态，将来会出现哪一种状态尚不能肯定，甚至连各种自然状态发生的概率也都不知道。在企业经营管理中有许多问题常常出现一次或极少几次的事件。例如，某种新试制的产品是否应当投产，某种新设备是否应当购买等。像这类问题，人们不可能收集必要的统计资料，也无法确定这些事件未来各种自然状态发生的概率。决策时，由于信息不完全，就必然地带来很大的主观随意性，经验判断就占很大的成分。但是，根据经验的积累总结，也有一些公认的决策准则。非确定型决策方法，按决策标准可分以下五种。

（1）乐观法

乐观法也称"大中取大"法或"最大效益值"法。按最大最大（max，max）原则，决策者对客观自然状态抱最乐观的态度，从各种最好情况中找一个最好的方案。此法的思想基础是对客观情况总是持乐观态度，对环境的估计也有较大的把握，认为即使出现最坏的情

况，损失毕竟可以承受得住，如果环境确实较好，就可以获得最大的效益。乐观法是以最大效益值作为决策标准。

【例 4-9】 某水轮机厂拟生产一种新型水轮机，未来的销售情况可能出现高需求、中需求、低需求，概率不定。有三种方案可供选择：新建一个车间、扩建一个车间、改造一个车间。三种方案在不同自然状态下 5 年内损益值如表 4-10 所示，试用乐观法进行决策。

表 4-10 损益表　　　　　　　　　　　　　　　　（单位：万元）

方　案	自然状态		
	高 需 求	中 需 求	低 需 求
新建	60	20	−25
扩建	40	25	0
改建	20	15	10

解： 从表 4-10 中可以看出，每个方案在不同自然状态下的收益值不等，其中有一个最大的收益值，比较各方案最大的收益值，其中最大者即最优方案，用公式表示为

$$\max[\max(60,20,-25),\max(40,25,0),\max(20,15,10)] \text{万元}$$
$$= \max(60,40,20) \text{万元} = 60 \text{万元}$$

由表 4-10 可知，以选定新建方案为宜。此法比较大胆，它的出发点是力求收益最大。这种方法常为敢担风险的进取型决策者所采用。

（2）悲观法

悲观法亦称"小中取大"或"坏中选好"法。此法的基本思路是：对客观情况总是抱悲观态度，万事总觉得不会如意，所以为了保险起见，总是把事情结果估计得很不利，因而也叫保守法。其按最大最小（max，min）原则，从各种最坏情况下找一个好一点的方案。

【例 4-10】 以例 4-9 的内容为题目，试用悲观法进行决策。

解： 按最大最小原则，先比较每个方案在不同状态下的收益值，选取其中最小者，然后再比较各方案最小的收益值，其中最大者即为最优方案，用公式表示为

$$\max[\min(60,20,-25),\min(40,25,0),\min(20,15,10)] \text{万元}$$
$$= \max(-25,0,10) \text{万元} = 10 \text{万元}$$

由表 4-10 可见以选定改建方案为宜。此法比较保守，其出发点是力求损失最小。采用此种方法的决策者一般对损失比较敏感，属于怕担风险不求大利的稳重型。

（3）乐观系数法

乐观系数法又称为现实主义标准或赫威斯（Hwwicz）原则。这是一种介于乐观标准和悲观标准之间的折衷决策方法，决策者认为按照某种极端的原则行事是不现实的，应该折衷一下，既比对未来有乐观的态度，又要注意不利因素的影响。具体做法是：由决策者对最好的结果和最坏的结果出现的可能性做出估计，确定一个乐观系数。乐观系数介于 0 和 1 之间，乐观系数为 0 时，即为悲观决策；乐观系数为 1 时，即为乐观决策。用下面的公式计算出各方案的现实估计值（折衷收益值），选择其中最大者对应的方案为决策方案。

$$\text{现实估计值} = \text{最大收益值} \times \text{乐观系数} + \text{最小收益值} \times (1 - \text{乐观系数}) \quad (4-4)$$

【例 4-11】 以例 4-9 的内容为题目，按乐观系数法计算各方案的现实估计值，假设乐观系数为 0.7。

解：按乐观系数法，先计算每个方案的现实收益值分别为

$$[60 \times 0.7 + (-25) \times (1-0.7)] 万元 = 34.5 \text{ 万元}$$
$$[40 \times 0.7 + 0 \times (1-0.7)] 万元 = 28 \text{ 万元}$$
$$[20 \times 0.7 + 10 \times (1-0.7)] 万元 = 17 \text{ 万元}$$

比较结果，选取其中较大者，新建方案的实际估计值大于其他方案，应选择新建方案。

(4) 机会均等法

机会均等法又称为等概率法。当决策人在决策过程中，不能肯定哪种状态容易出现、哪种状态不容易出现时，就"一视同仁"，认为它们出现的可能性（概率）是相等的。若有 m 个自然状态，而每个自然状态的概率为 $1/m$，这就可以按照风险型期望值法决策了。这个想法是法国数学家拉普拉斯首先提出的，所以又叫拉普拉斯法。

【例 4-12】 以例 4-9 的内容为题目，试用机会均等法进行决策。

解：按等可能性原则，三种状态的概率为

$$P_{高} = \frac{1}{3}, \quad P_{中} = \frac{1}{3}, \quad P_{低} = \frac{1}{3}$$

设新建方案为 A_1，扩建方案为 A_2，改造方案为 A_3，则有

$$E(A_1) = \left[\frac{1}{3} \times 60 + \frac{1}{3} \times 20 + \frac{1}{3} \times (-25)\right] 万元 = 18.33 \text{ 万元}$$

$$E(A_2) = \left[\frac{1}{3} \times 40 + \frac{1}{3} \times 25 + \frac{1}{3} \times 0\right] 万元 = 21.67 \text{ 万元}$$

$$E(A_3) = \left[\frac{1}{3} \times 20 + \frac{1}{3} \times 15 + \frac{1}{3} \times 10\right] 万元 = 15 \text{ 万元}$$

显然，扩建方案的期望值大于其他方案，是最佳方案。

(5) 后悔值法

后悔值法也称沙万奇（Savage）法。因其基于最小的"最大后悔值"法则，故又称"大中取小"法。决策者在制定决策以后，若情况未能符合理想，必将有后悔的感觉或者深感遗憾，所以也称后悔遗憾原则。此法的出发点是将每种自然状态的最高值（指收益矩阵，损失矩阵应取最低值）定为该状态的理想目标，并将该状态中的其他值与最高值相减所得之差，称为未达到理想的后悔值，用此法来处理问题时要计算"后悔"矩阵，它可以从收益矩阵中导出来。

【例 4-13】 以例 4-9 的内容为题目，试用后悔值法进行决策。

解：该例的收益矩阵及由此导出的后悔矩阵，如表 4-11 所示。

表 4-11 乐观准则损益表 （单位：万元）

方　　案		自然状态		
		高 需 求	中 需 求	低 需 求
收益矩阵	新建	60	20	-25
	扩建	40	25	0
	改建	20	15	10
后悔矩阵	新建	0	5	35
	扩建	20	0	10
	改建	40	10	0

从收益矩阵计算导出后悔矩阵的方法是：在高需求状态下，理想值是 60，故新建方案后悔值为 60-60=0，扩建方案的后悔值为 60-40=20，改造方案的后悔值为 60-20=40。同理，可求出中需求和低需求状态下，各方案的后悔值。从后悔矩阵中找出每个方案的最大后悔值，再求这些最大后悔值的最小值，即

$$\min[\max(0,5,35),\max(20,0,10),\max(40,10,0)]万元$$
$$=\min(35,20,40)万元=20\,万元$$

由表 4-11 可知，选取扩建方案为宜。这又是一种结论，此法是比较重视决策错误，因之而产生后悔者采用的决策方法。

综上所述，同一非确定型的问题，可选取不同的决策方法，得出不同的结论，选定不同的方案。人们不禁要问，究竟如何选择决策方法呢？这就要"量体裁衣""因人而异"了，古人讲得好："天时不如地利，地利不如人和"。同一问题，客观提供的条件相同，就看人的努力程度，"人的因素第一"。决策者需根据本身的素质（组织领导能力、竞争能力及职工素质等）来选定决策方法。

以上列举了五种非确定型问题的决策方法，决策者掌握了这些方法，在实际的决策过程中就能得到一定的裨益。实际中非确定型的问题很多，对此类决策若能用模糊数学的方法预先估计自然状态的概率，决策的结果将可能更加合理一些。

思考题与习题

4-1 什么是经营管理？电力企业经营管理的意义是什么？

4-2 电力企业经营管理的主要内容有哪些？

4-3 电力企业经营目标有哪些？

4-4 什么是决策？决策在企业管理中的作用是什么？

4-5 经营决策包含的内容是什么？经营决策是如何分类的？

4-6 科学经营决策的程序和原则是什么？

4-7 定性决策方法和定量决策方法分别包含哪些内容？

4-8 非确定型决策方法有哪些？为什么对于同一研究对象，采用不同的决策方法而得到的最优方案不同？

4-9 某供电局为满足本地区用电需求，计划进行一项电力建设工程。现有三个可行方案，服务期为 10 年，其投资及在不同用电需求下每年的损益值如表 4-12 所示，使用损益期望值准则选择最佳方案。

表 4-12 损益表 （单位：万元）

方　案	高需求（0.6）	中需求（0.3）	低需求（0.1）	投　资
甲（新建）	40	25	-10	200
乙（扩建）	32	20	0	150
丙（改建）	20	12	10	100

4-10 某电厂拟进行设备大修，现有三个可行方案：甲方案为本厂检修队承担，乙方案为外部检修队公司承担，丙方案为本厂检修队和外部检修公司共同承担。三种方案的完工时间及损益值如表 4-13 所示，试用决策树法对方案进行决策。

表 4-13 损益表

方　案	项　目	提前 5 天完成	准时完成	延期完成
甲	概率	0.1	0.3	0.6
	损益值（万元）	65	3	-30
乙	概率	0.6	0.3	0.1
	损益值（万元）	50	1	-45
丙	概率	0.5	0.4	0.1
	损益值（万元）	45	2	-40

4-11　某电力设备厂开发了一种新产品准备投入生产，未来市场销售情况不明，现有三种生产方案，各方案在不同销售情况下的损益值如表 4-14。试用乐观法、悲观法、乐观系数法、机会均等法、后悔值法分别对该厂的生产方案进行决策。

表 4-14 损益表　　　　　　　　　　　　　　　（单位：万元）

方　案	高　需　求	中　需　求	低　需　求
大批量生产	180	70	-60
中批量生产	120	80	-30
小批量生产	80	50	20

第五章
电力企业计划管理

第一节 计划管理概述

一、计划管理的基本概念

1. 计划管理的定义

计划就是科学地及时预测，制订未来的行动方案，以期达到最好的经济效果。经营计划或称生产经营计划是为实现计划管理而编制和执行的、指导企业全部生产经营活动的综合性计划，是企业经营思想、经营目标、经营方针和经营策略的进一步具体化，是企业全体职工的行动纲领。

所谓计划管理，就是用计划来组织、领导和监督企业生产经营活动的管理工作，一般包括制订计划、执行计划、检查计划、控制和分析计划完成情况、制订改进措施等内容。

2. 计划管理的特点

企业管理中的计划管理具有以下几个方面的特点：

（1）时效性

企业的计划管理工作一般都是在一定的时间范围内发挥作用，因为计划是对今后可能要做的工作所进行的筹措、安排或准备，这就要求计划必须在实施之前就制订好，否则就不可能发挥计划管理的作用，企业计划管理工作其时效性是非常突出的。

（2）综合性

综合性又称为全面性，即计划的制订和实施控制要整体考虑、周密安排。制订计划的目的就是为了在实施之前对计划实施过程中可能遇到的问题能够充分地有所准备，以确保计划实施的预期效果。综合性是评价计划方案质量高低的重要指标。

（3）可行性

可行性指的是所制订的计划要切合实际，满足计划实施所需的具体条件，按照计划中的思路和步骤，经过努力能够实现预期的目标。

（4）灵活性

由于计划是针对企业未来时间的活动而制订的方案，而计划在制订以及实施过程中，各种条件因素有可能会变化，为了使计划在新的条件因素下，在保证计划的可行性的同时，对计划尽量少调整甚至不调整，或是调整起来方便、易行，因此就需要在制订计划时尽可能全面地考虑各种可能的条件因素，以便事先有所准备。

计划管理是企业各项生产经营活动的最高形态的综合性管理，企业内部的一切生产经营活动都必须按照它们的内在联系通过计划组织起来，以一个完整的计划体系进行组织、监督、控制、协调，合理使用人力、物力和财力，使其相互协调配合，共同实现总的目标。同时，由于产供销要环环相扣，企业除本身是一个系统整体外还是社会经济大系统的一部分，因此，不仅有内部的密切联系，也要保持与外部经济管理体制的基本一致，这些都要求进行强有力的计划管理，统一协调，密切配合，取得最佳的综合效益。因此，计划管理是企业管理的重要职能，是各项管理的基础。

二、电力企业计划管理的意义

1）一个企业的生产经营活动离不开与其他企业的协作，企业能不能按计划组织生产，不仅关系企业本身的生存和发展，而且影响其他企业、部门甚至整个社会经济的发展。

2）计划管理是电力工业经济规律的要求，是企业取得最大工作效率和经济效益的最佳途径。全面周密的计划使企业的各项资源被充分利用，产生巨大的协同效应，大大提高企业的工作效率和经济效益。

3）计划管理是实行经济责任制的要求，是调动职工积极性的重要手段。经济责任制是责任、权力和利益相结合，责任是核心。经济责任制包括计划指标和工作要求。因此，实行经济责任制就要加强计划管理，有利于激发职工的干劲，不断增强企业的活力。

三、计划管理的任务

企业计划管理的目的是通过计划的制订和组织实施以及协调控制，来实现企业生产经营的预期目标。电力企业由于其产品的特殊性以及生产经营方式的特定形式和规律，电力企业计划管理的任务可以归纳为下述几点：

1）根据国民经济的总体计划和发展步骤，制订并落实好电力企业自身的各项计划安排，以保证社会经济发展和居民生活对电能产品在质量和数量上的需要。

2）处理安排好电力企业的生产、建设与国民经济各部门的生产、人民生活及其发展之间的比例关系。处理安排好电力企业内部各环节、各部门之间的配合与衔接关系，保证各项生产经营活动的顺利进行以及企业总体目标的实现。

处理安排好上述各种比例关系，才能使电力生产、输送、分配和销售畅通，不致因比例不宜而出现"卡脖子"现象，造成"窝电"。处理安排好上述各种比例关系，才能使电力企业与国民经济各部门、电力企业内各环节协调发展。当出现比例失调时，要及时通过计划工作加以调整。

3）确保节约社会劳动消耗，合理利用各种资源。在安排组织电能生产经营活动、安排电力发展、确定电力基本建设任务时，都要通过计划管理做到以最少的劳动消耗和劳动占用，取得电能生产经营及电力建设的最大有效成果，不断提高电能社会经济效益。

电力企业要从电能的产、供、销的特点出发，制订严密的计划，保证企业内部的正常运转和用户的用电。

四、电力企业计划管理的种类

电力企业计划管理从时间、内容和层次几个方面能划分成不同的类型。

1. 按计划期的长短分类

按计划期的长短可将计划分为长期计划、中期计划、短期计划。

1）长期计划又称长远发展规划，一般是指15年或更长时间的计划。长期计划主要是研究制订电力企业发展的战略目标、方针及部署等重大决策，是一个战略性计划。

2）中期计划一般是以10年为期限的电力发展计划，是电力设备建设的关键时期。

3）短期计划是以5年为期限的电力企业计划，是一个执行性的计划，要求计划内容具体可行。电力企业5年计划是编制各年度生产经营计划及基本建设计划的依据。各年度生产经营计划及基本建设计划必须保证5年计划的完成。电力企业短期计划又包括年度计划和作业计划：年度计划是指计划年度内电力企业生产经营及基本建设应完成的任务与指标；作业计划是年度计划的具体执行计划，它规定了电力企业各部门、各单位直到班组及个人应完成的工作任务与指标，作业计划一般按季、月、旬以及日来安排。

2. 按计划内容分类

电力企业计划按内容分类，可分为经营计划、生产计划、人力资源开发计划、企业技术进步计划、基本建设计划、财务计划和物资计划等几大类。

3. 按管理层次分类

电力企业计划按管理层次分类，可分为全企业的战略发展计划、职能部门计划、基层班组计划、职工个人工作计划等。

五、计划管理的内容

1. 经营计划

经营计划又称为企业综合计划，是企业经营思想、经营目标、经营方针和经营战略与决策的具体体现，是企业生产经营活动的纲领。

企业经营计划的制订一般要综合考虑企业外部环境的各方面因素和企业内部的各种资源条件，综合运用各种计划方法来制订适合本企业发展的计划。

企业经营计划在执行过程中，要不断地反馈信息，将计划执行情况与计划相对比，如果发现偏差，应及时采取措施加以控制和调整，以保证计划目标的实现。

对经营计划的实施，要求全面、均衡地完成各项计划内容，也就是说要在数量、质量、利润、发展规模等方面都必须按计划完成任务，达到事前制订的计划要求。一般对于计划完成情况的考核和控制采用特定的经营计划指标，经营计划指标是指以一定的数值表示企业在计划期生产经营活动所要达到的目标和水平。企业经营计划中包含着一系列计划指标，各项计划指标是相互联系和相互制约的，从而构成一个完整的计划指标体系。在企业的生产经营计划中，产品成本、销售收入和利润计划是核心内容。

企业产品成本、销售收入和利润计划是企业生产经营活动中综合费用和经济效益的计划，是以货币形式反映企业生产经营活动的动态和成果的计划，一般可用盈亏平衡分析法（又称为量本利分析法）来分析并确定产品成本、销售收入和利润计划指标，其主要指标有：总成本、单位成本、销售量、销售收入和目标利润等。

2. 生产计划

生产计划是企业综合经营计划的重要组成部分，尤其对于电力企业这样的工业企业，经营计划的实施在很大程度上取决于生产计划的实施效果。电力企业的生产计划主要由一系列生产计划指标组成，这些指标包括产量指标（实物形态）、产值指标（价值形态）、质量指标和效率指标等。

（1）产量指标

产量指标是以实物形态对企业生产结果的表征，电力企业的产量指标主要有发电量、供电量、售电量、供热量等。

（2）产值指标

产值指标是以价值形态对企业生产结果的表征，通过一定的价格标准可使产量指标换算成产值指标，电力企业的产值指标主要有售电收入、供热收入以及其他收入等。

（3）质量指标

质量指标用来衡量企业产品品质，对于电力产品来说，其质量指标主要有频率（周波）、额定电压、波形、供电可靠性指标等。

（4）效率指标

效率指标是反映企业投入产出转换（或者说资源利用）效率高低的指标，电力企业的效率指标主要有煤耗率、厂用电率、线损率、发电设备利用小时数等。

电力企业在制订生产计划和规章制度的过程中，应该有针对上述指标不断完善的具体要求和保障措施。

3. 人力资源开发计划

（1）人力资源的概念

所谓人力资源，是指能够推动生产力发展，创造社会财富的能进行智力劳动和体力劳动的人们的总称。

与其他的生产要素相比，比如物力资源（机器、厂房和土地等），人力资源具有以下特点：①主导性，人类社会的生产需要人力资源和物力资源的结合运用，然而人是活的、主动的，物是死的、被动的，对物的开发和利用需要人来实现；②社会性，人类劳动以集体的方式进行，人具有社会属性，个人创造力受社会环境、文化氛围的影响和制约；③主动性，人不仅能适应环境，更重要的是人可以改变环境，人具有自主能动性；④自控性，人力资源的利用程度由人自身控制，积极性的高低影响着人的作用的发挥程度；⑤成长性，物力资源一般来说只有客观限定的价值，而人的创造力可以通过教育培训以及实践经验的积累不断成长，人的潜力是无限的。

（2）人力资源的作用

人力资源在社会经济发展和企业生产经营过程中是起决定性作用的第一资源。人力资源数量的增加虽然有助于生产量的提高，但人力资源质量的提高对于改进企业生产效率的效果则更为显著。

由此可见人力资源的重要作用。在社会经济发展的过程中，如果没有一定质量和数量的劳动者，物力资源投资再多，技术水平再高也无济于事。特别是现代社会的科学技术迅猛发展，知识更新加快，因此提高员工队伍素质，以适应现代生产技术对人力资源水平不断提高的要求，适应激烈的国内外竞争的要求，就必须注重人才规划和人员培训工作，加大对企业智力投资的力度。

(3) 人才规划与人员培训

人力资源规划是根据企业未来对人才的需求情况，通过人力资源计划的制订和实施使企业对人力资源供求关系得以协调平衡的过程。人力资源管理部门可据此制订相应的政策（人才的培养、分配、使用、流动、晋升、退休等），从而保证未来人力资源的数量和质量。

在企业人力资源开发和管理工作中，人员的培训是其主要内容。企业的人员培训包括思想政治教育、基础文化知识教育、技术业务培训、管理知识培训、法律政策及制度培训等方面。

电力企业是资金和技术密集型企业，高科技含量的技术设备要求配备高素质的人力资源，并且电力企业的安全生产又是各项工作之中的重中之重，为了保证生产经营工作的安全顺利进行和人员素质的不断提高，电力企业保持职工培训工作的持续性和高效性是非常必要的。

4. 企业技术进步计划

(1) 企业技术进步的概念

所谓技术进步指的是在生产力中物质技术基础的进化与变革，也就是说，企业技术进步是指技术知识及其在企业生产经营活动中应用状况及效果的进展与改善。狭义的技术进步主要是指硬技术在企业生产中应用的进展与改善，包括职工生产技能的提高、设备的更新改造、新工艺、新材料、新能源的利用、新产品的开发及生产效率的提高等几个方面；广义的技术进步除包括硬技术在企业生产中应用的进展和改善外，还包括软技术在企业生产经营中应用的进展与改善，比如政策方针的调整、企业组织与管理体制的变革、管理水平的提高、决策方法的改进、新的经营机制的建立、规章制度的合理化等。现在人们对于技术进步的理解一般比较倾向于广义的技术进步，可以说一切有利于企业生产技术水平的提高和经营效果改善的技术、方法、手段、政策、体制、制度等都属于技术进步的范畴。

(2) 企业技术进步的作用

企业实现扩大再生产的方式有两种：一种是外延式扩大再生产，另外一种是依靠科技进步、管理创新、制度改革等以提高投入要素利用效率为主要内容的内涵式扩大再生产。

这里的内涵式扩大再生产实质就是广义的企业技术进步，因此企业进步的作用也就显而易见了，主要是能够促进企业人、财、物等各种资源要素利用效率的提高。

电力企业是能源转换型企业，电力企业在为社会和广大用户提供电能的过程中是以消耗大量的一次能源为代价的，因此电力企业加强技术进步的意义不仅对提高电力企业自身的效率和效益非常明显，而且对于整个社会资源利用效率的提高和优化资源配置结构、合理开发和利用一次能源都是非常重要的，从这个角度来说，电力企业加强技术进步对整个国民经济的发展具有战略性意义。

(3) 企业技术进步计划的实施与评价

根据企业技术进步的含义可知，企业技术进步的实施主要从国家宏观和企业微观两个层面入手。

从宏观层面可以考虑：①进一步深化体制改革，彻底理顺企业的内外部关系；②切实转换企业经营机制，通过规范的企业改造建立现代企业制度；③调整产业结构，实现社会资源的科学配置和合理开发利用，提高利用效率；④建立健全法律法规和各项规章制度，发挥宏观调控的作用；⑤调整价格体制，发挥市场机制的作用。

从微观层面可以考虑：①加强技术创新，推进科技成果转化为现实生产力的进程；②实施制度创新，建立健全企业的各项规章制度，实现企业运作行为的规范化；③强化管理创新、提高管理水平；④建立起真正有效的激励和约束机制，最大限度地调动企业广大职工的积极性和创造性，充分挖掘企业潜力；⑤重视企业文化建设，培养团队精神，提高企业整体素质。

电力企业在实施企业技术进步计划方面，宏观方面的要积极响应、配合和落实国家的改革方针和各项政策，充分利用好各种有利条件；微观方面的要加大创新力度、加快创新步伐，制订出切实可行的技术进步计划和具体的方案、措施，在保证安全生产的基础上，扎实、稳妥地实施各项改革，不断优化企业结构，改善各项效率指标。

关于企业技术进步的评价，一方面可以借助各种效率指标从侧面来反映，比如电力企业的资金利润率、劳动生产率、供电煤耗、线损率、机组等效可用率等；另一方面可以用技术进步贡献度、全要素生产率等综合指标的测算来评价。

第二节　电力企业计划编制方法

电力企业计划的常用编制方法主要有：综合平衡法、滚动调整法、网络计划法等。

一、综合平衡法

电力企业计划编制的基本方法是综合平衡法。综合平衡法通过编制计划、分析观察企业内部各环节的生产经营活动及其与企业外部环境之间的关系，进而对存在的矛盾进行解决、协调和平衡的一种计划编制方法。

综合平衡法的基本任务是解决电力生产经营和社会需要之间的矛盾，具有综合性、全局性和协调性的特点。

综合平衡的基本原则是：①抓住重点，做好带有战略意义的平衡关系；②从全局出发，统筹规划，适当安排；③积极可靠，实事求是，留有余地；④瞻前顾后，长短结合；⑤讲求经济效益，追求最佳比例关系。

综合平衡法利用"平衡表"来编制计划。平衡表主要包括电力电量平衡表、发电能源平衡表、设备检修平衡表、物资平衡表、劳动平衡表和财务资金平衡表等，表中应反映各种事件的供需关系，通过此表可以发现薄弱环节及缺口，以便采取对策。

随着管理水平的提高，经济数学模型、系统工程等方法将在计划编制及综合平衡工作中得到广泛应用。在综合平衡的基础上，首先确定主要技术经济指标方案，然后依此制订各项专业计划，再在此基础上制订正式计划指标总表。编制计划的过程是反复进行综合平衡的过程。

二、滚动调整法

编制计划时还经常采用滚动调整法（滚动式计划法），特别是长期计划，在执行过程中需要根据情况的变化，对计划进行必要的调整。所谓滚动调整法，是根据一定时期计划执行情况和内外条件的变化，并随时间阶段向前移动，是把近期和长期计划结合起来编制的一种动态计划方法。

滚动式计划法是将整个计划划分为几个阶段，比如将整个5年计划划分为五个时间阶段，其中第1年（第一个时间阶段）的计划为执行计划；后4年为预定计划，前2年任务指标较细，后2年任务指标较粗，即近细远粗。执行计划的任务指标较为具体，要求按计划完成，而预定计划的任务指标规定得比较粗略，允许调整。当第1年结束时，根据计划实际执行情况，做差异分析以及企业条件的变化，对预定计划进行必要的调整，并将计划向前推进一个时间阶段。这样，原预定计划中的第一个时间段的计划就变为执行计划。如此不断地按一定时间阶段进行滚动编制计划，这就是滚动式计划法，其步骤如图5-1所示。

图5-1 5年滚动计划示意图

滚动调整法的特点是具有很好的灵活性、连续性和动态性。由于滚动式计划是变静态计划为动态计划，因此滚动调整法是企业对经营计划进行主动调节的有效方法，既可用于长期计划的编制，也可用于短期计划的编制。

三、编制计划的其他方法

编制计划还有以下一些方法：投入产出法、动态系数法、固定比例法、综合定额法、分析比较法、预测调查法、微增法和网络计划法等。其中，网络计划法是一种科学的计划管理方法，它以网络图的形式反映组成企业生产的各项活动的先后顺序及相互关系，并通过计算找出影响全局的关键活动和关键路线，关于这种方法的详细介绍参考本书第八章。

第三节 电力需求预测

一、概述

1. 电力需求预测的概念和意义

预测是根据事物过去和现在的实际资料，运用科学方法和逻辑推理，对事物的未来发展趋势和规律做出的预计和推测。根据预测的结果可以指导和调节企业未来生产经营活动，即"鉴往而知来"。预测是要求定量的，但由于受各种条件的限制，定量总是有局限性和近似性的，尽管如此，预测总是可以减少企业未来计划活动的盲目性。在一般情况下，当预测误差小于10%~15%时，即认为是较成功的预测。因此，一个企业要做出正确决策，提高产品竞争力和取得最佳经济效益，都离不开预测。

电力需求预测是指在充分考虑一些重要的系统运行特性、增容决策、自然条件与社会影响的条件下，采用一定的科学方法和手段对已有电力用户以及新增电力用户的需电量做出一定的科学估计和推测。

电力需求预测是供电部门的重要工作之一，准确的需求预测可以经济合理地安排电网内部发电机组的起停，保持电网运行的安全稳定性，减少不必要的旋转储备容量，合理安排机组检修计划，保证社会的正常生产和生活，有效地降低发电成本，提高经济效益和社会效益。需求预测的结果，还可以有利于决定未来新的发电机组的安装，决定装机容量的大小、地点和时间，决定电网的增容和扩建，决定电网的建设和发展。

因此，电力需求预测工作的水平已成为衡量一个电力企业的管理是否走向现代化的显著标志之一，尤其在我国电力事业空前发展的今天，用电管理走向市场，电力需求预测问题的解决已经成为重要而又艰巨的任务。

2. 电力需求预测的种类

电力需求预测的种类，可以从不同的角度划分。

（1）按预测的内容划分

1）电量预测。电量是供电地区在一定时间内，电力生产或消费的总量。

电量按供电主体分，包括营业电量、非营业电量、外购电量。营业电量是指某供电地区专业电力生产部门供给用电者的电量，它包括电网的自用电量和售电量两大部分；非营业电量是指某供电地区非专业电力生产部门自备电力，自发自用的电量；外购电量是指从外电网或本地区非专业电力生产部门购入本地区专业电网的电量。上述三项的总和，即是某供电地区的总用电量。按供电主体分类，可以了解电力部门对本地区用电需求的满足程度，为电力企业今后发展提供依据。

电量从用户的用电性质分，包括农、林、牧、渔、水利业用电；工业用电；地质、勘探业用电；建筑业用电；交通运输用电；邮电通信业用电；商业用电；公共饮食业用电；物资供销和仓储业用电；城乡居民生活用电；其他用电。

2）负荷预测。电力需求预测的另一个内容就是负荷预测。负荷是指发电、供电地区或电网在某一瞬间所承担的工作负载。对用户来说，用电负荷是指用户连接在电网的所有用电设备在某一瞬间所消耗的功率之和。

一般情况下，并不限制用电的使用方式，这样在某一期间（一日、一月或一年）中使用最多的电力称为最大负荷。最大负荷通常是指1h电力合计值的最大值。

按电力生产的过程，电力系统的负荷可分为发电负荷，供电负荷和用电负荷。发电负荷是指某一时刻电力系统内各发电厂发电出力之和；供电负荷是指发电负荷减去各发电厂厂用负荷后的负荷数，如与其他电网相连，还须加（减）电网间的互送电力；用电负荷是指供电负荷减去线损负荷后的负荷数，也就是系统内各个用户在某一瞬间所耗用的电力的总和。

负荷预测一般在电量预测的基础上，根据两者的关系，换算出负荷预测值。

（2）按预测的时间分

1）即期预测。即期预测的预测期是日或周。它是用于编制发电机组运行计划、确定旋转备用容量、控制检修计划、估计收入、计划燃料和购入电力费用的基础。

2）短期预测。短期预测的预测期是1~2年。它除了作为制订最低电能微增成本的运行计划与预算的基础外，还用于决定检修计划、确定系统交换功率、水力发电的水库和水文情况估计、核电厂的燃料棒的管理以及确定燃料和购入电力预算，在此期间还有可能调整输变电的建设计划。

3）中期预测。中期预测的预测期为4~6年或8年。它可以作为电力设备建设计划的依据，包括何时何地建设何种电力设备，是否从相连电网购入或售出电力等。

4）长期预测。长期预测的预测期指10年以上，它是用于电力系统的全面规划，包括对燃料的需要与资源的估计、确定目标、确定技术发展的要求与所需的资金分配等。

3. 电力需求预测的内容

电力企业预测的主要内容有：①计划期内的需用电量和发电量，需用负荷及发电能力；②年负荷曲线和典型日负荷曲线，其中年负荷曲线是安排机组维修及系统规划设计的重要依据，典型日负荷曲线是调度部门近期安排机组运行的依据；③供电范围内电力负荷分布及负荷密度等。电力负荷分布及密度则是电力系统进行潮流计算和确定运行方式的依据，也是规划建设的依据。

二、预测的基本原理

大量的实践证明，未来事件是可以预测的。人类可以通过一系列的预测研究活动，了解和把握各种自然、社会、经济事件的演变规律，进而预测其未来状态。预测技术的应用领域很广，研究对象的特性各异，方法手段种类繁多，但综观预测的思维方式，可以归纳出以下几个基本原理。

1. 惯性原理

客观事物的发展变化过程常常表现出它的延续性，通常称这种表现为惯性现象。客观事物运动的惯性大小取决于本身的动力和外界因素制约的程度，比如一项新技术的应用前景，固然其技术性能是一个重要方面，但工业部门和企业的需求以及其他技术的代替作用，也起到激发或限制的作用。

研究对象的惯性越大，说明延续性越强，越不易受外界因素的干扰而改变本身的运动倾向。例如，属于生产资料的产品，一般对其品种、质量、产量的需求比较稳定，影响生产资料市场的主要因素（国家政策、资金、用户需求等）变化比较缓慢，因而表现出来的惯性较大；属于消费资料的产品，则由于购买者的爱好、兴趣的差异较大，且容易改变，因而对规格、品种和价格的要求变动较大，表现出来的惯性较小。尤其是流行商品的市场需求变化纷繁，惯性更小。

根据惯性原理，可由研究对象的过去和现在状态向未来延续，从而预测其未来状态。惯性原理是趋势外推预测方法的理论依据。有些书中将惯性原理称为连贯原则。

2. 类推原理

类推原理也称为类推原则。许多特性相近的客观事物，它们的变化有相似之处，类推预测的客观背景就是类似事物之间相似性。通过寻找并分析类似事物相似的规律，根据已知的事物的变化特征，推断具有近似特性的预测对象的未来状态，这就是所谓的类推预测。

类推预测可分为定性类推预测和定量类推预测。在缺乏数据资料的情况下，类似事物的相互联系只能进行定性处理，这种预测就称为定性类推预测，比如由铜导线成形工艺类推预测铝导线成形工艺的发展，由鸟的翅膀的几何形状类推预测飞机机翼的变化等。定量类推预测需要一定的数据资料，已知事物（或事件）是先导事物（或先导事件），根据先导事物（或先导事件）的数据变动情况，建立先导事物与迟发事物（预测对象）的数量联系，进行预测，比如根据甲国的达到一定国民生产总值时的能源消耗量，研究乙国的经济结构与经济水平，建立数学模型，进而类推预测乙国达到同一国民生产总值时的能源消耗量。

3. 相关原理

任何事物的变化都不是孤立的，而是在与其他事物的相互影响下发展的。事物之间的相互影响常常表现为因果（原因与结果）关系。例如，生活用电量与人均收入水平密切相关，与社会人口结构也有关。深入分析研究对象与相关事物的依存关系和影响程度，是揭示它的变化特征和规律的有效途径，并可用以预测其未来状态。相关原理有助于预测者深入研究预测事物与相关事物的关系，有助于预测者对预测事物所处的环境进行全面分析，相关原理是因果型预测方法的理论基础。

上述三个基本原理是人们经过长期研究和实践总结出来的。在实际预测工作中，人们以上述原理指导预测分析，并加以综合应用。在预测的基本原理的基础上，人们创造了种类繁多的预测方法，在各个领域中加以运用。

4. 不确定性分析和概率判断准则

除了上述三个基本原理外，不确定性分析和概率判断准则在预测中也十分重要。由于预测事物受到社会、经济、科技等各类因素的影响，其未来状态带有不确定性（或称随机性），比如某商品下个月的销售状态可能畅销、可能销路一般、也可能滞销，事前难以确定。影响的因素越多，关系越复杂，预测事物的未来状态就越困难。

如何预测事物的未来状态？可以用概率来表示这一事物出现可能性的大小。在预测中，常用概率论和数理统计方法求出随机事物出现各种状态和概率，然后根据概率判断准则去推测和预测事物的未来状态。根据小概率事物判断准则，若某预测结果是小概率事物，则推断这结果不可能发生；反之，若其概率很大，则认为预测结果是成立的。不确定性分析符合事物的现实情况，有助于预测者客观和全面地研究预测事物的特性。不确定性分析也是随机型时间序列预测方法和马尔可夫预测方法的基本理论观点。

掌握预测的基本原理，可以建立正确的思维程序。对于预测人员开拓思路，增强预测的意识，合理选择和灵活运用预测方法，都是十分必要的。然而，世界上没有一成不变的事物，预测事物的发展不可能只是过去状态的简单延续，预测的事物也不会是已知的类似事件的机械再现，相似不等于相同。因此在预测过程中，还应该对客观情况进行具体的分析，以便提高预测结果的准确程度。

三、电力需求预测的程序

预测的基础是准确而及时的情报资料，用科学的预测技术将资料进行分析和加工整理，从而得出规律性的结论。预测是一个过程，其基本程序如下：

1）确定预测目标。目标明确、要求具体是有效地进行预测的前提。由于预测的目标、对象和期限不同，预测所采用的分析方法、资料收集的要求也就不同。因此，首先要明确规定预测的目标，即预测要达到什么要求，解决什么问题，预测的对象、范围、时间等。

2）拟定预测计划。预测计划包括预测目标的具体化，即要具体地规定预测的精度要求、工作日程、参加人员及分工等。

3）搜集和整理有关资料。预测要广泛收集有关的资料，即内部和外部环境的历史和现状资料。同时，对收集的资料要加工整理。

4）选择预测方法，建立数学模型。预测方法的选择要服从于预测目的、占有资料的数量和可靠程度、精度要求以及预测费用的预算。一般应同时采用两种以上的方法，以比较与鉴别预测结果的可信度。应用数学方法进行预测，必须建立数学模型，即用数学方程组的函数关系描述经济实体及其相互关系。

5）实际预测，并分析预测误差。利用预测数学模型进行实际预测。因预测误差是不可避免的，为了避免预测误差过大，要对预测值的可信度进行估计，并对预测值进行必要的修订。

6）提出预测报告和策略性建议，追踪检查预测结果。如果发现预测与实际不符，要立即进行修改调整，并要分析产生偏差的原因，修订预测模型，以提高以后的预测精度。

四、电力需求预测的方法

预测方法只是一种工具，几乎所有的预测都是基于这样一个假设，即预测对象要受到其他因素的影响。因此，预测工作的第一步是确定什么因素最可能影响预测对象，第二步是决定如何在预测中使用这些因素。

一般的经济预测方法可划分为定性预测方法和定量预测方法。定性预测方法的优点是预测者能够考虑到大量的资料、信息和情报；其缺点是缺乏系统的方法去研究已往的成功和失误，以提高预测的准确度，完全依赖于预测人员的经验和主观判断能力。定量预测方法不同于定性预测方法，它是基于过去的数据和资料研究建立起来的反映预测对象与其影响因素间的数学关系（数学模型）的预测方法。定量预测方法的主要优点是：不受主观愿望的影响；对预测模型的处理是根据过去的预测误差做出的，因而是科学的；比定性预测方法所花的时间少，而且可以用计算机来进行预测；提供了评价预测准确度和测定预测的置信区间的基础。定量预测方法的缺点是不能包括影响预测对象的全部因素。

1. 定性预测方法

定性预测方法主要依靠专家或专家组的判断，不是依靠数量模型。这种预测方法可以给出一个方向性的结论，当然预测结果也可能是数值型的。下面将主要介绍三种定性预测方法：专家预测法、类比法及主观概率预测法。

（1）专家预测法

专家预测法分为专家会议法、头脑风暴法和专家小组预测法。

1）专家会议法通过召集专家开会，面对面地讨论问题，每个专家能充分发表意见，并听取其他专家的意见。这种方法的优点是：考虑的因素多，提供的信息量大，开会时互相启发，集思广益，弥补各人的不足。这种方法缺点是：参加会议的人数有限，影响代表性；权威者的意见将起主导作用，一些专家盲从权威者的意见，或者碍于面子，不坚持与权威者不同的看法，因此得出的结论不能集中所有专家的正确看法。

2）头脑风暴法要求在组织专家会议的基础上，遵循两个规定：一是谁也不许反对谁的意见；二是谁提出新的意见都给予肯定，并在别人意见的基础上进行补充和完善。这种方法比起专家会议法，优点在于会议气氛轻松融洽，参与会议的人员思维活跃。实践证明，这种方法比单纯专家会议法的效率高得多。

3）专家小组预测法又称德尔菲法（Delphi），就是将所要预测的问题和有关资料用通信的方式向专家们提出，得到答复后，把各种意见归纳、整理再反馈给专家，进一步征询意见。如此反复多次，直到预测的问题得到较为满意的结果。在这种方法中，专家们不通过会议形式，而是通过书面形式独立地发表个人见解，专家之间相互保密，经过多次反复，给专家以重新考虑并修改原先意见的机会，最后综合出预测结果。它在电力系统中可以用来预测未来哪些电力技术将有突破性发展，这种突破将在何时发生，某一地区哪一时期的用电水平将有何等显著性变化；更具体地，未来一年或几年全国或地区发电量及用电量的预测等。

德尔菲法克服了专家会议法的不足，节约专家们的时间和行程费用，专家们可以方便地安排时间，思考问题。

（2）类比法

类比法是对类似事物进行对比分析，通过已知事物对未知事物或新事物做出预测。例如，要新建一个经济开发区，从动工兴建到正常运作，逐年的电量需求是一个新事物，需要在规划设计时做出预测，以便统筹安排。由于没有历史数据，不可能进行模型预测，在这种情况下，采用类比法是有效的。找一个已建成的经济开发区，与待建开发区进行比较，找出它们的共同点，利用相似和比例关系，对待建开发区的电量需求做出预测，注意它们的不同之处，由此对预测结果进行调整。在用类比法的时候，用于比较的两个事物对研究的问题要具有相似的主要特征，这是比较的基础。两事物之间的差异要区别处理，有的可以忽略，有的可用于对预测进行个别调整或系统调整。

（3）主观概率预测法

主观概率预测法则是请若干专家来估计某特定事件发生的主观概率，然后综合得出该事件的概率。专家们给出的主观概率 P 要满足 $0<P<1$，一个试验中，所有可能发生的事件的概率 P 要满足 $\sum_{i=1}^{n} P_i = 1$。综合各专家给出的主观概率，一般用求平均的办法，即

$$\overline{P} = \frac{\sum_{i=1}^{n} P_i}{n} \tag{5-1}$$

式中，n 为专家人数；P_i 为第 i 个专家给出的主观概率；$\overline{P}$ 为所求的主观预测概率。

2. 定量预测方法

（1）用电单耗法

用电单耗法即单位产品电耗法，一般用于工业预测，是通过某一工业产品的平均单位产品用电量以及该产品的产值（产量），得到生产这种产品的总用电量，计算公式是

$$E = qA \tag{5-2}$$

式中，E 为用电量；q 为单位产值（或产量）用电单耗；A 为产品的产值（或产量）。

某地区的工业生产用电，可按照行业划分为若干部门，如煤炭、石油、冶金、机械、建筑、纺织、化纤、造纸、食品等，再对每个部门统计出主要产品的单位产品耗电量 q_i，知道

了每种产品的产值（或产量）就可得到 m 种工业产品总用电量：

$$E = \sum_{i=1}^{m} q_i A_i \tag{5-3}$$

式中，E 为用电量；A_i 为第 i 个行业的产值（或产量）；q_i 为第 i 个行业单位产值（或产量）用电单耗，比如磨粉行业的用电单耗为 $40\mathrm{kW\cdot h/t}$，碾米行业的用电单耗为 $45\mathrm{kW\cdot h/t}$，制砖行业的用电单耗为 $8\mathrm{kW\cdot h/}$千块。

（2）增长率法

增长率法就是假定今后的电力负荷与过去有相同的增长比例，用历史数据求出比例系数，按比例预测未来发展。设第 m 年的用电量为 E_m（$\mathrm{kW\cdot h}$），第 n 年的用电量为 E_n（$\mathrm{kW\cdot h}$），则从第 n 年至第 m 年（$n<m$）用电量的平均增长率 α 为

$$\alpha = \sqrt[m-n]{\frac{E_m}{E_n}} - 1 \tag{5-4}$$

由此预测第 l 年（$l>m$）的用电量为

$$E_l = E_0(1+\alpha)^l \tag{5-5}$$

式中，E_l 为预测年 l 的年用电量；E_0 为基准年度年用电量；α 为电量需求的年平均增长率。

（3）电力弹性系数法

电力弹性系数是指某一时期内电力消费年平均增长率与国民经济增长率的比值。前者可用发电量增长率来表示，后者可用相应的国民经济总产值增长率来表示。电力弹性系数一般应大于1，它与国民经济结构、经济发展速度等因素有关。电力弹性系数可表示如下：

$$K = \frac{发电量增长率}{国民经济总产值增长率} \tag{5-6}$$

如果选定了计划期内电力弹性系数数值，又知道了计划期内国民经济总产值年平均增长率，则从基准年度算起，第 l 年的发电量计算公式如下：

$$E_l = E_0(1 + K \cdot \gamma)^l \tag{5-7}$$

式中，γ 为计划期国民经济总产值年平均增长率；K 为计划期内选用的电力弹性系数。

【例5-1】 我国2015年发电量为58146亿 $\mathrm{kW\cdot h}$，假定计划期国民经济总产值平均增长率为6%，而电力弹性系数取为0.7，试预测计算2030年的发电量预测值。

解： $E_{2030} = E_{2015}(1+0.7\times0.06)^{15} = 58146 \times (1.042)^{15}$ 亿 $\mathrm{kW\cdot h} = 107779$ 亿 $\mathrm{kW\cdot h}$

（4）回归分析法

回归分析法是计量经济学的方法之一。它利用时间或国民经济有关指标与用电量之间的相互关系，建立数学模型来预测未来的负荷。从数学上看，就是用数理统计中的回归分析方法，即通过对变量的观测数据进行统计分析，确定变量之间的相关关系，从而实现预测的目的。

回归分析法的基本思想是：认为地区及其工业、农业各部门的经济发展与用电量的增长，具有一定规律和"惯性"，假设预测期内，变量与各因素之间的关系不发生质的变化，那么它们一般应沿着一定的统计规律持续向前发展。从过去统计数据中预测发展过程的曲线，建立回归分析数学模型。常用的数学模型包括线性回归和非线性回归。

1）一元线性回归模型。应用回归分析法进行预测的关键，在于建立回归模型。线性回归中，解决两个事物（一个自变量，一个因变量）之间的线性关系，用一元线性回归模型；

解决多个事物（多个自变量，一个因变量）之间的线性关系，用多元线性回归模型。

以 x 和 y 来表示两个随机变量（如国民收入和用电量），自变量 x 的统计值为 x_1、x_2、$\cdots$、x_n，因变量 y 的统计值为 y_1、y_2、$\cdots$、y_n，则它们之间的线性关系，可用一次线性函数来表示：

$$y = a + bx \tag{5-8}$$

式中，a、b 为回归系数；x 为自变量；y 为因变量。

这个线性函数称为一元线性回归模型。这时的回归分析问题就变成通过历史观测（统计）值来确定 a 和 b 两个系数了。确定了 a 和 b，就可以用回归方程进行预测。确定 a 和 b 的常用方法是最小二乘法，其公式为

$$b = \frac{n\sum_{i=1}^{n} x_i y_i - \sum_{i=1}^{n} x_i \sum_{i=1}^{n} y_i}{n\sum_{i=1}^{n} x_i^2 - \left(\sum_{i=1}^{n} x_i\right)^2} \tag{5-9}$$

$$a = \frac{\sum_{i=1}^{n} y_i - b\sum_{i=1}^{n} x_i}{n} \tag{5-10}$$

式中，n 为观测统计点的数目；x_i、y_i 分别为各统计点的值。

【例 5-2】 通过对一批用电量和国民收入的统计数据（见表 5-1）的分析，确定它们之间的关系，总趋势是一条线性关系，试根据表 5-1 中的数据确定回归模型，并据此进行预测当国民收入指数为 2 时的预测。

表 5-1 用电量和国民收入统计及计算表

序列	1	2	3	4	5	6	7	Σ
国民收入 x	1.0	1.14	1.21	1.28	1.46	1.53	1.87	9.49
用电量 y	1.0	1.22	1.48	1.66	2.12	2.48	3.52	13.48
x^2	1.0	1.3	1.46	1.64	2.13	2.34	3.5	13.37
xy	1.0	1.39	1.79	2.12	3.1	3.79	6.58	19.77

解：① 将表 5-1 中统计值绘制在坐标图上，如图 5-2 所示，横坐标表示国民收入，纵坐标表示用电量。统计（观测）点的分布呈线性趋势，故可假定其为一直线。

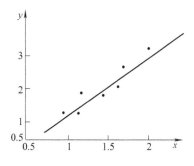

图 5-2 回归直线模型

② 设线性方程为 $y = a + bx$。
根据最小二乘法原理，求得

$$b = \frac{n\sum_{i=1}^{n}x_iy_i - \sum_{i=1}^{n}x_i\sum_{i=1}^{n}y_i}{n\sum_{i=1}^{n}x_i^2 - \left(\sum_{i=1}^{n}x_i\right)^2} = \frac{7 \times 19.77 - 9.49 \times 13.48}{7 \times 13.37 - (9.49)^2} = 2.97$$

$$a = \frac{\sum_{i=1}^{n}y_i - b\sum_{i=1}^{n}x_i}{n} = \frac{13.48 - 2.97 \times 9.49}{7} = -2.1$$

③ 线性回归预测模型为 $y = -2.1 + 2.97x$。

④ 应用预测模型，根据已知的国民收入，就可以预测其相应的用电量。当国民收入指数为2，代入预测模型，就可以求得其相应的用电量为 $y = 3.84$。

用回归方程预测电力负荷还要进行相关分析，求出置信区间，以作为预测值的控制范围。

2）多元线性回归模型。实际工作中影响预测目标的因素往往很多，这时可能存在多因素的相关关系，比如影响用电量的因素就很多，有国民收入、时间、工业发展速度以及居民用电水平等。对于多因素线性相关问题，可以用多元线性回归模型来解决。

解决多元线性回归模型的原理与解决一元线性回归模型的原理完全相同，也是用最小二乘法确定多元线性回归模型的常数项和回归系数。但在具体计算上，要比一元线性回归复杂得多，多元线性回归模型的一般形式为

$$y = a + b_1x_1 + b_2x_2 + \cdots + b_kx_k \qquad (5-11)$$

式中，y 为预测的总需电量；x_i 为影响需电量的第 i 个指标（$i = 1, 2, \cdots, k$）；a、b_i 为回归系数（$i = 1, 2, \cdots, k$）。

在式（5-11）中，y 为因变量，影响因变量的因素（自变量）有 k 个：$x_1, x_2, \cdots, x_k$。共有 n 组实测的统计数据：$y_t, x_{1t}, x_{2t}, \cdots, x_{kt}$（$t = 1, 2, \cdots, n$）。利用最小二乘法，根据统计值的 n 组数据，求得多元线性回归的常数项和回归系数 $a, b_1, b_2, \cdots, b_k$。

例如，在预测全国或地区的总需电量时，x_i 可表示为预测年度的农、轻、重产量指标；在预测市政生活用电需要量时，x_i 可表示为预测年度的人口数、人均收入、住宅竣工数、民用电器销售数、每年酷热严寒天数、城市电气交通公里数等；在预测地区农业用电需要量时，x_i 可表示为农电排灌亩数、社办工业产值、农副产品加工量等。

多元线性回归分析中多采用时间和经济指标混合回归分析的方法来进行预测。这种预测方法的特点是：既考虑了时间因素，又考虑了经济指标因素，可用这类回归模型预测规划年度的工业用电量：

$$y = a_0 + a_1x + a_2P + a_3T + a_4t \qquad (5-12)$$

式中，x 为工业部门经济指标；P 为燃料平均价格；T 为大气温度；t 为时间；a_i 为回归系数（$i = 0, 1, 2, \cdots, k$）。

3）非线性回归模型。实际工作中有时两个随机变量之间不具有线性相关关系，而只有非线性相关关系，这种情况就要用非线性回归分析方法来解决，但直接用非线性回归问题求解相当困难。为此，解决非线性回归问题，常采用变量变换的方法。根据散点分布的形状和

已知函数的图形进行比较，选择相应的函数，然后通过变量变换，即自变量或因变量或两者同时进行适当的变量变换，把非线性的回归问题转化为线性回归问题，再利用解线性回归问题的方法，求得线性回归模型，最后再经过反变量变换求得非线性回归模型。下面举例说明非线性回归问题的分析方法。

【例5-3】 某系统电力负荷与时间的统计数据如表5-2所示，试求其回归模型。

表5-2 非线性回归计算表

序号	电力负荷 y/万 kW	时间 x/年	$y'=\dfrac{1}{y}$	$x'=\dfrac{1}{x}$	x'^2	$x'y'$
1	1	1	1.00	1.00	1.00	1
2	1.9	2	0.53	0.50	0.25	0.263
3	3	3	0.33	0.33	0.11	0.111
4	3.8	4	0.26	0.25	0.06	0.066
5	4.5	5	0.22	0.20	0.04	0.044
6	4.9	6	0.20	0.17	0.03	0.034
7	5	7	0.19	0.14	0.02	0.027
8	5.5	8	0.18	0.13	0.016	0.023
9	5.7	9	0.175	0.11	0.012	0.019
10	5.9	10	0.17	0.10	0.010	0.017
11	6	11	0.167	0.09	0.008	0.015
12	6.1	12	0.16	0.08	0.007	0.014
合计			3.596	3.1	1.565	1.634

非线性回归分析的步骤：

① 用散点图描述统计数据如图5-3所示，图中以时间（年）为横坐标，负荷为纵坐标。从图5-3可见，散点分布呈曲线关系。

② 根据散点分布的形状，选择相应的曲线函数。根据图5-3所示的曲线形状，选择双曲线函数来描述负荷 y 与时间 x 之间的关系。双曲线函数为

$$\dfrac{1}{y} = a + b\dfrac{1}{x} \qquad (5-13)$$

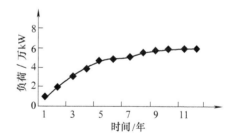

图5-3 例5-3 散点分布图

③ 进行变量变换，将非线性回归问题变换为线性回归问题。令 $y'=1/y$，$x'=1/x$，将上述 y'、x' 代入双曲线函数，则 $y'=a+bx'$，对于变换后的变量 y'、x' 来说，上述方程是线性方程。

④ 用线性回归方法，求上述线性方程的系数 a、b，计算过程如下所示。

$$b = \dfrac{n\sum_{i=1}^{n} x_i' y_i' - \sum_{i=1}^{n} x_i' \sum_{i=1}^{n} y_i'}{n\sum_{i=1}^{n}(x_i')^2 - \left(\sum_{i=1}^{n} x_i'\right)^2} = \dfrac{12 \times 1.634 - 3.1 \times 3.596}{12 \times 1.565 - (3.1)^2} = 0.922$$

$$a = \frac{\sum_{i=1}^{n} y'_i - b \sum_{i=1}^{n} x'_i}{n} = \frac{3.596 - 0.922 \times 3.1}{12} = 0.061$$

则新变量 y'、x' 的线性回归模型为

$$y' = 0.061 + 0.922x'$$

⑤ 进行反变换求得非线性回归模型。将 $y' = 1/y$，$x' = 1/x$ 代入线性回归模型，得到非线性回归方程为

$$\frac{1}{y} = 0.061 + 0.922 \frac{1}{x}$$

⑥ 应用上述非线性回归模型进行负荷预测，当 $x = 13$ 时，电力负荷为

$$y = \frac{1}{0.061 + \frac{0.922}{13}} \text{万 kW} = 7.58 \text{万 kW}$$

此外，常用的曲线函数有：指数函数 $y = de^{bx}$，幂函数 $y = dx^b$，对数函数 $y = a + b\lg x$ 等。

回归分析法利用事物之间的因果关系预测事务未来的发展，是一种比较科学、比较完善、适用于各种预测的一种方法。但模型的建立需要大量的资料数据，并需较多的人力和时间进行分析计算，其结果还要随着客观事物的变化进行不断的修正，因此使用起来远比其他方法复杂。

（5）时间序列预测技术

时间序列预测技术就是把历史上积累起来的资料，按年、月或周进行排列，构成一个统计数列，并根据其发展动向向前推测。所以，它实际上是一种外延的方法，这种方法对短期预测效果比较好（主要指月、季）。下面主要介绍四种时间序列预测方法。

1）加权平均法。加权平均法的思路是距预测期远近不同的历史数据，对预测值的影响是不同的。一般距预测期越近的数据其影响越大，距预测期越远的数据其影响越小。所以，用离开预测其时间的远近作为权重，对预测期的预测需求量进行加权求解，其计算公式为

$$W_{t+1} = \frac{\sum_{i=1}^{n} \alpha_i S_i}{\sum_{i=1}^{n} \alpha_i} \tag{5-14}$$

式中，W_{t+1} 为 $t+1$ 期的预测值；S_i 为各时期的实际统计值；α_i 为各时期的权重，一般以最远一期的权重为 1，以后各期顺次递增；n 为计算期。

2）移动平均法。移动平均法亦称一次移动平均法，这种方法是将近期的实销量按规定的期数进行算术平均，尔后随着时间的推移，不断引进新的数据来修改平均值，以消除偶然变动因素的影响，使时间序列数据调匀并呈某种趋势，求得下期预测值。其数学模型如下：

$$W_{t+1} = \frac{S_t + S_{t-1} + S_{t-2} + \cdots + S_{t-(n-1)}}{n} = \frac{\sum S_i}{n} \tag{5-15}$$

式中，W_{t+1} 为 $t+1$ 期的预测值；S_i 为各时期的实际统计值；n 为移动计算期。

【例 5-4】 某供电局逐月供电量如表 5-3 所示，现设 $n = 3$ 和 $n = 5$，分别预测下月的供

电量。

表5-3 供电量移动平均值 （单位：亿kW·h）

月份	供电量	3期移动平均值	5期移动平均值	月份	供电量	3期移动平均值	5期移动平均值
1	30			7	40	36	34.8
2	32			8	42	37.7	36.4
3	34			9	43	39.3	38
4	35	32		10	46	41.7	39.6
5	37	33.7		11	48	43.7	41.4
6	36	35.3	33.6	12	50	45.7	43.8

解：当 $n=3$ 时，预测 W_4（4月份供电量）、W_5。

按数学模型可得 $W_4 = \dfrac{30+32+34}{3} = 32$

求 W_5 时先求修订值 $\Delta W_5 = \dfrac{S_4 - S_1}{3} = \dfrac{35-30}{3} = 1.7$

故 $W_5 = 32 + 1.7 = 33.7$

同理 $W_6 = 32 + \dfrac{35-30}{3} + \dfrac{37-32}{3} = 35.3$

当 $n=5$ 时，$W_6 = \dfrac{\sum\limits_{i=1}^{5} S_i}{5} = \dfrac{30+32+34+35+37}{5} = 33.6$

从例5-4可以看出，3期平均预测和5期平均预测的数值是不一样的。n 值越大，预测值的滞后误差就越大，不能反映近期的变化；n 值越小，预测就越敏感，但 n 值过小，也就失去了移动平均的意义。因此，应根据本地区用电负荷变化的具体情况来选取 n 的取值。移动平均法的滞后性，使其在应用上有很大的局限性。

3）指数平滑法。指数平滑法是在移动平均法的基础上发展起来的，它既具备移动平均法的优点，又考虑了数据的时间性，同时它可以减少数据的存储量，因此应用比较广泛，其基本公式是

$$W_{t+1} = \alpha S_t + (1-\alpha) W_t \tag{5-16}$$

式中，W_{t+1} 为 $t+1$ 期的预测值；S_t 为 t 时期的实际值；W_t 为 t 时期的预测值；α 为平滑系数。

从式（5-16）可知，指数平滑法实际上是一种权重特殊的加权平均法，它是前一期的实际值和指数平滑值（即预测值）的加权平均。

【例5-5】 某电网10月份预测供电量为100亿kW·h，而该月实际供电量为106亿kW·h，试预测该电网11月份的供电量。

解：用指数平滑法计算如下：

已知 $W_{10} = 100$，$S_{10} = 106$

若取 $\alpha = 0.1$，则 $W_{11} = 0.1 \times 106\text{ 亿 kW·h} + (1-0.1) \times 100\text{ 亿 kW·h} = 100.6\text{ 亿 kW·h}$

若取 $\alpha = 0.2$，则 $W_{11} = 0.2 \times 106\text{ 亿 kW·h} + (1-0.2) \times 100\text{ 亿 kW·h} = 101.2\text{ 亿 kW·h}$

若取 $\alpha = 0.8$，则 $W_{11} = 0.8 \times 106\text{ 亿 kW·h} + (1-0.8) \times 100\text{ 亿 kW·h} = 104.8\text{ 亿 kW·h}$

由以上计算可知，α 取值不一样，预测结果也就不一样，关键在于掌握好 α 的取值。α 的取值应根据前一期的预测值与实际值的差异而定，差异越大说明前一期预测的准确度越差，则应对前一期预测进行较大的调整，加大前一期实际值的权重，也就是 α 的取值应大。同理，如果前一期预测值与实际值的差异较小，则 α 的取值也应该小。

若 α=1，则 $W_{t+1}=S_t$，即预测值等于前一期实际供电量；若 α=0，则 $W_{t+1}=W_t$，即预测值为前一期预测值。α 是一个经验数据，一般 α 的取值在 0.5~0.9 之间。

加权平均法、移动平均法和指数平滑法均是根据连贯的原则而推测的时间序列法，方法简单，计算容易，是经济预测的常用方法。但是未来状况绝不可能只是过去状况的简单重复，故这三种方法一般误差较大，因而多用于近期预测。

4）季节指数法。由于自然、生活条件和生活习惯的影响，在一年内随着季节的转变而引起电力需求随季节变动。季节指数法是积累历年（至少 3 年）各季（月）总平均数进行对比，计算季节指数，用以分析季节变动和预测来年各季（各月）电力需求的方法。它用于主要受季节变动和不规则变动影响，而无明显的趋势变动的时间序列。

【例 5-6】 某电网 2015—2017 年各季度售电量如表 5-4 所示，计算季节指数，并预测 2018 年各季的售电量。

表 5-4　2015—2017 年各季度售电量及季节指数　　（单位：亿 kW·h）

年　份	第 1 季度	第 2 季度	第 3 季度	第 4 季度	各季平均
2015	74	85	85	78	80.5
2016	87	78	77	87	82.25
2017	98	86	88	96	92
合计	259	249	250	261	254.75
同期平均	86.33	83	83.33	87	84.92
季节指数（%）	101.66	97.74	98.13	102.45	100

解：① 计算 2015—2017 的各季同期平均数。

例如，第 1 季度的同期平均数 =(74+87+98)/3=86.33

② 将各个同期平均数相加除以项数计算总平均数，也可先求各年的季平均数，再相加后除以年数求总平均数，填入表 5-4 中"同期平均"一行的最后一栏。

总平均数 =(86.33+83+83.33+87)/4=84.92

③ 将各同期平均数分别与总平均数相除，计算季节指数。

例如，第 1 季季节指数 =86.33/84.92=101.66%

通过季节指数计算，可以明显地反映季节变动。1、4 季度指数大于 100%，是用电旺季，2、3 季度指数小于 100%，是用电淡季。

④ 将最近一年（2017）的平均售电量乘以季节指数，预测 2018 年各季的售电量。

第 1 季售电量预测值 =92×101.66%=93.52

第 2 季售电量预测值 =92×97.74%=89.9

第 3 季售电量预测值 =92×98.13%=90.3

第 4 季售电量预测值 =92×102.45%=94.3

总之，以季节指数为依据进行预测，是以无明显的趋势变动为前提。当有趋势变动时，还应结合趋势变动进行预测。

（6）灰色预测技术

灰色系统是介于白色系统和黑色系统之间的，即部分信息已知、部分信息未知的系统。对于电力系统负荷而言，对其影响的供电机组、电网容量、生产能力、大用户情况、某些主要产品耗电情况等信息是已知的，但是，影响负荷的其他很多因素，像天气情况、行政与管理政策的变化、地区经济活动等是难以确切知道的，因此电力系统负荷是一个灰色系统。

灰色预测理论总体来说可以分为四个内容，即系统分析、数据生成、建立模型和进行预测。系统分析的目的是确定影响负荷变化的因素哪些是主要的、哪些是次要的，其实现方法是采用系统关联度分析法，根据影响负荷变化的各因素之间发展态势的几何相似或相异程度，来衡量因素间的关联程度。数据生成是抛开原始数据不谈，而求得随机性弱化、规律性强化的新数列作为建立数学模型的依据，这是灰色理论与传统概率统计方法的区别所在，也体现了灰色理论的重要特征。利用生成的新数据，建立负荷与若干个影响因素之间关系的微分方程，进而依次预测出未来的负荷值。

灰色系统理论进行负荷预测的优点是明显的，即所需历史数据少、不考虑分布规律、运算简单和易于预测等。同时，它不可避免地也存在一些缺点：一是当负荷数据的灰度较大时，预测的精度会非常差；二是随着未来时刻越远，灰度越大，因此仅仅是最近的一、两个数据比较准确，对于较长时间的预测没有意义。

（7）电力负荷预测技术的新发展

1）电力系统负荷预测模糊数学模型。模糊数学是模仿人脑处理模糊信息的能力，把运用经典数学方法难以描述的复杂问题简单化，并达到精确的计算模型难以达到的预测效果。模糊数学在一些数值领域的应用通常需进行三个方面的工作：相关数据的模糊化处理、利用模糊机进行模糊推理、最终的去模糊化处理。实际上，电力负荷的影响因素很多是不确定的，如果把电力负荷看作稳定负荷分量和随气象条件变化的随机分量两部分的叠加，那么稳定负荷分量相对容易预测，对于受气象因素影响的负荷分量，由于收集到的气象信息的不确定性，因此可以利用模糊数学的方法得到很好的解决。但由于负荷历史值对预测值的影响更大，因此单单依靠模糊理论难以胜任负荷预测的预测精度要求，它常常用于预测结果的最终调整过程中。

2）专家系统。专家系统方法是对于数据库里存放的过去几年的负荷数据和天气数据等进行细致的分析，汇集有经验的负荷预测人员的知识，提取有关规则。借助专家系统，负荷预测人员能识别预测日所属的类型，考虑天气因素对负荷预测的影响，按照一定的推理进行负荷预测。专家系统方法克服了单一模型进行预测的片面性缺陷，避免了人工推理的繁琐和人为差错的出现。

3）神经网络理论。神经网络理论是利用神经网络的学习功能，让计算机学习包含在历史负荷数据中的映射关系，再利用这种映射关系预测未来负荷。由于该方法具有很强的鲁棒性、记忆能力、非线性映射能力以及强大的自学习能力，因此有很大的应用市场，但其缺点是学习收敛速度慢，可能收敛到局部最小点，并且知识表达困难，难以充分利用调度人员经验中存在的模糊知识。

4）小波分析预测技术。小波理论是数学界的最伟大的成就之一。小波分析的特色在于它作为一种时域—频域分析方法，在时域和频域上同时具有良好的局部化特性，电力系统的负荷往往存在多种周期性的特点，因此可把负荷曲线看作多种频率交织在一起的混合信号，运用小波分析可聚焦到任何细节，这些优点决定了小波理论在电力系统负荷预测中具有乐观的应用前景。

5）优选组合预测技术。组合预测方法是当前负荷预测研究中的热门话题之一，组合预测理论的实质是有用信息利用的最大化。目前，电力系统负荷预测领域中的组合预测方法大致可分为传统预测方法与传统预测方法组合、传统预测方法与现代预测方法组合、现代预测方法与现代预测方法组合三种方式，其中现代预测方法与现代预测方法组合是20世纪90年代以来负荷预测领域的研究主流。

传统预测方法与传统预测方法组合的主要应用是早期出现的一些包括多种传统预测方法的软件包，用户可根据实际情况加以选择或优选组合进行预测。传统预测方法与现代预测方法组合主要有回归法与人工神经网络法的结合、回归法和模糊系统方法的组合、回归法与灰色系统预测方法的组合等。现代预测方法与现代预测方法的组合主要有神经网络与遗传算法的组合、神经网络与模糊系统的组合、神经网络与小波变换技术的组合、神经网络与专家系统的组合以及神经网络、模糊系统和专家系统三者的组合。

第四节　电力电量平衡

一、各类电源的技术经济特点

编制电力系统近期计划及长期计划时，电力电量平衡的计算是一项重要的工作内容。它实际是研究电力系统供需之间的关系，也就是使电力系统在计划期内，系统所需发电量和发电最大负荷与系统所拥有的发电设备生产能力之间的平衡。如何满足平衡及系统的需要，这就是电力电量平衡与电源规划的任务，其主要目的有：确定电力系统需要的发电设备容量；确定各类电源建设方案的可能性及合理性；确定电力系统可能的供电地区以及与其他系统联网的合理性；确定系统内和系统之间的电力电量潮流交换。

1. 水电厂的技术经济特点

1）研究水电安排时，应注意河流的梯级开发方案。

2）水电厂出力不能恒定，受河川水流变化的影响，取决于各时期的径流变化及水库调节性能。在安排水电电源时，应查明水电厂在不同水文年、不同水文季节的出力变化。

3）水电厂之间的水文及补偿调节，可以提高水电厂的保证出力，改善水电出力在年内的分配情况。

4）一般水电厂初始投资大，建设时间长，需要大量劳动力及建筑材料，并要淹没土地和迁移人口。但水电厂不消耗燃料，运行人员少，运行费用低。

5）水电厂运行灵活、起停快速，担任系统备用具有很有利的条件。运行上安全可靠程度高，易于全部自动化。

6）具有综合利用功能的水电厂，在运行上不仅要满足发电的要求，还应满足其他部门的要求，如灌溉、航运、防洪等。

2. 凝汽式火电厂的技术经济特点

1）厂址比较灵活，既可布置在负荷中心，又可布置在燃料基地，但布置在什么地方，需根据国家方针政策、经技术经济分析论证确定。

2）电厂厂址和容量的选择，主要取决于电力系统的规模及构成和建厂的自然条件，如负荷分布、燃料、供水及出灰条件，还应注意交通运输条件以及地形、地质等情况。

3）建设速度快，能及时灵活地满足国民经济各部门日益增长的用电需要。

4）运行方式比较灵活，可以在负荷曲线上任何部分工作，只要保证燃料及供水、真空条件不恶化，设备容量均可满出力运行。

5）可以利用劣质燃料及洗中煤。

3. 热电厂的技术经济特点

1）热电厂可以有效地利用燃料，即发电又供热，其热效率一般大于凝汽式电厂，节约能源。

2）热电厂的厂址条件除和凝汽式电厂要求相同外，主要取决于热用户，其规模应根据热负荷的需要来决定，供热能力应与热负荷恰当配合。

3）供热机组分抽汽式和背压式两种。抽汽式机组比背压式机组有灵活的电功率，但凝汽发电的煤耗高于凝汽式机组。

4）热电厂运行上和凝汽式电厂相同，但热电厂的最小出力不应低于按热负荷所要求的强制出力。

4. 风电场的技术经济特点

1）风电是一种可再生能源，资源量丰富，是一种清洁、无污染的发电形式。

2）风电场建设工期短，但初始建设投资大。

3）风力发电依赖于自然风速，出力具有间歇性、不可控性，需要其他电源配合实现功率平衡。

5. 光伏电场的技术经济特点

1）光伏发电是一种可再生能源，资源量丰富，但功率密度低，是一种清洁、无污染的发电形式。

2）光伏电场建设工期短，需要的建设面积大。

3）光伏电场依赖于太阳的自然辐照度，具有明显的昼夜特征，出力具有不可控、不确定大的特点，需要其他电源配合实现功率平衡。

二、各类电源最有利的工作位置

研究电力系统电源规划时，必须考虑各类电源最有利的工作位置，最有利工作位置的分配原则是：①保证系统供电的安全可靠性和电能质量，满足热电厂的热负荷；②充分利用系统的容量，在满足综合利用的基础上，尽量多发水电以节约燃料和降低系统的总成本；③合理利用劣质及地方燃料，改善能源平衡；④保证满足系统负荷的基础上，尽量减少热电厂凝汽运行方式，以提高热电厂的经济性；⑤充分利用凝汽式的经济机组，降低电力系统的总煤耗量。

1. 各类电源在日负荷曲线上的工作位置

纯火电系统各电厂的工作位置，除因发、送、变电设备检修而不得不利用经济性较差的分配方式外，原则上首先分配具有强制出力和特殊要求的发电厂，其他按经济性的大小，在系统日、年负荷曲线上，按由下往上的次序安排。

具有风、光、水、火等多类型电源的电力系统，必须解决可再生能源与常规电源间的配合问题，决定各电厂的最合适的工作位置。

（1）水电厂

无调节水电厂的特征：电厂的出力决定于河川天然来水量的大小。河川径流量在一年内变化很大，但在一天内变化很小，也就是一天内出力变化不大。因此，无调节水电厂无论在丰水期或枯水期担任基荷有利，担任峰荷要有弃水，损失电能。

日调节水电厂的特征是：河川径流量可以在一天之内进行调节。因此可以工作在日负荷曲线上的任何位置，视具体的技术经济条件而定。一般枯水期为充分利用水电厂的装机容量，可担任峰荷或腰荷；丰水期为充分利用河川径流量，多发电能以节约系统燃料消耗，则担任基荷。

年调节或多年调节水电厂的特征是：河川径流量可以在一年内或在年与年之间，利用水库来进行调节，调节程度取决于水库容量的大小，这种电厂一般也进行日调节。因此，枯水期一般担任峰荷，丰水期担任基荷或腰荷。

（2）热电厂

为提高热电厂的经济性，不希望供热机组凝汽运行，增加煤耗，应按供热要求的发电容量担任基荷。

（3）凝汽式火电厂

凝汽式火电厂可以在日负荷曲线上任何部分工作，分配完水电厂及热电厂后，其余部分按凝汽式电厂的经济性大小顺序排列。

（4）风电/光伏电场

为了充分利用风电、光伏等可再生能源，应优先安排风电、光伏电场的出力，因此，这类电场基本都在负荷曲线的基荷位置。

2. 各类电源在年负荷曲线上的工作位置

为研究系统全年运行方式，就要研究各类电源在年负荷曲线上的工作位置，其分配程序如下：将热电厂满足热负荷的强制出力和水电厂综合利用的强制出力，分配在年负荷曲线的基底部分；确定水电厂各时期的工作容量；年负荷曲线的剩余部分分配给凝汽式电厂及凝汽式运行的热电厂。因此，各类电源在年负荷曲线上合理工作位置的分配，主要是按照系统的要求和径流情况，调配水电厂的负荷。所以主要是研究水电厂的工作位置问题。

（1）无调节水电厂

无调节水电厂在年负荷曲线上只能担任基荷，为了充分利用丰水期的水能，一般无调节水电厂都装有部分重复容量，这部分容量不能替代火电装机，也不能经常利用。

（2）日调节水电厂

日调节水电厂的工作容量和发电量取决于天然径流量的变化，枯水期天然径流量较小，水电厂工作在峰荷可以充分利用其装机容量。丰水期由于天然径流量很大，水电厂应工作在基荷。在枯水期向丰水期或丰水期向枯水期的过渡时期，虽径流量较丰富，但不足以在基荷工作，可以工作在腰荷。

(3) 年调节及多年调节水电厂

年调节水电厂在一个完全年调节中，可分为四个时期：①供水期。通过水轮机的流量除天然流量外，尚需利用水库中的蓄水。一般情况，在供水期结束时，应将有效蓄水放完，水库水位降到死水位。②蓄水期。河川径流量较丰富，其流量一部分通过水轮机发电，一部分蓄起来，两部分的比重视水库调节能力而定。③弃水期。径流量特别丰富，除保证蓄满水库进行蓄水和充分利用电厂容量发电外，尚有部分流量不能利用而弃水。④不蓄水期。天然流量小于水轮机过水能力时便停止弃水，以天然流量发电，称不蓄水期。

年调节水电厂在系统年负荷曲线上的工作位置，取决于水文年的特点。枯水年只能满足系统的最低要求，枯水期担任峰荷，丰水期担任基荷。平水年和丰水年，天然流量较丰富，枯水期也可能增加发电量，可能有部分容量担任腰荷甚至基荷。

多年调节水电厂的水库，可将径流量在年与年之间进行重新分配，这样枯水年就可以得到丰水年的补充。因此，一般情况下多年调节水电厂担任峰荷。

三、电力系统的电力平衡

电力系统的电力平衡主要是研究电力系统拥有的发电设备生产能力应满足电力用户的需要，其计算内容如下：

1. 电力系统发电最大负荷

利用负荷预测技术，确定计划期内水平年的用电负荷 P_L，从而确定厂用电 $P_厂$ 以及线路损耗 $P_线$，电力系统发电最大负荷 P_m 为上述三项之和，即

$$P_m = P_L + P_厂 + P_线 \tag{5-17}$$

2. 电力系统的需要容量

电力系统发电最大负荷 P_m 和电力系统需要的备用容量 P_b，其中包括负荷备用、事故备用和检修备用，则电力系统需要的发电设备容量 P_C 为

$$P_C = P_m + P_b \tag{5-18}$$

3. 电力系统的装机容量

系统中水电厂的水库在汛期可能有弃水，为利用这部分弃水，有时在水电厂内装些额外的容量，这部分容量不参加容量平衡，只能在丰水期利用弃水来发电，枯水期水量不足时闲置起来，这部分容量称为重复容量或季节容量 P_z，因此电力系统的装机容量 P_y 为

$$P_y = P_C + P_z \tag{5-19}$$

4. 水电厂的装机容量

水电厂装机容量的确定是比较复杂和专门的问题，尤其当涉及河流梯级开发、综合利用及跨流域补偿等问题时就更复杂。系统规划设计中水电厂的装机容量主要由工作容量、备用容量和重复容量所组成。

（1）水电厂的工作容量

水电厂工作容量的确定，要考虑计划期水文及河川径流情况。枯水期或枯水年进行电力平衡时，若水电厂受下游用水部门（如航运、灌溉、城市及工业用水等）的限制，则水电厂工作容量的确定，首先要从水电厂保证出力中扣除这部分强制出力，剩余的保证出力再用来决定水电厂担负的峰荷容量。

具有日调节及以上库容的水电厂所担负的峰荷容量，可以根据上述剩余的保证出力所能

发出的日保证电量,利用日负荷曲线及累积曲线,求出水电厂所担负的峰荷容量。水电厂的强制出力加上所担负的峰荷容量,就是水电厂枯水期或枯水年的工作容量。

(2) 水电厂的备用容量

由水电厂担负备用容量有起动和增减负荷迅速、能量损失少、补充装机费用便宜、丰水期可以用来发电以节约系统的燃料消耗等优点,所以水电厂宜于承担系统的事故、负荷及周波备用,但需设有部分备用库容。水电厂承担多大备用容量,要根据系统的具体情况和水电厂本身的条件,经技术经济分析论证确定。在水电比重较大的系统中,每个水电厂分担的备用容量就要小些,距离负荷中心远的水电厂也宜担负较大的备用容量。

(3) 水电厂的重复容量

水库调节性能较差和季节性电能较多的水电厂,在洪水期要损失大量水能,如果多装些机,就可得到许多廉价的电能,以节约系统的燃料消耗,这对能源的节约具有重要意义。但这种利用季节性电能的方式,需要花费一定的资金和设备,其经济性主要取决于每多装单位容量所获得电能的数量。所以水电厂的季节性容量的确定,就是要研究每增加单位季节性容量,使系统投资的增加和燃料费用的节约所获得的经济效果,通过技术经济分析论证确定。

5. 火电厂的装机容量

电力系统火电容量为系统装机容量减去水电厂装机容量及其他能源的装机容量。

6. 电力系统新增装机容量

规划期内电力系统新增容量为系统所需要的装机容量减去系统现有的可用容量。电力系统现有的可用容量为系统现有装机容量扣除规划期内受阻容量和退役容量。受阻容量是指由于设备缺陷、设备不配套、水文及河川径流变化、燃料供应不足等因素的影响,在规划期内不能发挥作用的发电设备容量。退役容量是指由于设备陈旧、服务期满、计划期将拆除的发电设备容量。

四、电力系统的电量平衡

电力系统的电量平衡中,水电厂的发电量采用平水年的电量,但必须按枯水年电量进行校验。

1)确定电力系统的需要发电量。

2)按枯水年及平水年计算出水电厂的年发电量,电量平衡中用平水年的电量进行平衡,用枯水年的电量进行校核。

3)将系统需要的发电量减去水电厂发电量及其他电源发电量,即为系统火电发电量。

4)根据火电年底装机容量和当年新增容量,计算出火电年平均装机容量。

5)火电年发电量除以火电年平均装机容量,即火电装机利用小时数。

五、电力电量平衡中代表水文年的选择

在含水电的多能源联合发电的电力系统中,一般要考虑四种具有代表性水文年的电力电量平衡来描述系统的运行情况。

(1) 设计枯水年

设计枯水年是水电厂在正常运行中可能遇到的最不利情况,它是相应于水电厂设计保证

率的水文年。在这种代表年内,系统的电力电量平衡必须保证对用户供电的安全可靠。设计枯水年的电力电量平衡是确定系统总装机容量、火电必需容量及保证当年火电厂燃料供应的依据。

(2) 平水年

平水年一般考虑保证率为50%或略大于50%的水文年,是最常见的年度,它表示系统最普通的运行情况。平水年的电力电量平衡可以确定水电担负的发电量、水电昼夜及年内的输送潮流变化,为系统的燃料平衡、水电厂的电气主接线方式、送电线路截面选择提供计算依据。

(3) 丰水年

丰水年是一般保证率不大于10%的水文年,丰水年的电力电量平衡主要是校核水电厂平水年确定的主接线及送电线路截面。

(4) 特枯水年

特枯水年是指在代表设计枯水年保证率以外,不低于保证率95%的水文年,也可以采取年发电量最少和调节出力最小的年份。特枯水年的电力电量平衡用以校核设计枯水年的电力电量平衡,并确定在遇到这种水文年时系统平衡破坏后的运行方式。

在系统规划设计中,一般按设计枯水年进行电力平衡,用平水年计算潮流分布,按水电装机容量满发校核送电线路的送电能力。

第五节 电力企业发展规划

一、电力系统发展规划概述

电力系统发展规划在总体上也体现了电力企业的发展规划。规划可分为短期(5年左右)、中期(10年左右)和长期(15年以上)三种,无论是跨省网局,还是各省电力局,或各基层电厂及供电局,都应有在总目标下的各自发展规划,它们对国民经济的发展具有重大意义。

1. 规划内容

电力系统规划的主要内容应包括下述方面:

1) 在规划期内,逐年的电力负荷及需求电量预测和分布、有功和无功的电力和电量平衡分析。

2) 能源资源的分布及开发条件分析,包括水力资源开发条件、煤炭开发情况及可供发电用的煤炭数量、品种及其运输条件。

3) 进行各种电源和电网布局方案分析计算,得出最优方案。方案内容包括电源布点、主干网络布局、电压等级、主要电厂分期建设容量和最终容量、接入系统方式、能源消耗及资源利用、备用容量、电能质量、可靠性指标等,还要列出发、输、变电工程项目明细表和进度顺序计划以及投资情况等。

4) 投资筹措方案,投产后发电、供电成本,利润分析及技术经济效果分析等。

2. 规划步骤

电力系统规划的基本步骤如下:

1) 明确规划目标和任务，进行调查研究，收集资料。
2) 进行负荷预测，确定规划期内各年负荷及其特性。
3) 生成电源和电网建设方案，应用优化技术进行计算分析。
4) 进行综合分析评价，选出经济合理方案。
5) 整理资料和图表，编写电力系统规划报告。

3. 规划方针

上述规划内容要根据国家制定的电力开发方针进行，这些方针概括为"优化火电结构，大力发展水电，适当发展核电，因网因地制宜开发利用新能源发电，同步建设电网，减少污染，保护环境，开发与节约并重，把节约放在首位"。这一方针是根据我国能源资源的特点和电力发展规律制定的。

1) 优化火电结构。根据电力供求关系的变化，今后电力发展的着眼点将从量的增加转移到质的提高上来，更多地注重结构的调整和质量的提高。在调整电力生产结构方面，积极发展30万kW及以上容量的大机组，特别要重视发展超临界机组，扭转目前小火电机组过多且发展失控的局面。

2) 大力发展水电。我国水能资源蕴藏量以及已开发量均居世界第一位。分析当前现状与未来发展趋势，无论从优化电网结构、做好资源配置以及从改善环境、促进可持续发展方面来讲，加大水电开发力度都是毫无疑问的。根据国际上的经验，当水电在电网中占到30%~40%时，对电网调度来讲是最优的。而目前我国大部分电网的水电比例均未达到这个标准，所以水电的发展前景是非常广阔的。

3) 适当发展核电。在不断发展常规机组的同时，我国也开始研制大容量核电机组。核电的发展应将重点放在一次能源贫乏、经济较发达地区，同时向其他有条件的地区适当扩散，实现以核养核、滚动发展的方针。

4) 因地制宜开发多种能源。我国具有非常丰富的太阳能、风能、海洋能、地热能等可再生能源，因此因地制宜地开发以风电为主的新能源发电，无疑具有很高的实际价值和深远意义。

5) 同步发展电网。优化电源结构的同时，必须同步发展电网。一是加强跨省跨大区联网工程，提高主干线路的输电能力和供电质量，减少备用容量，优化资源配置；二是加强城市电网建设和改造；三是加强农村电网的建设和改造，降低线路损耗，大力开拓农村电力市场。到目前为止，我国电网基本形成北、中、南三个跨区互联电网。在未来的几年，我国将继续大力发展电网之间的互联，并最终形成全国互联电网。

4. 规划注意的问题

在做具体规划工作时，应考虑到如下几点：

1) 对被规划电网及其中的发电厂、变电所的作用应进行详细分析，明确电网的总结构，比如主干电厂与地区电厂，主干网络与地区网络，基荷电厂、峰荷电厂与调频电厂，枢纽变电所与地区变电所，无功补偿、调相、调压控制点的确定等。

2) 按各级电网逐层进行电力电量平衡，确定出与此相适应的线路和变压器。

3) 应考虑到条件的多变性，一个规划方案应有相当的弹性，以求适应性最大。

4) 要从保证电网供电的可靠性及经济性出发，进行综合分析，防止为追求经济性造成停电后产生更大经济损失，但亦要考虑到过高可靠性的要求将造成经济上的一次性投资过大。

二、电源发展规划

1. 电源规划的内容

电源规划的内容主要应提出比较合理的电源结构、装机容量、厂址的选择,还有建设电厂(含装机)的顺序。在规划中应分析研究,并说明规划地区在规划期内现有电源的结构、地区经济发展规划、流域开发、水文情况、能源资源及运输情况、建厂条件(如出灰、水源、出线走廊、环境保护、坝址、地质等)、电力负荷预测等。在此基础上,根据系统观点,建立数学模型,运用优化方法,以计算机为工具,通过可靠性分析和技术经济分析提出最合理的电源规划方案。

2. 系统装机类型及容量

根据预测需求的最大电力负荷,并考虑到系统的备用容量的大小或可靠性指标要求,确定规划期内系统需要的装机容量。对于备用容量,在未进行可靠性计算之前,可按最大系统负荷的20%～30%来考虑。新增电厂要根据能源、运输及投资等各种因素确定电厂类型、容量及布点。在确定电厂类型时,应有适宜于调峰的发电机组,如水轮发电机组、抽水蓄能机组或者大容量新型储能电源、可以调峰运行的汽轮发电机组及燃气轮机组等。

3. 选点和定址

选点和定址首先是建厂地点的选择,即在一个相当大的地理区域内,通过若干可供选择的建厂地点进行计算比较而选出的地点,简称选点;然后再进行具体建厂地址的选择,简称为定址。根据我国的具体情况,在选点问题上,要服从国家长远规划和布局要求及各时期的政策,还要满足能源、电网结构、负荷分布及整个电网统一运行的需要。在定址问题上则着重于技术上的要求,比如出线条件、环境保护要求等。在确定火电厂厂址时,还应考虑到输煤方案(电厂建在负荷中心)及输电方案(电厂建在煤矿附近)的比较。根据经验,一般煤的发热量为 $3500 \times 4.2 \times 10^3 \mathrm{J/kg}$ 以下时,以建设坑口电厂采用输电方案比较适宜。

三、电网发展规划

1. 电网规划的内容

电网规划的内容主要是提出在规划期内电网电压等级、网架结构、是否联网及变电站的布点,还有建设顺序。

电网规划和电源规划有密切的联系,不可分割,是一个统一的整体,必须同时考虑、相互协调,防止电厂建成后,发生送不出电的"卡脖子"现象,也要防止有输电线而无电可送的情况。在国外,电网(包括配电网络在内)投资约占整个电力投资的40%～50%,而我国只占25%～30%。电网的规模和布局取决于经济发展水平、能源资源和工农业用电的分布等客观情况,应经过全面技术经济论证确定。同时,应有发展的观点,使电网具有一定的适应国民经济发展的能力。

2. 电网电压等级的考虑

电压等级应简化和合理配置,在同一电力系统中相邻电压等级的级差不宜小于2。电力系统最高一级电压的选择应满足10～15年的需要,当两级电压的经济技术指标差异不大时,应尽可能采用高一级电压。发电厂接入系统的最高电压应由发电厂最终容量、送电容量和距离，发电厂在系统中的地位和作用，断路器的开断能力及各种变化因素的适应性等而确定。

3. 电网结构的考虑

确定电网结构时，应考虑按电压等级分层、按供电区域分片，主次分明。高压主干"骨架"网络要尽早形成，在主干网络中宜少设置沿线接入的地区受电变电所，即"T"形接线。二次网络采用环路接线，开环运行，各级电压供电半径和输送容量应符合规定。主干线路的输电容量应有必要的备用。在正常运行方式下，静态稳定储备参数不应低于15%~20%，事故运行方式（如一条线路跳闸后）不应低于10%。在确定电网结构时，还要考虑到故障时保证系统的暂态和动态稳定性，应该防止出现过长线路的单环网，也要防止出现超短线，防止出现低压电磁环网。还应考虑到电网建成投入运行后，线损尽可能减小，以提高输电效率。电网的结构涉及变电所的布置及无功补偿装置的配置，对无功功率原则上应就地补偿，分区、分电压等级进行配置，每区各电压级的无功补偿设备应达到在该区受电变压器高压侧功率因数保持一定（一般为0.95以上）的情况下，保证低压侧母线电压在规定限额以内。

在进行网络规划方案选择时，为保证方案的最佳，可采用线性规划、整数规划、动态规划及遗传算法等数学工具及计算机技术进行计算分析。

思考题与习题

5-1 什么是计划管理？电力企业实施计划管理的意义？

5-2 电力企业计划管理是如何分类的？

5-3 电力企业常用的计划编制方法有哪些？

5-4 什么是电力需求预测？电力需求预测的种类是什么？

5-5 电力需求预测的程序如何？

5-6 什么是头脑风暴法和德尔菲法？各有哪些特点？

5-7 电力需求预测有哪些定量预测方法？

5-8 电力系统有哪些类型电源？各自的技术经济特点是什么？

5-9 电源建设规划、电网建设规划分别应考虑哪些问题？

5-10 已知某地区用电量的变化情况如表5-5所示，要求：1）用加权平均法预测12月份用电量；2）取 $n=3$，计算移动平均值，并预测12月份用电量；3）取 $\alpha=0.2$，用指数平滑法预测12月份用电量。

表5-5 用电量　　　　　　　　　　　　　（单位：亿 kW·h）

月份	1	2	3	4	5	6	7	8	9	10	11
用电量	7.23	8.34	7.45	8.12	6.57	7.33	8.56	9.10	8.63	9.24	10.13

5-11 预测某电网2006年的需电量。现以2000年为基准年，该年度的用电量为198亿 kW·h，若该时期内国民经济的平均增长速度为7.2%，电力弹性系数取1.1，试用电力弹性系数法进行预测。

5-12 已知某地区用电量的变化情况如表5-6所示，使用一元线性回归预测法求该地区2010年预测产值达到250亿元时的用电量。

表 5-6　用电量　　　　　　　　　　　　　（单位：亿 kW·h）

年份	2000	2001	2002	2003	2004	2005	2006	2007
产值/亿元	145	162	160	165	161	165	178	186
用电量/亿 kW·h	29.3	32.9	31.8	34.2	32.5	34.7	35.9	36.8

5-13　题 5-12 中，已知该地区最大负荷利用小时数为 5500h，试根据 2010 年用电量的预测值，预测该年度的最大负荷。

第六章 技术经济分析

第一节 技术经济分析的基本原理

技术经济分析是研究经济效益的一种现代化管理的科学方法。它的研究对象主要是技术政策、技术措施和投资方案的经济效益,也就是对技术措施和投资方案进行分析、对比和评价,研究如何用同样的劳动消耗取得最大的经济效果。实现电力企业长远发展规划的目标,总是可以拟出多种可行方案,通过技术经济分析,可以选出花钱少、收效大的最优方案,最大限度地发挥资金的经济效益。技术经济分析使得技术方案有了科学的基础,并且落实到经济效果上,做到技术上先进、经济上合理。

一、技术经济分析的概述

1. 技术与经济的概念及其相互关系

(1) 技术的含义

技术可以理解为根据生产实践经验和自然科学原理,围绕特定目的而提出的解决问题的各种操作技能及相应的生产工具、生产工艺或操作程序方法,以及管理经验和方法。简单地说,技术就是劳动工具和劳动技能的总称:前者是硬技术,是以物质形态存在的;后备是软技术,包括管理经验及一切知识形态的东西在内。技术存在于一切领域之中。

技术经济分析的技术概念既包括硬技术,也包括软技术。

(2) 经济的含义

"经济"一词含义广泛,大体有以下四种含义:

1) 反映生产关系的总和,比如人类历史发展到一定历史阶段的社会经济制度,适应一定生产力的生产关系或决定上层建筑的经济基础等。

2) 指国民经济或各部门经济活动的总称,如工业经济、农业经济、商业经济等。

3) 指社会生产和再生产过程,即指物质资料的生产、分配、交换活动的整个过程。

4) 指人类社会实践活动中的增收、节支,以及人们日常工作中的节约、节省。

技术经济分析中涉及的"经济"一词的含义主要是后两种。

(3) 技术与经济的关系

1) 互相依存。技术与经济两者是不可分割的,技术的发展有赖于经济的需要和支持,经济的发展也有赖于技术的支撑和推动。

2）相互制约。技术落后就会拉经济的后腿，经济发展不上去；经济落后，没有资金发展新技术，技术也发展不起来。

3）互相促进。技术发展可以推动经济的发展，而经济发展了，又为技术的发展创造了良好的环境和条件。

（4）技术方案的含义

技术经济分析中涉及的技术方案的含义很广，包括：①为实现某一经济目的而采取的技术措施，诸如一个工程项目、一种设备和工艺等；②技术和规划方案、设计方案、实施方案等；③技术、经济政策等。

2. 技术经济分析的基本概念

（1）技术经济分析的含义

技术经济分析是指应用技术经济学科提供的理论和方法，对具体技术方案实施的经济后果进行分析、计算和评价，以确定其经济合理性和可行性，并从各待选的可行方案中选出经济上最佳的方案的一种方法。

（2）技术经济分析的研究对象

技术经济分析是将技术的经济问题作为研究对象，把经济目的与技术手段有机地结合起来，通过对不同的技术方案实施的经济效果进行计算、分析、比较和评价，为国民经济建设中的各项问题的决策提供技术和经济两方面的科学依据。

（3）技术经济分析的主要研究内容

技术经济分析的主要研究内容是经济活动中人力、物力、财力和自然资源的优化配置和使用，以及各种技术手段在经济条件下应用于生产的最佳组合。

（4）技术经济分析的应用范围

技术经济分析方法被广泛应用于社会经济活动中，如技术经济政策的产生、技术经济发展规划的制订、技术项目的可行性研究、技术措施的实施以及生产经营活动的决策分析等，都要应用技术经济分析方法。

二、技术经济分析的基本原则

一切技术方案的设计与实施，都要服从于社会主义现代化建设的总纲，这是评价项目效果的原则。在方案评价中，既要考虑技术上的先进性和可行性，又要考虑经济上的合理性。为此，进行技术经济分析时必须遵循以下原则：

1. 技术性与经济性相统一的原则

技术上先进、经济上合理，这是对任何技术方案的总要求，也是评价原则。技术上先进是指技术上可靠、成熟、安全、指标先进，甚至达到国家或国际先进水平等。经济上合理是指花费投资之后能取得良好的经济效果，要实现产出大于投入，满足"利润最大化"原则。

2. 宏观经济效益与微观经济效益相结合的原则

宏观经济效益是指从整个国民经济出发来考察技术方案的经济效益，也称为国民经济效益；微观经济效益一般是指从企业的角度出发考察技术方案的经济效益，也称为企业经济效益。随着经济体制改革的加速进行，企业作为一个独立经济组织，客观上要求争取最大盈利，人们更加关心自己企业的经济效益，因此企业对技术方案进行技术经济分析是必不可少的。一般来说，在社会主义条件下宏观经济效益和微观经济效益基本上是一致的。宏观经济效益是微观经济效益的前提和保证，微观经济效益是宏观经济效益的基础。没有微观经济效益的提高，宏观经济效益的提高也是难以实现的。每个企业都应有全局观念，充分认识到企业是社会主义国民经济的一部分，在努力提高本单位经济效益的同时，关心全社会的经济效益，使微观经济效益服从宏观经济效益。

3. 近期效益与长远效益相结合的原则

企业生产的目的是为全社会创造更多的使用价值，对任何一项技术方案的评价，不仅要考虑近期经济效益，而且更要重视将来的发展和效益。许多新技术、新材料、新工艺从研制到批量生产，直至推广使用，需要大量投资以及较长的周期，从方案的近期效益评价来看可能是不经济和不合算的，但从长远经济效益考虑，将有可能给企业带来极高的生产率以及给社会带来无法估量的效益，这样的技术无疑是良好的、可行的。在技术经济分析中，只有把近期的利益与长远的利益正确结合起来，才能提高自觉性，减少盲目性，使科学技术稳步提高，为社会创造更多的财富。

4. 定性分析与定量分析相结合的原则

对方案进行技术经济分析，一般要从定量分析、定性分析两方面进行。通常是先定量分析，再定性分析，最后两者结合起来进行综合分析，也可定性分析、定量分析交替进行，选出最佳方案。

定性分析是利用直观材料，依靠个人经验来判断方案技术经济效益；定量分析则是根据历史数据，在统计分析的基础上，应用相关数学模型通过计算对方案进行效益分析。无论采用何种分析方式，深入调查研究，掌握大量数据资料是分析的前提，只有这样，才能使分析结论更可靠、更科学。重视定性分析，要避免主观臆断；重视定量分析，要避免单纯依赖数字，要倾听专家的意见。两者必须做到有机结合，才能使分析结论符合实际。

5. 遵守技术方案的可比性原则

为了实现理想的经济目标，对多种方案进行比较择优，这是技术经济分析的基本任务。对各种方案进行分析时，各方案之间必须具有可比性，应将不可比内容转化为可比指标后再进行比较选择。技术经济分析的可比性问题概括起来有如下方面：

1）满足需要的可比性。技术方案实现后产生的功能，必须满足社会和用户的需要，通常由产品的数量、品种和质量来体现，比较时应采用使用效果系数将投资金额和经营费用换算成相对值。

2）消耗费用的可比性。任何技术方案的实现，都需要消耗一定的社会劳动和费用。对各种方案进行比较时，要考虑方案在设计、筹建、生产以及产品从流通到消费领域内的综合费用，并且方案的费用应具有相同的内容。

3）产品价格的可比性。计算方案的劳动成果和劳动消耗时，都要借助价格。进行技术经济分析时，应考虑两个因素：一是价格是否反映价值，二是应消除物价涨落因素。价格不可比主要有两种情况：一种是由于各方案计价方法、计价范围不同而引起，这时可通过认真核对，根据不同情况进行修正计算；另一种是由于不同方案所采用的原材料、燃料以及动力等在成本中的构成比例不同等而引起，这时可避开现行价格，采用计算相关费用的办法。

4）时间因素的可比性。时间因素的可比条件，主要包括两个方面：一是要求对比方案采用相同的计算期；二是应该考虑投资费用发生的时间先后与效益发挥的迟早均会对经济效果发生影响，应采用复利公式将其换算到同一时点上进行比较。

6. 经济效益与社会效益相结合的原则

企业的技术经济活动除了经济上的目的之外，往往还有社会目的。企业生产的产品必须满足社会的需要，具有使用价值；必须有利于社会主义精神文明建设，有利于自然环境的保护和生态平衡，有利于巩固国防，也就是说一定要有良好的社会效益。对技术方案进行技术经济分析时应将经济效益与社会效益有机地结合起来。

三、技术经济分析的程序

技术经济分析的一般程序如下：

1. 确定分析目标

确定分析目标是技术经济分析的第一步，也是起决定性作用的一步。因为技术经济分析的主要目的是为了寻求达到企业目标的最佳方案，如果目标选择不当，则整个分析将毫无意义。确立一个好的目标应具备三个条件：①有定量的标准；②可以限制时间实现目标；③可以明确责任。总之，目标的确定要明确、具体，在质量、数量、规格、时间、地点等指标上都要有具体的要求和标准。

2. 调查研究

根据分析的需要，围绕分析对象搜集相关的资料、信息和数据，并进行必要的处理。

3. 拟定各参与比较的技术方案

拟定的方案应尽可能多些，以避免最优方案被漏掉。

4. 确立可行方案

拟定的方案不一定都是可行方案，必须对它们进行初步筛选，将明显不符合政策、社会环境条件、国防安全要求或技术上不可靠、经济性不好的方案去掉，被保留下来的备选方案称为可行方案。

5. 可比性检验

按照可比条件逐一对各可行方案进行检验，使之满足可比性要求。

6. 建立经济计算式

满足可比性要求的方案根据选用的经济效果评价指标及有关经济指标参数，建立相应的经济计算式。它们包括用于方案比较用的经济效果计算式和评价方案经济合理性的经济效果指标计算式，以及必要辅助分析用的经济效果指标计算式。

7. 经济效果指标计算

在技术经济分析中，经济效果指标计算占有重要地位。根据计算结果，可初步排列技术方案经济上优劣的顺序，初步判别技术方案的经济合理性和可行性。

8. 非数量化经济分析

根据各方案的具体条件，选择非数量化分析的具体内容逐一加以分析评价。非数量化分析的结果也是方案选择和评价的依据。

9. 实物消耗指标计算分析

实物消耗指标计算分析主要指稀缺物资、短线物资的消耗分析。在价值指标分析结果相近的情况下，实物消耗指标就成了方案取舍的主要依据。

10. 财务分析

在国民经济分析的基础上，需对技术方案进行财务分析，以判断其财务上的可行性。当发现方案的国民经济效果好，但财务指标不好时，应研究并提出改善财务指标的措施，保障企业的经济利益。

11. 不确定性分析

对选出的一个或几个经济性较好的方案进行不确定性分析，以提高决策的可靠度。常用的不确定性分析方法有盈亏平衡分析、敏感性分析和风险分析。

12. 综合评价

汇总国民经济评价、财务评价、非数量化分析、实物消耗指标分析以及不确定性分析的结果，应用综合评价的方法对技术方案进行综合评价，推荐出最优技术方案。同时，还要对次优方案予以介绍，以便决策者挑选。

上述基本的分析程序，如图6-1所示。

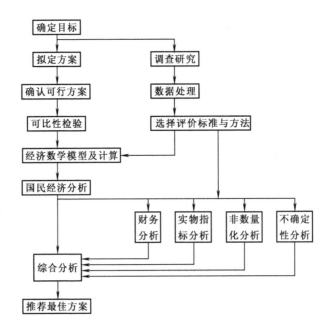

图 6-1 技术经济分析程序图

四、技术经济分析的指标体系

对技术方案、技术措施以及技术政策的技术经济效益进行评价时，首先应该确定评价的依据和标准，要做出准确而全面的评价就必须要借助和运用一系列有关的技术经济指标。

技术经济指标是人们对各种各样的指标的总称，它包括技术性指标、社会性指标、经济性指标，形成了一个综合性指标体系。

1. 技术性指标

技术性指标是反映不同技术特征的指标，比如反映计算机运算速度的指标"次/s"、反映发电机功率的指标"MW"等。各类工程技术项目都有不同的技术参数指标。

2. 社会性指标

社会性指标是一种社会经济发展的宏观指标，包括：国家政策、法律的可容性指标；民族团结、社会稳定性指标；教科文指标；社会福利与人民健康水平指标；国防安全指标。

3. 经济性指标

经济性指标包括效果指标、劳动消耗量指标、经济效益指标、自然资源占用指标、时间因素指标等，这些指标是技术经济分析的主要指标体系。

1）反映使用价值效益的技术经济指标，主要有：①产量指标，包括以实物形态表示的产量和以价值形态表示的产量；②质量指标，指反映产品质量特性和技术参数的指标；③品种指标，指经济用途基本相同，但在具体性能、具体结构、具体用途上有不同程度差别的产品品种数、规格数、款式数等指标；④特种效果指标，指特殊功能、特殊效率等指标。

2）反映劳动消耗量的指标，包括物化劳动消耗量指标和活化劳动消耗量指标，具体分为：①原材料消耗量指标，包括以实物形态和以价值形态计量的指标；②固定资产消耗量指标，包括投资额、设备磨损折旧等；③工时消耗量指标，包括生产人员占用、管理人员占用以及服务人员占用；④费用指标，包括工资总额、企业管理费、销售费等；⑤职工人数指标。

3）反映经济效果的指标有：①绝对量指标，包括产值、净现值、年值、投资回收期等；②相对量指标，包括劳动生产率、产值利润率、成本利润率、资金利润率、投资收益率、内部收益率、净现值率、销售利润率、流动资金周转率等。

4）自然资源占用指标，包括土地资源占用、矿产资源占用和燃料动力资源占用。

5）时间因素指标，包括产品设计制造时间、建设期、达到设计能力时间、寿命期等，与项目的经济性有着极为密切的联系。

第二节 资金的时间价值

一、资金时间价值的概念

1. 与资金的时间价值有关的概念

（1）资金和现金

1）资金。国民经济各部门中财产和物资的货币表现称为资金。一定数量的资金要反映一定数量的实物或货币，如工业企业中的厂房、设备、工具、原材料、半成品、成品及现金等。国民经济的发展要有相应的资金作保证，经济发展的规模和速度要根据国家财力、物力的可能来安排。在资金的分配形式上，有通过预算支出而分配的财政资金和通过银行贷款而分配的信贷资金。在资金的用途上，有用于基本建设的资金、用于生产经营活动的资金，以及其他有特定用途的资金。按资金在生产中的周转情况，有固定资金与流动资金之分。

2）现金。现金是可以投入流动的交换媒介。不同国家对现金的解释不同，一般包括库存货币（包括外币）、银行活期存款、即期或到期票据（包括本票、汇票、支票）等。我国现行会计制度，只指库存现金。在技术经济分析中现金具体表现为当年的资金流入与流出。

（2）利息和利率

1）利息。利息是指资金所有者（债权人）因贷出资金或货币资本而从借款者（债务人）手中获得的报酬，或者说占用资金或货币资本要付出的代价。企业或个人向银行贷款要支付利息，银行对企业或个人的储蓄存款也要支付利息。贷款与储蓄计息，有利于促进企业加强经济核算，加速资金流转，节约使用资金，有利于鼓励居民勤俭节约，吸收游资用于国家建设。

2）利息率（简称利率）。一定时期内利息金额同贷款（或存款）金额的比率，称为利息率（或称利率），通常以百分数表示。其计算公式为

$$利率 = \frac{每单位时间增加的利息}{本金} \times 100\% \qquad (6-1)$$

用来计算利息的时间单位称为利息周期，简称为计息期。依计息周期（或时间）不同，利率分为年利率、季利率、月利率、周利率及日利率等。在我国，利率的高低主要根据借贷资金的供求关系及国家的财政经济政策来决定。

资金利息的多少取决于本金的大小、利率的高低和占用时间的长短。本金越大，利率越高，占用时间越长，则利息越多。

(3) 贴现与贴现率

1）贴现。贴现是企业或个人向银行取得贷款的一种形式。企业或个人为了早日取得现金，将所持有的未到期票据（汇票、期票）向银行请求贴现。银行按市场利率及票面金额扣除自贴现日起至票据到期日止的利息（贴现息或贴息）后，将现金支付给请求贴现的人。贴现又称为折现。在技术经济分析中，将未来某一年（或某一时刻）发生的现金收入（或支出）量折合为现在的现金量的计算，也称贴现（或折现），它是按某一规定的利率计算的。

2）贴现率。按规定利率计算的，在今后某一（或若干）规定时间收回或支付的款项的现在价值，成为贴现值（或称现值）。贴现值与今后到期收回或支付款项总额之差，称为贴现息或贴息。当贴现期为一年时，贴息即为一年的利息，该贴现息与贴现值之比称为年贴现率或年折现率，一般以百分数表示。

(4) 现值与终值

1）现值。动态分析中将基准年以后某一年发生的现金折算到基准年（点）的值，称为现值（亦称为贴现值）。

2）终值。动态分析中将基准年（点）以前某一年的现金折算到基准年（点）的值，称为终值（或将来值，未来值）。

(5) 单利和复利

1）单利。单利是只按本金计算利息，上期利息不再递加入下期本金（即本金值不变），借款到期时一次偿还本利的计息还本方法。单利的计算公式为

$$F = P(1 + in) \qquad (6-2)$$

式中，F 为本利和，即终值；P 为本金，即现值；n 为计息期数；i 为利率。

2）复利。复利即为将上期利息加入下期本金内计利息，逐期滚算，利上加利的计息方法。复利的计算公式为

$$F = P(1 + i)^n \qquad (6-3)$$

式中符号同式 (6-2)。

【例 6-1】 现有资金 1000 元存入银行，银行年利率 10%，试用单利和复利计算 5 年后账上存款是多少？

解： 按单利计息法计算

$$F = P(1 + in) = 1000 \times (1 + 0.1 \times 5) 元 = 1500 元$$

按复利计息法计算

$$F = P(1+i)^n = 1000 \times (1+0.1)^5 \text{元} = 1610 \text{元}$$

（6）年金

年金就是将一个时期划分为若干相等的间隔期（一般以一年为一个间隔期），在每个间隔期末收入（或支出）一个相同数额的资金，这种等额收入（或支出）现金的方式称为年金方式，这种现金系列称为年金。

2. 资金时间价值概念

资金的时间价值是指资金作为资产的货币形式，在扩大再生产及其循环周转过程中，随着时间的推移而产生的资金增值或经济效益。资金随时间的增值量称为资金的时间价值。资金如果静止不动，其价值量是不会发生变化的。但当资金投入生产或流通，随着时间的推移其价值会发生增值，今天一定量的资金将来能获得一个较大数量的资金。

劳动者的劳动是资金增值的根源，是资金时间价值的源泉，如果资金不投入经济活动，不与劳动者的劳动相结合，它就不可能增值。从生产资金的角度来看，资金的时间价值体现为企业的盈利或投资盈利率；从信贷资金的角度看，体现为信贷资金的银行利息率。

资金的时间价值是客观存在的，对于耗费巨大而且制造周期较长的产品，必须认真研究资金与时间的关系，充分利用资金的时间价值，并最大限度地获取其时间价值。

二、现金流量和现金流量图

现金流量是指某一系统一定时期内在资本循环过程中现金流出或流入的量。在技术经济分析中，现金是指货币资本，它包括纸币、硬币、支票、汇票等。现金流量反映了项目在建设和生产服务年限内流入和流出的资金运动。方案实施带来货币收入，增加了资本，视为现金流入，用正数表示；方案实施带来货币支出，减少了资本，视为现金流出，用负数表示；现金流入量与现金流出量的代数和为净现金流量，净现金流量一般以年度为时间计算单位。

为了直观地表示方案的现金流入和现金流出情况，常采用绘制现金流量图的方式来描述方案寿命周期内的现金流入、流出与时间之间对应关系。

例如，某工程项目建设期为 1 年，总投资 5000 万元，投产后每年销售收入抵消年成本后为 1000 万元，经济运行期为 8 年，残值为 600 万元，用现金流量图描述如图 6-2 所示。

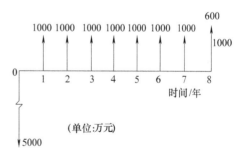

图 6-2 现金流量图

从图 6-2 可看出现金流量图的画法是：

1）以水平线表示时间坐标，每一格代表一个时间单位，时间的推移从左向右。

2）用与时间坐标相垂直的带箭头的线段表示现金流量，线段长短与收入或支出多少成比例。箭头表示现金流动的方向，箭头向上表示现金流入，箭头向下表示现金流出。

三、资金等值和资金等值的计算公式

1. 资金等值的概念

由于资金的时间因素，不同时间点上发生的现金流量无法直接比较，必须进行换算，即把不同时间的两笔资金或多笔资金,按某利率换算至某一相同的时点,使之彼此"相等",这就是等值的概念。如果两个现金流量等值,则在任何时间其相应的值一定相等。在技术经济分析中,资金等值是一个非常重要的概念。

2. 资金等值的计算公式

通过某一利率,将一个时间点的资金换算成与之等价的另一时间点上的资金值,这一换算过程称为资金的等值计算。等值计算包括:单个现金流量之间的计算;单个现金流量与系列现金流量之间的计算;系列现金流量之间的计算。

在项目投资前,要想做出正确的投资决策,就必须弄清楚不同时点现金流动的关系,掌握各种终值和现值的换算方法。在技术经济分析中,常用的换算方法可以分为四大类型。

(1) 一次支付类型

1) 一次支付终值计算(已知 P,求 F)

$$F = P(1+i)^n \tag{6-4}$$

式中,P 为现值;F 为终值;i 为折现率;n 为时间周期数;$(1+i)^n$ 称为一次支付终值系数,用函数符号 $(F/P, i, n)$ 来表示。

2) 一次支付现值计算(已知 F,求 P)

$$P = F \frac{1}{(1+i)^n} \tag{6-5}$$

式中,$\frac{1}{(1+i)^n}$ 称为一次支付现值系数,用函数符号 $(P/F, i, n)$ 来表示。

(2) 等额分付类型

等额分付是指资金支取的方式是多次进行的,而每次支取的数额是相等的。

1) 等额分付年金终值公式(已知 A,求 F)

$$F = A\left[\frac{(1+i)^n - 1}{i}\right] \tag{6-6}$$

式中,方括号内的数称为年金终值系数,可用函数符号 $(F/A, i, n)$ 来表示。

【例 6-2】 某电力工程项目,在 5 年基建期间,每年年末向银行贷款 100 万元,第五年末一次还清,年利率为 15%,问第五年末偿还的总金额是多少?

解:已知 $A = 100$ 万元,$i = 15\%$,$n = 5$ 年,求 F。

$$F = A\left[\frac{(1+i)^n - 1}{i}\right] = 100 \times \frac{(1+15\%)^5 - 1}{15\%} 万元 = 674.2381 \text{ 万元}$$

2) 偿还资金公式(已知 F,求 A)

$$A = F\left[\frac{i}{(1+i)^n - 1}\right] \tag{6-7}$$

式中,方括号内的数称为偿还基金系数或等额偿还因子,可用函数符号 $(A/F, i, n)$ 来表示。

3) 等额分付资金回收公式(已知 P,求 A)

$$A = P\left[\frac{i(1+i)^n}{(1+i)^n - 1}\right] \tag{6-8}$$

式中,方括号内的数称为资金回收系数,可用函数符号 $(A/P, i, n)$ 来表示。

【例 6-3】 某电力工程项目初始投资 4000 万元,预期投资年利润为 15%,若计划在 5 年内全部收回这笔投资,那么每年年末应取得的定额收益是多少?

解: 已知 $P = 4000$ 万元, $i = 15\%$, $n = 5$ 年, 求 A。

$$A = P\left[\frac{i(1+i)^n}{(1+i)^n - 1}\right] = 4000 \times \frac{15\% \times (1+15\%)^5}{(1+15\%)^5 - 1} \text{万元} = 1193.26 \text{万元}$$

4) 等额分付现值公式（已知 A, 求 P）

$$P = A\left[\frac{(1+i)^n - 1}{i(1+i)^n}\right] \tag{6-9}$$

式中, 方括号内的数称为年金现值系数, 可用函数符号 $(P/A, i, n)$ 来表示。

(3) 等差序列计算公式

在实际工作中, 资金的支付一般不会都是等额的, 有时是采取以一个常数（记为 G）逐年递增或递减的方式, 称其为等差分付。

1) 等差序列终值公式（已知 G, 求 F）

$$F = \frac{G}{i}\left[\frac{(1+i)^n - 1}{i} - n\right] \tag{6-10}$$

式中, G 为相邻两期的现金流量等差值; 方括号内的数称为等差序列终值系数, 可用函数符号 $(F/G, i, n)$ 来表示。

2) 等差序列现值公式（已知 G, 求 P）

$$P = G\left[\frac{1}{i}\left(\frac{(1+i)^n - 1}{i} - n\right)\frac{1}{(1+i)^n}\right] \tag{6-11}$$

式中, 方括号内的数称为等差序列现值系数, 可用函数符号 $(P/G, i, n)$ 来表示。

3) 等差序列年金公式（已知 G, 求 A）

$$A = G\left[\frac{1}{i} - \frac{n}{(1+i)^n - 1}\right] \tag{6-12}$$

式中, 方括号内的数称为等差序列折算成等额序列的折算系数, 可用函数符号 $(A/G, i, n)$ 来表示。

(4) 等比序列计算公式

在某些技术经济问题中, 资金的支付有时是按一定的百分数（记为 j）逐年递减或递增的, 称其为等比分付。假设第一期的现金流量为 H, 递减或递增百分数为 j, 则可得到下列计算公式。

1) 等比序列终值公式（已知 H, 求 F）

$$F = \begin{cases} H\left[\dfrac{(1+i)^n - (1+j)^n}{i-j}\right], i \neq j \\ H\left[n(1+i)^{n-1}\right], i = j \end{cases} \tag{6-13}$$

式中, H 为第一期的现金流量; j 为相邻两期的现金流量等比值, 递增为正值, 递减为负值; 方括号内的数称为等比序列终值系数。

2) 等比序列现值公式（已知 H, 求 P）

$$P = \begin{cases} H\left[\dfrac{1 - (1+j)^n(1+i)^{-n}}{i-j}\right], i \neq j \\ H\left[\dfrac{n}{1+i}\right], i = j \end{cases} \tag{6-14}$$

式中, 方括号内的数称为等比序列现值系数。

3）等比序列年金公式（已知 H，求 A）

$$A = \begin{cases} H\left[\dfrac{(1+i)^n - (1+j)^n}{i-j} \cdot \dfrac{i}{(1+i)^n - 1}\right], i \neq j \\ H\left[\dfrac{ni(1+i)^{n-1}}{(1+i)^n - 1}\right], i = j \end{cases} \quad (6-15)$$

式中，方括号内的数称为等比序列折算成等额序列的折算系数。

第三节　技术经济分析的基本方法

一、投资回收期法

投资回收期（Payback Time 或 Payback Period）又叫投资返本期或投资偿还期，是指以项目的净收益抵偿全部投资所需要的时间。投资回收期是反映项目财务上投资回收能力的重要指标，是用来考察项目投资盈利水平的经济效益指标。投资回收期的计算，按是否考虑时间价值而分为静态投资回收期与动态投资回收期。

1. 静态投资回收期 T

设 P_0 为折算到基建完工年的总投资，其算式为

$$P_0 = \sum_{t=1}^{T} R_t \quad (6-16)$$

式中，R_t 为每年的净收益。在等额的年收益情况下，方案实施后的年收益为 R，则方案的静态投资回收期为

$$T = \frac{P_0}{R} \quad (6-17)$$

2. 动态投资回收期 T

为了克服静态投资回收期未考虑资金时间价值的缺陷，可采用动态投资回收期指标对技术方案进行评价和比选。

$$P_0 = \sum_{t=1}^{T} \frac{R_t}{(1+i)^t} \quad (6-18)$$

式中，P_0 为折算到基建完工年的总投资；R_t 为每年的净收益；i 为基准收益率。同样，在等额的年收益情况下，方案实施后的年收益为 R，式（6-18）可写为 $P_0 = R(P/A, i, T)$，则动态投资回收期为

$$T = \frac{\lg R - \lg(R - P_0 i)}{\lg(1+i)} \quad (6-19)$$

3. 投资收益率法

投资收益率又称投资效果系数，是指项目由于投资而增加的年盈利额与投资总额的比值。投资收益率是评价投资方案经济效果大小的一种常用指标。一般在项目方案实现以后，各年净收益大致相同的情况下用这个指标评价其经济效果，其公式为

$$E = \frac{R}{P_0} \quad (6-20)$$

可见，T 和 E 正好成倒数关系。

评价方案时，方案的投资回收期越短或投资效果系数越大，其经济性越好。具体可将技术方案的投资回收期 T 或投资效果系数 E 与标准投资回收期 T_s 或标准投资效果系数 E_s 比较，满足条件 $T < T_s$ 或 $E > E_s$ 时，方案的经济效果好，投资方案可取；当 $T > T_s$ 或 $E < E_s$ 时，方案的经济效果差，方案不可取；当 $T = T_s$ 或 $E = E_s$ 时，是临界状态，视其他条件决策最佳方案。

【例 6-4】 某电力系统拟建 $2 \times 25\text{MW} = 50\text{MW}$ 的火电厂，投资 4000 万元，预计实施后年利润 800 万元，电厂服务年限 25 年，基准收益率为 10%。试计算该方案的投资回收期。

解： 静态投资回收期

$$T = \frac{P_0}{R} = \frac{4000}{800}\text{年} = 5 \text{ 年}$$

动态投资回收期

$$T = \frac{\lg R - \lg(R - P_0 i)}{\lg(1+i)} = \frac{\lg 800 - \lg(800 - 4000 \times 0.1)}{\lg(1+0.1)}\text{年} = 7.27 \text{ 年}$$

【例 6-5】 A、B 两种投资方案，A 投资方案总投资 1000 万元，每年净收益为 230 万元，B 投资方案总投资 1400 万元，每年净收益为 300 万元，收益率 $i = 6\%$，$T_s = 8$ 年。试求两方案的投资回收期并选优。

解：

A 方案：$T_A = \dfrac{\lg R - \lg(R - P_0 i)}{\lg(1+i)} = \dfrac{\lg 230 - \lg(230 - 1000 \times 0.06)}{\lg(1+0.06)}\text{年} = 5.2 \text{ 年}$

B 方案：$T_B = \dfrac{\lg R - \lg(R - P_0 i)}{\lg(1+i)} = \dfrac{\lg 300 - \lg(300 - 1400 \times 0.06)}{\lg(1+0.06)}\text{年} = 5.6 \text{ 年}$

由于 T_A、T_B 都小于 T_s，因而两方案都可行。为选出优选方案，尚需计算两方案构成的增量投资回收期。

因为　　　　　　　　$(1400 - 1000) = (300 - 230)(P/A, i, T_{AB})$

所以　　　　　　　　　　$T_{AB} = 7.2$ 年 < 8 年

故应选投资较大的方案，即 B 方案。由上例可知，比较两种投资方案的优劣时，应采用增量投资回收期法。当增量投资回收期小于标准投资回收期时，投资较大方案为优；否则，投资较小方案为优。

二、总费用法和费用等年值法

1. 总费用法

总费用法是将参加比较的各方案在计算期内的所有费用的净值，用贴现率（或投资效果系数）i 折算到基准年，然后求和，称总费用。若以 P_0 表示方案折算到基准年的总投资，U 表示年运行费用等年值，n 为方案的服务年限，i 为贴现率（或投资效果系数），其总费用为

$$C_\Sigma = P_0 + \frac{(1+i)^n - 1}{i(1+i)^n} U = P_0 + a_n U \tag{6-21}$$

式中，a_n 为年金现值系数。

评价方案时，总费用最小的方案经济性最好。由于总费用是方案在计算期内的总支出，

所以，这种方法只能用来进行方案的相对经济性的比较，确定投资方向。

1）若以 P_j 表示建设期内逐年的投资额，以基建结束年份为基准年，则总费用为

$$C_\Sigma = \sum_{j=1}^{t} P_j (1+i)^{t-j} + \frac{(1+i)^n - 1}{i(1+i)^n} U \tag{6-22}$$

式中，t 为方案的基建年数。

2）若服务年限内每年运行费用不等，以 U_l 表示服务年限内逐年运行费用，以基建结束年份为基准年，其总费用为

$$C_\Sigma = \sum_{j=1}^{t} P_j (1+i)^{t-j} + \sum_{l=1}^{n} U_l (1+i)^{-l} \tag{6-23}$$

3）若有提前投产效益时，以 B_j、C_j 分别表示提前投产期间逐年的销售收入和销售总成本，则其总费用为

$$C_\Sigma = \left[\sum_{j=1}^{t} P_j (1+i)^{t-j} - \sum_{j=1}^{t} (B_j - C_j)(1+i)^{t-j} \right] + \frac{(1+i)^n - 1}{i(1+i)^n} U \tag{6-24}$$

4）若各方案服务年限不同，采用总费用法进行比较时，为了化成可比，可以采用设备整数重置法、残值法等，但通常都采用设备整数重置法进行处理。设备整数重置法就是求出相比各方案服务年限的最小公倍数，作为研究期，以使在所研究的时期内，各方案都有整数的重置次数。以基建结束年份为基准年，其总费用为

$$C_\Sigma = P_\Sigma^t + \sum_{1}^{f} P_\Sigma^e (1+i)^{-e} + \frac{(1+i)^n - 1}{i(1+i)^n} U \tag{6-25}$$

式中，P_Σ^t 为折算到基准年 t 的总投资；P_Σ^e 为重置时，折算到重置年份 e 的总投资；e 为设备重置时的年份；f 为设备重置次数；n 为研究期。

例如，水、火电比较时，一般水电厂服务年限为 50 年，火电厂为 25 年。显然研究期为 50 年，也就是说为使水、火电厂间可比，火电方案必须在第 25 年再投入一个同容量的火电厂，即用两个连续运行的火电厂与一个水电厂进行比较。

5）系统分析方法是从电力系统的整体出发，对系统拟建电源进行经济分析的方法，它是以电力系统作为一个整体，对各类电源在负荷图上进行配置后计算其总费用来进行优化电源，即

$$C_\Sigma = 计算期内总投资现值 + 计算期内总运行费现值 - 计算期内新增固定资产余值的现值 P'$$
$$= P_0 + a_n U - P' \tag{6-26}$$

计算总费用采用的计算期，随分析的问题而定。总投资包括系统各年度新增容量的投资，各年度水电厂的水工建筑、淹没损失等与装机容量无关的投资以及地区间新增线路的投资。总运行费是与发电量成正比的费用（变动年运行费），主要包括燃料等费用，它要考虑电源在负荷图上的位置及相应的发电标准煤耗率，分季进行计算；固定运行费，它与电厂和线路的新增容量及新增水工建筑的投资成正比。新增固定资产余值包括新增容量、线路的投资和新增水工建筑投资的余值。

2. 费用等年值法

费用等年值法又称年总费用法，是将技术方案从开始施工到基建结束年份的投资，折算到基建结束年份，然后将折算后的总投资平均分摊到方案服务年限内的每一年，和年运行费用相加，称为费用等年值。

评价方案时，费用等年值最低的方案，其经济效益最大，应作为决策方案。费用等年值

$$C_{A} = \frac{i(1+i)^{n}}{(1+i)^{n}-1}P_{0} + U = qP_{0} + U \tag{6-27}$$

式中，P_0 为折算到基建结束年份的总投资；q 为资金回收系数。

资金回收系数是标准投资效果系数和偿还资金系数之和，它具有收益加折旧提存的意义。所以，用费用等年值法比较、评价方案时，方案的年运行费用不再计入折旧费。由于费用等年值法是将参加比较各方案的全部费用平均分摊到服务年限的每一年，因此这就不存在用总费用法时因各方案服务年限不同而出现的费用不可比问题，这也是费用等年值法的重要优点。

【例 6-6】 有两个相比方案，其参数如表 6-1 所示，$i = 10\%$，试用总费用和费用等年值法选择最佳方案。

表 6-1 经济参数

方　案	投资/元	年运行费用/元	服务年限/年
1	10000	4000	4
2	25000	6000	12

解： 因为两个方案的服务年限不同，故在使用总费用法比较时，要取两方案服务年限的最小公倍数 12 作为研究期。这样方案 1 在研究期 12 年的第 4 年末和第 8 年末要进行设备的重置，其现金流量如图 6-3 所示。

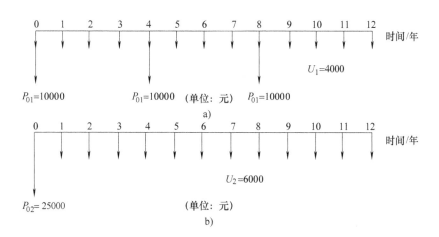

图 6-3 例 6-6 现金流量图
a) 方案 1　b) 方案 2

(1) 总费用法

方案 1：$C_{\Sigma 1} = P_{01} + P_{01}(1+i)^{-4} + P_{01}(1+i)^{-8} + \frac{(1+i)^{12}-1}{i(1+i)^{12}}U_1 = 48750$ 元

方案 2：$C_{\Sigma 2} = P_{02} + \frac{(1+i)^{12}-1}{i(1+i)^{12}}U_2 = 65882$ 元

(2) 费用等年值法

方案 1：$C_{A1} = \dfrac{i(1+i)^4}{(1+i)^4 - 1} P_{01} + U_1 = 7155$ 元

方案 2：$C_{A2} = \dfrac{i(1+i)^{12}}{(1+i)^{12} - 1} P_{02} + U_2 = 9670$ 元

从总费用法和费用等年值法的计算结果可以看出，方案 1 均低于方案 2，所以方案 1 优于方案 2，应选择方案 1 为最佳方案。

三、净现值法与净现值率法

任何投资都是以现在的支出，换取将来的收益。每一个技术方案都需要投入一定的设备、资金和人力资源，即都要有一定的投入，方案实施投产后都要生产一定的产品，即所谓产出。为确定方案是否可行，就要全面、仔细地分析与计算方案的预期投入和预期产出，只有产出大于投入，才能发挥资金的经济效果。

1. 净现值法

(1) 净现值法原理

净现值是根据资金时间价值的等值概念，把技术方案在整个寿命周期内（在这里一般指从开始施工到方案服务年限结束的整个时段）各时间点上发生的全部现金流入和现金流出的差额，即净现金流量，按一定贴现率贴现为现值代数和，并据此来评价项目方案的指标方法，其公式为

$$NPV = \sum_{t=0}^{n} (CI - CO)_t (1+i)^{-t} \tag{6-28}$$

式中，CI 为第 t 年的现金流入；CO 为第 t 年的现金流出；$(CI-CO)$ 为净现金流量；i 为基准贴现率；n 为研究期。

评价方案时有两个方面：

1) 一个方案的净现值可以用来衡量本方案的经济效果。若计算的累计净现值为正值，则说明技术方案的经济效果比规定的要好，方案的投资效果系数大于标准投资效果系数，方案可取；若计算的累计净现值为负值，则说明技术方案的经济效果比规定的要差，方案投资的效果系数小于标准投资效果系数，方案不可取；若计算的累计净现值等于零，则说明方案的经济效果刚好达到规定的值，此时要综合考虑其他条件后决定取舍。

2) 在进行多方案比较时，取累计净现值为正值的最大者作为决策方案。

(2) 应用净现值法要注意的问题

1) 净现值法中的研究期是由技术方案的建设年限和服务年限所决定的。进行多方案比较时，要注意各方案的服务年限。如果各方案服务年限不同，就要取这些方案服务年限的最小公倍数作为总的研究期。

2) 净现值法是对有关的现金流量进行贴现。有关的现金流量可以是部分现金流量，也可以是全部现金流量。对部分现金流量贴现的值称现值，对全部现金流量贴现的值称净现值。

3) 无限研究期——资金化费用。如果方案的研究期为无限长（$n = \infty$），如修路、筑坝、铺设管道或兴建其他永久性工程，这样方案的研究可视为无限研究期。对无限研究期的

方案，如果在实施中现金的流入、流出都是等额系列，则其现值为

$$P = A\left[\frac{(1+i)^n - 1}{i(1+i)^n}\right] = A\left[\frac{1}{i} - \frac{1}{i(1+i)^n}\right] = \lim_{n\to\infty} A\left[\frac{1}{i} - \frac{1}{i(1+i)^n}\right] = \frac{A}{i} \quad (6-29)$$

式（6-29）说明，为了永远供应某一事业的需要，现在按照一利率存起来的资金总额称为资金化费用，即式（6-29）中的 P 值。

【例 6-7】 某城市要建设一条环城公路，需要投资 900 万元，公路建成后每年需要养路费 1.5 万元，若银行利率 10%，这条公路需要多少总费用？

解：这条公路的总费用为初投资和每年养路费的资金化费用之和，即

$$P = P_0 + \frac{A}{i} = \left(900 + \frac{1.5}{0.1}\right) 万元 = 915 \ 万元$$

【例 6-8】 某电力系统需建设一个 $2 \times 25\text{MW} = 50\text{MW}$ 的火电厂，总投资 2×10^4 万元。开工后第三年投入 25MW 机组，第四年全部投入生产，年设备利用小时数为 6000h，经计算售电成本为 0.25 元/kW·h，售电价格为 0.45 元/kW·h，税金为售电收入的 15%，若设备服务年限为 14 年，无残值，标准投资效果系数为 0.1，试用净现值法分析该方案的经济效益。

解：根据上述数据利用财务报表的形式，计算方案的经济效益如表 6-2 所示。

表 6-2 净现值计算表　　　　（单位：万元）

项目		现金流入（收入 B）		现金流出（支出 C）				净现金流量 (B - C)	净现值	累计净现值
		年发电量 /亿 kW·h	售电收入	投资	售电成本	税金	合计			
建设期	1			8000			8000	-8000	-7272.73	-7272.73
	2			10000			10000	-10000	-8264.46	-15537.2
	3	1.5	6750	2000	3750	1012.5	6762.5	-12.5	-9.39144	-15546.6
服务年份	4	3	13500		7500	2025	9525	3975	2714.978	-12831.6
	5	3	13500		7500	2025	9525	3975	2468.162	-10363.4
	6	3	13500		7500	2025	9525	3975	2243.784	-8119.66
	7	3	13500		7500	2025	9525	3975	2039.804	-6079.85
	8	3	13500		7500	2025	9525	3975	1854.367	-4225.49
	9	3	13500		7500	2025	9525	3975	1685.788	-2539.7
	10	3	13500		7500	2025	9525	3975	1532.535	-1007.16
	11	3	13500		7500	2025	9525	3975	1393.213	386.0493
	12	3	13500		7500	2025	9525	3975	1266.558	1652.607
	13	3	13500		7500	2025	9525	3975	1151.416	2804.023
	14	3	13500		7500	2025	9525	3975	1046.742	3850.764
	15	3	13500		7500	2025	9525	3975	951.5834	4802.348
	16	3	13500		7500	2025	9525	3975	865.0758	5667.424
	17	3	13500		7500	2025	9525	3975	786.4326	6453.856

根据表 6-2 的计算结果，方案的累计净现值为 6453.856 万元，是正值，说明该方案的

经济效果大于规定的10%，方案经济性较好，是可取的。在进行多方案比较时，累计净现值为正值的最大的方案为最佳方案。

2. 净现值率法

净现值指标用于多方案比选时，虽然能反映每个方案的盈利水平，但是由于没有考虑各方案投资额的多少，因而不能直接反映资金的利用效率。为了考察资金的利用效率，可采用净现值率作为净现值的补充指标。净现值率反映了净现值与投资现值的比率关系。

所谓净现值率（Net Present Value Ratio，NPVR），也称净现值指数，是指项目方案的净现值与其全部投资现值之比。计算公式为

$$NPVR = \frac{NPV}{P_0} = \frac{\sum_{t=0}^{n}(CI-CO)_t(1+i)^{-t}}{P_0} \quad (6-30)$$

式中，$NPVR$ 为净现值率；P_0 为项目总投资现值。

净现值率的经济含义是表示单位投资现值所取得的净现值额，也就是单位投资现值所获取的超额净收益。净现值率的最大化有利于实现有限投资取得净贡献的最大化。

净现值率的判别准则为：当 $NPVR > 0$ 时，方案可行，可以考虑接受；当 $NPVR < 0$ 时，方案不可行，应予拒绝。用净现值率进行方案比选时，以净现值率较大的方案为优。当对有资金约束的多个独立方案进行比选时，宜采用净现值率指标按照 $NPVR$ 大小将项目排序，并依此顺序选择满足资金约束条件的项目组合方案，使总的 $NPVR$ 实现最大化。

【例6-9】 某企业投资项目设计方案的总投资是1995万元，投产后年经营成本为500万元，年销售额1500万元，第三年该项目配套追加投资1000万元。若计算期为5年，基准收益率为10%，残值等于零，试计算该项目的净现值率。

解： 现金流量图如图6-4所示。

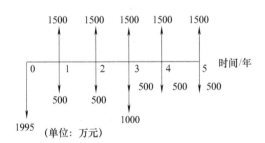

图6-4 基建项目现金流量图

$$NPV = -1995 + (1500-500) \times (P/A, 0.1, 5) - 1000 \times (P/F, 0.1, 3) = 1044 \text{ 万元}$$
$$NPVR = NPV/P_0 = 1044/1995 = 0.52 > 0$$

计算结果表明，该项目除了能满足10%的基准收益率要求外，每元投资现值还可以得到0.52元的超额收益现值。

【例6-10】 某方案的净现金流量如图6-5所示。试用不同的投资效果系数，计算该方案的净现值。

解： 用不同的投资效果系数 i，计算该方案的净现值，列于表6-3和绘成图6-6。

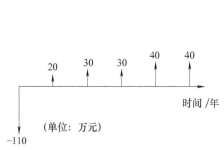

图 6-5 某方案的净现金流量图

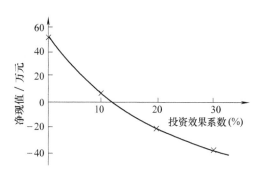

图 6-6 净现值与投资效果系数关系曲线

表 6-3 不同投资效果系数下的净现值

投资效果系数 i（%）	0	10	12.8	20	30	50	∞
净现值/万元	50	7.7	0	-19.8	-38.4	-61.3	-110

从图 6-6 净现值与投资效果系数关系曲线可以看出，在 $0 < i < 12.8\%$ 范围内净现值为正值，说明收入的现值大于支出的现值，方案经济性好；$i > 12.8\%$ 时净现值为负值，说明收入的现值小于支出的现值，方案经济性差；$i > 50\%$ 以后，净现值曲线变化不大，渐近于直线。

对于一般技术方案而言，净现值函数大多均具有图 6-6 所示的特点，当投资效果系数从 0 逐渐增加时，净现值逐渐减小，净现值曲线只与横轴相交一次。

四、净年值法

1. 净年值法原理与计算

净年值法是把技术方案在寿命周期内不同时间点上的净现金流量，用标准投资效果系数换算为服务年限内各时间点上的等额现金流量系列的一种方法。可以用净现值进行换算，也可以用其他求等年值的方法进行。如果是将全部净现金流量进行换算，其值称净年值，用 NAV 表示。其计算公式为

$$NAV = \sum_{t=0}^{n} (CI - CO)_t (1+i)^{n-t} \frac{i}{(1+i)^n - 1} \qquad (6-31)$$
$$= NPV(A/P, i, n)$$

评价时，对单个方案的评价，净年值大于零说明方案实施后的收益率大于标准投资效果系数，方案经济性好；反之，净年值小于零的方案经济性就差。在进行多方案比较时，取净年值大于零的最大者作为决策方案。净年值法的优点在于：对于寿命期不同的项目方案，无需换算为相等的研究周期即可进行比较评价。实际上，同净现值法相对应的净年值法即为一个项目方案的全部现金流入的折算年值与全部现金流出的折算年值之差。

净现值、净年值两者代表相同的评价尺度，只是所反映的时间不同，用这两种方法评价同一方案时，会得到相同的结论。

【例 6-11】 试对表 6-4 所示两个投资方案进行经济性选择，利率为 15%。

表 6-4　经济参数

方案	投资/元	残值/元	年收入/元	年支出/元	服务年限/年
A	7000	200	4000	1000	4
B	9000	300	4500	1500	6

解：因服务年限不同，可直接采用净年值计算。

$$NAV_A = -P_0(A/P,i,n) + CI - CO + S(A/F,i,n)$$
$$= -7000 \times (A/P,15\%,4) + 4000 - 1000 + 200 \times (A/F,15\%,4) = 588 \text{ 元}$$
$$NAV_B = -P_0(A/P,i,n) + CI - CO + S(A/F,i,n)$$
$$= -9000 \times (A/P,15\%,6) + 4500 - 1500 + 300 \times (A/F,15\%,6)$$
$$= (-9000 \times 0.264 + 4500 - 1500 + 300 \times 0.114) \text{元} = 656 \text{ 元}$$

因为 $NAV_A < NAV_B$，故 B 方案优，选择 B 方案。

2. 净年值分析中的残值处理

在技术经济分析中遇到有残值或寿命期末有终值时，其处理办法是将其换算为等年值再与年费用进行计算。现以实例说明。

【例 6-12】 某厂购买价值为 1000 元的电动机，估计使用 10 年后还能卖 200 元，若利率为 7%，则其等值年费用是多少？

解：方法 1：

$$NAV = P_0(A/P,i,n) - S(A/F,i,n)$$
$$= 1000 \times (A/P,7\%,10) - 200 \times (A/F,7\%,10) = 127.9 \text{ 元}$$

该法求得的年费用等于年支出等值减去残值的年等值。

方法 2：因为 $(A/P,i,n) = (A/F,i,n) + i$

所以
$$NAV = P_0(A/F,i,n) + P_0 \times i - S(A/F,i,n) = (P_0 - S)(A/F,i,n) + P_0 \times i$$
$$= (1000 - 200)(A/F,7\%,10) + 1000 \times 0.07 = 127.9 \text{ 元}$$

该法求得的年费用，是卖掉电动机后无法收回的 800 元的年费用加上 1000 元的年利息。

方法 3：因为 $(A/P,i,n) = (A/F,i,n) + i$

所以
$$NAV = P_0(A/P,i,n) - S(A/P,i,n) + S \times i = (P_0 - S)(A/P,i,n) + S \times i$$
$$= (1000 - 200) \times (A/P,7\%,10) + 200 \times 0.07 = 127.9 \text{ 元}$$

该法求得的年费用，是使用 10 年后电动机价值减少额 800 元的年费用加上电动机残值的利息。

方法 4：

$$NAV = [P_0 - S(P/F,i,n)](A/P,i,n)$$
$$= (1000 - 200 \times 0.5084) \times 0.1424 = 127.9 \text{ 元}$$

该法是把残值的现值先从初投资中减去，再用资金回收因子将此差值换算为等值年费用。上述四种方法等效。

五、内部收益率法

若把考虑资金时间价值的净现值、净年值指标称为价值型指标,那么内部收益率、净现值率就是考虑资金时间价值的效率型指标。内部收益率是技术方案盈利能力分析的重要评价判据。

1. 内部收益率的概念及计算方法

内部收益率(Internal Ratio of Return,IRR)又称内部报酬率,是指项目在整个计算期内各年净现金流量现值累计等于零(或净年值等于零)时的折现率。它反映项目所占用资金的盈利能力,是考察项目资金使用效率的重要指标。其计算公式为

$$\sum_{t=0}^{n} P_t (1 + IRR)^{-t} = 0 \tag{6-32}$$

式中,IRR 为待求的项目内部收益率;n 为项目寿命期;P_t 为第 t 年净现金流。

内部收益率表达式(6-32)是一个一元高次方程,不宜直接求解,实际工作中,一般是利用 $NPV(i)$ 曲线的特点,采用线性内插法求解 IRR 的近似解。根据净现值函数的特点知道,当 $i < IRR$ 时,$NPV > 0$;当 $i > IRR$ 时,$NPV < 0$;只有当 $i = IRR$ 时,$NPV = 0$。因此,可先选择两个折现率 i_1 与 i_2,且 $i_1 < i_2$,使得 $NPV(i_1) > 0$ 和 $NPV(i_2) < 0$。然后用线性内插法求出 $NPV(i) = 0$ 时的折现率 IRR,此即是欲求的项目内部收益率。用线性内插法计算内部收益率的步骤如下:

第一步,首先估计和选择两个适当的折现率 i_1 和 i_2,且 $i_1 < i_2$,然后分别计算净现值 $NPV(i_1)$ 和 $NPV(i_2)$,并使得 $NPV(i_1) > 0$ 和 $NPV(i_2) < 0$,因此,内部收益率即净现值为零时的折现率必然是在 i_1 与 i_2 之间,即 $i_1 < IRR < i_2$。

第二步,推导求内部收益率 IRR 的计算式。用线性内插法求内部收益率 IRR 的示意图如图 6-7 所示。

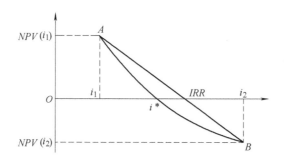

图 6-7 用线性内插法求内部收益率的示意图

利用两三角形的相似关系得

$$NPV(i_1):(IRR - i_1) = |NPV(i_2)|:(i_2 - IRR)$$

所以,技术方案的内部收益率为

$$IRR = i_1 + \frac{NPV(i_1)(i_2 - i_1)}{NPV(i_1) + |NPV(i_2)|} \tag{6-33}$$

式中,i_1 为试算用的较低折现率;i_2 为试算用的较高折现率;$NPV(i_1)$ 为较低折现率计算的

净现值（应为正值）；$NPV(i_2)$ 为较高折现率计算的净现值（应为负值）。

应当指出，用线性内插法计算公式（6-33）计算的误差（$i^* - IRR$）与估计选用的两个折现率的差额（$i_1 - i_2$）的大小有直接关系。为了控制误差不宜过大，通常试算用的两个折现率之差（$i_1 - i_2$）以等于2%为宜，最大不应超过5%。

内部收益率的判别准则为：计算求得的内部收益率 IRR 要与项目的基准收益率 i_0（行业基准收益率或社会折现率）相比较。当 $IRR > i_0$ 时，则表明项目的收益率已达到或越过基准折现率水平，项目可行，可以考虑接受；反之，当 $IRR < i_0$ 时，则表明项目的收益率未达到基准折现率水平，项目不可行，应予拒绝。

【例6-13】 某项目方案净现金流量如表6-5所示，基准收益率 $i_0 = 10\%$，试用内部收益率指标判断项目经济上是否可行。

表6-5 某项目方案净现金流量表 （单位：万元）

年份（年末）	0	1	2	3	4	5
净现金流量	−2000	300	500	500	500	1200

解：取 $i_1 = 12\%$，$i_2 = 14\%$，则

$NPV(i_1) = -2000 + 300 \times (P/F, 12\%, 1) + 500 \times (P/A, 12\%, 3) \times (P/F, 12\%, 1) + 1200 \times (P/F, 12\%, 5)$
$= 21 \text{ 万元} > 0$

$NPV(i_2) = -2000 + 300 \times (P/F, 14\%, 1) + 500 \times (P/A, 14\%, 3) \times (P/F, 14\%, 1) + 1200 \times (P/F, 14\%, 5)$
$= -95 \text{ 万元} < 0$

可见，内部收益率必在12%和14%之间，代入线性内插法计算公式（6-33）可求得

$$IRR = i_1 + \frac{NPV(i_1)(i_2 - i_1)}{NPV(i_1) + |NPV(i_2)|} = 12\% + \frac{21 \times (14\% - 12\%)}{21 + 95}$$
$= 12.36\%$

因为 $IRR = 12.36\% > i_0 = 10\%$，故该项目方案经济上是可行的。

一般地讲，内部收益率就是投资（资金）的收益率，它表明了项目对所占用资金的一种恢复（收回）能力。项目的内部收益率越高，其经济性也就越好。因此，内部收益率的经济含义是，在项目的整个寿命期内，按利率 $i = IRR$ 计算，会始终存在未能收回的投资，只有在寿命期结束时，投资才能被全部收回。换句话说，在寿命期内各个时点，项目始终处于"偿还"未被收回的投资的状态，只有到了寿命期结束的时点，才偿还完全部投资。由于项目的"偿还"能力完全取决于项目内部，故有"内部收益率"之称谓。

2. 内部收益率方程的根

上述内部收益率的分析，只适用于方案净现值流量如图6-6所示的情况，这时净现值函数曲线与横轴只有一个交点，也就是内部收益率只有一个正实根。这是通常的情况，它符合技术方案的正常资金流动情况，即开始几年有投资（负的净现金流量），方案建成投产后每年都有收益（正的净现金流量）。但净现金流量也有不符合上述理想情况的。

当项目分期投资或在某些年份集中偿还债务时，项目的净现金流符号会出现多次变化，这时内部收益率将出现多个解。如有一个投资项目，其现金流量如表6-6所示。经计算，使该投资项目净现值为零的折现率有三个：$i_1 = 20\%$，$i_2 = 50\%$，$i_3 = 100\%$。这三个折现率是否都是该项目的内部折现率要用内部收益率的经济含义来衡量：即在该利率下，项目寿命期

表6-6 正负号多次变化的净现金流　　　　　　　　　　　　（单位：万元）

年份	0	1	2	3
净现金流量	-100	470	-720	360

内是否始终存在未被收回的投资，而且只在寿命期末才完全收回。以 $i_1 = 20\%$ 为例，回收投资的现金流量图如图6-8所示，从图可知，初投资100万元在第一年末完全回收，且有净盈余350万元；第二年末又有未被回收的投资300万元；第三年即寿命期末又全部回收。根据内部收益率的经济含义可知，第二年初的350万元净盈余，其20%的盈利率不是在项目之内，而是在项目之外获得的。所以，$i_1 = 20\%$ 不是项目的内部收益率。同样，对 $i_2 = 50\%$ 和 $i_3 = 100\%$ 做类似计算，发现寿命期内都存在初投资不仅全部收回而且有盈余的情况，故它们也不是项目的内部收益率。由此得出结

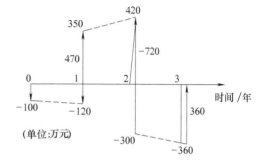

图6-8 以20%利率回收投资的现金流量图

论：内部收益率方程式（6-32）是一个 n 次方程，它有 n 个复根（包括重根），因此其正根个数可能不止一个。根据笛卡儿的符号规则，可判断内部收益率方程式（6-32）的根的个数：$-1 < IRR < \infty$ 实数范围内，IRR 的正实数根的个数不会超过净现金流正负号变化的次数；如果少的话，则少偶数个。

净现金流符号只变化一次的项目称为常规投资项目，而净现金流符号变化多次的项目称为非常规投资项目。常规投资项目只要其累计净现金流等于零，其内部收益率方程的正数解便是唯一的，该解就是该项目的内部收益率。具有内部收益率的项目称为纯投资项目。非常规投资项目，其内部收益率方程的解可能不止一个，如果所有的实数解都不满足内部收益率的经济含义要求，则它们都不是项目的内部收益率，这种项目称为混合投资项目。混合投资项目不能使用内部收益率指标来评价，即内部收益率指标对它是无效的。如果实数解中有能满足内部收益率经济含义要求的（最多一个）解，则此解为项目的内部收益率。这样的非常规投资项目为纯投资项目。不失一般性，假设投资项目各年末回收资金如表6-7所示。

表6-7 投资项目各年末回收资金表

年份	未回收资金
0	$Y_0(i) = P_0$
1	$Y_1(i) = Y_0(i)(1+i) + P_1$
2	$Y_2(i) = Y_1(i)(1+i) + P_2$
⋮	⋮
t	$Y_t(i) = Y_{t-1}(i)(1+i) + P_t = \sum_{j=0}^{t} P_j (1+i)^{t-j}$
⋮	⋮
n	$Y_n(i) = Y_{n-1}(i)(1+i) + P_n = \sum_{j=0}^{n} P_j (1+i)^{n-j}$

显然，$Y_n(IRR) = \sum_{j=0}^{n} P_j (1+IRR)^{n-j} = 0$。如果 $Y_t(IRR) \leq 0$（$t=0, 1, 2, \cdots, n-1$），则投资项目一直存在未收回资金，说明 IRR 反映投资项目本身未回收投资的恢复能力。若 $Y_t(IRR) > 0$，则说明投资项目不但回收全部资金，且有剩余。这时 IRR 不能反映投资项目本身的未回收资金的恢复能力。因此，有确切经济含义的内部收益率应是满足式（6-32）的正的 IRR。

3. 最小的有吸引力收益率（Minimum Attractive Rate of Return，MARR）

最小的有吸引力收益率（MARR）就是使一个投资项目方案具有吸引力的收益率的最低水平。无论用净现值法、净年值法等评价项目方案的可行性，还是用内部收益率法评价项目方案的可行性，都要预先给定一个基准收益率。在西方工程经济中，常常用 MARR 作为基准收益率。最小的有吸引力收益率 MARR 与筹资来源、资金机构、机会成本、投资风险、贷款利率、项目环境等因素有关。一般说来，MARR 应取资金成本、机会成本、贷款利率中的最大者。我国技术经济评价中采用的基准收益率的含义及其界定，也应参考 MARR 的含义与确定方法，并结合我国国情与本行业的实际情况。

4. 内部收益率在技术经济分析评价中的应用

（1）单一投资方案的收益率分析法

对于单一投资项目方案，内部收益率 $IRR \geq MARR$（基准收益率）时，方案即可接受，而且其评价结果和净现值法、净年值法完全相同。

（2）多个投资项目方案的收益率分析法

对于多个投资项目方案进行评价选择，必须用差额内部收益率 ΔIRR 作为评价指标，并有：当 $\Delta IRR \geq MARR$ 时，选择投资较大方案；当 $\Delta IRR < MARR$ 时，选择投资较小方案。

【例6-14】 某工厂技术改造提出三种方案，如表6-8所示，寿命均为10年，贴现率 $i = 12\%$，试选择最优方案。

表 6-8 方案经济参数　　　　　　　　　　　　　（单位：万元）

方案	初投资	年节约额
A	20	5.8
B	30	7.8
C	40	9.2

解：（1）用净现值法

$NPV_A = 5.8 \times (P/A, 12\%, 10) - 20 = 12.77$ 万元

$NPV_B = 7.8 \times (P/A, 12\%, 10) - 30 = 14.07$ 万元

$NPV_C = 9.2 \times (P/A, 12\%, 10) - 40 = 11.98$ 万元

因为 $NPV_B > NPV_A > NPV_C$，故 B 方案最优。

（2）用 IRR 法

由 $5.8 \times (P/A, i_A^*, 10) - 20 = 0$，得 $i_A^* = IRR_A = 26\%$

由 $7.8 \times (P/A, i_B^*, 10) - 30 = 0$，得 $i_B^* = IRR_B = 23\%$

由 $9.2 \times (P/A, i_C^*, 10) - 40 = 0$，得 $i_C^* = IRR_C = 19\%$

若按 IRR 法大小选择，A 方案最优，显然不正确。

(3) 用 ΔIRR 法

这时将不投资方案也作为一个方案，则

由 $(5.8-0)\times(P/A, i_{OA}^*, 10) - (20-0) = 0$，得 $i_{OA}^* = 26\%$

由 $(7.8-5.8)\times(P/A, i_{AB}^*, 10) - (30-20) = 0$，得 $i_{AB}^* = 15\%$

由 $(9.2-7.8)\times(P/A, i_{BC}^*, 10) - (40-30) = 0$，得 $i_{BC}^* = 6.5\%$

由 $26\% > 12\%$，所以 A 方案投资值得；$15\% > 12\%$，说明 B 方案比 A 方案多投资 10 万元值得，所以 B 方案优；$6.5\% < 12\%$，说明 C 方案追加投资不值得，所以 B 方案优于 C 方案。最后选择 B 方案。结论与净现值法一致。

在此，概括多种方案进行经济分析比较的步骤如下：

1) 按初投资大小，由小到大对方案排序。

2) 计算每个方案的内部收益率，凡小于基准收益率者为"无资格方案"，舍去。

3) 从投资额最小者与不投资方案相比较开始，依次计算各对比方案的差额（增量）内部收益率 ΔIRR，凡 ΔIRR 大于基准收益率者，应舍去投资额较小者而保留投资额较大者。最后保留的方案即为最优方案。

六、收入开支比率法

收入开支比率法是分别对技术方案的现金流入（收入）和现金流出（支出）进行贴现计算，求出收入现值和开支现值，然后用其比值来评价技术方案的经济性。若以 B_j 表示某方案逐年的收入，C_j 表示逐年的支出，n 为研究期，i 为标准投资效果系数，则收入开支比率为

$$b = \frac{\sum_{j=1}^{n} B_j (1+i)^{-j}}{\sum_{j=1}^{n} C_j (1+i)^{-j}} \tag{6-34}$$

评价时，利用计算出来的收入开支比率（b）值来评价技术方案的经济性。当 $b > 1$ 时，说明方案的收入现值大于开支现值，也就是说方案的收益率大于标准投资效果系数，方案的经济性好；当 $b < 1$ 时，说明方案的收益能力达不到标准或可接受的水平，方案经济性较差；如果 $b = 1$，说明方案的收益水平刚好达到规定的标准，这时要进行综合分析，根据其他条件决策最佳方案。

这种方法同样也可以应用于多方案之间的相互比较。收入开支比率大，说明方案的开支小、收益大，方案的经济性好；收入开支比率小，说明方案的开支大、收益小，方案的经济性差。因此在进行多方案的比较中，取其收入开支比率 $b > 1$ 的最大者作为决策方案。

上述总费用、费用等年值、净现值、净年值、内部收益率和收入开支比率法，在应用时都有一个基准年的选择问题。基准年可以任选，上述表达式都是以项目建设结束年份为基准年，由于基准年选在不同年份，其公式表达式就不相同，计算结果也会有所不同，但评价结果不变。一般习惯选择建设结束年份为基准年，按复利计算原则，基准年前的费用用 $(1+i)^n$ 系数计算，基准年后的费用用 $(1+i)^{-n}$ 系数计算，基准年的计算系数为1。

思考题与习题

6-1 什么是技术？什么是经济？它们之间的关系如何？

6-2 什么是技术经济分析？技术经济分析的基本原则有哪些？

6-3 技术经济分析的指标体系有哪些？

6-4 什么是资金的时间价值？

6-5 技术经济分析的基本方法有哪些？

6-6 某人现有资金3500元存入银行，银行年利率8%，试用单利和复利计算5年后账上存款是多少？

6-7 某商品的价格每年递增5%，10年后要花多少钱才能买到现在价格为100元的商品？

6-8 某电厂为了5年后能新建造价300万元的职工俱乐部，从现在起每年年末至少要存入银行多少元，才能积累起这笔投资？银行利率为13%，按复利计算。

6-9 每年一笔1766元的支付存入利率为6%的账户中，第五次支付后，账户中的货币总额为多少？

6-10 某工厂以20000元购买一台设备，使用年限为8年，8年后的残值为2000元。那么该设备每年运行成本是多少？若该设备在每年年初还款，其每年运行成本又是多少？

6-11 现投资购一个能源设备，有两种方案可满足相同的生产要求，设备的经济参数如表6-9所示，用现值法和费用等年值法进行选择。

表6-9 经济参数

项目方案	投资/元	年运行成本/元	寿命/年	残值/元	行业贴现率（%）
A	11000	3500	6	1000	15
B	18000	3100	9	2000	15

6-12 某地区拟建一个电厂，现有建水电厂和建火电厂两个可行方案。有关投资及经营成本如表6-10、表6-11所示，折现率为12%，试用年总费用最小法进行选择。

表6-10 建水电厂投资费用表 （单位：万元）

年份	建设期			投产期
	0~2	3~5	6~7	1~50
金额	2000	1000	500	400

表6-11 建火电厂投资费用表 （单位：万元）

年份	建设期			投产期
	0	1~2	3~4	1~25
金额	2000	1000	500	1800

第七章 电力企业财务管理

第一节 概 述

一、财务管理的基本概念

企业财务就是企业生产经营过程中的资金运动,资金运动贯穿于企业生产经营过程中的各个环节和各个方面,从而形成并表现为各种财务活动,这是市场经济下客观存在的经济现象。

企业财务管理就是对企业资金及其运动过程的管理,是以价值的形式对企业的生产经营活动进行综合管理。会计与财务管理的差别在于:会计是对公司已经发生了的资金运动进行记录、监督、控制与管理;而企业财务管理则是对企业当前与未来的经营活动所需资金的筹集、运用和管理。

电力企业财务管理是以电力企业财务活动为对象,对电力企业的资金进行决策、规划和控制等一系列管理活动的总称。财务管理是电力企业管理中最具综合性的关键的管理环节,既要运用控制手段理顺企业资金流转程序,以确保生产和营销的通畅,又要理顺各种经济关系,按照预算要求确保各方面的利益得以满足,保证国有资产的保值增值。因此,电力企业财务管理是管好、用好企业资金和运营好电力资产的一项全面的管理活动。

现代企业中财务管理的地位在不断提高,它的责任日益加重。市场经济条件下,企业经济活动的根本目的是为了最大限度地获取利润,企业财务管理则是实现企业利润目标的最重要的管理职能。可以这么说,企业利润的实现不完全靠企业的财务管理活动,但是没有良好的财务管理活动,则肯定不会有好的经营效果。特别是在当前,电力企业面临着新一轮的改革浪潮。"厂网分开""配售分离"使发电厂、输配电企业和售电企业作为独立核算实体登上了市场经济的舞台,经营自主权的出现、资本市场的启动都使电力企业的财务管理活动越来越频繁、越来越重要。

二、财务管理的内容

随着再生产过程的不断进行,企业资金总是处于不断运动之中,企业的整个资金运动过程概括起来可以分为资金的筹集、资金的使用、资金的耗费、资金的收回和资金的分配几个方面的经济内容。企业的财务管理活动由此就可以划分为四个基本部分：筹集资金管理、日常运行管理、投资管理和利润及利润分配管理。这四个基本部分是互相关联、互相依存的有机整体，共同构成了企业财务管理的基本内容，如图7-1所示。

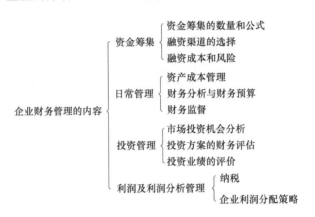

图7-1　企业财务管理的基本内容

1. 筹集资金管理

筹集资金是资金运动的起点，也是再生产活动的前提，如何在一定的时间以最低的成本、最小的风险获得所需的资金，是财务管理的基本的职能。随着金融市场的日趋成熟，企业筹资方式越来越多，筹集资金的管理也就越来越重要。

一个企业的资金包括权益资本和债务资本两部分，它们共同构成了企业的资金结构。我国从1996年开始，对固定资产投资项目试行资本金制度，投资项目必须先落实资本金以后才能进行建设，国家对电力项目要求的资本金比例为20%及以上。作为资金密集性的行业，电力企业筹集资金管理就是遵照国家法律和政策的要求，如何从不同渠道、用不同方式筹集资本金，如何以优惠条件争取贷款（包括长期和短期贷款），同时力求保持企业以收抵支和偿还到期债务的能力。

筹资决策是筹资管理的核心，筹资决策应包括以下几个方面：①预测企业资金需要量，估计筹资额度；②规划企业的筹资渠道、资金结构，合理筹集和节约使用资金；③规划企业的筹资方式，使筹集的资金符合实际需要；④确定企业的资金成本和资金风险，使企业获得最佳效益，并防止因决策失误而造成的损失；⑤保持一定的举债余地和偿债能力，为企业的稳定和发展创造条件。

2. 日常运行管理

企业筹集的资金要进行合理的运用，以便产生最大的增值。为此，企业一方面要购置厂房、机器设备等固定资产，另一方面要购买原材料等流动资产。但是资金的增值过程绝不是自然而然地产生的，只有经过良好的管理才可能产生增值的效果，只有加强企业财务日常管理，使资金运动处于最佳状态，企业才能获得最佳经济效益。这是企业最频繁的财务管理活动。

3. 投资管理

投资与筹资是一个事物的两个方面。企业投资活动是将筹集到的资金用于扩大生产规模或是开辟新的发展方向，投资活动对企业的发展会产生重大影响，并且这种影响还会延续相当长的时间。因此，抓好投资管理，是企业财务决策的重要工作。

一个电力项目的投资同时也就是电力集团公司或省电力公司作为对其子公司或联营公司的投资。所以，电力企业的投资除固定资产投资（通常称为基本建设投资）外，还包括证券投资和对其他企业的直接投资。

投资管理的基本要求是建立严密的投资管理程序，充分论证投资在技术上的可能性和经济上的合理性，在收益和风险同时存在的条件下，力求做好预测和决策，以减少风险，提高效益。投资决策的主要内容应包括以下几个方面：①预测企业投资的规模，使之符合企业需求和偿债能力；②分析企业的投资环境，正确选择投资机会和投资对象；③评价投资方案的收益和风险，进行不同的投资组合；④选择最佳的投资方案，为实现企业整体目标而服务。

4. 利润及利润分配管理

企业在生产经营过程中会产生利润，这些利润必须按法定的程序进行分配，例如：首先要缴纳国家税赋，其次是偿还各种到期债务，提取公积金和公益金，最后才是向投资者分配红利。对于企业来说，合适的利润分配政策对企业的发展有着重要作用。因此，利润及其分配管理也是企业财务管理的重要职责内容。

三、企业财务管理的目标

企业财务管理目标是企业进行财务管理活动的出发点和归宿。所以，确定合理的财务管理目标，是做好企业财务管理工作的前提。

长期以来，"利润最大化"目标一直在理论界与实践部门占据着主导地位，即企业是以追求最大利润作为其行动的准则。但是近年来，这一传统观点受到了挑战与批评，其主要缺点有：

1）没有考虑风险因素。在市场经济中存在着一个铁的法则，即利润率越大，风险就越高，利润与风险成正比。"利润最大化"原则只强调追求最大利润，而忽视风险，这就必然会使企业经营处于高风险之中，这对企业无疑是非常危险的。

2）容易导致短期行为。追求利润最大化容易使经营者片面追求眼前的利益，忽视或放松长远规划，这对企业发展特别是战略发展是十分不利的。

现代西方财务管理理论普遍公认的理财目标是公司价值或股东财富的最大化。所谓财富最大化是指通过企业的合理经营，采用最优的财务政策，在考虑货币时间价值和风险报酬的情况下，不断增加企业财富，使企业总价值达到最大。在市场经济条件下，报酬与风险是共存的。企业的价值与预期的报酬成正比，与预期的风险成正比；报酬大，风险大。因此企业只有在报酬和风险的平衡中实现价值最大化。而且，财富最大化的财务目标不仅与业主的利益一致，而且还能兼顾与公司有利害关系的各方，如债权人、雇员、管理当局等。

以财富最大化为企业财务管理目标的优点是：

1）以财富最大化为目标，充分考虑了取得报酬的时间因素和风险因素，纠正了不顾风险大小、片面追求利润的错误倾向。

2）以财富最大化为目标，有助于克服企业经营和盈利方面的短期行为，考虑长期利益。

企业财富最大化作为企业财务管理目标，反映着以经济效益为中心的深层次认识，因此，财富最大化是企业财务管理活动的最优目标。

根据电力行业的特点，电力企业的财务管理目标应该是在政府监督下的财富最大化，也就是公司价值最大化。电力公司的股东应当根据投资额和有关风险赚取合理的利润，根据电力需求的增长来筹划未来的发展；广大电力用户则应享受充足、可靠而价格合理的电力；由政府来平衡电力企业和用户之间的关系，如制定法规来强制电力企业承担环境保护的社会责任等。

四、影响财务管理的基本因素

1. 资金的时间价值

资金的时间价值是资金在周转使用中产生的，是资金所有者让渡资金使用权而参与社会财富分配的一种形式。通常情况下，资金的时间价值相当于没有风险和没有通货膨胀率条件下的社会平均资金利润率。

资金时间价值以商品经济的高度发展和借贷关系的普遍存在为前提条件或存在基础，它是一个客观存在的经济范畴，是财务管理中必须考虑的重要因素。把资金时间价值引入财务管理，在资金筹集、运用、分配等各方面考虑这一因素，是提高财务管理水平以及做好筹资、投资、分配决策的有效保证。

2. 风险报酬

（1）风险的概念

风险是指某一行动的结果具有多种可能而不确定，在采取某种行动时，可以事先确定其可能形成的结果以及结果出现的可能性的程度，而行动的最终结果是什么却不得而知。风险是事件本身的不确定件，具有客观性。风险的大小随时间延续而变化，是"一定时间内"的风险。风险广泛存在于企业的财务活动当中，并且对企业实现其财务目标有重要的影响。企业理财时，必须研究风险、计量风险，并设法控制风险，以求最大限度地扩大企业财富。从理财的角度来说，风险主要指无法达到预期报酬的可能性。

（2）风险的类别

从公司本身来看，风险分为经营风险和财务风险两类。

1）经营风险是指生产经营的原因给企业盈利带来的不确定性，它是任何商业活动都有的，也叫商业风险。例如，由于原材料供应地的政治经济情况变动、运输路线变动、原材料价格变动等因素带来的供应方面的风险；由于产品质量问题、新产品开发不成功、生产组织不合理等因素带来的生产方面的风险；由于出现新竞争对手、消费者需求发生变化、销售决策失误等因素带来的销售方面的风险；此外，劳动力市场供求关系变化、通货膨胀、税收调整以及其他宏观经济政策的变化等因素，都会引起企业的利润或利润率的高低变化，从而给企业带来风险。

2）财务风险是指因借债而给企业财务成果带来不确定性，是筹资决策带来的风险，也叫筹资风险。企业举债经营，全部资金中除自有资金还有部分借入资金，这会对自有资金的盈利能力造成影响；同时，借入资金需还本付息，若无力偿付到期债务，企业就会陷入财务困境甚至破产。因此，对财务风险的管理，关键要确定一个合理的资金结构，维持适当的负债水平，既要充分利用负债经营获取财务杠杆收益，提高自有资金盈利能力，又要防止过度举债而引起的财务风险。

(3) 风险的衡量

风险客观存在，广泛影响企业的财务活动和经营活动，因此，正视风险并将风险程度予以量化，进行较为准确的衡量，是财务管理中的一项重要工作。风险与概率直接相关，并由此而同期望值、标准差、标准差系数发生联系，对风险进行衡量时应着重考虑这几个因素。

(4) 风险和报酬的基本关系

风险和报酬的基本关系是风险越大，要求的报酬率越高。一般说来，每个投资项目的风险大小是不同的。在投资报酬率相同的情况下，人们都会选择风险小的投资，结果竞争使其风险增加，报酬率下降。最终，高风险的项目必须有高报酬，否则就没有人投资，低报酬的项目必须风险很低，否则也没有人投资。风险和报酬的这种关系是市场竞争的必然结果。

3. 利息率

从资金流通的借贷关系来看，利率是一个特定时期运用资金这一资源的交易价格。资金流通实质上是资源通过利率这个价格体系在市场机制作用下实行的再分配。利率在资金的分配及个人和企业做出财务决策的过程中起重要作用。

(1) 利息率的种类

利率按不同的标准可划分为不同的类别：按利率之间的变动关系，可分为基准利率和套算利率；按债权人取得的报酬情况，可分为实际利率和名义利率；按在借款期内是否调整，可分为固定利率与浮动利率；按利率变动与市场的关系，可分为市场利率和官定利率。

(2) 决定利息率高低的基本因素

同任何商品的价格由供给和需求两方面决定一样，资金这种特殊商品的价格——利率，也是由供给与需求来决定的。除这两个基本因素之外，经济周期、通货膨胀、货币政策和财政政策、国际经济政治关系、国家利率管理制度等，对利率的变动也有不同程度的影响。

第二节 资 产 管 理

一、概述

资产是企业拥有或控制的能以货币计量的，能给企业带来各种收益的经济资源，包括各种财产、债权和其他权利。企业的资产是企业正常开展生产经营活动的必要条件，按其流动性，一般可分为流动资产、固定资产、无形资产、递延资产和其他资产，其中流动资产和固定资产所占资产比重较大。

二、流动资产的管理

1. 流动资产的概念及特点

流动资产是指可以在一年或者超过一年的一个营业周期内变现或耗用的资产。它包括现金、各种存款、短期投资、应收及预付账款以及存货等。

流动资产只在一个经营周期中发挥作用，具有以下几个特点：

1) 过程的流动性。这是流动资产的基本特点，流动资产投入生产经营过程，一直保持持续不断的流动状态，流动资产的流动性越好，其补偿越快，产生的新价值越多，这部分资产的效益就越好。

2）占用形态的多变性。流动资产在其循环过程中，经过产、供、销过程，依次表现为货币资金、储备资金、生产资金、成品资金等占用形态，循环往复。

3）数量的波动性。在企业的再生产过程中，随着产、供、销的不断变化及经营的季节特点，流动资金占用数量时高时低，不断波动。因此，企业在筹集流动资金时，应根据流动资金的这个特点，既要保证有一部分稳定的长期资金来源，又要合理安排一些短期资金来源。

4）变现能力强。这是与固定资产相比，将其出售转换为现金的能力较强。因此流动资产偿债能力强。

根据以上特点，在流动资产的管理过程中，要合理组织企业产供销过程，配置各种资产占用形态，合理确定流动资金来源，以便合理安排资金的供需平衡，提高企业的经济效益。

2. 现金的管理

企业的现金是指可以立即用来购买物品、支付各项费用或用来偿还债务的交换媒介或支付手段，主要包括库存现金、银行活期存款和其他货币资金。

（1）电力企业持有现金的原因

1）经营的需要。企业持有现金是为能够顺利地进行生产活动，如能随时购买所需物资、支付工资和有关费用、偿还债务缴纳税金等。

2）预防性需要。企业现金的收支量一般应进行预测，但在实际中还难以准确预测，这样企业不得不持有一定的资金以防不测。

3）特殊性需要。企业遇有廉价的燃料和原材料或其他的资产购买机会时，可用手中持有的现金较快地购进。

（2）现金成本和现金管理的目的

现金成本一般包括机会成本、短缺成本和管理成本三种。

1）机会成本。企业持有的现金是非盈利资产，即便银行存款有利息收入也是非常少的。如果将持有的现金进行投资，则可像其他资金投资获得大致相同的收益率。这表明企业为了维持一定的现金留存量，而放弃一定的获利机会。这种代价就成了现金放弃投资的机会成本。

2）短缺成本。短缺成本是指企业缺乏必要现金，而丧失购买能力和偿债能力所蒙受的损失。

3）管理成本。管理成本是指对企业持有的现金进行管理而支付的费用，如包括制定现金管理制度的费用、支付现金管理人员的工资费用和保护现金安全防范措施等的费用。

现金管理的目的，是在保证企业生产经营所需现金的同时节约使用资金，并从暂时闲置的现金中获得最多的利息收入。企业的库存现金没有收益，银行存款的利息率也远远低于企业的资金利润率，现金结余过多，会降低企业的收益；但现金过少，又可能会出现现金短缺，影响生产经营活动。因此现金管理应力求做到既满足企业生产经营所需资金，降低风险，又不使企业有过多的闲置货币资金。

（3）现金管理的内容

现金管理的内容包括：编制现金收支计划，预算现金需求量；现金流量的日常管理；确定理想的现金余额。

1）编制现金收支计划。

① 现金收入预算。现金收入包括营业现金收入和其他现金收入两部分：营业现金收入主要指电力工业企业售电、热收入以及修造企业销售款；其他现金收入主要指设备租赁收入、证券投资利息收入和股利收入等。

② 现金支出预算。现金支出主要包括营业现金支出和其他现金支出两部分：营业现金支出主要有存货采购支出、工资支出和其他支出；其他现金支出主要包括固定资产投资支出、偿还债务本息支出、税金支出以及上缴利润支出等。

③ 净现金流量预算。净现金流量指现金收入与现金支出的差额，即

$$
\begin{aligned}
\text{净现金流量} &= \text{现金收入} + \text{现金支出} \\
&= (\text{营业现金收入} + \text{其他现金收入}) - (\text{营业现金支出} + \text{其他现金支出})
\end{aligned}
\tag{7-1}
$$

2) 确定现金余缺。现金余缺是指计划期期末现金余额与最佳现金余额（又称理想现金余额）相减后的差额。如果期末现金余额大于最佳现金余额，说明现金有多余，应设法进行投资或归还债务；如果期末现金余额小于最佳现金余额，则说明现金短缺，应进行筹资予以补足。且有

$$
\begin{aligned}
\text{现金余缺额} &= \text{期末现金余额} - \text{最佳现金余额} \\
&= (\text{期初现金余额} + \text{现金收入} - \text{现金支出}) - \text{最佳现金余额} \\
&= \text{期初现金余额} \pm \text{净现金流量} - \text{最佳现金余额}
\end{aligned}
\tag{7-2}
$$

3) 最佳现金余额的确定。最佳现金余额可以根据以下公式确定为

$$
\text{最佳现金余额} = (\text{上期现金平均占用额} - \text{不合理占用额}) \times (1 \pm \text{预计销售收入变化\%})
\tag{7-3}
$$

3. 存货的管理

存货是指企业在生产经营过程中为销售或耗用而储备的物资，它是流动资产中所占比例最大的项目。根据电力工业企业的生产管理特点，材料核算应包括原材料、燃料、事故备品、低值易耗品等。

（1）存货成本和管理的目的

企业要保持一定的存货，就要发生存货成本的开支，存货成本包括以下三项：①采购成本。采购成本包括存货的买价、运杂费、途中损耗以及其他为使存货送交企业所花费的开支等。采购成本的多少主要取决于采购数量与采购单价。②订货成本。订货成本是物资从订货到入库过程中所需要的各种费用。它的多少与订货次数成正比，与每次订货批量成反比。③储存成本。储存成本又称保管费用，是指物资储备的费用，包括储备占用资金的利息、仓库建筑物和设备折旧、保险费、管理费、维修费和物资存储消耗费等。保管费用与库存量的大小有关，与库存物资的平均存储量成比例；与订货次数成反比，与每次订购批量成正比。

存货管理的目的是加速存货资金周转，减少存货资金占用。电力企业加速存货资金周转、减少存货资金占用的途径是：①加速储备资金的周转。电力企业存货资金大部分集中在储备阶段，即占用在燃料、材料和备品等实物形态上。因此，电力企业应制订先进而合理的定额计划，按定额计划采购物资，按经济订购量储备物资，严防物资的超储积压。组织供货过程中，尽量就近直运，减少中间环节，控制采购次数，减少存货资金占用。②在生产阶段要努力改善技术经济指标，降低燃料消耗和物质消耗，加强存货管理。

(2) 存货资金占用额的确定

目前流动资金是属于有偿占用，筹集渠道为银行借贷和企业自筹。在这种情况下，企业必须科学地确定企业流动资金需要量，以减少存货资金的占用。关于存货资金最低需要量的核定方法有：

1) 定额核定法。在电力企业，这种方法适用于储备资金占用量的核定，如燃料和主要原材料等重点项目，其公式为

$$储备资金占用量定额 = 储备资金平均每月耗用额 \times 储备资金最低占用时间 \quad (7-4)$$

其中，储备资金平均每月耗用额可以按储备资金全年耗用总额除以12月计算，储备资金最低占用时间是指某项储备资金从形成到其投入生产使用为止的最短所需时间。

2) 因数分析法。因数分析法是以上年度流动资金实际占用额为基础，根据计划年度生产任务和加速流动资金周转的要求，进行分析调整，计算流动资金定额，即

$$存货资金定额 = (上年实际平均占用额 - 不合理占用额) \times$$
$$(1 \pm 计划年度生产增减率) \times (1 - 计划年度加速资金周转百分比)$$
$$(7-5)$$

(3) 经济订购批量理论

存货管理的方法有 ABC 管理法和经济订购批量法。其中，经济订购批量理论既能简化物资管理工作，又能促进资金的合理使用和提高经济性。经济订购批量理论是库存论的一个重要内容，所谓经济订购批量，是指某种物资的订货成本和储存成本之和最小时的订购批量。运用经济定购批量法来控制存货要涉及两种成本：一是订货成本，它的多少与订货次数成正比，与每次订购批量成反比；二是储存成本，它的多少与订货的次数成反比，与每次订购批量成正比。具体来说，每次订购批量大、订购次数少，订货成本就低，储存成本就高；反之，订货成本就高，储存成本就低。可见这两种成本是互相消长的。存货控制就是求这两种成本合计数最低的订购批量。

经济订购批量法是假定在一定时期存货耗用量不变且不考虑保险库存，则存货的平均库存量为

$$平均库存量 = Q/2 \quad (7-6)$$

式中，Q 代表每次的经济订购量。企业每次购进存货时库存则达到最高点 Q，经过一段时间以后，存货的库存即降低为零。这时企业应重新购入存货。因此，企业库存量是一个均匀递减过程，这样就可把企业的平均存货量计算为 $Q/2$。

存货成本是储存成本和订货成本之和，其中储存成本等于平均存货量乘以单位存货成本，订货成本等于每次订货成本乘以订货次数。其计算公式为

$$T = CQ/2 + AS/Q \quad (7-7)$$

式中，T 为存货总成本；S 为存货全年需要量；A 为每次订货成本；Q 为每批订货量；C 为每单位存货年储存成本。

求 T 对 Q 的导数并令 $T' = 0$，则

$$T' = \left(\frac{CQ}{2} + \frac{AS}{Q}\right)' = \frac{C}{2} - \frac{AS}{Q^2} = 0 \quad (7-8)$$

则求得经济批量公式为

$$Q = \sqrt{\frac{2AS}{C}} \tag{7-9}$$

【例 7-1】 某发电厂全年需要燃料 12 万 t，每次订货成本 4000 元，每吨燃料储存成本 60 元，计算经济订购批量。

解：
$$Q = \sqrt{\frac{2 \times 4000 \times 120000}{60}}\text{t} = 4000\text{t}$$

订购次数 = 120000/4000 = 30 次

4. 应收账款的管理

应收账款是指企业在生产经营过程中形成的应收未收款项，主要包括应收售电热收入、修造企业应收销售货款以及随电费加收的电力建设资金等。

(1) 应收账款发生原因

企业发生应收账款要占用资金，但这对企业是必要的也是不可避免的，一般企业发生应收账款的原因有：一是为了使产品在竞争上获得有利条件，从而增加产品的销售量和企业的利润；二是商品成交的时间和收到货款的时间常常不一致，这也导致了应收账款的发生。电力企业发生应收账款的主要原因一般是由先用电后抄表收费引起的。

(2) 应收账款的成本和管理目的

应收账款成本包括以下几项：机会成本，企业通过销售产品发生的应收账款不能及时收回，意味着企业为对方垫付了一定数量的资金，由于这笔资金丧失了投资收益的机会，使其成为应收账款的机会成本；管理成本，应收账款管理成本主要有客户信誉情况调查费用、账户记录和保管费用、应收账款催收费用等；坏账成本，它是指应收账款长期收不回来，就成为坏账，这样不仅不能获得利润，而且使企业的本金都收不回来，这成为应收账款的坏账成本。

一般企业应收账款发生的主要原因是为了促进销售、增加利润，但是应收账款有三项成本，所以企业管理应收账款的目的，就是要在发生应收账款增加销售从而增加利润与产生的应收账款的成本之间进行权衡。如果增加的利润大于应收账款的成本，有利可图，则可多赊销增加应收账款；反之，则要少赊销或停止赊销，减少或不发生应收账款。

(3) 应收账款管理

电力企业应收账款主要是应收电费。企业电费拖欠时间越长，款项收回的可能性越小，形成坏账的可能性越大。由此电力企业加强应收账款管理主要应实行对应收账款的监督，随时掌握回收情况。对应收电费回收情况的监督，可以通过编制账龄分析表来进行，其内容如表 7-1 所示。

表 7-1 账龄分析表

应收账款账龄	账户数	金额/万元	占总额的（%）
信用期内	100	160	40
超过信用期 1~10 天	60	80	20
超过信用期 11~20 天	40	60	15
超过信用期 21~30 天	30	40	10
超过信用期 31~40 天	20	20	5
超过信用期 41~50 天	15	20	5
超过信用期 50 天以上	5	20	5
合计	270	400	100

从以上账龄分析表可以掌握应收账款的以下情况：企业有 160 万元的应收账款尚在信用期内，占全部应收账款的 40%，这些款项未到期，到期收回是正常的；企业有 240 万元的应收账款超过信用期，占全部应收账款的 60%，其中拖欠时间较短不超过 10 天的有 80 万元，占 20%，这部分欠款收回的可能性很大；拖欠超过 10 天至 50 天的有 140 万元，占 35%，这部分欠款收回有一定困难；拖欠超过 50 天以上的有 20 万元，占 5%，有可能成为坏账。

通过以上分析，企业应收账款超过信用期未回收款项数高达 60%，其中 5% 的应收账款可能成为坏账。因此，今后要加强对客户信用情况的调查，加强应收账款控制。对超过账龄不同的应收账款，应用不同的收账方式，加速将款收回。对于可能发生的坏账损失，提前做出准备。

三、固定资产的管理

1. 电力企业固定资产的分类和特点

固定资产是指使用期限超过一年，单位价值在规定标准以上，并且在使用过程中保持原有物质形态的资产，包括房屋及建筑物、机器设备、运输设备、工具器具等。不属于生产经营主要设备的物品，单位价值在 2000 元以上并且使用期限超过 2 年的，也应当作为固定资产。

电力企业固定资产主要包括：

（1）按经济用途和使用情况分类

1）生产经营用固定资产。它是指直接服务于生产经营全过程的固定资产，如生产用房、仓库、机器设备、运输设备、工具等，包括由于季节性和大修等原因暂时停用以及存放在使用部门以备替换使用的机器设备。

2）非生产经营用固定资产。它是指不直接服务于生产经营，而是为了满足职工物质文化生活需要的固定资产，如职工宿舍、食堂、托儿所、幼儿园、浴室、医务室以及文教、科研等其他方面使用的房屋、设备等固定资产。

3）未使用固定资产。它是指尚未投入使用的新增固定资产和经批准停止使用的固定资产。

4）不需用固定资产。它是指企业不需用而准备处理的固定资产。

5）租出固定资产。

6）土地。它是指 1952 年清产核资时已经估价单独入账的土地，1996 年清产核资后按评估后批复确认价值调整入账，以后征用的土地都不单独计价入账。因征地而支付的补偿费应计入与土地有关的房屋、建筑物的价值内。

7）融资租入固定资产。它是指企业以融资租赁方式租入的机器设备，在租赁期满以后，所有权一般转归租入企业。融资租赁类似于用分期付款方式购买固定资产。因此，在租赁期内应视同本企业固定资产进行管理。

（2）按固定资产的具体用途分类

按固定资产的具体用途分为：发电及供热设备；输电线路；变电配电设备；配电线路；通信线路及设备；自动化控制及仪器仪表；水工机械设备；检修维护设备；生产管理用器具；运输设备；非生产用设备及器具；房屋；建筑物。

由于固定资产是企业的主要劳动手段,它的数量、质量、技术结构标志着企业的生产能力,也标志着国家生产力发展水平,所以加强固定资产管理有着非常重要的意义。加强固定资产管理的目的在于保护固定资产的完整无缺,充分挖掘潜力,提高固定资产的利用效果。

固定资产与流动资产不同,它是以技术性能作用于产品的生产过程,而不是以其物质实体参与产品的形成,因此固定资产投入使用后,可以在较长时间内多次参与生产过程。固定资产周转具有以下几个特点:

1) 固定资产周转期长。固定资产周转时间的长短主要取决于固定资产使用年限的长短,固定资产使用年限越长,资产周转时期就越长。

2) 固定资产投资是一次性的,而收回是分次的。企业购建固定资产都要垫支相应的资金,但由于固定资产能在较长时期发挥作用,其价值是逐渐地、部分地转移到产品中去并得到补偿,因此资金的收回是分次的。

3) 固定资产的价值补偿和实物更新是分离的。固定资产的价值补偿是随固定资产使用逐渐进行的,而固定资产的更新是待其报废时,利用多次价值补偿所积累的折旧资金来实现。因此,固定资产的价值补偿和实物更新在时间上是分离的。

2. 固定资产的计价

为了正确反映固定资产的增减变动情况和实际占用额以及正确计算固定资产折旧,企业必须对固定资产按照一定标准计价。

1) 原始价值,简称原价。企业的固定资产应按取得时的实际成本记账,包括购建支出或进货价格,加上运杂费、包装费和安装调试费等。在一般情况下,固定资产的增加、减少和结存都应按照原值计价,固定资产的原始价值也是计提折旧的根据。

2) 重置完全价值,简称重置价值。它是指在某一时间重新购置该项固定资产,根据当时的生产条件和市场情况所需要的全部支出。当企业利用现有固定资产对外投资时,经常需要按当时的价格水平对该项固定资产进行重新估价;在企业出现固定资产盘盈或接受捐赠时,因无原始价值的记录,也需要按重置价值估价。

3) 折余价值,简称净值。它是指固定资产原值或重置完全价值减去已提折旧后的余额。通过净值可以反映企业固定资产的实际占有额,将净值与原值进行对比,还可以了解固定资产的新旧程度。

3. 固定资产的管理内容

(1) 固定资产需要量的核定

企业的固定资产数量及其利用情况在一定程度上决定了企业的生产经营规模。如果固定资产规模不足以应付生产经营的实际需要,就会阻碍企业的发展;但如果企业固定资产投资超过了生产经营的实际需要,也会造成生产能力的浪费。因此企业在生产经营之初,为既保证企业生产经营能力,又提高企业资金利用效率,企业必须对固定资产需要量进行较准确的预测。且有

$$某项生产设备需要量 = \frac{计划生产任务}{单台设备的生产能力} \quad (7-10)$$

$$生产能力余缺 = (现有生产能力 - 计划生产能力) > 0 \quad (7-11)$$

$$设备负荷系数 = \frac{计划生产任务}{现有生产能力} \times 100\% \ (<1) \quad (7-12)$$

(2) 固定资产折旧管理

1) 固定资产折旧。固定资产在其使用过程中会发生损耗，固定资产的损耗可以分为有形损耗和无形损耗。有形损耗是指固定资产由于磨损或因自然力的影响而引起的使用价值和价值的损失，它决定了固定资产的自然或物理寿命。无形损耗是指由于劳动生产力提高和技术进步，使原有设备贬值而引起的固定资产在经济上的损失，它决定了固定资产的经济寿命。

固定资产在其使用过程中的损耗，通过折旧来衡量，固定资产折旧是指固定资产在使用过程中，由于损耗而逐渐转移到产品成本中去的那部分价值。

影响固定资产折旧的因素，主要有以下几个方面：①固定资产原价。固定资产折旧的目的是为了补偿固定资产损耗的价值，以便为固定资产的更新提供资金。所以，固定资产原价是影响折旧最基本的因素。固定资产原价大，提取折旧就多；反之，提取折旧就少。②固定资产的残值收入。它是指固定资产报废后的残体价值出售后有一定的收入，这个收入应抵消固定资产原价。③固定资产清理费用。它是指固定资产报废清理时发生的拆卸、搬运和整理等费用。④固定资产的使用年限。固定资产价值应由使用年限内的全部产品成本负担，因此固定资产使用年限是决定折旧的重要因素。

2) 固定资产折旧的计算方法。电力企业采用的折旧计算方法一般是平均年限法，该方法是假定固定资产的服务潜力随着时间的消失而减退，固定资产的价值可以通过折旧均衡地摊配于使用期内的各个期间，其计算公式为

$$\text{固定资产年折旧额} = \frac{\text{固定资产原始价值} - \text{预计净残值}}{\text{固定资产预计使用年限}} \quad (7-13)$$

$$\text{固定资产月折旧额} = \text{固定资产年折旧额}/12 \quad (7-14)$$

在实际工作中，每月计提的折旧额是根据固定资产的原始价值乘以折旧率计算的，计算公式为

$$\text{固定资产年折旧率} = \frac{1 - \text{预计净残值率}}{\text{折旧年限}} \quad (7-15)$$

$$\text{固定资产月折旧率} = \text{年折旧率}/12 \quad (7-16)$$

$$\text{固定资产月折旧额} = \text{固定资产原值} \times \text{月折旧率} \quad (7-17)$$

固定资产净残值率是指固定资产的残值减去清理费用后再除以固定资产原值的比率，目前《工业企业财务制度》规定，企业固定资产净残值率按照固定资产原值的3%~5%确定。为了调动企业更新改造的积极性，推动企业技术进步，企业提取的折旧由企业自主支配使用。

【例7-2】 某发电厂1台设备原价30000元，预计清理费1000元，残值收入3000元，预计折旧年限5年。计算该设备的年折旧额和年折旧率。

解：年折旧额 $= \dfrac{30000 - 3000 + 1000}{5} \text{元} = 5600 \text{元}$

年折旧率 $= \dfrac{5600}{30000} = 18.67\%$

该设备按照平均年限法提取的折旧如表7-2所示。

表 7-2　平均年限折旧表　　　　　　　　　　　　（单位：元）

年份	年折旧率	年折旧额	累计折旧金额	账面金额
0	—	—	—	30000
1	18.67%	5600	5600	24400
2	18.67%	5600	11200	18800
3	18.67%	5600	16800	13400
4	18.67%	5600	22400	7600
5	18.67%	5600	28000	2000

3）固定资产折旧率的种类。固定资产折旧率一般有三种：①个别折旧率。它是按每项固定资产分别计算的折旧率。按个别折旧率计算折旧数额准确，但计算繁琐。②分类折旧率。它是将上述固定资产按性质和结构分类，分别计算各类的折旧率，按分类折旧率计算折旧既比较准确也比较简便。③综合折旧率。它是在计算分类折旧率的基础上，综合计算固定资产折旧率。一般财务部门计提固定资产折旧是在计算分类折旧率的基础上计算出企业的综合折旧率。

第三节　成本和利润管理

一、成本和费用管理

1. 成本和费用概述

费用是企业在生产经营过程中所发生的各种耗费，是经济利益的流出。费用的发生本质是一种企业资源的流出，最终会减少企业的所有者权益。费用通常分为生产成本和期间费用。生产成本即产品生产成本，又可以划分为直接费用、间接费用。

直接费用，是指为生产产品和提供劳务等发生的直接材料、直接人工和其他直接费用。其中直接材料是指构成产品实体的原材料及主要材料和为产品生产工艺过程直接消耗的燃料及动力等费用；直接人工是指支付给生产工人的工资、奖金、津贴和补贴；其他直接费用是指从事产品生产人员的职工福利费等。

间接费用又称制造费用，是指在生产中发生的那些不能归入直接材料、直接人工的各项费用，包括企业各生产单位（分厂、车间）为组织和管理生产所发生的管理人员工资、职工福利费、折旧费、修理费、机物料消耗、办公费、差旅费等。

期间费用是指某一会计期间发生的，不能直接归属于某一产品，而应体现为当期损益的费用，包括财务费用、管理费用和销售费用。其中财务费用是反映企业为筹集资金而发生的各项费用，如利息支出等；管理费用是指企业行政管理部门为组织和管理经营活动的各项费用；销售费用是指企业在销售产品和提供劳务等过程中发生的各项费用。

上述直接费用、间接费用（制造费用）、期间费用之间的关系以及与生产成本之间的关系如图 7-2 所示。

这种把与生产经营有直接关系的直接费用和间接费用计入产品生产成本，无直接关系的期间费用作为当期损益处理的成本核算方法称为制造成本法。

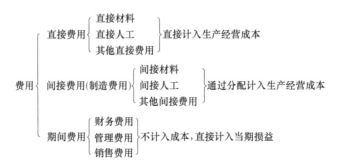

图 7-2 各种费用与生产成本的关系

企业为生产产品所发生的直接材料费用、直接人工费用和制造费用的总和就是产品成本。由此可知，产品成本是应由生产成果负担的各种费用，与生产产品无关或没有直接关系的费用不在成本范畴。

电力企业属能源转换工业，产品单一，生产过程连续、大量、重复生产，产品不能储存，产、销、用在瞬间同时完成，没有在产品和产成品，电网独立核算。根据电力生产管理的特点，电力企业（不包括修造企业）在实行制造成本法时，期间费用核算可适当简化，将财务费用列作期间费用，管理费用、销售费用可不单独核算。

2. 成本管理的内容和意义

成本管理是企业管理工作的一个重要组成部分，内容包括：①确定目标成本；②编制成本计划；③进行成本控制；④做好成本核算、分析和考核。它们的任务是：通过成本预测、计划、控制、分析和考核，反映企业生产经营成果，监督生产消费，挖掘降低成本的潜力，促进安全、经济发供电。

产品成本是一项重要的综合性经济指标，它在很大程度上反映企业生产经营活动的经济效益，是考核企业经营成果的一项重要指标。因此，加强成本管理，努力降低成本具有十分重要的意义，它表现在：

1）降低成本是加快生产发展的重要途径。产品成本反映了生产中物化劳动和活劳动的消耗，不断降低成本，意味着以较少的劳动消耗生产出同样多的产品，或者用同样多的劳动消耗生产出更多的产品。

2）降低成本是国家积累资金的重要来源。在产品价格、税率不变的条件下，成本越低，企业的利润越多，就能给国家提供更多的积累资金。

3）降低成本是降低产品价格的重要前提。产品成本是制定产品价格的基础，当大多数企业成本有了较大幅度的降低时，就有可能降低这种产品的价格。工业产品的价格降低，又将有利于国民经济各部门的技术改造，有利于产品在国际市场上打开销路，在竞争中处于有利的地位。消费品价格的降低，实际上提高了人民的生活水平。

3. 电力产品成本核算

（1）电力产品成本开支范围及成本项目

根据财务通则和财务制度规定，结合电力生产企业的特点，原电力部于 1993 年 7 月印发了《关于电力企业成本核算实施意见的通知》。该通知明确规定了电力产品的成本开支范围，所有电力企业必须严格执行，它是核算电力成本的依据。电力企业核算对象分为电力产品、热力产品、修造产品和其他产品。电力企业的成本项目，按上述四种产品分别设置。

1）电热产品成本项目。它包括：①燃料费：指火电厂为生产电、热产品而消耗的各种燃料；②购入电力费：指向外单位购入的有功电量所支付的资金；③水费：指发电供热生产用水的外购水费；④材料费：指生产运行、维修和事故处理等所耗用的材料、备品、低值易耗品等；⑤工资及福利费：指按规定列入电、热产品成本的职工工资、奖金、津贴、补贴等及按企业职工工资总额与规定比例提取的职工福利费；⑥折旧费：指企业的固定资产按规定的折旧率计提的折旧费；⑦修理费：指固定资产修理费，该项费用可以综合列入成本项目，也可以分别列入材料费、工资及福利费、其他费用等成本项目，修理费的计列方法一经确定，不得随意变更。另外，预提修理费应列入成本项目；⑧其他费用：指不属于以上各项目而应计入产品成本的其他费用。

2）修造产品及其他产品成本项目。它包括：①直接材料；②直接工资；③其他直接支出；④制造费用。

(2) 变动费用和固定费用的划分

电力产品成本按其与产量的关系划分，还可分为变动费用（变动费用的总和就是变动成本）与固定费用（固定费用的总和就是固定成本）。变动费用是指随产量增减而成正比例增减的费用，如燃料、水费、购入电力费等。固定费用指与产量增减没有直接联系，而是相对稳定的费用，如折旧费、管理人员工资等。此外，还有一种费用，既不是变动费用，也不是固定费用，它随着产量变化而变化，但不成正比例的变化，称为半变动费用或混合费用，如机械设备的维护费、修理费。管理费中的运输费等基本上都属于这种类型。这些费用中的固定部分代表着为生产经营提供服务所需的基本的最低支出部分，而其变动部分则随产量的增长而增加。为了加强成本管理，这些半变动费用还必须分解为固定费用与变动费用。

企业将生产费用区分为变动费用和固定费用，特别有利于成本预测、决策、控制与分析等成本管理。

(3) 电力产品成本计算

根据电力生产管理的特点，电力企业成本的计算方法采用品种法。

为反映电网在生产、输送、销售各个环节耗费的情况，电力产品成本分别按发电成本、购电成本、供电成本和售电成本计算。其中，售电成本是完整地反映电能产、供、销全过程的劳动耗费，是电力企业据以计算利润和考核的完整的成本指标。

1）发电成本。发电成本指发电厂生产电能所发生的全部耗费。其单位成本计算公式如下：

$$发电单位成本 = \frac{发电总成本}{厂供电量} \quad (7-18)$$

2）购电成本。购电成本指电网向自备电厂、地方电厂及外网购入的电力产品所支付的全部费用，称购入电力费。单位购电成本计算公式如下：

$$购电单位成本 = \frac{购入电力费}{购入电量} \quad (7-19)$$

3）供电成本。供电成本指电网将发电厂发出的电和购入的电，通过输、变、配电系统，送到受电端所支出的全部供电费用。全网平均供电成本计算如下：

$$\text{供电单位成本} = \frac{\text{电网供电总成本}}{\text{电网售电量}} \tag{7-20}$$

4）售电成本。售电成本包括各电厂的发电成本、各供电局的供电成本、全网的购电成本及为全网生产服务的局本部、中调所、中试所的管理费用。单位售电成本计算公式如下：

$$\text{售电单位成本} = \frac{\text{发电总成本} + \text{供电总成本} + \text{购电总成本} + \text{汇集管理费}}{\text{全网售电量}} \tag{7-21}$$

【例7-3】 某电网 3 月份发电量为 10000MW·h，厂用电量为 1000MW·h，线损率 5%，发电总成本为 270000 元，供电总成本 85500 元，汇集管理费 10000 元，试计算发电单位成本、平均供电成本、售电成本。

解： 因为厂供电量 = 厂发电量 – 厂用电量

售电量 = 供电量 – 线损电量

$$\text{发电单位成本} = \frac{\text{发电总成本}}{\text{厂供电量}} = \frac{270000}{10000 - 1000} \text{元/MW·h} = 30 \text{元/MW·h}$$

$$\text{平均供电单位成本} = \frac{\text{供电总成本}}{\text{售电量}} = \frac{85500}{(10000 - 1000) \times (1 - 5\%)} \text{元/MW·h} = 10 \text{元/MW·h}$$

$$\text{售电单位成本} = \frac{\text{售电总成本}}{\text{售电量}} = \frac{270000 + 85500 + 10000}{(10000 - 1000) \times (1 - 5\%)} \text{元/MW·h} = 42.75 \text{元/MW·h}$$

4. 成本的事前管理

成本的事前管理是指成本的预测和计划，即在成本形成之前，根据企业的生产经营情况，运用科学的方法进行成本指标的测算，确定目标成本，并据以编制成本计划，作为降低成本的目标和日常控制成本开支的依据。

（1）目标成本的确定

目标成本确定的方法大致有以下几种：

1）调查研究及经验计算。此法可以采用国内外同样产品的先进水平，本企业历史先进水平的实际成本或本企业上年实际成本，并结合计划期各种可能变化的因素，进行分析研究，预测成本降低的可能性及实现目标成本的保证程度，估计出产品的目标成本。

2）通过目标利润确定目标成本，其公式为

$$\text{目标总成本} = \text{预计销售收入} - \text{税金} - \text{目标利润} - \text{期间费用} \tag{7-22}$$

3）通过历史成本分析确定目标成本。此法是根据企业的历史实际成本资料，将按成本项目计算出来的实际成本划分为变动成本和固定成本两部分，找出其内在的变化规律，利用直线方程 $Y = a + bX$（即产品总成本 = 固定成本总额 + 单位变动成本 × 产量）来预测成本发展的趋势。在历史成本报表中有产品总成本 Y 和产量 X 的资料，为此必须确定固定成本总额 a 和单位变动成本 b 的数值，最后才能计算出单位产品的目标成本。确定 a 与 b 两个参数值的方法常用的有高低点法及回归直线法。

高低点法是根据历史成本资料中产量最高期和最低期的成本数据推算固定成本和变动成本的一种方法。现举例说明。

【例7-4】 某电厂的历史成本资料如表 7-3 所示，从中可见：1 月份供电量最高，达 65838MW·h，发电成本为 195.88 万元；6 月份供电量最低，只有 15490MW·h，发电成本为 80.78 万元。试计算出每增加 1000MW·h 电所增加的成本（即单位变动成本）和固定成本总额。

表 7-3 供电成本资料

月 份	供电量 X/MW·h	发电成本 Y/万元
1	65838	195.88
2	50216	161.66
3	55338	178.00
4	32019	117.56
5	21880	93.75
6	15490	80.78
合计	240781	827.63

解: 单位变动成本为

$$b = \frac{发电成本差异数}{供电量差异数} = \frac{195.88 - 80.78}{65838 - 15490} = 0.00229 \text{ 元/MW·h}$$

根据已经求得的变动成本和最高点(或最低点)的成本,可以算出固定成本总额 $a = Y - bX = (195.88 - 0.00229 \times 65838)$ 万元 = 45.1 万元

a 和 b 既已求出,可得直线 $Y_1 = 45.1 + 0.00229X$,根据计划供电量即可求出目标成本和目标单位成本。需要指出的是,这里预测的是月计划目标成本,若为年度目标总成本,则只需将表 7-3 月度历史资料改用年度历史资料即可,或近似将上列直线方程中的固定成本乘以 12,得 $Y_2 = 541.2 + 0.00229X$。

假定计划年供电量为 400000MW·h,则目标总成本与单位目标成本分别为

$$Y_2 = (541.2 + 0.00229 \times 400000) \text{万元} = 1457.2 \text{ 万元}$$

单位目标成本 = $(14572000 \div 400000)$ 元/MW·h = 36.43 元/MW·h

上例亦可以用回归直线方程进行预测,回归直线法预测值也会有一定的误差,若用回归直线进行预测,则还需要计算直线对预测数值的标准误差。

(2) 成本计划的编制

成本预测为选择最优计划方案提供了科学依据。预测之后就可以进行成本计划的编制。

电力产品成本计划是以统一的货币形式,预先规定计划期内产品生产的耗费和产品成本水平,确定可比产品比上年的降低额和降低率。成本计划是企业成本管理的工具,是有计划地控制产品生产耗费和不断降低成本的重要手段。

工业企业成本计划一般由三部分组成,即全部产品成本计划、主要产品单位成本计划和生产费用计划。由于电力企业只生产单一的产品,因此电力企业只需编制产品成本计划。它包括发电成本计划、供电成本计划和售电成本计划。

1) 发电成本计划。发电成本计划主要计算计划发电总成本、计划发电单位成本、计划成本降低额和计划成本降低率。计划发电总成本是发电成本项目计划数的总和,火力发电计划总成本是根据燃料费、用水费、材料费、工资及福利费、折旧费、修理费、其他费用七个成本项目计划数汇总计算的;水力发电计划总成本包括除了燃料费以外的其他六个成本项目汇总计算的。

计划发电单位成本是指发电每兆瓦时的单位成本。由于发电厂生产过程要消耗一部分电力,因此计算发电单位成本要以发电量减去厂用电,即计划发电总成本除以计划供电量的

商。其计算公式为

$$\text{计划发电单位成本} = \frac{\text{计划发电总成本}}{\text{计划发电量} \times (1 - \text{厂用电率})} \quad (7-23)$$

计划成本降低额和降低率，是指计划发电成本比上年实际发电成本降低的数额和降低率。其计算公式如下：

$$\text{计划成本降低额} = \text{上年实际发电单位成本} \times \text{计划厂供电量} - \text{计划发电总成本}$$
$$= (\text{上年实际发电单位成本} - \text{计划发电单位成本}) \times \text{计划厂供电量}$$

$$(7-24)$$

计划成本降低额往往受两个因素影响：一是单位成本，二是产量。在某种情况下，虽然单位成本降低不多，可由于产量较多，表现在成本降低额上也可能较多。为了排除产量因素影响，还要计算成本降低率，其公式如下：

$$\text{计划成本降低率} = \frac{\text{计划成本降低额}}{\text{上年实际发电单位成本} \times \text{计划厂供电量}} \times 100\% \quad (7-25)$$

【例7-5】 根据发电成本计划表7-4，计算本年度发电成本降低额及发电成本降低率。

表7-4 发电成本计划表

序 号	成本项目	上年实际	本年计划
1	燃料费/元	200000	222000
2	购入电力费/元		
3	水费/元	5000	6000
4	材料费/元	10000	12000
5	工资及福利费/元	11000	12000
6	其中：福利费/元	1000	1000
7	折旧费/元	40000	43000
8	修理费/元	15000	17000
9	其他费用/元	19000	21000
10	合计/元	300000	336000
11	产品产量/MW·h	10000	12000
12	单位成本/(元/MW·h)	30	28
13	单位燃料成本		
14	电热成本比上年降低额/元		24000
15	电热成本比上年降低率（%）		6.7

解：

$$\text{计划成本降低额} = (30 \text{ 元/MW·h}) \times 12000 \text{MW·h} - 336000 \text{ 元} = 24000 \text{ 元}$$

$$\text{计划成本降低率} = \frac{24000 \text{ 元}}{(30 \text{ 元/MW·h}) \times 12000 \text{MW·h}} \times 100\% = 6.7\%$$

2）供电成本计划。供电局编制供电成本计划要计算供电总成本和供电单位成本。供电总成本是根据材料、工资及福利费用、折旧费、修理费、其他费用五个成本项目的计划数汇总计算的。

供电单位成本是指供电每兆瓦时的单位成本。由于电力企业在供电过程中要发生一部分线损,因此计算供电单位成本要以供电量减去线损电量计算,其计算公式为

$$计划供电单位成本 = \frac{计划供电总成本}{计划供电量 \times (1 - 线损率)} \quad (7\text{-}26)$$

根据上述汇总计算后,供电局编制的供电成本计划表如表7-5所示。

表7-5 供电成本计划表

序号	成本项目	上年实际	本年计划
1	燃料费/万元	85	88
2	工资及福利费/万元	25	27
3	折旧费/万元	52	53
4	修理费/万元	15	15
5	其他费用/万元	38	42
6	总成本/万元	215	225
7	售电量/MW·h	43000	46875
8	单位成本/(元/MW·h)	50	48

3) 售电成本计划。售电成本计划主要计算计划售电总成本、计算售电单位成本、计划售电成本降低额和降低率,并汇编成表。售电成本计划由网局和省局编制。计划售电总成本包括各发电厂的计划发电总成本、各供电局的计划供电总成本以及计划购入电力费和汇集的管理费用。

计划售电单位成本是指出售每兆瓦时的成本,它是根据计划售电总成本除以计划售电量计算的。其计算公式为

$$计划售电单位成本 = \frac{计划售电总成本}{计划售电量} \quad (7\text{-}27)$$

计划售电成本降低额和降低率,是指计划售电成本比上年实际售电成本的降低额和降低率。其计算公式为

$$\begin{aligned}计划售电\\成本降低额\end{aligned} = \left(\begin{aligned}上年实际售电\\单位成本\end{aligned} \times \begin{aligned}计划\\售电量\end{aligned}\right) - \left(\begin{aligned}计划售电\\单位成本\end{aligned} \times \begin{aligned}计划\\售电量\end{aligned}\right) \quad (7\text{-}28)$$

$$= \left(\begin{aligned}上年实际售电\\单位成本\end{aligned} - \begin{aligned}计划售电\\单位成本\end{aligned}\right) \times 计划售电量$$

$$计划售电单位成本 = \frac{计划售电总成本}{计划售电量} \quad (7\text{-}29)$$

从上述公式可见,成本降低额的多少受两个因素的影响:一个是单位成本的高低,另一个是产量的多少。根据以上汇总计算后,编制的售电成本计划表,如表7-6所示。

表7-6 售电成本计划表

序号	成本项目	发电成本	供电成本	汇集管理费	售电成本
1	变动费用/万元	450			530
2	其中:燃料	440			440
3	购入电力费				80

(续)

序号	成本项目	发电成本	供电成本	汇集管理费	售电成本
4	用水费	10			10
5	固定费用/万元	270	273.6	60	603.6
6	其中：材料费	40	120	10	170
7	工资	45	35	22	102
8	折旧费	100	45	10	155
9	修理费	25	20	5	50
10	其他费用	60	53.6	13	126.6
11	总成本/万元	720	273.6	60	1133.6
12	单位成本/(元/MW·h)	125	46		190.62
13	厂供电量/MW·h	57600	62600		62600
14	售电量/MW·h		59470		59470
15	比上年成本降低额/万元				7.2
16	比上年成本降低率（%）				2

5. 成本的控制及降低成本的途径

（1）成本的控制

成本控制就是对成本要素及成本形成过程的控制。企业在生产经营过程中，按照制度和成本计划严格监督生产费用的支出，并采取有效措施及时纠正脱离成本计划的偏差，使各种消耗和费用支出限制在制度和成本计划规定的范围内，以获得最大的经济效益。

成本控制是企业成本管理的决定性环节，经过预测和制订成本计划规定了成本目标，但理想目标的实现，关键在于控制。进行成本控制，可以及时发现和纠正生产经营过程中的损失和违反财经纪律的行为，保证成本计划的实现。

成本控制的基本过程分为以下三个环节：

1）制定标准。它是指制定成本控制所需要的各种指标。成本控制主要有计划成本、各种消耗定额、费用开支限额等。

2）衡量成效。它就是用实际执行结果和计划进行比较，根据它们之间的差异判断成本控制的成效。实际成效小于计划和控制标准的为有利差异，表明成本控制有良好的成效；反之，称为不利差异，表明成本控制成效不好，需要及时找出原因，为纠正不利差异提供方向。

3）纠正偏差。在成本形成的过程出现的不利差异主要有两种：一是实际发生的费用偏离了制度的规定，出现了不合理的开支；二是实际发生的费用偏离了成本控制标准的数量界限，使成本发生了超支。对这些偏差应分析原因，采取措施，及时纠正，以保证成本计划的实现。

电力企业为了有效地控制成本，确保成本计划的实现，应在成本执行过程中着重控制以下项目：

1）燃料费用的控制。燃料费用占电力成本比重较高，尤其是火力发电，因此应着力加以控制。燃料费用主要取决于燃料采购成本和供电煤耗率两个因素。

2）材料费用的控制。材料费用的多少与燃料费一样，主要取决于采购成本和材料消耗量两个因素。

3）工资费用的控制。工资费用的控制主要是围绕工资计划的编制和执行进行的。工资计划一般包括职工人数和工资总额两个主要指标。制订各种工时定额和工作量定额以及确定定员是编制制订工资计划的前提。因此，加强劳动定额管理，减少定员提高劳动生产率是控制工资费用的主要途径。

4）其他费用的控制。其他费用与燃料费、材料费不同，内容多而繁杂。因此，电力企业应加强其他费用的控制，对经常性费用应按计划分口管理，采取有效手段，加强事前控制；对特殊性费用，实行预算管理，实行事前事中控制。

（2）降低成本的途径

降低电力企业产品成本的主要途径有：

1）安全满发多供电是电力企业降低成本的最主要的途径。电力企业固定成本所占比重较大，满发多供电使单位成本中的固定成本减少，总成本就能降低。另外电力企业的安全生产则是最大的经济效益。

2）做好经济调度，提高运行的经济性。正确安排运行方式，合理分配各发电厂以及各发电机组的负荷，就可提高全电网的运行经济性。

3）努力节省燃料和生产用水。燃料和生产用水是构成电力产品变动成本的主要成分，尤其是燃料在火力发电成本中所占的比重达70%~80%，因此在保证安全生产的前提下，节省燃料和生产用水，对于降低成本有着重大作用。

4）降低厂用电和线路损失。火力发电厂的厂用电一般是10%左右，输配电的线损率一般也在10%左右，这两方面消耗了发电量的20%，其数目相当可观。努力降低厂用电和线损就能增加售电量，从而降低成本，增加利润。

5）节约管理费用及其他非生产性开支。这方面主要指精简机构，提高管理工作效率，减少非生产人员，缩减各种不必要的开支等。

二、利润及利润分配管理

1. 利润的概念及其构成

利润是企业在一定期间的经营成果，是收入与费用配比相抵后的差额。如果收入小于费用，则其差额表现为亏损。实现利润的多少体现了一个企业经济效益的大小和管理水平的高低，是考核、评价企业经营状况的一个重要经济指标。企业实现的利润不仅是其自身进行扩大再生产，提高职工待遇水平的前提和条件，也是国家进行积累，满足社会公共需要的重要来源。

企业实现的利润，按其性质不同由以下几部分构成，即

$$利润总额 = 销售利润 + 投资净收益 + 营业外收入 - 营业外支出 \tag{7-30}$$

（1）销售利润

销售利润是电力工业企业的主要利润来源，因为电力生产企业与电力修造企业对成本的计算方法不同，所以对销售利润也有不同的计算方法。

1）对于电力生产企业而言，有

$$销售利润 = 产品销售利润 + 其他销售利润 - 财务费用 \tag{7-31}$$

$$产品销售利润 = 电热产品销售收入 - 电热产品成本 - 销售税金及附加 \quad (7\text{-}32)$$

$$其他销售利润 = 其他销售收入 - 其他销售成本 - 其他销售税金及附加 \quad (7\text{-}33)$$

2）对于电力修造企业而言，有

$$销售利润 = 产品销售利润 + 其他销售利润 - 管理费用 - 财务费用 \quad (7\text{-}34)$$

$$产品销售利润 = 产品销售收入 - 产品销售成本 - 产品销售费用 - 产品销售税金及附加 \quad (7\text{-}35)$$

$$其他销售利润 = 其他销售收入 - 其他销售成本 - 其他销售税金及附加 \quad (7\text{-}36)$$

（2）投资净收益

投资净收益是指企业对外投资产生的收益扣除投资损失后的余额。投资收益包括对外投资分得的利润、股利和债券利息，投资到期收回或者中途转让取得款项同高于账面价值的差额。投资损失包括对外投资到期收回或转让取得款项低于账面价值的差额。

（3）营业外收入

营业外收入是与企业生产经营活动无直接关系，但与企业有一定联系的收入。它包括固定资产盘盈和出售的净收入、罚款收入、因债权人原因确实无法支付的款项、教育附加返还等。

（4）营业外支出

列入营业外支出的项目有：固定资产盘亏，报废、毁损和出售的净损失、非季节性和非大修期间的损失，非常损失，公益性救济捐赠，赔偿金，违约金等。

2. 利润分配管理

企业实现的利润总额，要按一定的原则进行分配。利润分配应兼顾国家、投资者与企业之间的利益，保证企业正常生产经营的顺利进行，具体有以下几个方面：

（1）弥补以前年度亏损

企业发生经营亏损，为了减轻亏损企业所得税负担，国家规定"企业发生的年度亏损，可以用下一年度的利润弥补，下一年度利润不足弥补的，可以在以后五年内用所得税前利润进行弥补，延续五年未弥补完的亏损，用缴纳所得税后利润弥补"。

（2）缴纳所得税

所得税是国家对企业的生产经营所得和其他所得依照税法征收的一种税，它是国家以投资人身份参与企业利润分配的一种方式，是国家财政收入的一个重要来源，也是国家调节企业收入的一种手段。企业所得税应按企业应纳税所得额和统一的所得税率（一般为25%，个别企业为15%）计缴，公式为

$$本期应纳所得税额 = 本期应纳税所得额 \times 所得税税率$$
$$= (本期利润 + 纳税调增项目 - 纳税调减项目) \times 所得税税率 \quad (7\text{-}37)$$

$$本期应纳税所得额 = 利润总额 - 单项留利 - 弥补以前年度亏损 + 超过标准不准予扣除的费用 \quad (7\text{-}38)$$

（3）税后利润分配

税后利润分配是指支付被没收的财产损失和各种税收滞纳金、罚款；弥补以前年度亏损；提取盈余公积金和公益金。盈余公积金是从企业税后利润中提取的一种积累基金，主要用于防范和抵御风险，补充资本金，形成企业扩大生产经营的资金来源。我国现行财务制度

规定:"不论何种经济性质或组织形式的企业,均按税后利润的10%提取,当法定盈余公积金已达注册资本的50%时,可不再提取"。法定盈余公积金可用于转增资本金,但盈余公积金转增资本金后,其余额不得低于注册资本的25%。公益金是企业按照规定从税后利润提取的用于职工集体福利设施的资金,主要用于职工住宅、职工食堂、幼儿园、医院等,其提取比例国家没进行统一规定,由企业自行规定;向投资者分配利润。企业分配给投资者的利润,是投资者从企业获得的投资回报,应按出资比例分配。分配方案由企业自己决定。一般情况下,为了防患于未然,留有适量的未分配利润为宜。

电力股份有限公司的净利润分配顺序:支付被没收的财产损失和各种税收滞纳金、罚款;弥补以前年度亏损;提取法定盈余公积金;提取公益金;支付优先股股利;提取任意盈余公积金;支付普通股股利;未分配利润。

3. 电力企业增加利润的途径

电力企业增加利润的途径主要有:安全多发电多供电是增加销售收入,进而增加利润的重要途径;降低产品成本,以增加企业利润;加强销售管理,抓好电费的回收工作;减少流动资产占有量,节约流动资金借款利息,严格控制营业外支出,增加营业外收入,都可以增加企业的利润。

三、量本利分析

量本利分析是一种应用范围广泛的科学分析方法。它主要是通过对企业产量、成本、利润依存关系的综合分析,进行经营管理决策。

量本利分析基于以下四项假定:①设备能力在没有充分利用以前,固定成本不变;②变动成本的变化与产销量成正比;③产品的销售价格一定;④产品销售数量的变动不受其他因素(设备能力、供求关系等)限制。

量本利分析首先要确定保本点(盈亏临界点),它一般是用销售额或销售量表示的区分盈利和亏损的分界点,也就是收支相抵没有盈亏的点。

假设Y表示销售额,X表示销售量,X_0和Y_0分别表示保本点的销售量和销售额,V表示变动成本,C_V表示单位变动成本,F表示固定成本,W表示销售单价,C表示总成本。

1)若以销售量来表示。保本点的计算公式如下:

$$Y_0 = WX_0 \tag{7-39}$$

$$C = F + C_V X_0 \tag{7-40}$$

当Y_0(销售额)与C(总成本)相等时,即$WX_0 = F + C_V X_0$时为保本点,则保本点的销售量为

$$X_0 = \frac{F}{W - C_V} = \frac{固定成本}{单位产品边际利润} \tag{7-41}$$

边际利润是管理会计中的一个重要概念,其数值等于销售收入减去变动成本后的余额。

2)若以销售额来表示。保本点的计算公式如下:

$$Y_0 = F + C_V X_0 = F + C_V \frac{Y_0}{W}$$

$$Y_0 = \frac{F}{1 - \frac{C_V}{W}} = \frac{F}{1 - \frac{V}{Y}} = \frac{F}{\frac{Y - V}{Y}} \tag{7-42}$$

$$Y_0 = \frac{\text{固定成本}}{1-\text{变动成本率}} = \frac{\text{固定成本}}{\text{边际利润率}} \tag{7-43}$$

式中，变动成本率表示变动成本与销售收入的比率；边际利润率表示边际利润与销售收入的比率。

保本点是量本利分析的基础和起点，企业产品的销售额（销售量）低于保本点的销售额（销售量）就发生亏损，只有超过这个点的销售额（销售量），才能有利润。保本点也可以通过盈亏平衡图来确定，这种方法将企业的产量、成本、利润及其相互关系在一张图上表现出来。盈亏平衡图的制作方法是：以横轴表示销售量，以纵轴表示成本和销售收入，在图上画出反映销售收入、销售总成本递增情况的两条直线，两线的交点即为保本点。

【例 7-6】 某电网售电单价 240 元/MW·h，售电量 6000MW·h，固定成本 36 万元，变动成本 72 万元，求保本点的售电量和售电金额，并绘制盈亏平衡图。

解：1）计算保本点的销售量和销售金额：

$$X_0 = \frac{F}{W-C_V} = \frac{36 \times 10^4}{240 - \frac{720000}{6000}} \text{MW} \cdot \text{h} = 3000 \text{MW} \cdot \text{h}$$

$$Y_0 = (240 \times 3000) \text{元} = 72 \text{万元}$$

2）绘制盈亏平衡图，由图 7-3 可以看到：保本点不变，销售量越大，能实现的利润就越多，反之能实现的利润越少；售电量不变，保本点越低，能实现的利润越多，反之能实现的利润就越少；在售电收入既定的条件下，保本点的高低取决于固定成本和单位产品变动成本的多少，固定成本越多或单位产品变动成本越多，保本点越高，反之保本点越低。

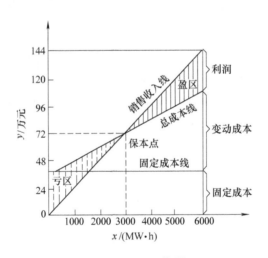

图 7-3 盈亏平衡图

第四节 财务分析

一、财务分析的意义

财务分析是以企业财务报告反映的财务指标为主要依据，对企业的财务状况和经营成果进行评价的手段。财务分析既是已完成的财务活动的总结，又是对未来财务状况进行预测的前提，它在财务管理中起着承上启下的作用。财务分析可以使报表的使用者对企业的财务状况、经营成本及财务状况的变动情况得到总体的了解，找出企业的优缺点及未来变动趋势对企业价值影响，作为评价企业经营绩效的参考，其最终目的在于达到企业内部资源的有效配置及企业之间有限资源的有效配置。

财务分析是对企业的财务状况和经营成果进行评价和剖析，以反映企业在运营过程中利弊得失、财务状况及发展趋势，为改进企业财务管理工作和优化经济决策提供重要的财务信息。财务分析的意义具体体现在以下几个方面：①财务分析是评价财务状况、衡量经营业绩的重要依据；②财务分析是挖掘潜力、改进工作、实现财务目标的重要手段；③财务分析是合理实施投资决策的重要依据。

二、财务分析的内容

财务分析的不同主体由于利益倾向的差异，决定了在对企业进行财务分析时，必然有着共同的要求和不同的侧重点。企业财务报表的主要使用人有以下七类，其分析内容不尽相同。

1）企业所有者。作为投资人，为决定是否投资，分析企业的资产和盈利能力；为决定是否转让股份，分析盈利状况、股价的变动和发展前景；为考查经营业绩，分析资产盈利水平、破产风险和竞争能力；为决定股利分配政策，分析筹资状况。

2）企业债权人。为决定是否给企业贷款，要分析贷款的报酬和风险；为了解债务人的短期偿债能力，要分析资产流动状况；为了解债务人的长期偿债能力，分析其盈利状况；为决定是否出让债权，要分析其价值。

3）企业经营决策者。为满足不同利益主体的需要，协调各方面的利益关系，企业经营者必须对企业经营理财的各个方面，包括营运能力、偿债能力、盈利能力以及社会贡献能力的全部信息予以详尽的了解和掌握，以便及时发现问题，采取对策，规划和调整市场定位目标、策略，进一步挖掘潜力，为经济效益的持续稳定增长奠定基础。

4）政府。政府通过对企业的财务状况进行分析，可以了解企业资金占用的使用效率，预测财政收入的增长情况，有效地组织和调整社会资金资源的配置；可以检查企业是否存在违法违纪、浪费国家财产的问题；可以对企业的发展后劲以及对社会的贡献程度进行分析考察。

5）供应商。通过分析，供应商可以判断企业是否能长期合作，了解其销售信用水平如何，是否应对企业延长付款期。

6）雇员和工会。通过分析，雇员和工会可以判断企业盈利与雇员收入、保险、福利之间是否相适应。

7）中介机构（审计师、咨询人员等）。审计师通过财务分析以确定审计的重点。

尽管不同利益主体进行财务分析有各自的侧重点，但就企业总体来看，财务分析的内容可以归纳为四个方面：偿债能力分析、营运能力分析、盈利能力分析和发展能力分析。其中偿债能力是财务目标实现的稳健保证，营运能力是财务目标实现的物质基础，盈利能力是两者共同作用的结果，同时也对两者的增强起着推动作用。四者相辅相成，共同构成企业财务分析的基本内容。

三、财务分析与评价的指标体系

根据《企业财务通则》规定,总结、评价企业财务状况和经营成果的财务指标应从三个方面予以概括:偿债能力、营运能力和盈利能力。

1. 偿债能力分析

偿债能力指企业偿还到期债务的能力,偿债能力分析包括短期偿债能力分析和长期偿债能力分析。

(1) 短期偿债能力分析

短期偿债能力是指企业流动资产对流动负债及时足额偿还的保证程度,是衡量企业当前财务能力特别是流动资产变现能力的重要标志。衡量企业短期偿债能力的指标有:

1) 流动比率。流动比率反映企业可在短期内转变为现金的流动资产偿还到期流动债务的能力。其计算公式为

$$流动比率 = 流动资产/流动负债 \qquad (7-44)$$

一般情况下,流动比率越高,反映企业短期偿债能力越强,债权人的债权越有保障。比率过低,表明企业难以偿付到期短期债务;比率过高,则表明企业流动资产占用过多,会影响资金的使用效率和企业的筹资成本进而影响获利能力。一般认为2:1的比例比较适合,或根据企业对待风险的态度与收益的态度予以确定。

2) 速动比率。速动比率是企业速动资产与流动负债的比率。所谓速动资产是指流动资产减去变现能力较差且不稳定的存货、待摊费用、待处理流动资产损失后的余额。其计算公式为

$$速动比率 = 速动资产/流动负债 \qquad (7-45)$$

一般情况,速动比率越高,企业短期偿债能力越高。根据经验认为,速动比率为1:1时水平比较适合。

(2) 长期偿债能力分析

长期偿债能力是指企业偿还长期负债的能力,其分析指标主要有:

1) 资产负债率。资产负债率又称负债比率,表明企业资产总额中,债权人提供资金所占的比重以及企业资产对债权人权益的保障程度。其计算公式为

$$资产负债率 = (负债/资产) \times 100\% \qquad (7-46)$$

资产负债率越小,表明企业的长期偿债能力越强;资产负债率较大,从企业所有者来说,可利用较少量的自有资金投资,形成较多的生产经营用资产,而且在经营状况良好的情况下,还可利用财务杠杆作用得到较多的投资利润;资产负债率过大,则表明企业的债务负担重,企业资金实力不强,不仅对债权人不利,企业自身也有较大财务风险。

2) 产权比率。产权比率也称资本负债率,是企业财务结构稳健与否的重要标志,它反映企业所有者权益对债权人权益的保证程度。其计算公式为

$$产权比率 = 负债总额/所有者权益 \qquad (7-47)$$

产权比率越小,表明企业长期偿债能力越强,债权人权益的保障程度越高,承担的风险越小。但企业不能充分发挥负债的财务杠杆效应。企业在评价产权比率适度与否时,应从提高获利能力与增强偿债能力两方面综合进行,在保障债务偿还安全的前提下,尽可能提高产权比率。

3) 已获利息保障倍数。它可以反映获利能力对债务偿付的保证程度。其计算公式为

$$已获利息保障倍数 = 息税前利润/利息支出 \qquad (7-48)$$

若要维持正常偿债能力，从长期看，已获利息保障倍数至少应当大于1，且比值越高，企业长期偿债能力越强。如果已获利息保障倍数过小，则企业将面临亏损、偿债的安全性与稳定性下降的风险。

4) 长期资产适合率。它是从企业资源配置结构方面反映企业的偿债能力。其计算公式为

$$长期资产适合率 = \frac{所有者权益 + 长期负债}{固定资产 + 长期投资} \times 100\% \qquad (7-49)$$

该指标从企业长期资产与长期资本的平衡性与协调性的角度出发，反映了企业财务结构的稳定程度和财务风险的大小，在充分反映企业偿债能力的同时，也反映了企业资金使用的合理性，可分析企业是否存在盲目投资、长期资产挤占流动资金或负债使用不充分等问题，有利于加强企业的内部管理和外部监督。从维护企业财务结构稳定和长期安全性角度出发，该指标数值较高比较好，但过高也会带来融资成本增加的问题，理论上认为指标值大于100%较好。

2. 营运能力分析

营运能力主要是指通过企业生产经营资金周转速度的有关指标，而反映出来的企业资金利用的效率，它反映了管理人员经营管理、运用资金的能力。营运能力分析包括：

(1) 应收账款周转率

应收账款周转率是反映应收账款周转速度的指标，其计算公式为

$$应收账款周转率 = \frac{主营业务净额}{应收账款平均余额} = \frac{主营业务收入 - 销售折扣与折让}{(期初应收账款 + 期末应收账款) \div 2} \qquad (7-50)$$

应收账款周转率反映了企业应收账款变现速度快慢和管理水平的高低。应收账款周转率越高，表明应收账款收账越迅速，流动性越强，收账费用和坏账损失越少。

(2) 存货周转率

存货周转率是反映企业采购、储存、生产、销售各环节管理工作状况的综合性指标，并且对企业的偿债能力和获利能力产生决定性影响。其计算公式为

$$存货周转率 = 主营业务成本/平均存货 \qquad (7-51)$$

由于电力企业存货单一，一般采用燃料周转率指标，其计算公式为

$$燃料周转率 = 耗料成本/燃料平均余额 \qquad (7-52)$$

存货周转越快，表明存货变现速度越快，周转额越大，存货资金占用水平越低。但存货周转率过高，如果是由存货占用过少形成的，就有可能造成生产中断或销售紧张。

(3) 流动资产周转率

流动资产周转率是反映企业流动资产周转速度的指标。其计算公式为

$$流动资产周转率 = 主营业务收入净额/平均流动资产总额 \qquad (7-53)$$

流动资产周转率是分析流动资产周转情况的一个综合性指标，该指标越高越好，说明流动资金的利用效果越好。

(4) 固定资产周转率

固定资产周转率的计算公式为

$$\text{固定资产周转率} = \text{主营业务收入净额}/\text{固定资产平均净值} \tag{7-54}$$

固定资产周转率高，表明企业固定资产利用充分，同时也表明企业固定资产投资得当，固定资产结构合理，充分发挥效率；反之，则表明固定资产使用效率不高，提供的生产成果不多，企业的营运能力不强。

（5）总资产周转率

总资产周转率的计算公式为

$$\text{总资产周转率} = \text{主营业务收入净额}/\text{平均资产总额} \tag{7-55}$$

总资产周转率高，表明企业全部资产的使用效率高；反之，则说明使用效率差。

3. 盈利能力分析

盈利能力是指企业利用现有资源或资产获取利润的能力。它表明企业获利水平的高低，以及获利稳定性和持久性。企业盈利能力的分析可从一般分析和社会贡献能力分析两方面研究。

（1）企业盈利能力的一般分析

1）销售毛利率。其计算公式为

$$\text{销售毛利率} = \frac{\text{销售毛利}}{\text{销售收入净额}} \times 100\% = \frac{\text{销售收入净额} - \text{销售成本}}{\text{销售收入净额}} \times 100\% \tag{7-56}$$

毛利率的变动是销售净额与销售成本变动的综合结果。毛利率越大，说明在销售收入中销售成本所占的比例越小，产品获利能力越强。

2）成本费用利润率。其揭示了企业为取得利润而付出的代价，是反映投入产出水平的重要指标。其计算公式为

$$\text{成本费用利润率} = \frac{\text{利润总额}}{\text{成本费用总额}} \times 100\% \tag{7-57}$$

3）总资产报酬率。它是反映企业资产综合利用效果的指标。其计算公式为

$$\text{总资产报酬率} = \frac{\text{利润总额} + \text{利息支出}}{\text{平均资产总额}} \times 100\% \tag{7-58}$$

4）净资产收益率。它反映投资者投入企业的自有资本获取净收益的能力，是评价企业资本经营效益的核心指标。其计算公式为

$$\text{净资产报酬率} = \frac{\text{净利润}}{\text{平均净资产}} \times 100\% \tag{7-59}$$

5）资本保值增值率。它表明企业当年资本在企业自身努力下的实际增减变动情况，是评价企业财务效益状况的辅助指标。其计算公式为

$$\text{资本保值增值率} = \frac{\text{期末所有者权益总额}}{\text{期初所有者权益总额}} \times 100\% \tag{7-60}$$

（2）社会贡献能力分析

1）社会贡献率。它反映了企业占用社会资源所产生的社会经济效益的大小，是社会进行资源有效配置的基本依据。其计算公式为

$$\text{社会贡献率} = \frac{\text{企业社会贡献总额}}{\text{平均资产总额}} \times 100\% \tag{7-61}$$

社会贡献总额包括：工资（奖金、津贴等工资性收入）、劳保退休统筹及其他社会福利支出、利息支出净额、应交或已交的各项税款、附加及福利等。

2）社会积累率。其计算公式为

$$\text{社会积累率} = \frac{\text{上交国家财政总额}}{\text{企业社会贡献总额}} \times 100\% \tag{7-62}$$

上交财政收入总额包括企业依法向财政缴纳的各项税款，如增值税、所得税、产品销售税金及附加、其他税款等。

第五节 电力企业经济核算方法

企业经济核算的技术方法，主要有会计核算、统计核算、业务核算和经济活动分析。

一、会计核算

会计核算是运用一整套有组织、有系统的方法，对资金运动进行核算和监督的工作。它按时间顺序不间断地对企业的各项经济活动进行记账、算账、结账、报账和分析。产品的成本、资金的占用、利润等价值指标都是通过会计来进行核算的。

会计核算是企业经济核算的中心，经济核算的主体。会计核算的职能，一是反映经济活动，通过会计报表，人们对企业的资金及资金运动情况了解得清清楚楚；二是监督经济活动，进而实行对经济活动的控制和调节。

二、统计核算

统计核算是对企业经济活动的客观情况以及对它们之间的数量关系，进行调查、观察、核算和分析，从中发现经济活动的规律性和它们之间的内在联系。

统计核算的全过程包括统计设计、统计调查、统计整理和统计分析四个阶段，这四个阶段紧密联系，常常是交叉进行的。电力企业的售电量、煤耗率、线损、频率合格率和劳动生产率、发供电设备事故率等指标，都是统计核算出来的。

三、业务核算

业务核算是企业各单位对各自的具体经济业务情况进行的一种具体核算方法。它不仅可以对已经发生的经济活动进行核算，而且也可以对尚未发生和正在发生的经济活动进行核算，看看是否有利、是否有经济效果。例如，对某项技术措施可以核算已经完成项目是否达到预期的目的和取得预期的效果，也可以对准备采取的技术措施项目进行核算和审查，看看是否有效果、值不值得采纳等。

四、经济活动分析

经济活动分析是经济核算的继续和深入，它利用会计、统计和业务核算及计划、定额、预算等资料，定期地或不定期地对企业的全部或部分的经济活动过程及其结果进行分析研究，以便揭露矛盾，找出存在的问题及其原因，挖掘潜力，指明努力方向，并提出改进措施。

要做好企业的经济核算，从企业内部来说，必须做好原始记录、计量工作、定额管理、厂内计划价格和企业内部银行等管理基础工作。

1）原始记录是记载企业生产技术经济运动情况的最初的书面文件，是会计核算、统计核算和业务核算的依据。原始记录必须全面、准确、及时。

2）计量工作为经济核算提供真实可靠的原始记录和正确的核算资料，企业产、供、销的全过程都要健全计量工作。

3）定额是企业计划管理和经济核算的基础，企业必须建立和健全完整先进的定额体系。制定的定额既要先进，又要合理，是多数职工经过努力能够达到和超过少数职工暂时达不到但可以接近的水平。应随着生产技术的进步和管理工作的改善，及时予以修订，一般以一年修订一次为宜。

4）厂内计划价格是企业内部在计划和核算工作中运用的一种固定价格。利用厂内计划价格进行核算，可以排除价格或成本因素对各部门工作成果的影响，从而有助于正确地评价各部门的经济效果。厂内计划价格应保持一定的稳定性，一般在计划年度内不变。

5）企业内部银行是企业参照银行的某些管理办法和职能在企业内部建立的财务结算机构，是企业内部经济业务的结算中心和内部信贷调节中心，对企业各核算单位在资金运用方面负有监督和服务的职能。其任务是解决内部资金的顺利周转和灵活调度，以及企业各基层单位结算过程中的在途资金占用和中间环节阻塞的问题。其工作范围只限于企业内部。它是以内部计划价格和内部支票，对企业内部经济进行非现金结算。

做好以上基础工作，是完善经济核算工作的前提和条件。

思考题与习题

7-1 什么是财务管理？什么是电力企业财务管理？

7-2 企业财务管理的内容包括哪些？

7-3 影响财务管理的因素有哪些？

7-4 什么是流动资产？什么是固定资产？它们有什么区别？

7-5 电力产品成本项目有哪些？

7-6 什么是财务分析？财务分析的内容有哪些？

7-7 某电力公司购进一台设备，原价51万元，残值收入1万元，预计折旧年限5年。计算该设备的年折旧额和年折旧率。

7-8 某发电厂一台设备原价30000元，预计清理费用1000元，残值收入3000元，预计折旧年限5年。计算该设备的年折旧额和年折旧率。

7-9 某电网1季度发电量为40000MW·h，厂用电量为10%，线损率为7%，发电总成本为100万元，供电总成本为36万元，汇集管理费为4万元，试计算发电单位成本、平均供电成本、售电成本。

第八章 网络计划技术

第一节 网络计划技术概述

完成任何一件工作都要有一个进度安排问题,即要有进度计划。传统的进度计划是用横道图描述,这种横道图在国外叫作甘特图,现在大多采用网络计划技术。

网络计划技术的基本原理是:从需要管理的任务的总进度着眼,以任务中各工作所需要的工时为时间因素,按照工作的先后顺序和相互关系做出网络图,以反映任务全貌,实现管理过程的模型化。然后进行时间参数计算,找出计划中的关键工序和关键路线,对任务的各项工作所需的人、财、物通过改善网络计划做出合理安排,得到最优方案并付诸实施。还可对各种评价指标进行定量化分析,在计划的实施过程中进行有效的监督与控制,以期保证任务优质优量地完成。

网络计划技术起源于美国。1956年,美国杜邦公司在制订企业不同业务部门的系统规划时,制订了第一套网络计划。这种计划借助于网络表示各项工作与所需要的时间,以及各项工作的相互关系。通过网络分析研究工程费用与工期的相互关系,并找出在编制计划时及计划执行过程中的关键线路,称为关键线路法(Critical Path Method,CPM),运用此法后取得很大经济效果。1958年,美国海军武器部在制订研制"北极星"导弹计划中,同样地应用了网络分析方法与网络计划,但它注重于对各项工作安排的评价和审查,故称为计划评审方法(Program Evaluation & Review Technique,PERT)。计划评审法的运用使10年完成的军事计划,8年内就完成了。鉴于这两种方法的差别,CPM主要应用于以往在类似工程中已取得一定经验的工程项目,而PERT更多地应用于研究和开发项目。在这两种方法得到应用推广之后,又陆续地出现了类似的最低成本和估算计划法、产品分析控制法、人员分配法、物资分配法和多种项目计划制订方法。这些方法虽然侧重的目标有所不同,但都是应用的CPM和PERT的基本原理和基本方法,建立在网络模型基础上,统称为网络计划技术。

国外有关资料表明,应用网络计划技术进行计划的工程项目一般能缩短工期20%左右,节省费用10%左右。值得指出的是,这些经济效果不需要增加设备、人力和投资,不需要采用新工艺、新技术、新材料,而仅是加强了管理、合理计划和安排工程项目取得的。

我国著名数学家华罗庚先生将这些方法总结概括为统筹方法,在20世纪60年代初引入我国。目前,这些方法已被广泛应用我国各行业的计划管理中,对缩短工期,节约人力、物力和时间，提高经济效益发挥了重要作用。

第二节　网络图及其绘制

网络图又称箭线图或统筹图。网络图是用图解形式表示工程项目或计划及其组成要素之间内在逻辑关系的综合反映，是进行规划和计算网络参数的基础。

一、网络图的组成要素

网络图是由事项、工序和线路三部分组成的。

1. 事项

事项又称事件，是指某一项工作、活动、工程、计划的开始或完成。在网络图中，事项是用圆圈表示的。事项是两条或两条以上的箭线的交点，又称作节点。节点的特点是不消耗资源，也不占用时间，具有瞬时性、衔接性，只表示某项工作的开始或结束。网络图中的第一个圆圈代表网络图的始点事项，表示一项工程或计划的开始；最后一个圆圈代表网络图的终点事项，表示一项工程或计划的结束；介于始点事项和终点事项之间的圆圈代表中间事项，所有中间事项代表的意义都是双重的，既表示前一道工序的结束，又表示后一道工序的开始。

如图 8-1 所示，节点 i 代表始点事项，节点 k 代表终点事项，节点 j 代表中间事项。中间事项 j 对于工序 A 来讲代表结束事项，对工序 B 来讲代表开始事项。

2. 工序

工序是指一项工作或一项活动，有具体的活动过程。工序的特点是需要人力、物力作保证，经过一定时间后才能完成的活动过程。工序一般用箭线表示。箭头所指的方向表示工序进行的方向，从箭尾到箭头表示一项工序的作业过程，箭尾表示工序的开始（或开工），箭头表示工序的结束（或完工）。箭线把各个节点连接起来，表明各工序的先后顺序和相互关系。

如图 8-2 所示，用箭线表示工序，在箭线上方注明工序名称或工序代号，在箭线下方注明工序所需的作业时间。

工序根据它们之间的相互关系分为紧前工序、紧后工序、平行工序和交叉工序。紧前工序是指紧接在某工序之前的工序。紧后工序是指紧接在某工序之后的工序。平行工序是指与某工序同时进行的工序。交叉工序是指相互交替进行的工序。

在实际工程项目中，有些活动不需要消耗资源和时间，只表明一道工序和另一道工序之间的相互依存和制约的逻辑关系，这种活动叫作虚拟工序，是一个实际上并不存在的工序。

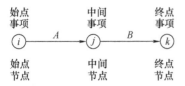

图 8-1　用圆圈表示事项

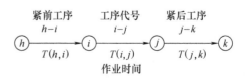

图 8-2　用箭线表示工序

在网络图中，用虚箭线表示虚拟工序，具体示例，下文叙述。

3. 线路

线路是指从网络图中始点事项开始，顺着箭线方向，连续不断地到达终点事项为止的一条通路。这条路上各工序作业时间之和，称之为路长。在一个网络图中往往有几条线路，每条线路的路长不一样，其中最长的一条（或几条）线路叫作关键线路。组成关键线路的工序称为关键工序。网络分析主要是找出工程项目中的关键线路，它对生产周期有直接影响。在网络图中，关键线路常用粗线表示。

二、网络图的绘制方法

要绘制网络图，首先要对工程项目或计划进行分析，弄清工程项目所包括的全部工序、各工序之间的逻辑衔接关系和完成每道工序所需要的时间（或资源）。

1. 绘制规则

1）节点编号不能重复。网络图为有向图，按照工序在网络图中的节点要统一编号，其顺序一般由小到大，从左到右；也可采用非连续编号法，这样当节点有增减变化时，可以进行局部调整，不会打乱全部编号。

2）两个节点之间只能有一条箭线。箭线必须从一个节点开始到另一个节点结束，其方向是由左向右。

在绘制网络图时，可能遇到有两道工序 A 和 B 同时开始、同时完成，如图 8-3a 所示。这时，工序 A 和 B 用节点编号表示都是 1→3，输入计算机中，计算机就无法辨别 1→3 到底是工序 A 还是工序 B，所以图 8-3a 的画法是错误的。遇到这种情况，必须在工序 A 或 B 中插入一道虚拟工序 y 来区别，如图 8-3b 所示。

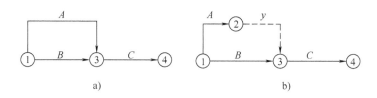

图 8-3 虚拟工序
a) 错误画法　b) 正确画法

3）在同一个网络图中，只能有一个始点节点和一个终点节点，不允许出现尽头节点和尾巴节点。尽头节点是指没有紧后工序的中间节点，尾巴节点是指没有紧前工序的中间节点，如图 8-4a 所示。当出现这种情况时，应用虚箭线将尽头节点和终点节点相连接，将尾巴节点和始点节点相连接，如图 8-4b 所示，保证网络图成为一个有机的整体。

4）正确反映各工序之间的逻辑关系，应与工序明细表中所列的逻辑关系相同。

5）不允许出现循环回路，即不能从一个节点出发，又回到同一个节点上，如图 8-5 所示。

从图 8-5 可见，工序 E 必须在工序 B、C 完成后才能开始，而工序 B 又必须在工序 A、E 同时完成后才能开始，这种情况不合逻辑，所以是错误的。

6）网络图中，尽可能将关键线路布置在中心位置，并尽量将联系紧密的工作布置在相

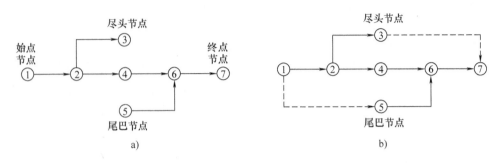

图 8-4 网络图画法
a) 尽头节点和尾巴节点 b) 尽头节点和尾巴节点的连接

近的位置。

2. 绘制步骤

1) 将工程项目或计划,按照一定的规律和需要进行分解,划分工序。

2) 分析和确定各工序之间的相互关系。

3) 确定每道工序的作业时间(或资源)。

4) 列出工序明细表。

5) 绘制网络图。按照工序明细表所列出的工序先后顺序和相互关系,以箭线连接各节点,绘制网络图。画图时,从第一道工序开始,由左向右依次画下去,直到最后一道工序为止,并且标明工序名称或工序代号及其所需作业时间(或资源)。

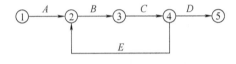

图 8-5 循环回路

三、网络图的分类

网络图可以根据不同指标分类。

1. 确定型与概率型网络图

按工时估计的性质分类,每个工作的预计工时只估一个值,这通常是因为这些工作的实际完成情况一般地可按预计工时达到,即实现的概率等于或近于 1,称为确定型网络图。而每个工作用三种特定情况下的工时——最快可能完成工时、最可能完成工时和最慢可能完成工时来估计时,称为概率型(非确定型)网络图。

2. 总网络图与多级网络图

如按网络图的综合程度分类,同一个任务可以画成几种详略程度不同的网络图:总网络图、一级网络图、二级网络图等,分别供总指挥部、基层部门、具体执行单位使用。

总网络图画得比较概括、综合,可反映任务的主要组成部分之间的组织联系,这种图一般是指挥部门使用,一则重点突出,二则便于领导掌握任务的关键路线与关键部门。一级、二级网络图则一级比一级更为细微、具体,便于具体部门及单位在执行任务时使用。为了便于管理,各级网络图中工作和事项应实行统一编号。

除此之外,网络图还可以根据其他指标划分为各种类型,如按有、无时间坐标区分,网络图可分为有时间坐标网络图和无时间坐标网络图两种。有时间坐标网络图中附有工作天或日历天的标度,表示工作的箭杆长度要按工时长度准确画出。

第三节 网络时间值的计算

制订网络计划,要进行时间进度的安排,必须计算网络时间。

一、工序作业时间

工序作业时间是指完成一项工作或一道工序所需要的时间,也就是在一定的生产技术经济条件下,完成该道工序所需要的延续时间。

确定工序作业时间是编制网络计划的一项重要工作,它直接关系到工程项目生产周期的长短,是计算网络时间的基础。作业时间不仅包括工时定额,还包括科学试验、技术鉴定、维护检修、运输等方面的工作量定额,以及在一定技术水平和生产组织条件下不可避免的中断时间。

工序作业时间的确定有两种方法:

1. 工时定额法

在具备工时定额和劳动定额的任务中,工序作业时间 $T(i,j)$ 可以用这些定额资料确定。有些工作虽无定额可查,但有关工作的统计资料,也可利用统计资料通过分析来确定工序的工时。

2. 三点估算法

对于开发性试制性的任务,往往不具备工时定额法中所讲的资料,对工作所需工时难以准确估计时,可以采用三点时间估算法来确定工作的工时。这种方法对每道工序先要做出下面三种情况的时间估计:最快可能完成时间(最乐观时间),最短的估计工时 a;正常情况下,可能完成的估计工时 m;最慢可能完成时间(最悲观时间),最长的估计工时 b。利用三个时间 a、m、b,每道工序的期望作业时间 $T(i,j)$ 可估计为

$$T(i,j) = (a+4m+b)/6 \tag{8-1}$$

方差

$$\sigma^2 = \frac{(b-a)^2}{6} \tag{8-2}$$

华罗庚教授曾对式(8-1)、式(8-2)的由来做了以下说明:由实际工作情况表明,工作进行时出现最顺利和最不利情况都比较少,更多的是在最可能完成时间内完成,工序作业时间的分布近似服从于正态分布。

假定 m 的可能性两倍于 a 或 b 的可能性,应用加权平均法。在 (a,m) 间的平均值为 $(a+2m)/3$,在 (m,b) 间的平均值为 $(2m+b)/3$,工序作业时间的分布可以用 $(a+2m)/3$ 和 $(2m+b)/3$ 各以 1/2 可能性出现的分布来代表平均期望工序作业时间

$$T(i,j) = \frac{1}{2}\left(\frac{a+2m}{3} + \frac{2m+b}{3}\right) = \frac{a+4m+b}{6}$$

而方差的公式为

$$\sigma^2 = \frac{1}{2}\left(\frac{a+4m+b}{6} - \frac{a+2m}{3}\right)^2 + \frac{1}{2}\left(\frac{a+4m+b}{6} - \frac{2m+b}{3}\right)^2 = \left(\frac{b-a}{6}\right)^2$$

概率型网络图与确定型网络图在工序作业时间确定后,对其他时间参数的计算基本相

同，没有原则性的区别。

二、节点时间

节点时间有两个，即节点最早开始时间和节点最迟结束时间。

1. 节点最早开始时间（$T_E(j)$）

节点最早开始时间表明以它为始点的各工作最早可能开始的时间，也表示以它为终点的各工作的最早可能完成时间，它等于从始点事项到该事项的最长路线上所有工作的工时总和。

计算节点最早开始时间是从始点节点开始，自左向右逐个节点向前计算。假定始点节点（箭尾节点）的最早开始时间等于零。箭头节点的最早开始时间等于箭尾节点最早开始时间加上工序作业时间，当同时有两个或两个以上箭线指向箭头节点时，选择各工序的箭尾节点最早开始时间与各自工序作业时间之和的最大值，即

$$T_E(1) = 0$$
$$T_E(j) = \max\{T_E(i) + T(i,j)\} \quad (j = 2, 3, \cdots, n) \tag{8-3}$$

式中，$T_E(1)$ 为始点节点 1 最早开始时间；$T_E(j)$ 为箭头节点 j 最早开始时间；$T_E(i)$ 为箭尾节点 i 最早开始时间；$T(i,j)$ 为工序 i—j 的作业时间；n 为网络节点总数。

2. 节点最迟结束时间（$T_L(i)$）

节点最迟结束时间表明在不影响任务总工期条件下，以它为始点的工作的最迟必须开始时间，或以它为终点的各工作的最迟必须完成时间。

节点最迟结束时间通常是从终点节点的最迟结束时间开始计算，从右向左，逆着箭头方向进行。为了尽量缩短工程项目或计划的完工时间，把终点节点的最早开始时间作为终点节点（箭头节点）的最迟结束时间。箭尾节点的最迟结束时间等于箭头节点的最迟结束时间减去工序作业时间，当箭尾节点同时引出两个或两个以上箭线时，选择该箭头节点的最迟结束时间与各工序作业时间之差的最小值，即

$$T_L(n) = T_E(n)$$
$$T_L(i) = \min\{T_L(j) - T(i,j)\} \quad (i = n-1, \cdots, 2, 1) \tag{8-4}$$

式中，$T_L(n)$ 为终点节点 n 最迟结束时间；$T_E(n)$ 为终点节点 n 最早开始时间；$T_L(i)$ 为箭尾节点 i 最迟结束时间；$T_L(j)$ 为箭头节点 j 最迟结束时间。

为了便于分析网络图，一般将节点最早开始时间填入节点左上方的矩形框内，节点最迟结束时间填入该节点右上方的三角形框内。

三、工序时间参数

计算出各节点时间以后，工序时间的计算就比较方便。

1. 工序最早开始时间（$T_{ES}(i,j)$）

任何一道工序都必须在其紧前工序结束后才能开始进行。紧前工序最早结束时间即为本工序最早可能开始时间，称为工序最早开始时间，用 $T_{ES}(i,j)$ 表示，它等于该工序箭尾节点的最早开始时间，即

$$T_{ES}(i,j) = T_E(i) \tag{8-5}$$

2. 工序最早结束时间（$T_{EF}(i, j)$）

工序最早结束时间用 $T_{EF}(i, j)$ 表示，它等于工序最早开始时间加上该工序的作业时间，即

$$T_{EF}(i,j) = T_{ES}(i,j) + T(i,j) \tag{8-6}$$

3. 工序最迟结束时间（$T_{LF}(i, j)$）

在不影响工程项目或计划最早结束时间的条件下，工序最迟必须结束的时间称为工序最迟结束时间，用 $T_{LF}(i, j)$ 表示，它等于工序的箭头节点的最迟结束时间，即

$$T_{LF}(i,j) = T_L(j) \tag{8-7}$$

4. 工序最迟开始时间（$T_{LS}(i, j)$）

在不影响工程项目或计划最早结束时间的条件下，工序最迟必须开始的时间称为工序最迟开始时间，用 $T_{LS}(i, j)$ 表示，它等于工序最迟结束时间减去工序的作业时间，即

$$T_{LS}(i,j) = T_{LF}(i,j) - T(i,j) \tag{8-8}$$

四、时差和关键线路

计算各工序时间，其目的是为了分析和寻求各项工作在时间配合上是否合理，有无潜力可挖。为此，需要计算工序总时差，找出关键线路。

1. 工序总时差（$TF(i, j)$）

在不影响整个工程项目或计划完工时间的条件下，某项工作由最早开始时间到最迟开始时间之间可以推迟的最大延迟时间称为工序总时差，简称时差，用 $TF(i, j)$ 表示，它表示了某项工程可以利用的机动时间，故又称为机动时间。

工序总时差计算公式为

$$TF(i,j) = T_{LS}(i,j) - T_{ES}(i,j) \tag{8-9}$$

或

$$TF(i,j) = T_{LF}(i,j) - T_{EF}(i,j)$$

计算工序总时差是网络计算中一个主要内容，它为计划进度的安排提供了可供选择的可能性，又是制定关键线路的科学依据。

2. 工序的单时差

工作的单时差是指在不影响紧后工作的最早开工时间条件下，某工序可以延迟开工时间的最大幅度，用 $Td(i, j)$ 表示。

其计算公式为

$$Td(i,j) = T_{ES}(j,k) - T_{EF}(i,j) \tag{8-10}$$

即单时差等于其紧后工作的最早开工时间与本工作的最早完工时间之差。

3. 关键线路的确定

工序总时差为零的工序称为关键工序，由关键工序连接起来的线路就是关键线路。一般来讲，在网络图中，工期最长的线路就是关键线路，所以要控制计划进度，缩短生产周期，就必须抓住关键线路。

抓住关键线路，对于组织和指挥生产是非常重要的，它可使管理人员心中有数，把主要力量集中在关键工序上，合理使用资源和降低生产成本。

确定关键线路的办法有三种，即时差法、最长线路法和破圈法。

五、应用实例

这里,以某一变电站工程项目运用网络图组织施工为例,来说明网络计划技术在电力企业工程项目施工计划管理中的应用。

【例 8-1】 某变电站施工工序明细表如表 8-1 所示。试计算节点最早开始时间和最迟结束时间,绘制网络图并指出关键线路。

表 8-1 某变电站施工工序明细表

工 序 代 号	$i—j$	工 序 内 容	作业时间/月
A	1—2	三通一平	4
B	1—3	主要设备订货	3
C	1—5	辅助设备外加工	2
D	3—4	主要设备到货开箱检查组装	4
E	2—4	主厂房土建施工	10
F	2—5	辅助设施土建施工	6
G	5—6	辅助设备安装调试	5
H	4—6	主要设备安装调试	8
I	6—7	变电站试运行	2

解: 根据表 8-1 所示工序明细表,绘制出如图 8-6 所示的网络图。

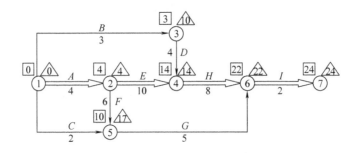

图 8-6 某变电站施工网络图

1)计算节点最早开始时间,并将计算结果填在节点编号左上方的矩形框内。

$T_E(1) = 0$

$T_E(2) = \max\{T_E(1) + T(1,2)\} = \max\{0 + 4\} = 4$

$T_E(3) = \max\{T_E(1) + T(1,3)\} = \max\{0 + 3\} = 3$

$T_E(4) = \max\{T_E(3) + T(3,4), T_E(2) + T(2,4)\} = \max\{3+4, 4+10\} = 14$

$T_E(5) = \max\{T_E(1) + T(1,5), T_E(2) + T(2,5)\} = \max\{0+2, 4+6\} = 10$

$T_E(6) = \max\{T_E(4) + T(4,6), T_E(5) + T(5,6)\} = \max\{14+8, 10+5\} = 22$

$T_E(7) = \max\{T_E(6) + T(6,7)\} = \max\{22+2\} = 24$

2)计算节点最迟结束时间,并将计算结果填在节点编号右上方的三角形框内。

$T_L(7) = T_E(7) = 24$

$T_L(6) = \min\{T_L(7) - T(6,7)\} = \min\{24 - 2\} = 22$

$T_L(5) = \min\{T_L(6) - T(5,6)\} = \min\{22 - 5\} = 17$

$T_L(4) = \min\{T_L(6) - T(4,6)\} = \min\{22 - 8\} = 14$

$T_L(3) = \min\{T_L(4) - T(3,4)\} = \min\{14 - 4\} = 10$

$T_L(2) = \min\{T_L(4) - T(2,4), T_L(5) - T(2,5)\} = \min\{14 - 10, 17 - 6\} = 4$

$T_L(1) = \min\{T_L(2) - T(1,2), T_L(3) - T(1,3), T_L(5) - T(1,5)\} = \min\{4 - 4, 10 - 3, 17 - 2\} = 0$

3)计算各工序时间和工序总时差,计算结果如表 8-2 所示。

表 8-2 工序时间及工序总时差

工序代号	$i-j$	$T(i,j)$	$T_{ES}(i,j)$	$T_{LS}(i,j)$	$T_{EF}(i,j)$	$T_{LF}(i,j)$	TF(i,j)	关键工序
A	1—2	4	0	0	4	4	0	✓
B	1—3	3	0	7	3	10	7	
C	1—5	2	0	15	2	17	15	
D	3—4	4	3	10	7	14	7	
E	2—4	10	4	4	14	14	0	✓
F	2—5	6	4	11	10	17	7	
G	5—6	5	10	17	15	22	7	
H	4—6	8	14	14	22	22	0	✓
I	6—7	2	22	22	24	24	0	✓

4)确定关键线路。由表 8-2 看出,时差为零的工序为关键工序,由这些关键工序连接起来的线路即为关键线路。其关键线路为 1—2—4—6—7,路长为 24 个月。

第四节 网络计划优化

通过绘制网络图,计算网络时间和确定关键线路,所得到的网络计划也许是一个可行方案,但不一定是最优方案。在现代化的管理中,仅仅用网络计划计算工期和资源是不够的。为了达到缩短工期、节省资源、降低生产成本的目的,还要对网络计划进行优化,寻找最优的计划方案。

一个网络计划显然描述了计划的结构和进度,但由于计划本身带有预测性和不确定性,因此在计划的制订期间和执行期间,都会因条件变化而发生变化,就需要进行调整。调整时,也要用优化方法进行。

网络优化总的指导思想是统筹规划、综合平衡、合理安排、有效利用。其目标是求快、求省、求好。优化的关键可概括为:向关键线路要时间——时间就是金钱;向非关键线路要资源——资源就是财富。这就是网络计划技术的优越所在。

网络计划的优化方法主要有三种:时间优化、时间—成本优化和时间—资源优化。

一、时间优化

时间优化是指在人力、材料、设备等资源基本有保证的条件下,寻求最短工程周期。这对于缩短新产品试制周期或提前完成某些紧急工程项目任务有重要的现实意义。

为了争取时间，迅速发挥投资效果，需要压缩工期，就要向关键线路要时间，这是时间优化的关键。时间优化的具体措施有：①利用时差，从非关键线路上抽调部分人力、物力，集中于关键线路，缩短关键线路的持续时间；②分解作业，增加作业之间的平行交叉程度；③在可能的情况下，增加投入的人力和设备，采用新工艺、新技术等来缩短工程周期。现举例说明时间优化的步骤和方法。

【例 8-2】 某工程项目网络图，如图 8-7 所示。关键路线是 $B—D—F—H$，总工期为 23.7 周。现在要求把总工期压缩为 22 周。

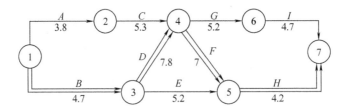

图 8-7 工程项目网络图

解：首先，将要求完工期 22 周作为网络终点事项的最迟完工时间 $[T_L(n)]$，并以此为基础重新计算各项作业或工序的最迟结束和最迟开工时间及时差，如表 8-3 所示。

表 8-3 工程网络时间计算表 （单位：周）

工序名称	作业时间	T_{ES}	T_{EF}	T_{LS}	T_{LF}	TF(i, j)
A	3.8	0	3.8	1.7	5.5	1.7
B	4.7	0	4.7	-1.7	3	-1.7
C	5.3	3.8	9.1	5.5	10.8	1.7
D	7.8	4.7	12.5	3	10.8	-1.7
E	5.2	4.7	9.9	12.6	17.8	7.9
F	7	12.5	19.5	10.8	17.8	-1.7
G	5.2	12.5	17.7	12.1	17.3	-0.4
H	4.2	19.5	23.7	17.8	22	-1.7
I	4.7	17.7	22.4	17.3	22	-0.4

其次，进行分析。从表 8-3 中计算结果表明，有些工序出现负时差，并出现负时差的路线。出现负时差的路线即为应赶开工的路线。

出现负时差的路线是：

$B—D—F—H$，总工期为 23.7 周，时差为 -1.7 周。

$B—D—G—I$，总工期为 22.4 周，时差为 -0.4 周。

其余路线均没有出现负时差，即

$A—C—G—I$，总工期为 19 周。

$A—C—F—H$，总工期为 20.3 周。

$B—E—H$，总工期为 14.1 周。

在上述两条出现负时差的路线上,有两道工序是共同的,即 B、D 工序。于是采取技术或组织措施,压缩作业时间。现在决定在 B 工序上采取措施,压缩 1.7 周,B 工序从原来的 4.7 周压缩为 3 周,就可以把负时差消去。

最后,按照新的作业时间,重新计算网络图各时间参数,如表 8-4 所示。

表 8-4 网络优化后时间计算表   (单位:周)

工序名称	作业时间	T_{ES}	T_{EF}	T_{LS}	T_{LF}	TF (i, j)	关键工序
A	3.8	0	3.8	1.7	5.5	1.7	
B	3	0	3	0	3	0	√
C	5.3	3.8	9.1	5.5	10.8	1.7	
D	7.8	3	10.8	3	10.8	0	√
E	5.2	3	8.2	12.6	17.8	9.6	
F	7	10.8	17.8	10.8	17.8	0	√
G	5.2	10.8	16	12.1	17.3	1.3	
H	4.2	17.8	22	17.8	22	0	√
I	4.7	16	20.7	17.3	22	1.3	

注:表中"√"符号表示是关键工序。

从表 8-4 中可以看出,在 B 工序上压缩 1.7 周后,就能保证整个工程项目的完工期缩短到 22 周。

二、时间—成本优化

制订网络计划不仅要考虑工期,还必须考虑成本,在按期完工的同时,尽可能减少费用。时间—成本优化就是根据最低成本的要求,寻求最佳工期,或根据计划规定的期限,规划最低成本费用。

工程项目或产品的成本一般可分成两大类:直接费用和间接费用。

1) 直接费用。直接费用是指能够直接计入成本计算对象的费用,如直接生产工人工资、原材料、能源等消耗的费用。一般地说,它随着工期的缩短而增加。正常工期费用低,压缩工期费用高,因为赶工要增加设备、增加人员、加班加点、紧急购买物资等。缩短每一单位时间所需增加的费用为赶工费用率,其计算公式为

$$K = \frac{C_M - C_N}{T_N - T_M} \tag{8-11}$$

式中,K 为赶工费用率;C_M 为赶工费用;C_N 为正常费用;T_M 为赶工工期;T_N 为正常工期。

赶工费用率公式的几何意义可以从图 8-8 中一目了然。图 8-8 中用连接折线上 A、B 两点的直线近似表示直接费用与工期的关系。

2) 间接费用。间接费用是指它的发生与生产过程中各作业或工序没有直接关系,不能直接计入各作业成本,而又必须按一定标准分配于成本计算对象的费用,如企业管理费、办公费用等。工期越长,间接费用越大。

直接费用和间接费用与工期的关系,可用图 8-9 来表示。很明显,缩短工期会直接引起直接费用的增加和间接费用的减少;延长工期会引起直接费用的减少和间接费用的增加。直

接费用和间接费用之和组成总费用。时间—成本优化就是寻求总费用最低时的最佳工期,如图 8-9 中的 T_0,即为总费用最低时的最佳时期。

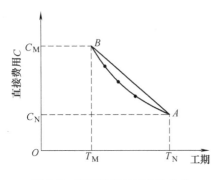

图 8-8 直接费用与工期的关系

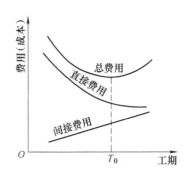

图 8-9 费用(成本)与工期的关系

时间—成本优化的基本原则是:首先压缩关键线路上赶工费用率最低的工序的作业时间,然后再压缩赶工费用率次低的关键工序的作业时间,逐步逐次优化。需要注意的是:压缩作业时间时,要考虑其他线路的延续时间,压缩后的线路延续时间不应低于其他线路延续时间。现以实例来说明时间—成本优化的步骤和方法。

【例 8-3】 设有某项计划,共有七项作业,其作业时间、作业费用及赶工费用率如表 8-5 所示,这项计划的直接费用在正常作业时间下为 40000 元,间接费用为每周 1000 元。现在求直接费用与间接费用之和最低时的工程周期。

表 8-5 计划项目明细表

作业名称	先行作业	作业时间/周		作业费用/千元		赶工费用率/(千元/周)	可能压缩的最大周数
		正常	赶工	正常	赶工		
Ⅰ	Ⅱ	①	②	③	④	⑤=$\frac{④-③}{①-②}$	
A	—	6	5	5	7	2	1
B	A	3	1	4	5	0.5	2
C	A	8	4	6	9	0.75	4
D	B	4	3	3	5	2	1
E	B	5	3	8	11	1.5	2
F	C、D	7	4	10	12	0.66	3
G	E、F	2	1	4	6	2	1

解:时间—成本优化步骤如下:

1)绘制网络图(图 8-10),并按正常作业时间计算网络时间值,确定关键路线、工期及正常作业时间条件下的工程总费用。由图 8-10 可知,工程周期为 23 周,故间接费用为 23000 元(23×1000 元),在正常作业时间下的工程费用为

工程总费用 = 直接费用 + 间接费用 = (40000 + 23000)元 = 63000 元

2)选择赶工作业,确定赶工后的工期和工程费用节约额。

选择赶工作业,首先考虑关键线路上赶工费用率最低的作业;压缩作业时间时,要考虑

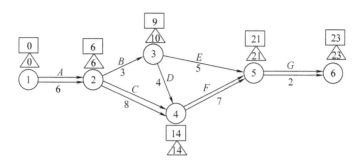

图 8-10 计划项目网络

其他线路的延续时间,压缩后的线路延续时间不应低于其他线路的延续时间。赶工后工程费用的节约额为

工程费用节约额 = 间接费用节约额 - 直接费用增长额

节约额最大时的工程周期,即为最佳工期。

从图 8-10 可知,网络图上共有三条线路,各线路及线路延续时间如表 8-6 所示。线路Ⅲ为关键线路。由表 8-6 得知,首先压缩线路Ⅲ上的作业 F,由 7 周压缩到 4 周,线路延续时间由 23 周缩短到 20 周(线路Ⅱ同时缩短为 19 周),工程费用节约额为

工程费用节约额 = $(3 \times 1000 - 3 \times 0.66 \times 1000)$ 元 = 1020 元

再压缩作业 C,由 8 周压缩到 7 周,此时线路Ⅲ与线路Ⅱ的延续时间相等,为 19 周。工期共缩短 4 周(23 - 19),工程费用节约额为

工程费用节约额 = $[4 \times 1000 - (3 \times 0.66 + 1 \times 0.75) \times 1000]$ 元 = 1270 元

由于工程项目中其他作业的赶工费用率均大于 1,即每压缩 1 周,直接费用的增加额将大于间接费用的节约额,故最佳工期应为 19 周,工期压缩后的工程总费用为

工程总费用 = 赶工前的工程总费用 - 工程费用节约额 = (63000 - 1270) 元 = 61730 元

表 8-6 线路及线路延续时间

线路	线路延续时间/周
Ⅰ: ①$\frac{A}{6}$②$\frac{B}{3}$③$\frac{E}{5}$⑤$\frac{G}{2}$⑥	16
Ⅱ: ①$\frac{A}{6}$②$\frac{B}{3}$③$\frac{D}{4}$④$\frac{F}{7}$⑤$\frac{G}{2}$⑥	22
Ⅲ: ①$\frac{A}{6}$②$\frac{C}{8}$④$\frac{F}{7}$⑤$\frac{G}{2}$⑥	23

三、时间—资源优化

在工程项目或计划任务的安排中,往往受到有限资源的制约,这些资源包括劳动力、设备、电力、资金等方面。时间—资源优化就是在一定工期的条件下,通过合理利用时差、降低资源负荷峰值求得生产与资源的平衡,充分利用资源,使工期与资源得到最佳结合,做到人尽其才、物尽其用,人机负荷均衡、充分、合理。

时间—资源优化的基本方法是向非关键工序要资源。首先，优先保证关键路线上各工序对资源的需要，然后充分利用时差，错开各工序的开工时间，对资源的利用进行调节平衡，逐步逐次进行优化。

四、网络计划技术的应用步骤

网络计划技术的应用是一个连续的过程，这个过程包括：确定目标任务；对目标任务进行分解，确定各项作业的作业时间及逻辑衔接关系，列出作业关系表；绘制初始网络图；计算网络图时间参数；确定关键线路；对初始网络计划进行调整优化；选择和绘制最优方案网络图；网络计划的组织实施与控制协调。为了更加直观明确，可用框图形式表示，如图8-11所示。

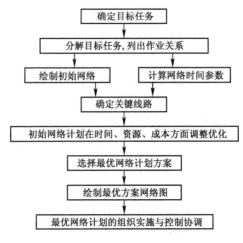

图 8-11 网络计划应用图

思考题与习题

8-1 网络图的构成要素是什么？

8-2 绘制网络图时，应遵循哪些原则？

8-3 网络图的绘制步骤是什么？

8-4 网络时间参数有哪些？各是什么含义？其作用又是什么？

8-5 什么是网络图的关键线路？关键线路的作用是什么？如何确定网络图的关键线路？

8-6 根据表8-7、表8-8绘制网络图。

表 8-7 作业关系图

作业代号	A	B	C	D	E	F	G	H
紧后作业	C, D	C, D, E	F, G	H	H	H	/	/

表 8-8 作业关系图

作业代号	A	B	C	D	E	F	G	H	I	J
紧后作业	D, E	D, E, F	G	H	I	I	J	/	/	/

8-7 根据表8-9的资料绘制网络图，计算各节点时间参数，确定关键线路及总工期。

表8-9 项目的作业关系及作业时间表

作业代号	紧后作业	作业时间/天	作业代号	紧后作业	作业时间/天	作业代号	紧后作业	作业时间/天
A	B, C, D, E, F	60	G	J	7	M	P	5
B	G	14	H	K	12	N	O	15
C	G	20	I	N	60	O	Q	2
D	J	30	J	L, M	10	P	Q	7
E	H	21	K	L, M	25	Q	/	5
F	H, I	10	L	N	10			

8-8 有资料如表8-10所示。要求：1）绘制网络图；2）若将总工期缩短2天，如何调整？

表8-10 项目的作业关系及作业时间表

作业代号	紧后作业	作业时间/天	作业代号	紧后作业	作业时间/天	作业代号	紧后作业	作业时间/天
A	F, I	3	E	F	5	I	J	2
B	G, K	4	F	J	5	J	/	1
C	E, G, K, L	7	G	A	2	K	D, I	7
D	/	3	H	B	3	L	A	1

第三篇

现代电力企业生产管理

第九章
电力企业生产管理概论

第一节 概 述

一、电力企业生产管理的含义

电力企业生产管理是企业有关生产活动方面一切管理工作的总称。广义的生产管理是指企业全部生产活动的管理，包括需求预测、发展规划、生产要素、产品质量和成本利润等方面管理。而狭义的生产管理，则局限于电力企业日常生产活动的计划、组织和控制，包括生产计划、作业计划、生产调度以及安全与技术措施计划等，侧重于生产技术方面。生产管理在整个生产经营活动中具有重要的地位，做好生产管理就可使企业为社会提供优质产品，为用户提供良好的服务。

生产管理是实现经营目标的前提条件，是对企业最基本活动的管理，企业的目标必须通过生产过程和生产管理才能实现。

由于电力企业的生产管理更有其特殊性，因为电能的产、供、销、用是通过电网同时完成的，是不可大量储存的，因此，保证电力系统的安全、可靠、经济运行就成为电力企业生产管理的关键。

二、电力企业生产管理的特点

从生产管理的角度看，现代电力工业是以电力系统的形式使发电、供电和用电环节成为相互联系的一个不可分割的整体。电力企业生产管理就是对电力系统生产活动的管理。

随着电力工业的发展，电力系统逐步向大电厂、大机组、大电网、高参数和自动化方向发展，单机容量越来越大，输电电压等级越来越高，自动化水平也越来越高。电力企业生产管理就是根据电力工业生产的特点，建立一整套行之有效的生产指挥系统和生产安全技术责任制度，管理日常的生产运行工作，维护发供电各个环节及整个电力系统正常生产秩序，从而保证电力企业生产经营目标的实现。

电力企业生产管理有以下特点：

1. 电力生产的安全可靠性

安全发供电是电力企业一贯坚持的方针。电力企业管理也必须突出安全可靠性管理，要从电力系统规划、设计、制造、生产运行等方面保证电网安全可靠。要使电力系统设置足够的备用容量，并对用户的用电方式进行监察，以保证电力系统安全可靠地发供电。电网突然停电将给国民经济各部门造成的损失远远大于电力企业自身的损失，这种损失不仅仅是经济上的，往往会引起社会秩序的紊乱，甚至带来一定的政治影响。

2. 电网管理的高度集中统一性

电能不能大量储存，产、供、销瞬间同时进行，发电、供电和用电必须时刻保持相对平衡。电网调度必须在一定范围内实行统一计划、统一检修、统一调度、综合平衡，严格执行调度计划和调度纪律。只有这样，才能合理利用动力资源，才能发挥电网的优越性。随着电力系统的不断发展壮大，对电网安全、优质、经济运行的要求越来越高，电网的各级调度部门必须实现调度自动化以适应现代化电力工业的发展。因此，电力系统必须实行高度集中统一的指挥和调度。

3. 电力生产的先行性

电力工业是一种基础产业，反映在经营管理方面，首先必须在准确预测的基础上，科学地制订电力发展长期规划和中、短期计划，从决策上保证电力生产的超前发展。同时，由于建设发电厂，从设计、勘测选厂、施工、安装到投产运行，需要较长时间和大量的资金，所以必须做好电力基本建设工作，努力调动各方面投资办电的积极性，并充分发挥投资效果。在当前，除了要抓好外延性的扩大再生产，还应抓住供用电矛盾相对趋缓的有利时机，加速现有电力企业的技术改造和加强电网建设，走以内涵扩大再生产为主的路子，眼睛向内，挖掘潜力，不断提高经济效益。

4. 电能供应的公益服务性

因电能应用的广泛性和不可缺少性，使得电能成为社会生产和人民生活的必需品，电力工业的社会效益远远大于其自身的效益。因此，电力企业必须牢固树立"人民电业为人民"的指导思想，做好供用电管理，加强职业道德教育和公共关系，提高服务质量，向用户提供充足、可靠、优质、价廉的电能。

5. 电力工业是技术和资金密集的行业

电力企业的发电、供电等设备的投资大，远高于其他行业；其技术性能复杂、自动化程度也高于其他行业。因此，电力工业是技术和资金密集行业。电力设备性能、技术状况和规模能力的优劣，对电能安全经济生产都有直接影响。为此，加强科技开发和管理，是电力企业管理的重要工作。

6. 电价的合理性和多样性

电价同其他商品的价格不同，具有多样性。由于不同的电网，其电源的结构、能源的价格和运输的价格不同，造成电力生产成本不同；相同的电力系统，在不同的时期比如丰水期和枯水期，电力生产的成本也不相同；同时，由于电力产供销的同时性，用户的用电时间、数量和方式千差万别，造成电力负荷不均匀，并影响发供电设备的利用和生产费用的支出，也造成电力生产成本的不同。这些因素造成了电价的多样性，同时也给电价的制定和电费收取带来了一定的难度。因此，电力企业必须做好营业管理，加强电费的收缴工作，及时收回售电收入，保证电力企业再生产和扩大再生产的持续进行。

三、电力企业生产管理的地位、作用和原则

1. 电力企业生产管理的地位

电力工业是生产、销售电能为用户服务的行业。它将各种一次能源（水力、煤炭、太阳能、风能、地热能、海洋能以及核能等）通过发电设备转化为电能，并通过供电设备输送给用户。

能源是国民经济的动力，国民经济的发展必然要消耗大量的能源。而电能是经过加工转换成的优质二次能源，具有其他能源所无法比拟的优点。电能便于集中、便于输送、便于转换、便于使用，被称为"方便的能源"。它利用导体输送方式，可以将电能远距离传送到各使用地区，逐级分配到用户，再分送到位，传输方法比较简易。电能传输还可以把分布不均的各种能源就近转换成电能再输送到需要用电的地方，使能源的应用互相补充，使许多企业能就近原料产地设厂，使工业布局更加合理和经济。同时，电能还可以转变为光能、热能、化学能、机械能，以及电磁力、电信号、无线电波、电声像信息等，促进了各领域的发展。电能代替其他能源可以提高能源利用效率，被称为"节约的能源"。例如：使用电力作为动力比蒸汽机效率提高 4 倍以上；以电气机车代替蒸汽机车不仅节约煤炭还可提高运输量和行车速度；用电弧炉加热的温度可达 13000℃，并可直接作用于原料、部件，而用燃烧火焰加热的温度仅 2000℃，且不能直接传导于加工原料或部件，其效率只有 20% 左右。所以钢铁和有色金属的冶炼，水泥和玻璃等建筑材料的热加工行业的生产工艺，都由应用其他能源转向使用电力，不仅节约燃料，还可提高产品的质量和寿命。电能在使用时没有污染、噪声小、安全，被称为"干净的能源"。在各工业发达国家日益重视环境保护的今天，电能在总能源消费比重中逐年增加。在城市和工业区发展热电厂，既供电又供热，取代分散的小型供热锅炉，既能节约燃料，又能改善环境。

因此，电能是促进经济发展、提高人民物质文化生活水平的物质技术基础，它在当今文明社会里如同空气和水一样，成为最基本的必需品。世界各国都把电能消耗占总能源消耗的比重及人均用电水平，作为衡量国家现代化水平的重要标志之一。电力工业已经成为国民经济中具有社会公益性和发展先行性的国民经济基础行业，是国家经济发展的战略重点。可以说，电气化就是现代化的象征，没有电气化就没有现代化。目前，我国电网已经覆盖全国城市和农村，电网调度自动化系统在全国范围内已经普遍应用。目前，电力工业已经形成了一个完整的、初步现代化的工业体系，为国民经济的持续发展提供了可靠的保证。

电力生产活动是电力企业最基本的活动，生产管理是企业管理系统中的基本部分。电力企业根据自己的经营目标，做出经营决策，制订计划和下达具体生产任务。生产管理就是根据这些要求与具体的生产任务来组织生产活动，保证完成和超额完成上述目标和任务。从企业管理系统的分层看，制订企业目标、经营决策处于企业的上层，即领导层；生产管理处于企业的中层，即管理层。它们之间是决策与执行的关系。生产管理对经营决策起保证作用，处于执行性的地位。

2. 电力企业生产管理的作用

发、供电生产管理在企业管理系统中虽处于执行性的地位，但它直接涉及企业的全体职工，是企业广大职工最基本的活动，是一切管理活动的基础。它的作用如下：

(1) 使企业经营目标与决策由理想变为现实

生产管理为企业的经营管理创造物质基础与前提，同经营管理一起保证企业经营目标的实现。"向国民经济现代化供应充足的、可靠的、合格的、廉价的电力"是所有电力企业管理的总目标，具体到网局、省局和每个发、供电等基层企业，都有其具体的目标；企业以此为核心，按部门、单位、班组和个人层层分解，落实到每一位职工，这些分层越来越具体的目标纵向与横向的有机联系，形成了一个经营管理目标体系。生产管理每时每刻都在发挥其计划、组织、控制等职能，使企业的全体职工协调行动，把企业经营管理的目标体系由理想变为现实，并在实践中对目标体系反馈、不断提高整个管理系统的水平。

(2) 使企业领导层能够集中精力主动做好经营决策

决策是企业领导者的主要职责，是领导艺术的核心。领导过程实质上就是一个决策和实施决策的过程。如果电力企业生产管理不健全有力，没有正常的生产秩序，经常发生事故，不仅实现不了本企业的经营目标，严重影响本企业甚至全电力系统的职工利益，而且会造成很大的社会压力，使企业领导层陷入大量的急迫而繁琐的事务之中。电力企业的领导层必须熟悉生产，努力强化生产管理系统，保持生产的正常进行，才能无"后顾之忧"，并集中精力于企业的战略决策问题，驾驭整个企业不断开拓前进。

(3) 生产管理是电力企业"抓管理、上等级、全面提高素质"的基础管理

国家把提高产品质量、降低物质消耗和增加经济效益，作为考核工业企业管理水平的主要标准。电力企业要根据自身特点制定各个等级的标准，主要应该解决：人身与设备安全不可靠、电能质量不高、物质消耗过多、经济效益过低、职工素质与电力生产发展的新形势不适应等问题。这些问题的解决正是电力企业生产管理的主要的内容与目的。发、供电企业只有扎扎实实地抓好生产管理，才能具备"上等级、全面提高素质"的基础。

3. 电力企业生产管理的基本原则

(1) 坚持电力生产"安全第一"的原则

电力企业在生产过程中保障职工的人身安全，保证发供电设备的安全经济运行，有秩序、按计划均衡发供电是电力工业生产的长期方针。因此，在电力企业生产活动中，应以"安全第一"的原则去指导一切工作，其表现在如下几个方面：①电力系统应有足够的备用容量，变电站应有足够的容载比（设备容量与用电负荷之比），以提高供电的可靠性；②做好安全生产的基础工作，如制定各种安全生产规程，健全生产人员岗位责任制，有针对性地制定并实施保证电力系统安全生产的各种技术组织措施；③严格按电业安全工作规程组织生产，杜绝人身死亡事故、重大设备事故和特大、重大责任事故，努力实现安全周期；④做好电力生产的考核工作，严格按照事故调查统计规程对各类生产事故进行调查分析，并坚持"三不放过"；⑤推行可靠性管理，充分发挥发供电设备潜力，提高发供电的可靠性；⑥努力提高发供电设备完好率，严格控制发供电设备的制造质量、安装质量、运行质量以及检修质量。

(2) 坚持电力生产"质量第一"的原则

电能质量是电力企业最主要的技术经济指标。坚持电力生产"质量第一"的原则是电力企业向社会提供充足、可靠、合格、廉价电能的客观需要。为保证电能质量，电力企业必须对发、输、变、配、售全部生产过程实行全面质量管理，努力采用科学方法对频率、电压、波形和供电可靠性进行质量控制。应该指出，保证电能质量不仅是电力企业和用户的共

同需要，而且应该协调一致共同努力。发电企业应对电压、频率、有功、无功等运行参数，按规定的典型负荷日严格记录并认真地分析，根据电网需要，确定无功补偿设备的投入数量和运行方式。供电企业应合理地选择电压监测点并认真考核，加强对所管辖的无功补偿设备的运行管理和技术指导，努力提高无功设备投运率，积极采用新技术，增加电压和频率调节能力。电力用户应主动接受电力企业的无功管理和监察工作，并按无功就地补偿的原则，积极安装无功补偿设备，使之达到规定的功率因数标准。

为保证电能质量，电力企业在制订电网规划时，应充分考虑电网结构和布局的合理性，并保证电网的基本建设和改造有利于促进电力企业的技术进步。电力系统无功补偿设备（包括用户的设备）的管理，应执行分级管理、集中掌握、统一调度的原则。

电力企业坚持电力生产"质量第一"的原则，不仅反映在对电能质量的控制方面，更重要的是努力提高电力企业职工的工作质量，认真执行工作标准和管理标准是保证电能质量的基本条件。

（3）坚持贯彻标准化原则

企业标准化是现代技术进步和管理水平发展的必然产物。电力企业标准化的对象是企业经常重复出现的发、供、用电活动，具体对象是与发、供、用电活动有关的人、事、物。将各种人、事、物采用标准形式确定下来，作为指导电力企业生产经营活动的准则。

电力企业为了保证建立正常的生产和工作秩序，已经建立了以技术标准为主体的包括工作标准和管理标准在内的标准化体系，认真贯彻这些标准将会促进电力企业管理水平的全面提高。

四、电力企业生产管理的任务

电力企业生产管理是电力企业管理的基本组成部分，其任务就是以达到全系统最优为目的，持续地保证电力系统以最少的投入，提供最多的合格的电能，取得最佳的效益。具体为：

1. 满足最大负荷用电需要

做好负荷管理工作，满足负荷用电需要，确保完成发供电计划。

2. 贯彻"安全第一"和"预防为主"的方针

严格执行电力生产各项规章制度和安全规程，加强生产技术管理和技术监督，做好运行和设备检修，使机组稳定满发，供电设备安全可靠，保证连续发供电。

3. 坚持电网的统一调度

加强管理，严格按额定参数运行，保证电能和热能的质量。同时，坚持全网经济调度，合理利用各种发电资源，合理分布电网潮流，降低全电力系统供电煤耗率，使整个系统运行在最经济的可靠的方式下。

4. 加强发供电设备管理

建立健全设备管理信息系统，提高设备健康水平，延长设备使用寿命，充分发挥设备效益，保证设备安全生产。

5. 加强环境保护工作

积极开展对"三废"（废渣、废水、废气）的综合治理，防止噪声污染，满足国家对生态平衡和环境保护的要求。

6. 实现电力生产过程自动化和管理自动化

随着大机组、大电网的发展，必须不断吸收和运用现代科学技术的新成果，改善发供电生产条件，保证发供电安全生产，提高劳动生产率。

五、电力企业生产管理的内容

1. 发电厂生产管理

发电厂作为电力系统的电源，其生产管理的内容包括运行管理和检修管理为主的一系列工作，其主要任务可概括为：

1）严格执行电网调度部门分配的发电任务，遵照调度下达的日负荷曲线图提供有功、无功功率和相应的电量，并完成调峰、调频任务，完成发电量计划。热电厂还要完成供热任务。

2）保证本厂和电网的安全运行，保证电能和热能的质量符合规定标准。

3）合理利用发电资源，积极组织经济运行，降低能耗，降低发电成本，提高劳动生产率。

4）加强设备管理，按计划进行设备定期检修和日常维修，提高设备的可靠性和利用率，延长设备使用寿命。

5）采取有效措施，满足环保的要求。

2. 供电管理

供电管理包括以供电设备的运行检修管理、供电质量管理和线损管理为主的一系列工作，其具体内容和任务是：

1）规划、计划和信息管理。它包括供电网络的发展规划，供电设施的运行、检修、试验计划，供电设施的更新改造计划等。

2）供电质量管理。它包括电压质量和供电可靠性管理两项内容。电压质量是电能质量的一项重要指标，不仅直接关系到电力系统本身的安全生产和经济效益，而且也影响到全社会的经济效益和人民生活，是衡量电力企业服务质量优劣的一项重要标志。提高对用户供电的可靠性，尽量减少对用户的停电次数和停电时间，减少由于停电引起的用户损失和电力企业本身的损失。

3）设备运行和检查管理。加强送电、变电、配电设备及相应附属设备的运行和检修管理，可以在供电网中减少各类事故，降低平均送电事故率和平均变电事故率，在配电网中减少和消灭触电伤亡事故。

4）加强线损管理，减少电能损失。线损率是综合反映电网运行水平和企业经济效益的主要指标之一。降低线损是增加供电能力、降低售电成本、增加售电收入和盈利的有效措施，也是电力企业节省电能、提高能源利用效率的一个重点。

5）规章制度管理。建立健全以经济责任制为核心的生产运行和设备检修管理制度，包括改革供电管理体制、建立严密的生产运行指挥系统和严格的生产岗位责任制度、加强供电运行和检修技术管理工作、编制健全各种规章制度、推行经济责任制等。

3. 电力系统运行管理

合理地安排电力系统运行方式以及正确地操作与控制是电力系统安全经济运行的基础和关键，也是电力系统安全经济运行管理的主要内容。其具体内容概述如下：

(1) 编制运行方式的原则

为了确保电力系统全面地、均衡地完成国家计划，创造最大的社会效益，应根据下列原则合理地编制电力系统运行方式：①在满足电力系统安全、可靠供电的条件下，应充分考虑发供电企业的技术经济特点，并以此来确定它们的运行方式；②当发生事故时，应以电力系统的观点去进行事故处理，在保证电力系统稳定的前提下，尽量保证重要用户的用电；③当电力系统内最大容量的发电机、变压器或送电线路因事故解列时，能保证电力系统运行的静态稳定，以及电力系统过负荷不超过允许能力；④电力系统各点的短路容量不超过设备的允许值，同时应能保证继电保护装置最低灵敏度的要求；⑤做好电力系统有功、无功的平衡，保证电力系统的频率和各中枢点的电压质量；⑥按经济调度原则分配负荷；⑦在保证电力系统最佳运行方式下，应考虑水利资源的综合利用，如防洪、航运、灌溉、城市供水等。

(2) 运行方式的主要内容

电力系统运行方式的主要内容包括：①根据有关部门提供的负荷预测及电力系统的发电能力编制月、季、年度的有功、无功电力和电量平衡表；②根据发供电企业及用户提供的设备检修计划，经调度平衡后，编制设备检修进度表；③经有关部门核定并考虑季节变化等因素，提出发电设备的综合可能出力以及最大、最小出力值；④根据水文气象预报，编制水电厂的生产计划、水库控制运行计划以及水库调度图表；⑤制定电力系统正常运行方式及继电保护整定方案；⑥编制电力系统的技术经济指标综合表；⑦绘制电力系统各中枢点的短路容量表；⑧编制特殊的运行方式，如节假日、高峰负荷期、某大机组新投或检修的运行方式等。

(3) 电力系统的运行操作和控制

电力系统的运行操作分为正常运行操作和事故操作两类。

电力系统的正常运行操作如下：①根据日负荷曲线的变化，改变电力潮流，适应负荷变化而进行相应的操作，如发电机的增减出力、调峰电厂的并网与解列；②保持电网各中枢点电压质量的操作，如发电机调整无功出力、调相机的投入与解列、变压器有载调压的操作、电力电容器的投入或停运等；③发供电设备检修前后的起停、并列、解列的操作，线路装设或拆除接地线的操作。

电网的事故处理操作如下：①送电线路事故跳闸后，为了避免扩大事故，尽量缩小停电范围，保证重要用户的供电所进行的必要的操作；②发电机组事故解列后，快速起动备用机组的操作以及拉闸限电的操作；③变电站主变压器事故停运后，为了保证用户用电所进行的转移负荷的操作。

电力系统的控制主要是控制频率和电压，其次是电源和负荷的控制，使电源和负荷之间随时保持电力、电量的平衡。控制的手段主要有行政手段和技术手段，如按预先规定的顺序拉闸限电、安装低频自动减负荷装置和电力定量器等。

4. 电力建设管理

电力企业随着国民经济的发展而发展，并带有一定的超前性。因此，电力企业的生产管理应从适应国民经济发展的观点出发，以向社会提供充足、可靠、合格、廉价的电力为目标，注重电网的建设和发展。

电力系统是发电、送电、变电、配电、用电紧密相连而构成的统一整体。因此，电力建设管理主要分为电源开发、送变电网建设和配电网建设。对于电力建设的管理应从系统全局的观点进行综合管理。

（1）电源开发管理

电源开发的管理应在国家能源政策的指导下，以国民经济发展对电能的需求为依据，以技术水平为背景，采用适合于我国国情的最有利的发电方式和发电容量。因为发电设备具有较长的使用寿命，因此，在发电设备的选择上既要注意适应性，又要考虑技术上的先进性。

电源开发管理主要工作内容是：①电力负荷预测。它是电源开发计划管理的基础。因为电能不能大量储存，所以电源开发必须与电能消费相适应。由于电源开发所需的时间较长，且投资较大，因此对电力负荷预测要力求准确并有长远规划。②可行性研究。根据负荷预测的结果，拟定各种电源开发方案。通过可行性研究和技术经济论证选择最优方案，列入电源开发计划项目，确定建设时间、建设规模、资金来源。③电源开发工程设计。由主管部门下达设计任务书，进行工程设计，同时进行设备订货。④施工管理。对工程项目进行现代化施工管理（如网络技术），保证工程施工质量，并准时投入运行。

（2）送变电网建设管理

送变电设备是连接电网和用户的纽带，送变电网的建设管理要兼顾电源供电能力的可能性和用电负荷的需要性。随着城乡功能的完善和人民生活水平的提高，社会对供电可靠性的要求越来越高，送变电网建设管理要充分考虑可靠性的要求，既要防止送变电设备本身的事故，又要防止事故波及电网。因此，必须按照发生某一事故对供电不产生障碍、发生多重事故或重大事故尽量减少供电障碍范围的原则，来安排送变电网的建设和改造。

（3）配电网建设管理

配电设备分布广泛，数量庞大。配电网建设管理的工作应根据用电负荷性质区别对待，对于大负荷高密度的城市配电网络，应重点考虑供电的可靠性。对于小负荷低密度的乡镇农村应重点考虑配电网建设和运行的经济性。

5. 电力设备管理

电力设备管理是电力企业生产管理的重要组成部分，其任务是：保证发供电企业经常具有技术完善、质量良好的电力设备和系统，为安全经济发供电提供可靠的物质基础。具体可分为：①设备的选择和评价；②设备的使用；③设备的检查、保养和修理；④设备的更新与改造；⑤设备的日常管理工作。

6. 燃料管理

燃料管理是生产技术和财务的综合性管理。火电厂是耗用燃料的大户，燃料成本是电力成本的主要组成部分。因此，加强燃料管理对于有效地利用一次能源、提高经济效益十分重要。

燃料管理的主要任务是做好燃料的收、管、用。驻矿（港）的燃料调运组成员要密切与矿、港联系，随时掌握发、运动态和加强信息反馈，并抓好月计划的落实；进厂燃料应认真过衡验收，核对发货单，详细填明验收记录，并按批取样化验，核对质价是否相符。电厂应根据负荷情况、运输距离等，规定必要的燃料储备量，同时要抓好煤场管理。生产技术部门应定期会同燃料、锅炉、化学等单位根据化验分析结果共同研究燃料的合理配用问题，保证锅炉的正常燃烧。

7. 环境保护

火电厂在发电过程中产生大量排放物，如灰渣、粉尘、废水和烟气等，若不治理，势必严重污染环境，因此，火电厂的环境保护是一件非常重要的工作。火电厂环境保护的方针是"在安全发电的基础上保护环境，在综合处理中促进生产，充分利用资源（包括自然净化能力），化害为利，变废为宝。"具体的技术政策是：

1) 灰场不占地、少占地、占坏地。
2) 冲灰水循环利用，最大限度地节约水资源。
3) 发展高效除尘设备。
4) 提高烟气排放高度，开展排烟脱硫技术的试验研究工作。
5) 大力开展灰渣综合利用，促进粉煤灰资源化的进程。
6) 防止噪声污染。
7) 进行综合治理、合理布局，尽可能在生产过程中消除和减少污染。

第二节 电力生产安全管理

一、电力生产安全第一

电力生产安全第一，是电力企业在生产中保障职工的人身安全、保护发供电设备安全、维护国家财产不受损失、有秩序地进行电力企业生产经营的长期方针，是电力企业现代化管理的重要内容。电力是国家重要能源，对国民经济和人民生活具有重大影响，只有保证安全可靠地发、供电，并通过销售环节做好经营管理和指导用户安全用电，才能提高整个电网的安全可靠性和经济效益，实现电力企业的最终目标。

贯彻"安全第一"方针，要根据电能不能大量储存的特点，设置足够的备用容量，以提高发、供电的可靠性，并且根据电力系统实际情况加强安全与可靠性管理。具体应主要抓好以下工作：

1. 树立"安全第一""质量第一"的思想

掌握电力设备的运行规律，提高设备设计质量和工程施工质量以及运行和检修技术水平，改善发、供电设备的健康状况。

2. 做好基础工作，制定各种安全生产规程

制定各种安全生产规程和管理制度，健全运行人员岗位责任制，定期开展安全生产大检查，有计划地实施保证安全生产预防事故的各种技术组织措施。

3. 按电业规章制度组织生产，及时总结经验教训

在电力生产过程中，努力杜绝人身死亡、全厂全站停电、电网大面积停电、主要设备损坏和重大火灾等恶性事故以及特大重大责任事故；按事故调查统计规程进行事故、障碍的调查和统计分析工作，根据调查分析，对事故做出结论和处理，并将事故分析结论用于改进设备制造、设计施工、检修维护和运行管理等各方面的工作。

4. 做好电力生产考核工作

按照事故调查统计规程，对发、供电企业和调度部门生产单位发生的事故、障碍和异常情况进行考核，开展"百日无事故"和"千次操作无差错"的安全生产竞赛。

5. 推行科学管理方法，提高服务水平

采用科学管理方法，对发电设备进行技术监督，保持设备处于良好状态，充分发挥发、供电设备潜力,提高发、供电的可靠性,减少对用户的停电次数和停电时间,提高供电服务水平。

二、电力系统安全稳定运行

所谓电力系统稳定,是指电力系统应该具有稳定运行的能力,即当电力系统受到各种各样的扰动时,应能自动地迅速消除扰动,继续进行工作。这种能力的大小取决于电网结构、设备性能和运行参数等多方面的因素。每个电力系统保持稳定的能力有大有小,如果扰动超过了限度,电力系统就会失去稳定。

1. 电力系统稳定的分类

电力系统稳定分为静态稳定、暂态稳定和动态稳定。

(1) 静态稳定

静态稳定指电力系统受到小干扰后(如负荷变化、原动机调速器工作点变化等)导致某些运行参数偏离原来的平衡位置时,不发生自发振荡和非同期性的失步,自动恢复到起始运行状态的能力。

(2) 暂态稳定

暂态稳定指电力系统受到大干扰后(如大量负荷突然切除、运行中的发电、变电、送电设备突然切除以及发生各种类型的短路故障等),各同步发电机保持同步运行并过渡到新的稳定状态或恢复到原来的稳定运行方式的能力。

(3) 动态稳定

动态稳定指电力系统受到小的或大的干扰后,在自动调节和控制装置的作用下,保持长过程稳定运行的能力。

2. 电力系统稳定破坏、频率崩溃和电压崩溃

(1) 稳定破坏

电力系统中有数十台甚至上百台发电机组并列运行,它们都在同一频率下运转,称为同步运行。如果遇到事故比如线路短路时,造成不同步运行,称为电力系统稳定破坏。因此,在发生事故时,有些发电厂就要切除机组或快速切除负荷,有的地区就要自动切除部分负荷或全部负荷,目的是使转速快的机组慢下来,慢的机组减负荷后快起来,以恢复它们同步运行,确保电力系统稳定。提高电力系统稳定的基本措施包括:提高稳定储备以加强电力系统的稳定性,研究稳定破坏后防止扩大的措施等。

(2) 频率崩溃

电力系统由于某种原因引起电源不足,将使频率迅速下降。频率下降对火电厂的影响是严重的,如给水泵、风机等出力下降会影响全厂出力下降,反过来又影响整个电力系统频率下降,如果不及时切除部分负荷,将造成恶性循环,最后导致频率崩溃,电网瓦解。实践证明,频率过高,也会导致电力系统瓦解。预防频率崩溃的有效措施是电力系统应有规定的必要备用容量和装设足够的低频减载装置,防止频率下降。

(3) 电压崩溃

由于大部分电力负荷是异步电动机,它消耗较多的无功功率,变压器、线路、电抗器等也消耗无功功率。这些无功负荷是由发电机、调相机、并联电容器等无功电源供给的,以维持电力系统电压。在无功电源不足的电力系统中,因无功负荷大幅度增加,将使电力系统电压下降到极限电压值。此时，即使电压有微小下降，也将促使电压继续下降，引起恶性循环，造成大量电动机减速或停止转动，发电机甩负荷，形成电压崩溃，导致电力系统瓦解。预防电压崩溃的措施是电力系统要有足够的无功备用容量，大容量发电机要装有失磁保护，发电机及调相机都要有自动调节励磁和强行励磁装置，并配备低电压减载装置等。

三、安全生产指标

安全生产管理的目的是最大限度地减少事故，创造长期安全无事故记录，保证安全、可靠、优质、经济地发供电。电力企业要重点杜绝人身伤亡、大面积停电、主设备和建筑物的损坏、水淹厂房和火灾、严重误操作等恶性事故；努力减少乃至消除人员直接过失引起的重大事故，特别是恶性误操作和继电保护事故，以及带地线合闸、带负荷拉闸、带电挂地线、非同期并列等事故。

对安全生产的指标是有明确规定的，具体表现在发生事故的种类和数量，其中主要指标有电能质量指标、设备完好率和事故率指标、操作合格率指标等。

1. 电能质量指标

电能质量包括频率、电压、波形和供电可靠率。

（1）频率

我国电力系统运行额定频率是50Hz，允许偏差±0.2Hz，即运行频率在49.8~50.2Hz内为合格，超出此范围称作频率异常，延续时间超过规定值应作为障碍或事故。月、季、年的频率合格率是日频率合格率的平均值。日频率合格率的计算公式为

$$日频率合格率(\%) = \frac{1440\min - 频率异常时间(\min)}{1440\min} \times 100 \quad (9\text{-}1)$$

（2）电压

我国电网额定电压为10（6）kV、35（66）kV、110kV、220kV、330kV、500kV和750kV。用户受电端电压允许偏差为：35kV及以上电压变动范围为额定电压±5%，10kV及以下高压供电和低压动力用电电压变动范围为额定电压±7%，低压照明用电电压变动范围为额定电压+5%和-10%。电压偏差在规定值以内称为合格，超过规定值且延续时间超过规定值，应称为障碍或事故。

电压合格率的计算式为

$$监视点(或中枢点)电压合格率(\%) = \frac{电压合格时间(\min)}{运行时间(\min)} \times 100 \quad (9\text{-}2)$$

其中，电压合格时间 = 运行时间 − 电压不合格时间

$$电网电压合格率(\%) = \frac{各点电压合格率之和}{点的个数之和} \quad (9\text{-}3)$$

以全天24h为计算单位，称日电压合格率；月、季、年的电压合格率，为月、季、年的日电压合格率的平均值。

（3）波形

电力系统运行的标准波形是正弦波。但是实际上电力系统中除了正弦波外，还存在着高次谐波，使电能质量变坏。对电力系统来说，主要考核系统的谐波电压含有率，详见第十章。

(4) 供电可靠率

用户在规定时间和在分配用电指标内用电时,除发生不可抗拒的外力和非电力部门自身原因造成的事故外,不得停电、限电,否则应算成电力部门的责任事故。供电可靠率计算式为

$$\text{供电可靠率}(\%) = \frac{\text{报告期日历小时} - \text{非电业外部造成的事故停、限电小时}}{\text{报告期日历小时}} \times 100 \quad (9\text{-}4)$$

2. 设备完好率和事故率指标

(1) 发供电设备完好率

$$\text{设备台数完好率}(\%) = \frac{\text{一、二类设备台数}}{\text{评级设备总台数}} \times 100 \quad (9\text{-}5)$$

$$\text{设备容量完好率}(\%) = \frac{\text{一、二类设备容量}}{\text{评级设备总容量}} \times 100 \quad (9\text{-}6)$$

(2) 发供电设备事故率

$$\text{发电设备事故率}[\text{次}/(\text{台} \cdot \text{年})] = \frac{\text{发电设备事故次数}(\text{次})}{\text{发电设备总台数}(\text{台} \cdot \text{年})} \quad (9\text{-}7)$$

$$\text{变电设备事故率}[\text{次}/(\text{台} \cdot \text{年})] = \frac{\text{变电设备事故次数}(\text{次})}{\text{变电设备总台数}(\text{台} \cdot \text{年})} \quad (9\text{-}8)$$

$$\text{输电线路事故率}[\text{次}/(100\text{km} \cdot \text{年})] = \frac{\text{输电线路事故次数}(\text{次})}{\text{输电线路总长度}(100\text{km} \cdot \text{年})} \quad (9\text{-}9)$$

(3) 人身伤亡事故率

$$\text{电业职工死亡及重伤事故率}[\text{次}/(\text{千人} \cdot \text{年})] = \frac{\text{职工死亡及重伤次数}(\text{次})}{\text{职工总人数}(\text{千人} \cdot \text{年})} \quad (9\text{-}10)$$

3. 发供电设备操作合格率

$$\text{发供电设备操作合格率}(\%) = \frac{\text{总操作次数} - \text{误操作次数} - \text{不合理操作次数}}{\text{总操作次数}} \times 100 \quad (9\text{-}11)$$

四、建立健全安全保证监督体系

电力生产的高度自动化和产、供、销同时完成的特点,决定了电力生产必须采用系统工程的观点、原理和方法建立安全保证体系。所谓安全保证体系,就是将电力生产各级单位和各个环节的工作严密地组织起来,规定在保证安全生产方面的职责、任务和权限,形成一个完整的安全保证监督网。发电厂的安全保证体系由以下三部分组成:

1) 按垂直生产指挥系统建立的各级安全生产责任制。
2) 按生产流程(从燃料到发电)建立各运行岗位责任制。
3) 厂部各专业职能部门在安全方面的任务和职责。

发电厂安全保证体系的任务是实现全厂安全目标和保证各车间安全保证体系中各自任务的完成。根据这一任务的要求,发电厂的安全保证体系各级岗位职责主要有以下五方面:

1) 各级行政负责人的安全生产职责。
2) 各级党、工、团负责人的安全生产职责。
3) 各级安全监察人员的安全责任制。
4) 厂部各职能科室的安全生产职责。

5）保证安全的技术管理措施。

按照国家《电力安全生产工作条例》的规定：各单位的最高行政领导是本单位安全工作的第一责任者，对本企业的安全生产负全面领导责任。《条例》中对网、省局的局长和主管生产副局长的安全职责做了明确规定。各网局制定了发电厂、电业局、工程公司和修造企业的局（厂）长、经理、党委书记和工会主席安全生产责任制。各单位负责制定本单位各基层单位各级人员安全生产责任制。

五、电力生产安全例行工作

1. 反事故措施和安全技术措施计划的编制

1）各企业根据本单位的事故、障碍分析结果以及设备健康与缺陷情况，按照网、省局提出的反事故的重点措施和要求，拟定出本企业下年度"两措"计划编制提纲和具体要求，下达给各基层生产单位。

2）基层生产单位（分场、工区、供电局）分析本单位的事故、障碍、异常情况及存在的设备缺陷和安全隐患，并根据本企业下达的编制提纲和要求，编制本单位的"两措"计划。

3）基层生产单位将"两措"计划报送主管企业（局、厂、公司），由企业组织安全监察，共同审查，编制本企业"两措"计划。经领导批准后，报送网、省局。

2. 定期组织春、秋两季安全大检查和安全活动

春季以预防季节性事故（防风、防爆、防寒、防火和防冻等）为重点，秋季以设备查评为重点。

3. 定期进行安全活动分析

安全分析实行厂（局）、队（工区、处室、公司）、班（组）三级分析制度，对发生的一切不安全因素，各级必须召开会议，按"三不放过"（事故原因分析不清不放过；事故责任者和群众没受到教育不放过；没有防范措施不放过）原则进行分析研究，并按有关规定提出书面报告上报有关部门。

除了开展上述安全例行工作外，为保证安全发供电，在安全生产中还必须抓好各项规章制度的落实。

1）坚持贯彻"两票三制""三规""一参数"。"两票"是工作票、操作票，它是贯彻电力生产"安全第一"方针，严格执行各种标准、制度，保证人身、设备安全的重要措施。"三制"是交接班制、设备巡回检查制以及设备定期试验、维护、轮换制。交接班制是保证电力企业连续安全经济发供电的重要措施之一，是上、下班之间相互合作、顺利布置、交代工作任务的重要保障；设备巡回检查制是及时掌握设备运行状况，发现和消除缺陷与隐患，避免或缩小事故，保证安全运行的重要措施；设备定期试验、维护、轮换制是提高发供电设备的可靠性，保证连续安全运行的重要手段。"三规"是指安全、运行、检修三大规程。"一参数"是指发供电设备按规定参数运行，要求运行人员认真监视设备，勤检查，勤调整。

2）坚持贯彻"六项监督"工作。"六项监督"是指金属监督、绝缘监督、电测仪表监督、热控监督、化学监督、环境监督。金属监督是指保障火电厂高温高压部件和重要转动部件的安全；绝缘监督是指防止电气设备绝缘损坏；电测仪表监督是确定量值传递可靠和仪器仪表检验质量的有效措施；热控监督是指保证热控仪表准确，自动、保护装置灵敏且准确可靠；化学监督是对电厂水、汽、油、煤的质量监督，使其保持良好的品质，防止热设备腐蚀、结垢、积盐和油质劣化；环境监督是指防治企业排放的废水、废气、废渣、垃圾及噪声等对环境的污染及危害。

第三节　电力系统可靠性管理

一、可靠性管理的含义

人们在日常生活中，对可靠性都有一个定性的认识，比如对一个设备都希望经久耐用，这反映了人们对该设备性能的一种要求，这就是可靠性的要求。可靠性管理是指在预定时间内和规定条件下，保持元件、设备或系统的规定功能的一系列管理活动。

可靠性理论用于电力系统，在我国是 20 世纪 60 年代才开始的，它是一门新兴的应用科学。目前，在设计、制造、规划、运行和管理等方面都有广泛的应用，且占据着作为决策的重要依据的地位。提高电力系统运行的可靠性是提高电力系统经济效益的重要途径，通过可靠性管理可以做到以最小的投入，而取得该投入下的最佳的社会效益和经济效益。此外，还可使电力系统在最不利的条件下发生最小的影响，例如，提高了电力系统的可靠性就可减少停电次数，减少停电时间，防止大面积停电；又如，将设备的可用度提高就相当于增加了一定容量设备，从而节约了投资。

随着电力系统向高电压、远距离、大容量、大机组、自动化方向发展，电网越来越大，设备越来越复杂，电力系统覆盖地区的自然环境差异也越来越突出，对人员的素质要求越来越高，这些都是影响整个电力系统可靠性下降的相关因素。而国民经济的高质量发展却要求电力系统具有越来越高的可靠性。可靠性工作中，管理工作占有重要的地位，离开科学的管理，可靠性工作难以正常开展。因此，推行电力系统的可靠性管理，具有十分重要的经济和社会意义。

二、可靠性管理的任务和内容

1. 电力系统可靠性管理的任务

可靠性管理是一个系统工程问题，涉及有关工业的整个体系，纵向有许多层次和工序，横向有许多部门和环节，孤立地抓一个环节或一个问题是不行的，必须从系统工程观点出发，采取一系列有效措施才能保证最终的可靠性。

可靠性管理是贯穿于产品的研究、设计、制造、生产、使用等各个阶段的，即贯穿于产品整个寿命周期。因此，可靠性管理不但与生产企业有关，而且与使用者也密切相关，因为产品可靠性的高低，主要是在使用以后才能做出判断，多数要由用户来下结论。而且，使用中的可靠性数据，对于改进产品的可靠性是非常有用的。因此，生产方与使用方的合作是非常必要的。与一般经营管理活动相同，可靠性管理也分为生产线管理和职能管理：生产线管理的目的是提高和维持产品的可靠性；职能管理则是在于协调、计划、控制和监督生产线的活动。这两种管理都是必不可少的。

可靠性管理是企业管理活动的一个环节，与其他管理活动是密切相关的。因此，应和其他生产经营的管理活动结合起来进行。但是，可靠性管理还有自身的特点与规律，它主要由计划、组织、协调、领导和控制五个环节组成。

可靠性管理的工作很多，主要是提出可靠性要求，建立可靠性的数学模型，进行可靠性评价试验和失效分析，建立数据收集系统，进行质量管理、环境试验与可靠性验收试验等。在系统的原始数据（如各元件的故障率、修复率、负荷特性等）都已具备的条件下，可靠性管理的任务大致为以下几个方面：

1）研究与制定单个元件和由元件组成的系统的可靠性指标与统计方法，可靠性指标就是可靠性管理的目标。

2）根据可靠性计算指标，结合被管理对象的具体情况，建立可靠性模型，研究与制定可靠性的计算、预测、分配与评价的方法。

3）寻找提高被管理对象可靠性的途径和方法。

4）研究可靠性和经济性的最佳搭配。

2. 电力系统可靠性管理的内容

可靠性管理是对管理对象进行全过程的与全面的综合管理。这是一项复杂的技术性很强的工作，内容十分广泛，涉及各个方面和有关的各个部门。下面按电力建设各个阶段介绍其可靠性管理的内容。

1）规划阶段。规划部门要做好负荷预测，确定备用容量，并在负荷预测和一次能源平衡的基础上安排好电源开发的布局，保证逐年有足够的新增发电容量投产，电力系统有充足的备用容量。备用容量不足的电力系统，其可靠性是很难满足要求的。合理编制电网规划，并用滚动计划方法逐年调整，确定可靠性和经济性之间的关系。

2）设计阶段。设计部门要分析电力设备所具备的可靠性水平，应从成本、功能、政策、社会效益等各方面综合考虑，确定可靠性目标，建立一套设计可靠性准则。在设计方案完成后，要进行可靠性预测，将预测推算结果与原定可靠性目标进行比较，作为修订方案的依据。最后还要进一步对组成系统的各单元或子系统进行可靠度的分配。

3）研制阶段。研制部门要分析故障类型，进行零部件选择和可靠性试验，应用人体工程学进行设备设计与布置，使机器和人互相协调配合，使运行人员最省力并减少操作错误。

4）制造阶段。制造部门要运用可靠性进行全面质量管理。

5）施工安装阶段。施工安装部门要实行全面质量管理，以保证使用的可靠性。

6）运行阶段。运行调度部门在设备投入运行后，要做好运行与检修的可靠性管理。加强负荷预测、进行潮流计算、确定运行方式、做好备用安排以及电力不足时的预安排和事故处理方案、确定设备最佳检修周期、做好电源和电网的可靠性分析等，并将各种设备的可靠性统计分析资料反馈到规划、设计、制造和运行维修各个环节中去，作为改进工作、提高设备的可靠性和系统的可靠性的依据。

目前常用的电力系统可靠性研究有两种基本方法：一是基于蒙特卡罗（Monte Carlo）技术的模拟法；二是基于马尔可夫（Markov）过程的解析法。

三、电力系统可靠性管理的度量指标

系统是由元件组成的，系统和元件是相对而言的。若把系统定义为一座变电站，那么元件是指变电站内的电力设备，如变压器、断路器、隔离开关、互感器等；若把系统定义为一台变压器,那么元件就是指这台变压器的外壳、套管、铁心、线卷等部件。

从可靠性的观点看,元件可分为两大类:可修复元件与不可修复元件。如果元件工作一段时间后发生故障,不能修理或虽然修理但得不偿失的称为不可修复元件,如电容器、真空断路器等。如果元件工作一段时间后发生故障,经过修复能再次恢复到原来工作状态,则称之为可修复元件。大部分电力设备属于可修复元件,电力系统则是可修复系统。可靠性管理的对象主要是指可修复的系统和元件。可靠性是用科学的、统一的、严密的定量指标来表达的。可靠度则是度量可靠性的特性指标,它表示元件或系统在规定时间内和规定使用条件下,无故障地发挥规定功能的概率,采用概率值(0~1)或百分值(0~100%)来定量表示可靠性程度。

设可靠度函数为 $R(t)$,不可靠度函数为 $F(t)$,根据概率论,在设备寿命时间 T 大于时间 t 的条件下,应有

$$R(t) + F(t) = 1 \tag{9-12}$$

$R(t)$ 表示可靠度在时间上如何从 1 向 0 减少的情况,$F(t)$ 则表示不可靠度如何从 0 向 1 增大的情况。取 $F(t)$ 对时间的导数,就称之为故障密度函数 $f(t)$,有

$$f(t) = \frac{dF(t)}{dt} = -\frac{dR(t)}{dt} \tag{9-13}$$

将故障密度函数与可靠度的比率定义为故障函数,以 $\lambda(t)$ 表示,则

$$\lambda(t) = \frac{f(t)}{R(t)} = -\frac{dR(t)}{R(t)dt} \tag{9-14}$$

$\lambda(t)$ 是到某一时间 t 为止,系统或设备尚未发生故障的条件下,在下一个 dt 时间内可能发生故障的条件概率。通过对元件的大量观测统计与理论分析,可以证明设备的可靠度 $R(t)$ 是以 $\lambda(t)$ 的时间积分为指数的指数型函数,这个结论极为重要。

经过大量的试验、长期观测和理论分析,由多个零件构成的可修复的系统或设备,其故障率 $\lambda(t)$ 的典型形态如图 9-1 所示。因该曲线形似浴盆,故称之为浴盆曲线。

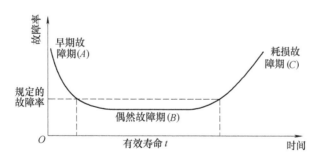

图 9-1 设备的典型故障曲线

从图 9-1 可知,起初,故障率随时间而减少,故障是由于设备中寿命短的零件及设计上的疏忽和生产工艺质量欠佳等引起的。这个时期叫作早期故障期,或称为调整期和老练期,如图 9-1 的 A 部分。此时的主要任务是找出不可靠的原因,使故障率稳定。早期故障期结束后,设备进入了偶然故障期,如图 9-1 的 B 部分。此时故障的发生是随机的,电力设备故障率较低而且稳定,可以说是设备的最佳状态期,这个时期的长度称为设备的有效寿命。最后

是故障率再度上升的时期，为耗损故障期，如图9-1的C部分。此时期，设备的某些零件已经老化耗损，寿命衰竭，因而故障率上升。在B区，若能事先测知耗损开始的时间，实行提前检修与更新耗损的部分，就可以把上升的故障率拉下来。可修复的设备和系统就是采用这种办法延长设备和系统的有效寿命，即通过检修使它们长期处于偶然故障期状态。

由于电力设备和电力系统是可修复的，在检修规程与制度保证下，运用设备诊断等技术，使电力设备与电网稳定运行期间的故障率 $\lambda(t)$ 具有浴盆曲线中偶然故障期的特点。$\lambda(t)$ 是与时间 t 无关的，即

$$\lambda(t) = \lambda = \text{const}$$

对电力系统与电力设备而言，可靠度、不可靠度和故障密度函数分别为

$$R(t) = e^{-\lambda t} \tag{9-15}$$

$$F(t) = 1 - e^{-\lambda t} \tag{9-16}$$

$$f(t) = \lambda e^{-\lambda t} \tag{9-17}$$

所以，电网与电力设备的可靠度函数、不可靠度函数和故障密度函数都有一个共同的特点，即都按时间呈指数分布。

在研究电力系统可靠性问题时，需制定出具体的定量指标。电力系统可靠性指标并不是一个，指标的选择取决于许多因素，如系统的要求、计算的可能性、可测量性等。目前电力系统中采用了下述一些主要的可靠指标：

1）故障率 λ。故障率 λ 表示平均每台设备在单位时间内发生故障的次数。电力系统内的各种设备都是可修复元件，所以在研究其可靠性时，总是假设故障率为常数。

2）平均无故障运行时间（Mean Time to Failure，MTTF）。平均无故障运行时间又称首次故障前的平均时间，其算式为

$$\text{MTTF} = \frac{1}{\lambda} \tag{9-18}$$

3）修复率 μ。修复率 μ 表示设备在过去的检修能力和维修组织安排的条件下，平均单位时间内完成修复的概率。它是一个常数。

4）平均修复时间（Mean Time to Repair，MTTR）。平均修复时间表示设备平均每次连续检修所用的时间，其算式为

$$\text{MTTR} = \frac{1}{\mu} \tag{9-19}$$

5）平均相邻故障间隔时间（Mean Time Between Failures，MTBF）。两次相邻事故之间的平均时间表示设备平均每次检修后可以连续运行的时间，其算式为

$$\text{MTBF} = \text{MTTF} + \text{MTTR} \tag{9-20}$$

6）可用度 A。可用度（Availability）又称可用率或有效度，表示稳态下设备处于正常工作状态的概率。由于设备的寿命处于"运行"和"停运"两种状态的交替中，应有

$$A = \frac{\text{MTTF}}{\text{MTTR} + \text{MTTF}} = \frac{\text{MTTF}}{\text{MTBF}} = \frac{\mu}{\lambda + \mu} \tag{9-21}$$

7）不可用度 $\overline{A}$。不可用度（Unavailability）又称损坏度或不可用率，表示系统处于停运状态的概率。因为 $A + \overline{A} = 1$，则有

$$\overline{A} = \frac{\text{MTTR}}{\text{MTTR} + \text{MTTF}} = \frac{\lambda}{\mu + \lambda} \tag{9-22}$$

不可用度 $\overline{A}$ 也就是强迫停运率（Forced Outege Rate，FOR），它是针对发电机组的可靠性指标。我国原电力工业部对国产火电机组等效强迫停运率和非计划停运次数的考核指标的规定，如表9-1所示。

表9-1 国产火电机组等效强迫停运率和非计划停运次数考核指标

机组容量/万 kW	强迫停运率（%）	允许非计划停运次数/[次/（年·台）]
10 ~ 10.25	6	1.5 ~ 2
20 ~ 25	12	3
30 ~ 32	10	3.5

8）故障频率 f。故障频率 f 表示稳态下单位时间内的平均故障次数，即

$$f = \frac{1}{T} = \frac{1}{\text{MTBF}} = \frac{\lambda\mu}{\mu+\lambda} = \lambda A = \mu\overline{A} \tag{9-23}$$

9）电力不足时间概率（Loss of Load Probability，LOLP）。电力不足时间概率又称电力不足概率，是在假定日尖峰负荷持续24h的条件下，系统可用发电容量小于负荷容量的时间概率期望值。目前在电力系统规划和安全运行中已广泛采用这个指标。

10）电量不足概率（Loss of Energy Probability，LOEP）。电量不足概率是系统中由于发电机组强停运造成的不足电能与系统要求的电能的期望比值。

11）系统平均停电频率指标（System Average Interruption Frequency Index，SAIFI）。系统平均停电频率指标是运行的系统在一年中的平均停电次数。

12）系统平均停电持续时间指标（System Average Interruption Duration Index，SAIDI）。系统平均停电持续时间指标是系统中的用户在一年中经受的平均停电持续时间。

13）平均供电可用度指标（Average Service Availability Index，ASAI）。平均供电可用度指标是一年中用户的可用电小时数与用户要求供电小时数之比。

以上这些指标都是针对可修复的系统或设备，并且其可靠性函数符合指数分布的前提下规定的。不满足前述条件而套用这些规定时可能会得出错误的结论。此外，系统中各环节还有更具体的可靠性指标。这些可靠性指标，一般是通过拟定可靠性准则的办法来加以规定。准则中规定了在种种事故情况下，电力系统不得产生连锁反应扩大事故，因而系统、设备、运行、维护及至用户服务都提出了要求。

各种可靠性准则和指标，世界各国不同，同一国家内不同电业单位也可能有差异。世界工业发达国家都对电力供应的可靠性要求很高，日本、美国等国家都规定对每个用户的电力不足时间概率（LOLP）小于1天/10年。我国原电力工业部已经颁发了发电厂和供电局的可靠性统计办法，并采用可用率代替发电量对发电厂进行考核。

【例9-1】 刘家峡水电厂300MW水轮发电机的可靠性统计参数为：故障率 $\lambda = 6.44$ 次/年，修复率 $\mu = 400$ 次/年。求：稳定状态下该水轮发电机的可用度 A、不可用度 $\overline{A}$、平均无故障运行时间 MTTF、平均修复时间 MTTR 及故障频率 f。

解： 按照可靠性统计指标的定义，由以下计算得

$$A = \frac{\mu}{\mu+\lambda} = \frac{400}{400+6.44} = 0.98416$$

$$\overline{A} = 1 - A = 1 - 0.98416 = 0.01584$$

$$\mathrm{MTTF} = \frac{1}{\lambda} = 0.1553 \text{ 年或 } 1360\mathrm{h}$$

$$\mathrm{MTTR} = \frac{1}{\mu} = 0.0025 \text{ 年或 } 21.9\mathrm{h}$$

$$f = \lambda A = 6.44 \times 0.98416 \text{ 次/年} = 6.34 \text{ 次/年}$$

四、电力系统可靠性管理与经济性

随着国民经济的发展，社会对电能的依赖性越来越大，而停电所造成的损失也越大，社会要求供电有很高的可靠性。但是，要进行可靠性管理，需要增加许多费用，如可靠性管理机构的费用，可靠性教育、培训费用，可靠性设计及其审查费用，数据和资料收集、处理费用，制定可靠性管理文件的费用，采用可靠度高的元件、器件及其筛选费用，系统和设备可靠性试验费用等。这些费用包括一次性投资和经常性运行费用，它们都要加到生产成本中去。一般情况下，可靠性要求越高，所需要的费用越多。

提高可靠性的收益，是指提高可靠性给社会包括电力部门在内带来的经济效益，一般地讲，可以看作是所减少的停电损失。可靠性越高，停电损失就越小。因而，从总的经济效果出发，并不是对可靠性要求都是越高越好，而是应从为提高可靠性所付出的代价是否合理，即以总费用最低的原则来确定可靠度的目标值。图 9-2 表示电力系统的可靠度与费用的关系。图中，曲线 C 表示可靠性管理费用与可靠度的关系；曲线 D 表示停电损失费用与可靠度的关系；$C+D$ 曲线表示系统的总费用与可靠度的关系，这是

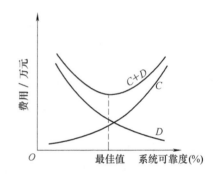

图 9-2 可靠度与费用关系曲线

一条下凹的曲线，有一个经济（费用）上的最佳点，它就是系统可靠度的目标值。当然，更重要的还要看系统和设备所起的作用，并从军事、政治等方面加以全面衡量。

保证可靠性的途径，主要有如下几个方面：①充分掌握电力设备和电网的功能、运行特性和使用条件；②研究电力系统中的电力设备相互作用和相互制约的关系，以及各电力设备对电网可靠度的影响程度；③尽可能选择可靠度高的和已标准化的电力设备及其元器件，要进行可靠性试验；④在一定条件下使电力设备及其元器件减额使用；⑤在电力生产经营活动中，充分考虑人的操作有效性，环境布置要符合文明生产的要求，使运行人员能情绪饱满、聚精会神地工作。

五、可靠性计算基础知识

电力系统是由发电厂、变电站、输电线路和用户负荷等组成，是一个庞大的复杂系统，因此计算电力系统的可靠性，难以求得整个系统的可靠性指标，也就是说不可能用一个或几个指标来概括地表示整个系统的可靠性。所以一般是将电力系统分解成若干子系统，如发电系统、输电系统、配电系统以及发电厂、变电站电气主接线等部分，然后根据不同子系统的运行特点和要求完成的任务，制定出不同的表达各元件、设备和系统的可靠性指标，进行可靠性分析计算。最后，根据计算结果进行比较和分析，找出各部分在可靠性方面的不足之

处，拟订措施进行改进。

在进行系统的可靠性分析时，元件是系统的一个基本要素。可靠性定义为元件、设备和系统在规定的条件下和预定的时间内，完成其规定功能的概率。可靠性被定义为一个概率，使得通常使用的模糊不清的可靠性概念，有了一个可以度量及计算的定量尺度。系统的可靠性就取决于构成系统的所有元件的可靠性和连接方式。为了叙述可靠性计算方法，常将系统分为串联系统、并联系统和复杂系统三种。

1. 系统的逻辑框图

系统的逻辑框图是以系统元件物理连接图为基础，根据元件对系统工作的影响，以方框表示元件功能而构成的图，它是进行系统可靠性分析和计算的基础。对于系统来说，在构成系统的元件中，只要有一个元件发生故障，该系统就发生故障，称该系统为串联系统。当组成系统的元件全部发生故障时，整个系统才发生故障，则称该系统为并联系统。请注意：这里所讲的串联和并联系统，并不等于电路中电阻元件的串联和并联，而是指可靠性逻辑关系上的串联和并联。例如，有两个设备在实际连接上为串联（比如两个电阻元件串联）工作，当其中任一个设备故障停运时，整个串联结构即停止工作，或者说只有这些设备都正常工作时，整个串联结构才能正常工作，这种串联结构就是串联系统，即结构关系和逻辑关系相一致。又如有两个设备实际为并联结构，但当其中任一设备故障时，同样造成整个并联结构不能工作，比如飞机的两翼看上去是共同起作用的并联结构，但当一翼损坏后，整个飞机将不能飞行，这种并联结构从逻辑上看仍属于串联系统。可见，物理结构关系和逻辑关系上的串联有相一致的和不一致的地方，而可靠性计算是指逻辑关系上的串联、并联关系。

对于电力系统，在分析其可靠性时，首先要认清系统所要求的状态，进而判断其属于哪种系统，如并联系统、串联系统或其他系统，并绘制出等效可靠性逻辑框图，然后进行可靠性分析计算。

2. 串联系统的可靠性计算

对于串联系统，只有当构成该系统的所有元件都处于可靠运行状态时，整个系统才能正常运行。设有 n 个元件组成的串联系统，若各元件故障的发生是互不相关的，各元件的可靠度分别为 R_1，R_2，$\cdots$，R_n，则整个系统的可靠度 R_s 依乘法定理得

$$R_s = R_1 R_2 \cdots R_n = \prod_{i=1}^{n} R_i \tag{9-24}$$

当各元件的故障率分别为常数 λ_1，λ_2，$\cdots$，λ_n 时，整个系统的故障率 λ_S 为

$$\lambda_S = \lambda_1 + \lambda_2 + \cdots + \lambda_n = \sum_{i=1}^{n} \lambda_i$$

设该系统中最差元件的可靠度为 $R_{\min}$，则有

$$R_s = \prod_{i=1}^{n} R_i < R_{\min}$$

可见，串联系统的可靠度基本上是由系统中最差元件的可靠度所决定的，而且整个系统的可靠度比系统中最差元件的可靠度还要差。这样，要提高串联系统的可靠度，首先应提高系统中最差元件的可靠度。如果要得到高的系统可靠度，则不宜采用多元件的串联系统。

3. 并联系统的可靠性计算

对于并联系统，系统中任何一个元件运行，则整个系统仍正常运行，只有当系统中所有

元件都同时发生故障时,系统才停止运行。设由 n 个元件组成的并联系统,若各元件故障的发生是互不相关的,各元件的不可靠度分别为 F_1, F_2, $\cdots$, F_n,按乘法定理,系统的不可靠度 F_s 为

$$F_s = F_1 F_2 \cdots F_n = \prod_{i=1}^{n} F_i \qquad (9\text{-}25)$$

由此可求得并联系统的可靠度为

$$R_s = 1 - F_s = 1 - \prod_{i=1}^{n} F_i = 1 - \prod_{i=1}^{n}(1 - R_i) \qquad (9\text{-}26)$$

式(9-26)中,$F_i = 1 - R_i$。

若系统中最可靠元件的可靠度为 $R_{\max}$,因为

$$\prod_{i=1}^{n}(1 - R_i) < (1 - R_{\max})$$

所以 $R_s = 1 - \prod_{i=1}^{n}(1 - R_i) > 1 - (1 - R_{\max}) = R_{\max}$

可见,并联系统的可靠性比整个系统中最可靠元件的可靠性还要高。对于由两个元件组成的并联系统,由式(9-26)可知,其可靠度为

$$R_s = 1 - (1 - R_1)(1 - R_2) = R_1 + R_2 - R_1 R_2$$

4. 复杂系统的可靠性计算

(1) 串联并联系统的可靠性计算

上面讨论的串联系统和并联系统的可靠性计算模型是可靠性分析计算中基本的内容,但实际系统往往比这些系统要复杂得多。对于具有串联和并联支路构成的系统,为了分析系统的可靠性,可将系统分解为若干个串联和并联的子系统。如图9-3所示,可将串联并联系统逐次分解为若干个子系统,$S_1 = \{A, B\}$ 串联系统,$S_2 = \{C, D\}$ 串联系统,$S_3 = \{E, F\}$ 串联系统,$S_4 = \{G, H\}$ 并联系统,$S_5 = \{S_2, S_3\}$ 并联系统,最后简化为如图9-3c所示的串联系统。系统可靠性计算可按上述简化过程进行,该系统可靠度 R_s 为

$$R_s = R_{s1} R_{s5} R_{s4} = R(AB) R(S_2 + S_3) R(G + H)$$
$$= R_A R_B (R_{s2} + R_{s3} - R_{s2} R_{s3})(R_G + R_H - R_G R_H)$$
$$= R_A R_B (R_C R_D + R_E R_F - R_C R_D R_E R_F)(R_G + R_H - R_G R_H)$$

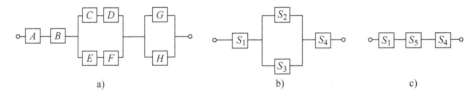

图 9-3 串联并联系统及其简化过程

(2) 非串联并联系统的可靠性计算

对于配电系统的可靠性计算,应用串联并联系统可靠性模型可以说是足够了,但对于输电系统及其他一些系统,仅用串联并联系统可靠性模型就不够用了。

如图9-4所示,3节点输电系统。假设输电线路 L_1、L_2、L_3 中有两条线路供电就可满足

用户的负荷要求，仅一条线路供电就不能满足负荷要求。由此可见，一条线路停止运行不会导致整个系统停运，根据串联系统定义可知它不是串联系统；输电线路 L_1、L_2、L_3 中仅一条线路送电时，系统不能正常运行，因为它不能满足用户负荷要求，根据并联系统定义可知它也非并联系统，这种系统称为非串联并联系统。

对于非串联并联系统，可靠性计算方法有状态枚举法和最小割集法等，其中以状态枚举法最为常用。这种方法假设每个元件都有正常和故障两种状态，分别用"1"和"0"表示，对于由 n 个元件组成的系统就有 2^n 个状态，所组成系统中元件状态改变，可导致整个系统的状态改变，其中有若干个元件组成的状态集合使系统仍处于正常状态，其余为系统的非正常状态，将所有正常状态的概率相加即得系统可靠度，各不正常状态的概率相加即得系统的不可靠度。

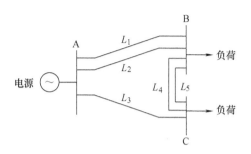

图 9-4　3 节点输电系统图

【例 9-2】　如图 9-4 所示 3 节点输电系统，组成系统的元件集合为 $S=\{L_1, L_2, L_3, L_4, L_5\}$。若下述条件之一成立则系统发生停运：①母线 B 或母线 C 的负荷没有电源供电；②输电线路 L_1、L_2、L_3 中只有单回线路同时向母线 B 和母线 C 的负荷供电。

解： 该输电系统为非串联并联的复杂系统，其系统可靠性可用状态枚举法进行计算。系统由五个元件组成，用状态枚举法确定系统的事故状态数为 $2^5=32$ 个。由二项式系统知识，可得

$$(a+b)^5 = a^5 + 5a^4b + 10a^3b^2 + 10a^2b^3 + 5ab^4 + b^5$$

表 9-2　3 节点输电系统可靠性状态分类表

状态	事故的元件	U	D	停运状态概率 P (D)
0 阶事故状态 $N_0=1$				
(1, 1, 1, 1, 1)		√		
1 阶事故状态 $N_1=5$				
(0, 1, 1, 1, 1)	L_1	√		
(1, 0, 1, 1, 1)	L_2	√		
(1, 1, 0, 1, 1)	L_3	√		
(1, 1, 1, 0, 1)	L_4	√		
(1, 1, 1, 1, 0)	L_5	√		
2 阶事故状态 $N_2=10$				
(0, 0, 1, 1, 1)	L_1, L_2		√	0.00729
(0, 1, 0, 1, 1)	L_1, L_3		√	0.00729
(0, 1, 1, 0, 1)	L_1, L_4	√		
(0, 1, 1, 1, 0)	L_1, L_5	√		
(1, 0, 0, 1, 1)	L_2, L_3		√	0.00729
(1, 0, 1, 0, 1)	L_2, L_4	√		

(续)

状态	事故的元件	U	D	停运状态概率 $P(D)$
(1, 0, 1, 1, 0)	L_2, L_5	√		
(1, 1, 0, 0, 1)	L_3, L_4	√		
(1, 1, 0, 1, 0)	L_3, L_5	√		
(1, 1, 1, 0, 0)	L_4, L_5	√		
3 阶事故状态 $N_3 = 10$				
(0, 0, 0, 1, 1)	L_1, L_2, L_3		√	0.00081
(0, 0, 1, 0, 1)	L_1, L_2, L_4		√	0.00081
(0, 0, 1, 1, 0)	L_1, L_2, L_5		√	0.00081
(0, 1, 0, 0, 1)	L_1, L_3, L_4		√	0.00081
(0, 1, 0, 1, 0)	L_1, L_3, L_5		√	0.00081
(0, 1, 1, 0, 0)	L_1, L_4, L_5	√		
(1, 0, 0, 0, 1)	L_2, L_3, L_4		√	0.00081
(1, 0, 0, 1, 0)	L_2, L_3, L_5		√	0.00081
(1, 0, 1, 0, 0)	L_2, L_4, L_5	√		
(1, 1, 0, 0, 0)	L_3, L_4, L_5		√	0.00081
4 阶事故状态 $N_4 = 5$				
(0, 0, 0, 0, 1)	L_1, L_2, L_3, L_4		√	0.00009
(0, 0, 0, 1, 0)	L_1, L_2, L_3, L_5		√	0.00009
(0, 0, 1, 0, 0)	L_1, L_2, L_4, L_5		√	0.00009
(0, 1, 0, 0, 0)	L_1, L_3, L_4, L_5		√	0.00009
(1, 0, 0, 0, 0)	L_2, L_3, L_4, L_5		√	0.00009
5 阶事故状态 $N_5 = 1$				
(0, 0, 0, 0, 0)	L_1, L_2, L_3, L_4, L_5		√	0.00001

上述二项式展开式中各项的系数等于各阶的事故状态数，即 0 阶和 5 阶事故状态数为 1，1 阶和 4 阶事故状态数为 5，2 阶和 3 阶事故状态数为 10，共计 32 个状态。下面按事故的阶数（即故障元件个数）列出系统中事故状态，并分选出系统中处于停运状态 D 和运行状态 U，如表 9-2 所示。由表 9-2 可见，在 32 个状态中，0 阶和 1 阶事故并未导致系统发生停运状态，2 阶及以上事故使系统出现停运状态，其中 2 阶事故 3 个、3 阶事故 8 个、4 阶事故 5 个、5 阶事故 1 个，共有 17 个事故使系统发生停运状态。

设由 L_1，L_2，…，L_n 个元件组成的系统，若各元件相互独立，故障发生互不相关，每个元件的可靠度均为 R，不可靠度均为 F，则系统每个事故状态的概率为

$$P(L_1, L_2, \cdots, L_n) = R^{n-i} F^i$$

式中，n 为元件个数；i 为事故阶数，即事故元件数。

对 3 节点输电系统，系统停运率即不可靠度 F_s 为

$$F_s = \sum_D P(D) = \sum_D P(L_1, L_2, \cdots, L_5) = 3R^3 F^2 + 8R^2 F^3 + 5RF^4 + F^5$$

若令 $R=0.9$，$F=0.1$，则系统不可靠度为

$$F_s = 3R^3F^2 + 8R^2F^3 + 5RF^4 + F^5$$
$$= 0.02187 + 0.00648 + 0.00045 + 0.00001 = 0.02881$$

由此可求得 3 节点输电系统的可靠度为

$$R_s = 1 - F_s = 1 - 0.02881 = 0.97119$$

第四节　电力企业全面质量管理

一、全面质量管理的含义和发展

全面质量管理（Total Quality Control，TQC）是由企业全体人员参加的、贯穿于生产经营全过程的、具有全面性质的、以保证和提高产品质量为目的现代化企业管理方法。

产品质量就是产品的使用价值，是产品适应一定的用途满足社会需要所具备的特性。它包括对产品性能、寿命、可靠性、安全性、经济性五个方面的特殊要求。质量标准就是产品质量主要特性的定量表现。

"质量"的含义是全面的，它不仅狭义地指产品质量，还广义地指产品赖以形成的工序质量和工作质量。工序质量是指在产品形成过程中对产品质量起作用的诸因素，包括人、设备、原材料、作业方法与环境五大因素；工作质量则指企业生产技术和组织管理等各方面的水平。产品质量是企业工序质量和工作质量的综合反映，而工序质量和工作质量则是产品质量的保证。

电力企业的产品是电能，只有最大限度地、连续不断地供给用户价廉合格的电能，才能体现其价值。这就是说，电能这个产品的质量特性应具备适用性、连续性、可靠性、安全性和经济性。这些特性一般均应定量表现，这样才能做到质量管理的科学化。

质量管理是管理科学的重要组成部分，它是伴随着生产力的发展而发展起来的，大体可分为三个阶段：

1. 质量检验阶段（20 世纪 20 年代 ~40 年代初）

20 世纪前，产品质量主要依靠操作者个人的技能、经验、自己生产、自己检验，被称为"操作者的质量管理"。20 世纪初期，以美国泰勒为代表的科学管理理论和实践的发展，使计划职能和执行职能分开，中间有了监督检验的环节，质量检验开始成为独立的工序。这一阶段，大多数企业开始设置专门的检验机构（部门），配备专职检验人员，制定检验标准和检验制度，检验的责任就落在检验员身上，有人称它为"检验员的质量管理"。

这一阶段的主要特点是"专职检验"，主要通过严格的检验来保证出厂产品或转入下道工序的半成品的质量。"专职检验"的产生和逐步完善，促进了劳动生产率的提高和产品质量的提高。但它属于"事后检验"，仅仅起到把关的作用，不能预防和控制废品的产生，故又称为"事后检验阶段"。

2. 统计质量管理阶段（20 世纪 40 年代 ~50 年代）

第二次世界大战爆发后，对武器、弹药等军需物资的质量提出了新的要求，但因缺乏事先控制和不能保证破坏性试验的军需物资的质量，影响前线战事。1941—1942 年，美国国防部组织一些数理统计专家，制定了美国战时质量管理标准，强制要求生产军需物资的企业

执行，国防部据此控制制造过程和验收军用物资，取得了显著效果，保证和改善了军需物资的质量，战后被其他国家和行业相继引入，统计的质量管理方法风行一时。

这一阶段的主要特点是利用数理统计原理对生产过程进行质量控制，从而预防不合格品的大量产生，在方式上，由专职检验人员转移到专业的质量控制工程师和技术人员，这标志着事后检验的观点改变为预测质量问题的发生并事先加以预防的观念，这更加适合企业的需要，推动了生产的发展。但这一阶段过分强调了数理统计理论和方法，没有重视数理统计方法的通俗化和普及工作，而且对有关的组织管理工作有所忽视，使得人们误认为"质量管理就是数理统计方法""质量管理是管理工程师的事，与己无关"等，这就限制和影响了质量管理方法的进一步推广和发展。

3. 全面质量管理阶段（20 世纪 50 年代以后）

20 世纪 50 年代以来，随着科学技术飞速发展，产品更新换代加快，许多大型复杂产品、工程（如导弹、航天事业）对产品的安全性、可靠性要求空前提高，影响产品质量的因素更加复杂，又由于市场竞争日趋激烈，许多企业把发展新产品和提高质量作为竞争中取胜的关键。在这样的历史背景下，就产生了全面质量管理的思想和理论。

1961 年，美国的弗根保姆和朱兰等人首先提出了全面质量管理的概念，主要包括两个方面的含义：一是提出了要生产满足用户要求的产品，单纯靠数理统计方法控制生产过程是很不够的，还需要有一系列的组织管理工作，数理统计方法只是其中一种主要工具；二是提出了产品质量有个产生、形成和实现的过程，包括市场调研、设计、制造、销售服务等一系列环节，这些环节一环扣一环，互相依存，互相促进，形成一个螺旋上升的过程。如图 9-5 所示，这就是著名的朱兰质量螺旋。弗根保姆在《全面质量管理》一书中，系统地提出了全面质量管理的概念和一整套完整的措施。由于全面质量管理是行之有效的科学管理方法，很快在欧美各国得到推广，而且在日本获得了成功与发展。

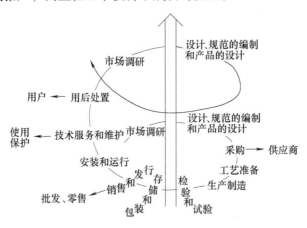

图 9-5 质量螺旋上升过程示意图

随着全球经济和贸易的发展，所有的企业都把质量作为竞争的主导因素，把全面质量管理作为企业的经营战略，质量的改进不仅包括对产品服务以及工作质量的改进，而且已经进一步发展到对企业成本、利润和竞争力的改进。全面质量管理已经从企业扩展到政府机构、社会团体和服务行业，建立新的文化观念——质量文化已经成为经济发展、企业经营管理和竞争观念上新的主题。

二、全面质量管理的特点

1. 全过程的质量管理

全过程的质量管理把质量管理工作的重点,从事后检验把关转到事先控制生产工序,从管结果变为管因素,对设计、生产、销售、使用等各个环节中的工序和工作的诸因素都实行严格而科学的质量管理。既抓产品质量,又抓工作质量,形成一个质量保证体系。

2. 全员性的质量管理

产品质量是企业职工素质、技术素质、管理素质和领导素质的综合反映,涉及企业中每一个人员。质量管理,人人有责。提高产品质量要依靠企业全体职工都关心产品质量,提高工作质量,质量管理才有最可靠的基础。

3. 综合性的质量管理

影响产品质量的因素错综复杂,来自很多方面。必须针对不同的影响因素,综合运用不同管理方法和措施,才能根据质量波动规律控制质量波动,稳定地提高质量。

三、全面质量管理的基本工作方式

全面质量管理的基本工作方式是 PDCA 循环,即充分利用计划(Plan)—执行(Do)—检查(Check)—处理(Action)四个阶段周而复始的循环这一科学的方法。它表明了全面质量管理要经过四个阶段的程序运转。

1. 全面质量管理运行的基本方式

(1) P 阶段

P 阶段即计划阶段。计划是管理的首要职能,也是质量管理的第一个环节。这个阶段,需要找出质量问题,分析原因,制订目标、计划以及实施计划的措施等,具体分为四个步骤:① 搜集情况,分析现状,找出存在的质量问题;② 分析产生质量问题的各种原因和影响因素;③ 找出影响质量的主要因素;④ 制订改善措施,提出行动计划,并预计效果。上述四个步骤,实质上是围绕制订质量计划开展的各项工作,从分析问题入手,找出原因,落实措施。

制订质量计划是一项十分复杂而细致的工作。为了使质量计划切实可行,在制订过程中必须反复明确以下问题:① 为什么要制订这样的计划,采取哪些措施?② 实施这样的计划要达到什么目的?③ 计划在什么地方实施?④ 计划由谁组织实施?⑤ 计划在什么时间实施和完成?⑥ 如何去实施计划?以上六个问题,也即是回答质量计划的制订原因、目的、执行地点、时间、人和方法。

(2) D 阶段

D 阶段即实施阶段。按照 P 阶段制订的计划组织实施,应按计划分配到各部门各工区去实施。实施阶段只有一个步骤:组织计划实施。

(3) C 阶段

C 阶段即检查阶段。将计划目标与执行结果加以比较,检查计划实施的效果。检查阶段也只有一个步骤:检查计划实施效果。

(4) A 阶段

A 阶段即处理阶段。这是 PDCA 循环的最后一个阶段,目的在于总结经验,找出差距,采取对策，发现问题，向下一个循环反映。处理阶段应有两个步骤：①总结经验；②处理遗留问题。

PDCA 循环如图 9-6 所示。

2. 全面质量管理运行的特点

根据 PDCA 循环的性质，一般有以下两个特点：

(1) 大环套小环，周而复始

PDCA 作为企业管理的一种科学方法，适用于企业各个方面的工作。因此，可把整个企业看作一个大的 PDCA 循环，各级管理、各个部门又有各自的 PDCA 循环，依次又有更小的 PDCA 循环，直至落实到每一个人。上一级的 PDCA 循环是下一级的 PDCA 循环的根据，下一级的 PDCA 循环是上一级的 PDCA 循环的贯彻落实与具体化。图 9-7 就具体表示了这种层层贯彻、层层落实的关系。例如，一个发电厂是一个大圆循环，下层各车间是大圆中的小圆，班组又是车间小圆循环中的小圆。车间根据全局的质量计划（图 9-7 大圆中的 P）制订自己的质量计划（图 9-7 中圆中的 P），接着班组根据车间质量计划落实到人头上（即小圆上的 P）。通过这样的大、中、小循环，把企业的质量活动有机联系起来，彼此协调循环，互相促进。

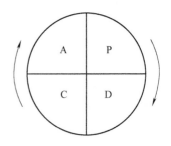

图 9-6 PDCA 循环

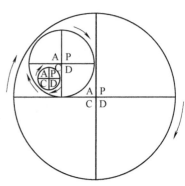

图 9-7 多级 PDCA 循环关系

(2) 循环上升

PDCA 循环四个阶段周而复始地运转，每循环一次，就实现一定的质量目标，解决一批问题，质量水平有新的提高，并有新的内容和目标，如同爬楼梯，一步一步地上升。图 9-8 为每一个 PDCA 循环与企业管理水平提高的关系。

以严格的、科学的数据资料测量和分析是全面质量管理的一个基本观点。它是通过统计的方法，定量地、客观地以概率来判断、分析数据进行质量控制。统计方法很多，如分层法、排列图解法、因果分析法，以及控制图法、系统图法和网络图法等数理统计方法。

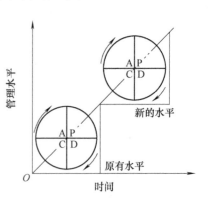

图 9-8 爬楼梯

四、全面质量管理的保证体系

建立质量保证体系是推行全面质量管理的主要组织措施。

质量保证，就是企业对用户产品质量方面提供担保，保证用户购得的产品在寿命期内质量可靠，使用正常。质量保证包含两个方面的内容：①加强企业内部各环节的质量管理，以保证产品出厂质量；②在产品进入流通领域和使用过程中，加强售后服务，对用户负责到底。电力企业就是要保证供给用户充足、可靠、合格、廉价的电能，并按照国家的政策指导和帮助用户最大限度地安全、经济与合理地使用电能，发挥电力设备与电能的最大社会效益和经济效益。

质量保证体系，就是企业以保证和提高产品质量为目标，设置必要的组织机构，把各部门、各环节的质量管理活动严密地组织起来，形成一个有明确任务、职责、权限且互相协调、互相促进的质量管理网。质量保证体系包含：①把分散在企业各有关部门的质量管理职能纳入一个统一的质量管理系统；②把企业各单位、各环节的工序质量、工作质量和产品质量系统地联系起来；③把厂内质量管理活动和流通领域、使用过程的质量信息反馈沟通起来，从而使质量管理工作制度化、标准化、系统化，有效地保证产品质量。

质量保证体系大致可为以下三类：

1) 按管理层次和工作范围，建立全厂的、车间和科室的、班组等的质量保证体系。
2) 按产品对象，建立产品的、部件的、关键零件等的质量保证体系。
3) 按业务系统，建立标准化工作体系、计量鉴定质量体系、安全监察工作体系和设备维修质量保证体系等。

在一个企业中，这几种不同类型的质量保证体系可以同时并用，使它们形成一个相互连接、相互协调的质量保证体系的有机网络。

全面质量管理的基础是其相应的技术措施。围绕全面质量管理的主要技术措施有以下几个方面：

1) 保证质量的措施计划。每年年前编制年度计划是质量目标管理的重要手段。年度计划编出来后，应把它分别编进季度计划去实施，并按照 PDCA 的循环形式周而复始地开展质量管理工作。
2) 开展信息管理工作。
3) 建立质量管理档案。
4) 开展质量的标准化工作。

企业的每一个部门，直到每一个职工都能按标准化办事，全面质量管理就有了保证。因此，开展标准化工作是一项具有战略意义的工作，是质量的技术管理的重要措施。

思考题与习题

9-1 简述电力企业生产管理的特点、地位和作用。
9-2 简述电力企业生产管理的基本原则。
9-3 为什么电力生产始终坚持"安全第一"的方针？
9-4 何谓电力系统稳定？电力系统稳定破坏、频率崩溃、电压崩溃的含义是什么？
9-5 简述可靠性的基本含义及可靠性工作的主要内容。
9-6 有哪些可靠性度量指标？其含义是什么？
9-7 如何理解电力企业全面质量管理的含义？
9-8 PDCA 循环的主要特点是什么？

第十章
电网调度管理

第一节 概 述

一、电网调度的含义及原则

电网调度是指在保证电网安全稳定运行和满足电能质量、用电需求的前提下，电力系统运行的各种安排。随着电力系统的发展和电力市场化改革的推进，电网调度的任务更加繁重，电网调度在保证电网安全经济运行方面发挥着极其重要的作用。

电网调度是随电力系统的形成而产生的，且随其发展而发展。电力工业的发展，实质上是电网的发展。发展电网是电力工业发展的必然规律，也是世界各国的经验。苏联统一电网横跨欧亚两洲，覆盖面积约 1000 万 km^2，装机容量两亿多 kW，曾经是世界最大的统一电网。美国、日本、德国等国家由私营电力公司分地区经营，为了各自的利益，也相互供电，组成联合电网。西欧许多国家在电力上互相支援，组成了国际联合电网。

发展联合电网的经济效益是非常显著的，主要表现为：

1) 可以合理利用能源。发展电网，有利于水力能源和低质煤的开发利用，有利于风电、太阳能等新能源的开发利用和环境保护。

2) 可以安装大容量发电机组。联合电网可以安装高参数、大容量发电机组，有利于降低造价、节约能源，加快建设速度；而小电网则不宜安装大机组。为了防止因大机组出事故而造成电网瓦解，一般要求电力系统中最大机组容量不得超过全网容量的 10%～15%。

3) 可利用时差，错开高峰用电。联合电网中各地区负荷的不同时率可削减尖峰负荷，因而可以减轻高峰电源的紧张情况，使电网的装机容量相应减少。

4) 在网内各地区之间互通有无、互为备用。在联合电网内各地区之间互通有无、互为备用，能增强抵抗事故的能力，提高电网的安全运行水平。

5) 联合电网能承受较大的冲击负荷，利于改善电能质量。联合电网是一个庞大的产、供、销电能的整体。根据电力生产的特点，电网中的每一环节都必须在调度机构的统一领导下，随用电负荷的变化协调运行。如果没有统一的组织、指挥和协调管理，电网就难以维持正常的运行。因此，现代电网必须实行统一调度、分级管理的原则。

所谓统一调度，其内容一般包括：

1）由电网调度机构统一组织全网调度计划（或称电网运行方式）的编制执行，其中包括统一平衡和实施全网发电、供电调度计划，统一平衡和安排全网主要发电、供电设备的检修进度，统一安排全网的主接线方式，统一布置和落实全网安全稳定措施等。

2）统一指挥全网的运行操作和事故处理。

3）统一布置和指挥全网的调峰、调频和调压。

4）统一协调和规定全网继电保护、安全自动装置、调度自动化系统和调度通信系统的运行。

5）统一协调水电厂水库的合理运用。

6）统筹利用风电、光伏等新型可再生能源。

7）按照规章制度统一协调有关电网运行的各种关系。

在形式上，统一调度表现为在调度业务上，下级调度必须服从上级调度的指挥。

所谓分级管理，是指根据电网分层的特点，为了明确各级调度机构的责任和权限，有效地实施统一调度，由各级电网调度机构在其调度管辖范围内具体实施电网调度管理的分工。

统一调度、分级管理是一个不可分割的整体。统一调度是在分级管理基础上的统一调度；分级管理是在统一调度下的分级管理。统一调度、分级管理作为一个原则通常只简单称为统一调度。统一调度不仅是电能生产特点的要求，也是发挥现代联合电网优越性的要求。统一调度、分级管理的目的就是为了有效地保证电网的安全、优质、经济运行，最终目的是为了维护社会的公共利益。

二、电网调度机构

由于电网覆盖面极其广阔，发、供、用电联系紧密，技术及管理更加复杂，在电网运行上必须有周密而严格的平衡、指挥、协调、控制和考核，防止电网大面积停电事故的发生，从而充分发挥电网的优越性。这个既广泛又复杂的生产运行和专业管理，就必须也只能由电网调度机构担负。

电网调度机构的设置是根据电网容量、网络结构、电网接线方式和管理体制等条件确定的。根据《电网调度管理条例》，调度机构分为五级：国家调度机构；跨省、自治区、直辖市调度机构；省、自治区、直辖市级调度机构；省辖市级调度机构；县级调度机构。

（1）国家联合电网

国家联合电网设立五级调度机构，即国家电力调度中心；调度局（调度通信局、总调度所），简称总调或网调；省中心调度所，简称省调；地区调度所，简称地调；县级调度所，简称县调。

（2）大容量跨省电网

大容量跨省电网一般设立四级调度机构，即网调、省调、地调、县调。

（3）省内电网或几个地区联合供电的电网

省内电网或几个地区联合供电的电网一般设立三级调度，即省调、地调、县调。

（4）小容量电网

小容量电网一般设立二级调度，即地调和县调。

下级调度机构必须服从上级调度机构的调度。每一级调度管理机构都必须制定相应的规程制度，并严格贯彻执行。

三、电网调度管理的任务

（1）合理安排电源及网络运行方式

合理安排运行方式，充分发挥发供电设备能力，最大限度地满足用电负荷的需要。

（2）保证电能质量

按照电网的客观规律和有关规定，使电网连续、稳定、正常运行，使电能质量指标符合国家规定的标准。

（3）保证安全稳定运行

做好电力系统安全稳定运行，防止电网瓦解、大面积停电事故的发生。一旦发生事故，要把影响控制在最小的范围并迅速恢复正常供电。

（4）按照公平、公正、公开的原则，保护各方的合法权益

依有关合同或者协议，按照公平、公正、公开的原则，保护发电、供电、用电等各方的合法权益。

（5）做好电力市场的运行交易和结算

按照社会主义市场经济规则和电力市场调度规则，负责电力市场的运行交易和结算。

电网调度还要负责编制和统一平衡全网的主要发供电设备的检修进度，并监督和掌握检修计划的执行情况；领导和指挥全网的事故处理工作，编制各种有关的规程制度和电力系统的反事故措施计划等。各省、市电力公司要和有关部门密切配合，编制电力分配方案，审批后的电力分配方案交调度部门监督执行。调度部门还要和计划部门、有关的发供电单位共同研究电网的发展规划方案，特别是从运行角度考虑，对电网结构、电源、网络布局、接线方式、继电保护、远动通信装置等提出建设性意见。

四、电网调度管理的内容

根据电网调度管理的任务，电力调度具体工作内容包括以下几方面：

（1）预测负荷

要求预测月、日的最大和最小负荷，日负荷预测应分24h编制，并做出负荷曲线。要充分考虑节假日、天气、电视节目等因素对负荷的影响，根据季节性的变化、人民生活的特性、生产活动的规律来做好负荷预测。要求最大负荷时一天电量的预测误差不得超过1%，最大负荷的误差不得超过1%~2%。

（2）平衡电源

根据预测负荷的大小，编制发电任务计划，同时确定运行方式，包括机组的检修和备用方式。机组的运行方式，必须及时准确地按规定通知到各有关部门，安排运行方式要合理，调度要经济，如丰水季节要多发水电，而用火电调峰，枯水季节必须要多发火电，而用水电调峰；负荷轻时，多安排检修；负荷重时，少安排检修；水电多时，火电设备多修；水电少时，火电设备少修。

（3）倒闸操作

电力系统中，凡是涉及两个以上单位的运行操作，必须在调度部门的统一指挥下进行。在倒闸操作前，应充分考虑此项操作对一次设备及二次回路中继电保护和自动装置的影响程度，并采取相应措施，力争操作准确无误。调度统一指挥的正常倒闸操作包括：①根据日负

荷曲线的变化，改变电力潮流，适应负荷变化的调整操作；②保持系统周波正常的操作；③保持各中枢点电压正常的操作；④联合大电力系统间的联络线的倒闸操作及继电保护装置改变定值；⑤发供电设备检修前后的操作，线路挂接地线的操作等。调度指挥的方式是下达调度命令，接令人应及时准确地执行调度命令。

（4）事故处理

发生事故时，调度人员应迅速掌握全面情况，冷静思考对策，按照事故处理规程，采取紧急处理措施，缩小事故范围，缩短停电时间，尽快恢复正常供电。系统事故由调度统一指挥处理，各级人员要密切配合，严防系统稳定破坏或系统瓦解事故的发生。涉及系统的事故处理应按调度下达的命令进行倒闸操作。非常情况如危急设备、人身安全时，值班人员可按照事故处理规程的规定先行处理，但应尽快向调度汇报。

（5）经济调度

电网调度应使电网在最佳经济的方式下运行，以取得最好的经济效果。这就需要合理安排火电机组和水电机组的运行方式，合理调度有功和无功负荷，合理安排火电机组的开停机方式和次数，还要按等耗量微增率调整负荷。

在电力市场化改革进程中，电网经济调度的中心逐步从物耗管理推向最低成本支出的经济调度，即以获取电网整体最大经济效益为目标。这就需要调度管理实现高度自动化。

第二节　电能质量及其主要指标

电能质量与其他产品质量有明显的区别，它既决定于电能的生产、交换环节，又决定于电能用户的使用方式。也就是说，电能质量的优劣，不仅与电网调度、发供电企业等生产运行单位有关，也与电力基本建设、设备制造、规划设计等部门有关，还与广大电力用户使用电能的方式有密切的关系。因此，保证电能质量，不能只依靠电力企业，还要依靠广大电力用户的紧密配合，形成一个庞大的电能质量保证体系。

电能质量的主要指标有：频率、电压、波形和供电可靠性。

一、频率

1. 频率质量标准

电力系统频率是电能质量的重要指标之一。频率是指交流电在 1s 内变化的周期数，有时也称为周波或周率，用 f 表示，其度量单位是赫兹，用 Hz 表示。世界各国电网采用的标准频率基本上有两大类型：一种类型是 50Hz，另一种类型是 60Hz。我国电力系统采用的标准频率是 50Hz。频率质量标准允许标准频率有上下波动幅度，对不同规模的电网，允许波动的幅度有所差异。按照我国目前的规定，容量在 3000MW 及以上电网，频率质量的合格范围是（50±0.2）Hz，任何时刻的电钟最大误差不许超过 ±30s；3000MW 以下电网，频率质量的合格范围是（50±0.5）Hz，任何时刻的电钟最大误差不许超过 ±1min。随着技术的进步、电网规模的扩大和用户要求的提高，频率的允许波动幅度有越来越小的趋势。

2. 频率质量不合格的危害

电力系统内的发、输、变、配设备绝大多数是依据电网的标准频率设计的，其运行状况与频率质量有密切的关系。如果电网频率的变化超出了频率质量要求的范围，那么这些设备运行的可靠性、出力水平、运行经济性就要受到影响，进而影响到产品质量、数量、人民生活以及整个社会的经济效益，危害很大。

对电源来说，汽轮机在标准频率工况下进汽对汽轮机叶片冲击很小，当频率降低时，进汽对叶片的冲击增大，使叶片和其他零件加速磨损，甚至引起叶片共振，造成断裂。发电机在低频率工况下运行时冷却风量减小，端电压降低，为了维持正常电压就被迫加大励磁电流，从而使定子和转子温度升高，威胁安全运行。发电厂厂用机械的出力多与频率的二次方或高次方成正比，当频率严重下降时，它们的出力就可能大幅度降低，从而引起发电厂出力下降，促使电源出力更下降，这种恶性循环将导致频率崩溃，大面积停电。此外，频率变化时，将改变电网内各发电厂之间经济负载的分配，造成燃料和水资源的浪费。

对输变电设备来说，当频率变化时，将破坏电网经济功率分配，使电压、网络参数发生变化，导致线损增加。另外，频率变化有可能引起局部地区发生参数谐振，使谐振设备因过电流或过电压而遭损坏。

对电力用户来说，如果频率降低，将导致生产效率下降，废品和次品增加，自来水厂的水泵出力下降，影响城市供水，纺织品、纸张等疏密厚薄不均，印刷品颜色深浅不一，播音、图像将发生失真等。

总之，电网频率变化超出允许范围时，对电力系统和用户都不利，既不经济，又不安全。

3. 保证频率质量的主要措施

电网频率是反映有功出力与有功负荷之间平衡关系的指标，为寻求保证电网频率质量的措施，必须从分析构成有功平衡双方的有关因素入手。

（1）电网有功负荷 $P_{网有功}$

$$P_{网有功} = P_{用户} + P_{厂用} + P_{线损} \tag{10-1}$$

式中，$P_{用户}$为用户有功负荷；$P_{厂用}$为发电厂厂用电有功负荷；$P_{线损}$为线路有功损失。

（2）电源有功出力 $P_{网出力}$

$$P_{网出力} = P_{装机} - P_{受阻} - P_{计检} - P_{临检} - P_{备用} \tag{10-2}$$

式中，$P_{装机}$为装机容量；$P_{受阻}$为受阻出力；$P_{计检}$为计划检修容量；$P_{临检}$为临时检修容量；$P_{备用}$为电力系统备用容量。

（3）有功平衡

为了保证电能的频率质量，必须随时保持电力系统的有功出力与有功负荷之间的平衡，并留有足够的备用容量，即

$$P_{网有功} = P_{网出力} \tag{10-3}$$

或者

$$P_{用户} + P_{线损} = P_{装机} - P_{受阻} - P_{计检} - P_{临检} - P_{厂用} - P_{备用} \tag{10-4}$$

从式（10-4）可知，等号左端两项，即用户的用电负荷和线路有功电力损失，是供电范围的问题。为了保证电网频率质量，供电方面应采取的主要措施有：①认真执行供电计划，特别是在高峰负荷时间，一定要做到不超最大电力计划指标；②调整负荷，提高负荷率；③严肃执行有关方面的调度命令；④采取技术组织措施降低线损；⑤改革电价制度，实行分时电价等，运用经济手段改善负荷率。

从式（10-4）又可知，等号右端的前五项，即电源的装机容量、受阻出力、计划检修

容量、临时检修容量及厂用电负荷，均属电源方面的问题。为了保证电网的频率质量，电源方面应采取的主要措施有：①加快电力建设，增加装机容量，这是最根本最有效的措施；②通过填平补齐、技术改造等，最大限度地减少受阻容量；③在保证检修质量的基础上，尽量缩短检修工期；④保证检修质量，加强日常维护，减少临检次数和临检时间；⑤注意厂用电优化运行和躲峰工作，提高负荷高峰时间的供电能力。

二、电压

1. 电压质量标准

电压也是电能质量的重要指标之一。不同类型的设备上电压的值不同，同一类型的设备在电网的不同层次上电压的值也不同。发电机的电压是指发电机的端电压，变压器的端电压与电网的电压等级有关，线路电压是指线路的运行电压。

我国当前对电压质量的要求，按《全国供用电规则》的规定是：供电电压的偏差在10%之内，实际电压偏差要逐步缩小；用户设备的允许电压偏差要与电压质量指标一致。目前，由35kV以上供电及对电压质量有特殊要求的用户，允许电压偏差为额定电压的±5%；10kV及其以下高压供电和低压动力用户，允许电压偏差为额定电压的±7%；低压照明用户允许电压偏差为额定电压的+5%～-10%。

2. 电压质量不合格的危害

受电地区如果电压过低，将会发生电压崩溃和大面积停电事故；电压过低，会影响发电机有功出力，从而导致电网频率降低；电压过低，输变电设备必须多送无功负荷，从而增加线损；电压过低，会造成产品质量下降，甚至产品报废；电压过低，还会烧毁电动机，减小灯泡亮度。总之，电压质量的好坏，不仅直接影响用户用电设备的安全经济运行，也影响工农业生产的发展，还影响电力系统的安全稳定经济运行，如荧光灯不能正常点亮、影响电视屏幕图像等。

3. 保证电压质量的重要措施

为了保证电网电压质量合格，必须千方百计地保持无功电源出力与无功负荷之间平衡关系，满足用户对电压质量的需要。

保证电压质量问题比较复杂，需从多方面采取措施，主要有：①搞好电网发展规划，使电网结构、布局等经济合理；②加强电网运行管理，建立健全对无功运行参数的统计分析；③调整和添置无功补偿设备，挖掘用户无功潜力；④严格执行功率因数电价；⑤选择电压监视点，做好分析考核工作；⑥结合线损管理，统一平衡、分级管理无功功率，合理安排运行方式等。

总之，为了保证电压质量，最根本的措施为：一是使电网有足够的分布合理的无功电源，二是要有可靠的调节手段。

三、波形

电力系统运行的标准波形是正弦波。但是实际上系统中除了正弦波外，还存在着高次谐波，它不仅使电能质量变坏，而且高次谐波的电场会对弱电设备造成干扰和对环境造成电磁污染，甚至造成供电事故和设备损坏。电网中的高次谐波电流，除包含有上一级电压的电网流入的成分外，主要来源于各种供、用电设备，如变压器与电动机的磁饱和、电弧炉的非线性负荷、晶闸管控制的用电设备和整流器等。

1. 电网谐波的有关概念

（1）电网谐波的含义及其计算

谐波（Harmonic），是指对周期性非正弦交流量进行傅里叶级数（Fourier series）分解所得到的大于基波频率整数倍的各次分量，通常称为高次谐波。而基波是指其频率与工频（50Hz）相同的分量。

向公用电网注入谐波电流或在公用电网中产生谐波电压的电气设备，称为谐波源（Harmonic source）。

就电力系统中的三相交流发电机发出的电压来说，可认为其波形基本上是正弦量，即电压波形中基本上无直流和谐波分量。但是由于电力系统中存在着各种各样的"谐波源"，特别是随着大型换流设备和电弧炉等的广泛应用，使得高次谐波的干扰成了当前电力系统中影响电能质量的一大"公害"，亟待采取对策。

按 GB/T 14549—1993《电能质量 公用电网谐波》规定，第 h 次谐波电压含有率（HRU_h）按下式计算：

$$HRU_h = \frac{U_h}{U_1} \times 100\% \tag{10-5}$$

式中，U_h 为第 h 次谐波电压（方均根值）；U_1 为基波电压（方均根值）。

第 h 次谐波电流含有率（HRI_h）按下式计算：

$$HRI_h = \frac{I_h}{I_1} \times 100\% \tag{10-6}$$

式中，I_h 为第 h 次谐波电流（方均根值）；I_1 为基波电流（方均根值）。

谐波电压总含量（U_H）按下式计算：

$$U_H = \sqrt{\sum_{h=2}^{\infty}(U_h)^2} \tag{10-7}$$

谐波电流总含量（I_H）按下式计算：

$$I_H = \sqrt{\sum_{h=2}^{\infty}(I_h)^2} \tag{10-8}$$

电压总谐波畸变率（THD_u）按下式计算：

$$THD_u = \frac{U_H}{U_1} \times 100\% \tag{10-9}$$

电流总谐波畸变率（THD_i）按下式计算：

$$THD_i = \frac{I_H}{I_1} \times 100\% \tag{10-10}$$

（2）谐波的产生与危害

电网谐波的产生，主要在于电力系统中存在各种非线性元件。因此，即使电力系统中电源的电压为正弦波，但由于非线性元件存在，结果在电网中总有谐波电流或电压存在。产生谐波的元件很多，比如荧光灯和高压汞灯等气体放电灯、感应电动机、电焊机、变压器和感应电炉等，都要产生谐波电流或电压。最为严重的是大型的晶闸管换流设备和大型电弧炉，它们产生的谐波电流最为突出，是造成电网谐波的主要因素。

谐波对电气设备的危害很大。谐波电流通过变压器，可使变压器的铁心损耗明显增加，从而使变压器出现过热，缩短使用寿命。谐波电流通过交流电动机，不仅会使电动机的铁心损耗明显增加，而且还要使电动机转子发生振动现象，严重影响机械加工的产品质量。谐波对电容器的影响更为突出，谐波电压加在电容器两端时，由于电容器对谐波的阻抗很小，因此电容器很容易发生过负荷甚至造成烧毁。此外，谐波电流可使电力线路的电能损耗和电压损耗增加；使计量电能的感应式电能表计量不准确；可使电力系统发生电压谐振，从而在线路上引起过电压，有可能击穿线路设备的绝缘；还可能造成系统的继电保护和自动装置发生误动作；并可对附近的通信设备和通信线路产生信号干扰。

2. 谐波电压限值和谐波电流允许值

（1）谐波电压限值

公用电网谐波电压（相电压）限值，按 GB/T 14549—1993 规定，如表 10-1 所示。

表 10-1 公用电网谐波电压（相电压）限值（据 GB/T 14549—1993）

电网额定电压/kV	电压总谐波畸变率（%）	各次谐波电压含有率（%）	
		奇次	偶次
0.38	5.0	4.0	2.0
6	4.0	3.2	1.6
10			
35	3.0	2.4	1.2
66			
110	2.0	1.6	0.8

（2）谐波电流允许值

公共连接点的全部用户向该点注入的谐波电流分量（方均根值）不应超过表 10-2 规定的允许值。当公共连接点处的最小短路容量不同于表中基准短路容量时，应按下式修正表中的谐波电流允许值：

$$I_h = \frac{S_{k1}}{S_{k2}} I_{hp} \tag{10-11}$$

式中，S_{k1} 为公共连接点处的最小短容量（MV·A）；S_{k2} 为基准短路容量（MV·A）；I_{hp} 为表 10-2 中的第 h 次谐波电流允许值（A）；I_h 为短路容量 S_{k1} 时的第 h 次谐波电流允许值（A）。

表 10-2 注入公共连接点的谐波电流允许值（据 GB/T 14549—1993）

额定电压/kV	基准短路容量/MV·A	谐波次数及谐波电流允许值/A																						
		2	3	4	5	6	7	8	9	10	11	12	13	14	15	16	17	18	19	20	21	22	23	24	25
0.38	10	78	62	39	62	26	44	19	21	16	28	13	24	11	12	9.7	18	8.6	16	7.8	8.9	7.1	14	6.5	12
6	100	43	34	21	34	14	24	11	11	8.5	16	7.1	13	6.1	6.8	5.3	10	4.7	9.0	4.3	4.9	3.9	7.4	3.6	6.8
10	100	26	20	13	20	8.5	15	6.4	6.8	5.1	9.3	4.3	7.9	3.7	4.1	3.2	6.0	2.8	5.4	2.6	2.9	2.3	4.5	2.1	4.1
35	250	15	12	7.7	12	5.1	8.8	3.8	4.1	3.1	5.6	2.6	4.7	2.2	2.5	1.9	3.6	1.7	3.2	1.5	1.8	1.4	2.7	1.3	2.5
66	500	16	13	8.1	13	5.4	9.3	4.1	4.3	3.3	5.9	2.7	5.0	2.3	2.6	2.0	3.8	1.8	3.4	1.6	1.9	1.5	2.8	1.4	2.6
110	750	12	9.6	6.0	9.6	4.0	6.8	3.0	3.2	2.4	4.3	2.0	3.7	1.7	1.9	1.5	2.8	1.3	2.5	1.2	1.4	1.1	2.1	1.0	1.9

3. 电网谐波的抑制

在电力系统中对谐波的抑制就是减少或消除注入系统的谐波电流，以便把谐波电压控制在限值以内。抑制谐波电流主要有两个方面的措施，即降低谐波源的谐波电流含量和在谐波源处吸收谐波电流。例如，在三相三绕组变压器或三相二绕组变压器中，将其中一个绕组采用三角形联结，以提供3次及3的整数倍次谐波电流的通路，使其在三角形联结的绕组内形成环流，能使注入电网的谐波电流消除3次及3的整数倍次的谐波电流。又由于电力系统中非正弦交流电压或电流通常是正、负两半波对时间轴是对称的，不含直流分量的偶次谐波分量，因此注入电网的谐波电流只有5、7、11…次谐波。这是抑制高次谐波最基本的方法。又如增加换流器的脉动个数，加装调谐交流滤波器就地吸收各高次谐波电流，采用较高一级电压供电、增加系统短路容量，在电容器补偿回路中安装并联电抗器等。

四、供电可靠性

供电可靠性是指电力用户从电网中持续用电的被保证程度。实质上，它反映了电网本身具有的尽可能减少因电力系统设备事故或运行操作失误而影响向用户供电的能力。

随着科学技术的发展，电能的用途日益广泛，成为人们生活的必需品，而且对供电可靠性的要求也越来越高。供电可靠性是人们对电能质量指标的要求之一，必须对此有足够的认识。

目前我国对供电可靠性是按照配电系统供电可靠性进行统计的。原水电部颁发的《配电系统供电可靠性统计办法》中规定

$$供电可靠率 = \left(1 - \frac{用户平均停电时间}{统计期间时间}\right) \times 100\% \quad (10-12)$$

式中，用户平均停电时间是一年中每个用户的平均停电时间，以 h 为单位，计算公式为

$$用户平均停电时间 = \frac{\Sigma(每次停电的持续时间 \times 每次停电的用户数)}{总用户数} \quad (10-13)$$

第三节 电网经济调度

一、电网经济调度的含义

电网经济调度是指电力系统在供电成本最低或发电能源消耗及网损率最小的条件下运行。电网的经济性，必须从电力系统规划设计和运行两方面考虑。在规划设计中，要通过认真全面的技术经济分析，选择既满足技术要求又经济合理的方案，包括采用高效率的发电设备、合理的网络结构和接线方式。在运行方面，主要是合理分配各发电厂的有功功率负荷，降低整个系统的燃料消耗；合理配置无功功率电源，降低网络的电能损耗；此外，还应采取必要的技术措施，提高发电设备的效率，改进网络结构和参数，组织变压器的经济运行，合理安排机组检修计划以及燃料调配等。从国民经济的全局观点来看，电网的经济性涉及电能生产、输送和消耗的全过程。电能的使用也必须讲究经济效益，一切电能用户都要节约用电，降低单位产品的耗电量。电网经济运行是一项投资少、节能效果显著的工作，它能使电力系统总的燃料消耗最节省，并为国家创造更多的财富。

二、电网经济调度的原则

电网经济运行应按等耗量微增率准则工作，同时还应按以下原则实行经济调度工作：

1. 做好水电与火电机组之间的经济调度，合理利用水能资源

应充分合理地利用水能资源。对具有综合效益的水电厂的水库，应当根据批准的设计文件，并考虑防洪、灌溉、发电、环保、航运等要求，合理运用水库蓄水。必须按水库调度图控制水库水位，不得破坏水库的正常运行。具有多年调节和年调节水库的水电厂，要按设计保证电量发电，汛期多发水电，减少弃水，枯水期水电机组担负调峰、调频任务，提供最大出力，严格控制水位。水库调节性能差和无调节能力的径流水电厂，要根据天然来水情况安排出力，汛期安排带基荷，枯水期可安排带峰荷和腰荷。对于梯级水库调度或跨流域水库的梯级水电厂，要根据各水电厂的调节性能和水轮机耗水性能进行经济负荷分配。

2. 合理组合火电机组运行方式

火电要优先投入高效率的机组，应当杜绝高温高压大机组参加调峰，而安排不经济的中小机组带峰荷，按等微增率准则分配机组负荷。调度部门和发电厂要做好机、炉热效率试验，绘制正确的热力特性曲线。对于调峰机组实现机、炉快速起停和滑压运行等基础工作。当设备存在缺陷或机组特性曲线试验资料不齐全时，火电机组要按照效率排队，提高经济机组的发电比重。

3. 抓住骨干电厂实行经济调度

核电机组带稳定的基本负荷；坑口电厂带基本负荷，充分发挥燃烧低质煤的经济性；供热机组满足热负荷要求后，按凝气机组效率排队安排负荷；燃油机组应为电网提供最大尖峰出力；并入电网运行的自备电厂以及小型水、火电厂，由地区调度；利用余热发电的电厂尽量多发电。

4. 减少网损，提高全网经济性

制订电源运行方案的同时，要结合考虑减小网损，使全网达到最大经济性。减少网损要实行无功就地补偿，避免远离负荷中心的电厂机组调相运行，合理调整变压器分接头，合理选择电网调压方式和电压水平，实现无功功率按等耗量微增率准则经济分配无功负荷等。

三、电网经济运行的基本原理

调度部门实现调度管理现代化的一个重要内容是用等耗量微增率准则进行经济调度。实践经验和理论分析表明：电力系统开展等耗量微增率经济调度，合理分配各发电厂的电力负荷，可以最大限度地节约能源，使供给用户的每千瓦时可用电量所消耗的能源最少，从而取得最大的经济效益。

1. 耗量微增率的概念

（1）发电负荷标准煤耗量特性

发电设备的燃料损耗包括固定损耗和变动损耗两部分：固定损耗一般指空载损耗；变动损耗一般随发电负荷的增加而增加，但两者不是线性关系。发电负荷标准煤耗量曲线如图 10-1 所示。在图 10-1 中，$B_1(P)$ 和 $B_2(P)$ 两条曲线分别表示 1、2 号发电机组的发电负荷标准煤耗量特性曲线。空载时，它们的空载损耗分别是 $B_1(0)$ 和 $B_2(0)$。当负荷 P 由 0

开始逐渐增加时,煤耗量也逐渐增加,但增加的趋势越来越快,因而煤耗量特性曲线都略向上弯曲。

(2) 发电负荷标准煤耗量微增率特性

发电负荷标准煤耗量微增率是指发电机组在某一负荷下每增加单位负荷(MW)时,每小时所增加的标准煤耗量吨数。其几何意义是煤耗特性曲线的坡度,用曲线上任一点的斜率表示。如图10-1所示,微增率b可表示为

$$b = \frac{dB}{dP} = \lim_{\Delta P \to 0} \frac{\Delta B}{\Delta P} = \tan\theta \tag{10-14}$$

按此定义1、2号机组的微增率计算公式分别为$b_1 = dB_1/dP$和$b_2 = dB_2/dP$,从而得出发电负荷标准煤耗量微增率曲线,如图10-2所示。

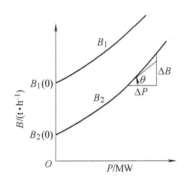
图10-1 发电负荷标准煤耗量曲线

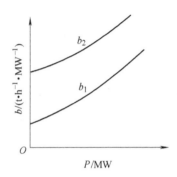
图10-2 发电负荷标准煤耗量微增率曲线

由图10-1可见,发电机组耗量曲线$B_2(P)$在$B_1(P)$的下面,说明在任何负荷下,2号机组的发电效率要比1号机组高,即以同一电力负荷做比较时,2号机组消耗燃料比1号机组要少。因此,在安排机组投入顺序时,要优先考虑2号机组。广义地讲,对机组投入的顺序,起决定作用的是效率,效率高的机组先投入运行。但是,由图10-2可知,煤耗量微增率曲线$b_2(P)$则在$b_1(P)$的上面,这说明在同一负荷下,当两台发电机具有同一负荷增量时,2号机组所需增加的燃料消耗量将比1号机组所需增加的燃料消耗量要多。因此,在两台机组都已投入电网并列运行时,分配负荷要优先考虑1号机组。广义地讲,对运行中机组间的负荷分配起决定作用的不是效率,而是耗量微增率,微增率低的机组优先带负荷,其他依次带负荷。这种按耗量微增率大小分配负荷的科学方法叫"耗量微增率法"。

现以实例说明耗量微增率法的科学性。

图10-3表示了两台容量均为10MW的汽轮发电机组的每小时标准蒸汽总耗量和标准蒸汽单位消耗量与其负荷的关系曲线。从图10-3中可知,在所有负荷下,1号机组的每小时总耗汽量和单位耗汽量(曲线Ⅰ-Ⅰ和曲线1-1)都比2号机组(曲线Ⅱ-Ⅱ和曲线2-2)要高。

假设在这两台发电机组间分配负荷12MW,根据"效率"高低的观点,就使得比较经济的2号机组带全负荷10MW,而使1号机组承担其余的2MW。此种方式下总耗汽量为

1号机组为20.0t/h,2号机组为58.0t/h,总耗汽量合计为78.0t/h。

然而在本例中,最经济的情况恰好相反,应该使不经济的1号机组带全负荷10MW,而使2号机组承担其余的2MW。此种方法下总耗汽量为

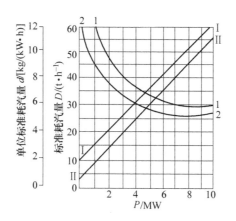

图 10-3 两台汽轮机组的特性曲线
Ⅰ-Ⅰ—1 号机组每小时总耗汽量曲线 1-1—1 号机组单位耗汽量曲线
Ⅱ-Ⅱ—2 号机组每小时总耗汽量曲线 2-2—2 号机组单位耗汽量曲线

1 号机组为 $10 \times 6.0\mathrm{t/h} = 60.0\mathrm{t/h}$，2 号机组为 $2 \times 7.4\mathrm{t/h} = 14.80\mathrm{t/h}$，总耗汽量合计为 74.8t/h。

两种负荷分配方式相比，后者可比前者节省蒸汽 $(78 - 74.8)\mathrm{t/h} = 3.2\mathrm{t/h}$。此例有力地证明了在解决运行机组间负荷分配问题时，起主导作用的是"耗量微增率"，而不是机组的效率。

2. 电力负荷分配的等耗量微增率准则

电力系统和发电厂的负荷是随机变化的，但发电机组不宜频繁地和快速地起动和停用。因此，在电力系统低负荷延续期间，对待多余的发电容量宁可不予停机而让它处于"热备用"状态。理论和实践证明，至少在一天内的某段时间中，不论电力负荷如何变化，同时并联运行的机组数目应保持不变，而在这些机组间合理分配负荷以达到运行经济性的最优化至为重要。

假定电力系统某段时间中有 n 台发电机并联运行，理论表明，若耗量微增率 b 为常量的前提下，其标准煤总耗量可表达如下：

$$B_{总} = \sum B_{j0} + \sum b_j P_j \quad (j = 1, 2, \cdots, n) \tag{10-15}$$

式中，$B_{总}$ 为标准煤总耗量；B_{j0} 为第 j 台发电机组的空载标准煤耗量；b_j 为第 j 台发电机组的标准煤耗量微增率；P_j 为第 j 台发电机组所带负荷量。

显然，全部发电设备的空载标准煤总耗量 $\sum B_{j0}$ 与负荷无关，是常量。为了达到某一总负荷 $P_{总}$ 时的标准煤总耗量 $B_{总}$ 为最小（最经济的发电），则应按标准煤耗量微增率（b_j 在常量情况下）从小到大的次序进行发电设备的负荷分配，而使其余 b_j 较大的发电设备负担其允许而又必要的最低负荷。这就是当运行机组数目固定时，发电厂间及各发电机组间的经济负荷分配准则。

实际上，不同机组其特性曲线形状不同，耗量微增率曲线并非都是直线，亦即 b_j 并非都是常量，当微增率特性曲线是一条光滑上升的曲线时，对应于微增率都相等的负荷分配所消耗的能量将达到最小。这是在指定的总负荷下各机组有利的负荷分配方法，即等耗量微增率准则。

等耗量微增率准则的理论推导，是在不计线损的电网经济负荷分配时，应用拉格朗日乘子法列出标准煤总耗量的拉格朗日方程，进而求目标函数（标准煤总耗量）的极小值，得出以下关系式：

$$\frac{dB_1}{dP_1} = \frac{dB_2}{dP_2} = \cdots \frac{dB_n}{dP_n} = \lambda \tag{10-16}$$

或写成

$$b_1 = b_2 = \cdots = b_n = \lambda \tag{10-17}$$

式中，λ 为拉格朗日乘子。这就是说，按照等耗量微增率准则分配有功负荷，就可以使电力系统耗能最小。

例如，如图 10-4 所示，当总负荷为 7 个单位时，其对应的标准煤耗量微增率为 1.25，按等耗量微增率准则，此时各机组的相应出力是 1 号机组为 2.5 个单位，2 号机组为 2 个单位，3 号机组为 2.5 个单位。此种方式下，标准煤总耗量是最小的。

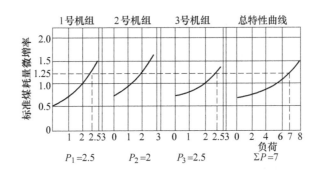

图 10-4 等耗量微增率分配负荷示意图

在电网经济调度中实际应用等耗量微增率准则，必须做好以下基本工作：

1) 通过各发电机组的特性试验获得各台机组在不同负荷下的特性曲线，包括：煤耗量特性曲线——标准煤耗量 B 和负荷 P 的关系，即 $B = f(P)$ 曲线；微增率特性曲线——煤耗量微增率 $b = dB/dP$ 和负荷 P 的关系，即 $b = f(P)$ 曲线。而发电厂的特性曲线则是各机组特性曲线综合而成的。

2) 利用计算机编排出各发电机组可能并列发电的各种组合方案及其煤耗量微增率组合特性曲线。实际分配负荷时，就可以根据总负荷需要量及发电机组的某种给定的组合条件，在相应的微增率组合特性曲线上查出各发电机组的分配负荷 P_1、P_2、$\cdots$、P_n 及相应的 λ 值 ($\lambda = b_j$)。

电力负荷的分配和起动发电机组的顺序是经济调度的关键环节，都要服从电网经济性最高原则。决定机组投入顺序的是效率，高效机组要优先投入运行；决定机组间负荷分配的是微增率，微增率低的机组应优先带负荷。不过，在应用等耗量微增率准则时，还应对机组或发电厂的微增率进行厂用电修正和线损修正。

厂用电修正系数为

$$k = \frac{1}{1 - P_{磨} b_{厂}} \tag{10-18}$$

式中，$P_{磨}$ 为发电厂磨煤机要磨 1t 煤所耗的容量；$b_{厂}$ 为发电厂的微增率。

线损修正系数为

$$\delta = \frac{1}{1 - \dfrac{dL}{dP}} \quad (10\text{-}19)$$

式中，L 为线损功率；P 为发电厂负荷。

四、电网经济调度的主要工作

1. 满足用电需求，编制调度方案

遵循经济调度的原则，在满足系统用电需求、安全运行及电能质量的前提下，编制全电力系统经济调度方案。

2. 做好有功电源平衡

合理安排年、季、月、日运行方式，进行有功电源平衡，调整和平衡有功负荷。

3. 做好无功负荷平衡

按电压等级分层分区，就地平衡无功负荷，并采取合理的补偿和减小网损的措施。

4. 调整电网的负荷率，做好调峰安排

调整电网的负荷率，编制合理的负荷曲线，减少调峰容量，减少调峰机组的起停次数。

5. 合理利用水能资源，发挥大容量机组的作用

搞好水库调度，合理利用水能资源，发挥水库综合利用的经济效益。提高高效率大容量机组的发电比重，降低煤耗、水耗，取得最大的经济效益。

第四节　电网调度自动化

一、概述

随着电力系统的不断发展与壮大、科技与管理的进步，对电网安全、优质、经济运行的要求也越来越高，电力系统调度所需要的监控信息量极为迅速地增长，必须由电网调度自动化系统来承担此重任。

调度自动化系统是一个复杂系统，由若干相互联系的部分所组成，其中包括信息采集、信息传输、信息处理、自动控制等环节。将发电厂、变电站的有功、无功、电压、线路负荷以及水电厂的水库水位等信息，通过通信通道送到有关调度部门，利用计算机将这些信息按调度要求进行分析、综合、存储和运算，并生成新的信息，再将有关部分信息反馈给有关部门和单位，同时将处理后的信息显示或生成报表等。

二、电网调度自动化系统的基本构成

电网调度自动化系统的基本结构包括控制中心、厂站端和信息通道三大部分。根据所完成功能的不同，可以将此系统划分为信息采集和执行子系统、信息传输子系统、信息处理子系统和人机联系子系统。电网调度自动化系统的构成，如图10-5所示。

1) 信息采集和执行子系统的基本功能是在各发电厂、变电站采集各种表征电力系统运行状态的实时信息，如发电机功率、母线电压、变压器负荷等，并根据需要向调度控制中心

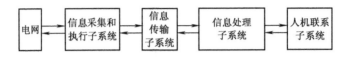

图 10-5 调度自动化系统的构成

提供各种监视、分析和控制电力系统所需的其他信息,比如水位、环境温度、云层覆盖等。硬件构成主要包括变送器和远方终端单元(RTU),后者执行操作及处理功能。另外,此系统还负责接收和执行上级调度控制中心发出的操作、调节或控制命令。

2)信息传输子系统是为信息采集和执行子系统与调度控制中心提供信息交换的桥梁,其核心是数据通道,它经调制解调器与 RTU 及主站前置机相连。在电力系统中,传统的信息传输通道一般为微波和电力线载波两种,随着电力通信事业的发展,光纤电缆、同轴电缆、电信部门公共话路等都有所应用。

3)信息处理子系统是整个调度自动化系统的核心,以计算机为主要组成部分。该子系统包含大量的直接面向电网调度、运行人员的计算机应用软件,完成对采集到的信息的各种处理及分析计算,乃至实现对电力设备的自动控制与操作。该子系统一般由前置机和后台处理机两部分组成:前置机完成数字信号的接收及预处理等功能;后台处理机完成数据的进一步处理、存储、系统监视与分析等高级功能。

4)人机联系子系统将传输到调度控制中心的各类信息进行加工处理,通过各种显示设备、打印设备和其他输出设备,为调度人员提供完整实用的电力系统实时信息。调度人员发出的遥控、遥调指令也通过此系统输入,传送给执行机构。

人机联系子系统中的输出设备主要包括模拟屏、图形显示器、有声报警装置、记录仪、制表或图形打印设备;输入设备主要有键盘、轨迹球、鼠标等。

在调度自动化系统中,各子系统是互相联系、密不可分的,只有各个子系统密切配合、互相协调,调度自动化系统才能真正发挥作用,反之,任何一个子系统出现问题,都将影响整个系统的实用性与可靠性。

三、调度自动化系统的应用软件

应用软件是调度自动化系统中信息处理子系统的重要组成部分。调度中心采集到的电网信息必须经过应用软件的处理,才能最终以各种方式服务于调度生产。在应用软件的支持下,调度员才能监视到电网的运行状况,才能迅速有效地分析电网运行的安全与经济水平,才能迅速完成事故情况下的判断、决策,才能对远方厂、站实施有效的遥控和遥调。

随着电网和计算机技术的发展,电网调度自动化系统也处在不断发展和完善的过程之中,不同的电网调度中心所采用调度自动化系统的应用软件的配置都有很大差异。就应用软件而言,因开发单位不一样,软件的取名与功能划分都有区别,完成的功能也可不一样。但是,数据采集与监控(Supervisory Control And Data Acquisition, SCADA)是各种档次的电网调度自动化系统都应具备的基本功能。

1. 数据采集与传输

数据采集功能是由位于电网调度控制中心的主站计算机系统和位于远方电厂、变电站的 RTU 及相关的信息传输通道共同完成的。RTU 负责采集现场由电压互感器(TV)、电流互感器（TA）、电能表等测到的数据，并进行必要的处理，以适应数据通信的需要。数据信息经通道传到主站，主站的计算机系统将数据转换成工程量，再提供给人机联系子系统，输出给调度运行人员。

由 SCADA 系统采集到的远方数据大体包括三类：模拟量、数字量、脉冲量，即所谓遥测量、遥信量、电量。模拟量包括有功功率、无功功率、电流、电压等。在通常 SCADA 系统中，厂站端 RTU 以很短的周期扫描模拟量量测系统的输出，如果某个量的检测值与前一次的值的差超过了一定范围（往往称为死区），那么，这个新的量测值就被发往主站。像断路器、隔离开关等的状态信息（只有开、合两个状态）属于遥信量，当 RTU 检测到遥信量的变化时，新的值就被发往主站。脉冲量通常是由脉冲电表量测到的电量，量测到的脉冲累加量要连续地发往主站，才能保证主站收到可用的电量。

2. 安全监视与告警

从远方采集到的数据首先用于安全监视。为此，SCADA 系统须提供一个方便、友好的人机联系界面，通常在显示终端上建立一些画面或表格来显示实时信息，还配有尺寸更大的模拟屏，以反映全网及各厂、站的运行工况。

所谓告警，就是当电网中出现异常或事故，SCADA 系统采集到相关信息时，发出警告信息，以引起注意。告警内容一般包括开关变位和遥测越限等。越限告警可以是线路输送功率越限，可以是设备的电流越限等。告警信号有的是音响信号，有的是显示信号，有的是两者的结合，显示信号又可以通过改变显示颜色或闪烁来增强告警效果，具体采用哪种方式取决于 SCADA 系统的硬件设备特点。当告警信息发出后，一般要做一些简单的操作来确认告警，消除告警信号。

3. 制表打印

SCADA 系统应具备电力调度运行日报的定时打印和召唤打印功能。召唤打印就是随时可以打印出指定时间内的日报信息。打印的内容、格式以及定时打印的时间都应根据调度生产的需要来确定。

4. 特殊运算

SCADA 系统提供的电网系统图和其他实时画面，其中有些实时数据不是直接量测到的，如联络线潮流总加、全国发电总功率，实际上这类数据是 SCADA 系统利用特殊运算功能得到的。特殊运算功能就是对某些直接采集到的数据进行某种数学运算，得到一些不能直接采集到和由于某种原因没有采集到的数据，以弥补量测系统的不足，满足电网调度的需要。前面提到的全网发电总功率就是对全网所有发电机发出的电功率进行累加运算得到的。

5. 事故追忆

事故追忆要准确记录指定的时间内电网发生的事件序列，尤其是每个事件发生的绝对时间，并能以合适的方式及时地报告。此项功能使调度员能够在电网发生事故后，及时了解事故前后发生的电网事件序列，比如开关跳开、闭合等，以便进行事故分析或形成调度员培训的教案。

事故追忆的启动有多种方式，可以是发生了预案定义的事件，比如某个开关的动作，也可以是调度员通过键盘、鼠标等输入设备人工启动。

四、能量管理系统

1. 能量管理系统概述

电网调度自动化系统的功能划分为低、中、高三档，低档：SCADA，中档：SCADA + AGC/EDC；高档：SCADA + AGC/EDC + SA，称为能量管理系统（EMS）。在能量管理系统中，高级应用软件占有重要的地位。高级应用软件的配置及实用水平，直接反映能量管理系统的整体水平。

能量管理系统应用软件分为三级：数据收集级、能量管理级和网络分析级，还可以加上培训模拟级。这些软件的工作方式分为实时型和研究型（或计划型）两种模式。

（1）数据收集级

数据收集级要实时收集电力系统数据并监视其状态。数据收集是 EMS 与电力系统联系的总接口，它向能量管理级和网络分析级提供实时数据；EMS 通过它向电力系统发送控制信息；网络分析可向它返回量测质量信息。

（2）能量管理级

能量管理级则利用电力系统信息（频率、时差、发电机组功率、联络线功率等）进行调度决策，提高控制质量和改善运行的经济性。能量管理级从 SCADA 级读取频率、时差、发电机组功率和联络线功率等实时数据，向 SCADA 级发送机组的控制信息；能量管理级向网络分析级发送系统负荷和发电计划，取回发电机组和联络线交换功率点的网损修正系数及机组考虑线路功率约束的安全限值。能量管理级的实时型应用软件是实时发电控制，主要实现 AGC 功能。能量管理级的计划型应用软件分为短期和中长期，包括负荷、机组发电、交换、燃料、水库、检修等方面的预测和计划。

（3）网络分析级

网络分析级则利用电力系统全面信息（母线电压和相角）进行分析与决策，提高运行的安全性。这一级应用软件使 EMS 的决策能做到安全性与经济性的统一。网络分析级实时型的核心应用软件是实时网络状态分析，研究型的核心应用软件是潮流，它们分别向故障分析、安全约束调度、最优潮流、短路电流计算、稳定性分析等应用软件提供实时方式和假想方式数据。

网络分析级从 SCADA 级读取实时量测值和开关状态信息，向 SCADA 级发送量测质量信息；网络分析级从能量管理级读取负荷预测值和发电计划值，向能量管理级发送网损修正系数和机组安全限值。

调度员培训模拟也属网络分析级研究型高级应用软件，它以研究方式或实时方式数据为基础，按照规定的教案（事件序列）培训调度员。它是在已有的数据收集、发电控制和潮流应用软件基础上增加动态模拟和教案系统而形成的，除培训外，也可作为分析工具使用。

2. 能量管理软件

能量管理级应用软件包括发电控制和发电计划两大类。发电控制只有在发电计划的支持下才能更好工作；发电计划由一系列的应用软件，包括系统负荷预测、发电计划、机组经济组合、水电计划、交换功率计划和燃料调度计划等组成。

发电控制运行周期是分秒级的。短期发电计划是日周级的，这取决于电力系统负荷变化的周期性和水库调节能力。如果假日和工作日负荷曲线没有什么变化，则周期可取周，否则应取日；如果只按日和年调节水库，则周期可取日；按周调节水库，应取周。此外还有中长期发电计划，如年负荷预测、年水库来水预测、年检修计划、年水库调度计划、年交换功率计划和年燃料计划等。

(1) 实时发电控制

实时发电控制主要实现 AGC 功能，在考虑频率、时差、交换功率和旋转备用等各种约束的条件下，调整机组发电功率，使发电费用降至最低。它需要取得超短期负荷预测（数分钟到十几分钟）应用软件的支持。

(2) 系统负荷预测

根据前几天或前几周的实际负荷数据，应用最小二乘算法预测未来的系统负荷。对于一个电网调度中心，可以分区（比如分省）、分类型（比如分工作日和假日）进行系统负荷预测。针对具体系统气象对负荷的影响情况，可以加入气象修正。这一应用软件可以给出 1 日至 1 周的逐时段的系统负荷，是发电计划和母线负荷预测的原始数据来源。

(3) 发电计划（火电调度计划）

在已知系统负荷、机组经济组合、水电计划、交换功率计划和网损修正系数的条件下，确定某时刻或 1 日或 1 周逐时段的各火电机组的发电计划，使周期内发电费用为最小。火电经济负荷分配一般采用经典协调方程式法，机组特性采用比较精确的分段二次曲线。发电计划是发电计划软件的核心，它向实时发电控制、实时网络状态分析和潮流提供发电计划数据。发电计划还作为模块参加机组经济组合、水电计划、交换功率计划和燃料计划等应用软件的协调计算。

(4) 机组经济组合（机组起停计划）

在已知系统负荷、水电计划、交换功率计划、机组检修计划、燃料调度计划的条件下，确定 1 日至 1 周逐时段的机组起停计划。在满足负荷、备用和机组运行限制的条件下，使周期内发电费用和起动费用之和为最小。机组发电费用特性仍然采用分段二次曲线，机组起动费用特性采用以停机时间为变量的指数函数，网损修正系数取常数，机组经济组合问题是一个非线性的混合整数规划问题，可以采用限制维数的动态规划算法，限制维数的方法是优先次序法。机组经济组合将起停计划送给发电计划和实时发电控制作为数据，同时还参加与水电计划、交换功率计划的协调，使发电计划在更大的范围内取得最优经济效果。

(5) 水电计划（水火电协调计划）

在已知系统负荷、发电用水（或来水）、火电发电费用特性、交换功率计划等条件下，编制 1 日至 1 周逐时段的水电计划，使周期内发电费用最少。火电发电费用特性是按机组组合分时段拟合的二次曲线，网损修正可以采用 B 系数或常数。水电站的特性随类型不同而不同，其类型一般可分为：定水头水电站、变水头水电站、梯级水电站、抽水蓄能水电站等，甚至还可以包括规定发电量或规定发电燃料量的火电厂。水电计划是具有复杂约束条件的非线性规划问题，网络流规划法对此最为有效，其特点是可靠而快速。水电计划可以与机组组合及交换功率进行协调优化。

(6) 交换功率计划

在已知系统负荷、机组组合、水电计划和交换功率限制的条件下，编制短期内逐时段的区域间交换功率计划，使周期内联合系统发电费用最少。这是一个非线性规划问题，可以采用网络流规划法计算，并可与机组经济组合及水电计划进行协调迭代，以取得更大范围的经济效益。

(7) 燃料调度计划

在已知系统负荷、水电计划、交换功率计划、机组组合的条件下，编制短期内逐时段的燃料调度计划。燃料调度计划考虑产地燃料价格和供应量限制、运输费用和运输量限制、电厂贮煤、混煤和用煤限制及发电费用等因素，使全系统发电燃料总费用在规定的周期内降至最低。燃料调度计划是一个大型的线性规划问题，采用网络流规划法非常有效。

3. 网络分析软件

网络分析软件是 EMS 中的最高级应用软件，有两种工作模式：实时型和研究型。前者直接使用实时方式（SCADA 或状态估计）的数据，并自动工作（按周期或其他条件）；后者主要使用假想方式，人工启动。

(1) 网络拓扑分析

网络拓扑分析也称为网络接线分析，按开关状态和网络元件状态将网络物理节点模型化为计算用母线模型，并将有电气联系的母线集合化为岛。所有的网络分析都是在岛范围内的母线模型基础上建立网络方程进行求解的。

网络拓扑分析是一个公用模块，被实时网络状态分析、潮流、预想故障分析、最优潮流和调度员培训模拟系统等应用软件调用。

(2) 实时网络状态分析

由 SCADA 系统量测数据确定实时网络拓扑及运行状态，其功能包括：拓扑分析、状态估计、不良数据检测与辨识、母线负荷预测模型的维护、变压器抽头估计、量测误差估计、网络状态监视和网损修正系数计算等。实时网络状态分析从 SCADA 系统读取实时量测数据，从发电计划、系统负荷预测和母线负荷预测、电压调节计划等取伪量测数据；实时网络状态分析向 SCADA 系统发送量测质量信息，向母线负荷预测发送预测误差信息，向实时发电控制提供实时网损修正系数，向故障分析、安全约束调度和潮流提供实时运行方式数据。状态估计是高维非线性方程组问题，加权最小二乘算法是比较成熟的和普遍采用的状态估计算法，基于残差灵敏度矩阵可以解决多个不良数据的辨识问题。

(3) 母线负荷预测

将系统负荷（预测值或实测值）按对应的时点化为各母线负荷预测值，用于补充实时网络状态分析量测的不足，为潮流提供假想运行方式的负荷数据。采用自上而下的分层树状负荷模型，对不同的时点规定不同的分配系数（预测计划）。对有量测的负荷，由实时网络状态分析自动维护母线负荷预测模型；对于没有量测的部分负荷可根据潮流人工记录数据来维护。

(4) 潮流计算

潮流计算是网络分析最基本的应用软件，设计目标是可靠收敛和方便，使调度人员能在单线图上调整运行方式，使专家能灵活地分析系统的潮流特性。潮流计算可以从保存方式中取得历史数据，或从实时网络状态分析取实时方式数据，或从发电计划和负荷预测取计划方式数据；可取按规定的时间变化负荷和发电数据；可以在单线图上或元件表上修改数据。用户可以在单线图上控制潮流调整过程，也可以在专家画面上分析潮流特性。潮流计算的主要功能有：拓扑分析、母线负荷预测、潮流计算、网络状态监视、网损修正系数和灵敏度计算等。其调整方式包括：联合调整有功功率、联合调整无功功率和电压、调整区域间交换功率、调整线路组功率之和等。潮流计算向预想故障分析、安全约束调度、最优潮流、短路电流计算、电压稳定性分析、暂态稳定性分析和调度员培训模拟等应用软件提供假想运行方式。

(5) 网损修正计算

针对某一运行方式计算发电机和联络线交换功率点的网损微增率，供经济调度做网损修正用。它有两个公用模块：一个是用雅可比矩阵直接计算网损惩罚因子；另一个是针对某一潮流方式计算网损修正 B 系数，而利用 B 系数可以计算不同发电功率点的网损及修正值。这两个模块由实时网络状态分析和潮流计算软件调用。

(6) 网络状态监视

建立并维护网络状态监视标准，对不同地区和元件按不同标准监视网络中各元件的功率、电压和相角差，并根据越限的程度发出对应的信号（反背景、闪光或音响）。此模块由实时网络状态分析、潮流、预想故障分析、安全约束调度、最优潮流和调度员培训模拟等应用软件调用。

(7) 预想故障分析

采用灵活而直观的故障表和故障组的方式定义故障，对故障进行评估。第一步对故障快速扫描筛选出危险故障，第二步对危险故障用交流潮流进行精确计算，确定越限程度。预想故障分析用于提高调度人员预见故障和了解故障后果的能力。

(8) 安全约束调度

当实时网络状态分析、潮流、预想故障分析等应用软件检查出支路过负荷时，启动安全约束调度模块，调整各机组发电功率，解除过负荷，严重者考虑切除相关的负荷。安全约束调度按两种模式调用：实时型和研究型。实时安全约束调度是在实时网络状态分析监视到支路越限时自动启动，确定解除越限的发电机功率调整量，提供给调度员参考或送往自动发电控制执行。在实时或研究型的预想故障分析发现支路功率越限时，提出解除过负荷的预防对策。安全约束调度采用基于灵敏度矩阵的线性规划模型，一般适合处理有功功率问题。

(9) 电力系统最优潮流

最优潮流包括经济调度和潮流两方面的功能，它可针对不同的约束集合采用不同的控制变量使不同的目标函数达到最小。最优潮流可以代替有功安全约束调度，也可用来做无功/电压优化调度等。最优潮流是一个多约束的非线性方程组问题，采用牛顿法和基于线性规划原理处理函数不等式约束的方法。

(10) 短路电流计算

短路电流计算是指计算假想方式下的各种形态的短路电流，用于校核断路器切断容量和调整继电保护装置定值。

(11) 电压稳定性分析

电压稳定性分析的对象是某方式下系统的电压稳定性。针对某一运行方式分析临界电压和裕度，以监视电压稳定性。

(12) 暂态稳定性分析

电力系统暂态稳定性分析的传统方法为时域仿真法，因逐步积分计算速度慢，所以很难用于实时在线环境。目前用于在线暂态稳定性分析的算法是直接法，即李雅普诺夫直接法。针对假想方式进行电力系统暂态稳定性分析，供分析故障和安排运行方式参考。

(13) 交换计划与交易评估

交换计划与交易评估软件服务于属于多家电力公司的互联电网的调度运行。交换计划根据预测的系统负荷将预定的电网间功率交换数值转化为时间的函数，这些数据可以由调度员交互地输入，并由 AGC 软件调用。交易评估能使电网调度运行人员确定与其相邻的电力公司进行的电力交易的结算情况。

(14) 调度员培训模拟

调度员培训模拟是一个大型应用软件，包括控制中心模型、电力系统模型和教练员系统等部分，它可以提供一个良好的反事故演习的环境。调度员培训模拟以现实的环境培养电力系统操作人员掌握能量管理系统各项功能和熟悉实际系统，并可作为电力系统的分析与规划工具使用。

思考题与习题

10-1 电网调度的含义及原则是什么？
10-2 电网调度管理的任务和内容是什么？
10-3 简述电能质量的主要指标及保证其质量的主要措施。
10-4 什么是耗量特性？什么是耗量微增率特性？各有什么用途？
10-5 电网调度自动化系统由哪些主要部分组成？
10-6 简述能量管理系统的主要功能。

第十一章 发电厂生产管理

第一节 概　　述

一、发电厂管理概述

发电厂是生产电能的工厂，它把不同类型的一次能源转换成电能。在电能生产中，由于发电所用的能源不同，因此有各种不同类型的发电厂。如使用煤炭、石油和天然气，将水加热成高温高压蒸汽，驱动汽轮机带动发电机发电的火力发电厂；利用水能发电的水力发电厂；利用铀-235裂变产生核能发电的核电厂，以及风力发电、地热发电、太阳能发电、海洋能发电等。在现代电力系统中，发电系统主要是由一些大中型火电厂、水电厂、核电厂、风电场和光伏发电站等组成，其中火电厂占有重要的地位。中华人民共和国成立以后，特别是改革开放以来，我国的火力发电事业取得了辉煌的成就，2018年全国发电量达到71661亿 kW·h，其中火电50963亿 kW·h，水电12317亿 kW·h，核电2943亿 kW·h，风电3659亿 kW·h，光伏发电1775亿 kW·h，火电在发电量中所占的比例为71.1%。火力发电特别是燃煤发电在未来几十年，甚至更长时间内在我国电力工业中将起重要作用。

上述不同类型发电厂及其设备就是研究发电厂生产管理工作的主要对象。对于不同类型的发电厂，既有相同的管理，如安全管理的预防性试验和检修、设备的全过程可靠性管理、全面质量管理等，又有不同的管理，如水电厂能源管理的重点是水库调度，而火电厂能源管理的重点是燃料的供应、贮备和燃料管理；又如发电厂的设备是管理的重点，各类发电厂面临的任务又不相同，水电厂重点防止泥砂磨损和气蚀，而火电厂的高温高压机组的金属监督就很重要，等等。因此，不同类型的发电厂，要根据各自所处的内外条件和技术经济特点，按行业管理的要求，因厂制宜地进行科学的管理。

二、发电厂管理的主要任务

发电厂管理的主要目标是：在国家计划的指导下，以提高经济效益为中心，提高发电厂的生产经营管理水平，保证安全、可靠、优质、廉价地发供电，以满足国民经济和人民生活日益增长的用电需要。为此，发电厂管理的主要任务是：

1) 保证完成调度计划。按调度下达的日负荷曲线提供有功、无功功率和相应的电量，完成调峰、调频任务。

2）保证安全生产和电能质量。做好安全生产，保证电能和热能的质量，即频率、电压、供热温度和压力符合规定标准。

3）合理利用能源，降低发电成本，提高上网竞争力。

4）做好设备管理，提高设备的可靠性和完好率。加强设备管理，及时进行设备的改造与更新，促进企业技术进步。

5）做好综合利用，满足国家对环境保护的要求。

三、发电厂在电力系统中的分工

进行发电厂管理，首先要认清各发电厂在电力系统中的地位，从全系统整体利益出发，发挥作用。各种类型的发电厂并入电网联合运行，可以充分发挥各自的技术经济特点，提高电网的供电可靠性和经济效益。每个发电厂都必须认清自己在电力系统中所处的地位和应起的作用，服从电网统一调度。

电网调度部门编制电力负荷曲线，作为在各类发电厂间分配负荷的依据。对发电厂的负荷分配，最常用的是不同季节的典型日负荷曲线，如图11-1所示。日负荷曲线表示一昼夜内电力负荷变化过程，通常出现两次"峰"和"谷"。

日负荷曲线有三个特征值：日最大负荷 P_{max}、日平均负荷 $\overline{P}$ 和日最小负荷 P_{min}。其中日最大负荷和日最小负荷可在日负荷曲线上求得，日平均负荷可按下式计算：

$$\overline{P} = \frac{\int_0^{24} P_i \mathrm{d}t}{24} = \frac{E}{24} \tag{11-1}$$

式中，E 表示一昼夜内电网所消耗的电能，$E = \int_0^{24} P_i \mathrm{d}t$ 即日电量（kW·h），相当于日负荷曲线下的面积；P_i 为第 i 时间负荷（kW）。

日负荷曲线的三个特征值将图11-1划分为三个部分：日最小负荷以下称为基荷区；日最小负荷与日平均负荷之间称为腰荷区；日平均负荷与日最大负荷之间称为峰荷区。

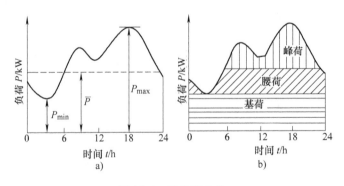

图11-1 日负荷曲线

a）P_{max}、P_{min} 和 $\overline{P}$　b）峰荷、基荷和腰荷

由以上分析可看出，若一个发电厂在电网中承担基荷部分，则24小时负荷无增减变化，可持续稳定满发，发电量大且能耗小。而一个发电厂如果承担峰荷或腰荷，尤其是承担峰

荷，则一天当中负荷变化相当大，不仅运行调整频繁，而且有时还要起停机组，发电量少，且能耗大。安排哪些发电厂承担基荷，哪些发电厂承担腰荷和峰荷，要根据发电厂的技术经济特性，以整体最优为目标来进行安排。一般情况下，水电机组起停快、调峰灵活，且无最低负荷限制，安排它调峰对电网安全经济运行很有益处；核电站的核反应堆不允许负荷有大的波动，一般带基本负荷；大容量火电机组煤耗低，带基本负荷可以提高电网的经济效益等。于是在一个电网中，就出现发电厂分工问题：有带基荷的发电厂、有带腰荷的发电厂和调峰发电厂。但是切不可把这种分工绝对化，要根据实际情况的变化加以调整。例如，在汛期，整个电力系统要充分利用水能资源，水电厂就要由带峰荷改为带基荷，以便多发水电，而原来承担基荷的一些火电厂就要承担调峰任务。又如，有些火电机组在投产初期是电力系统中最经济的机组，承担基荷，但随着电力建设的发展，后来又有更经济的机组并入电网带基荷，它们就可能改为承担腰荷或调峰。

从电网结构上看，各发电厂在系统中的地位和作用也有区别，比如有地区发电厂和主力发电厂，各发电厂应按其规模和重要程度，分别接入电网的不同层次，如主力发电厂应接入主干网络。

第二节 发电厂运行管理

发电厂运行是电力生产的关键环节。发电厂技术经济指标的高低以及电能质量的好坏，都与发电厂运行管理有直接关系。因此，发电厂运行管理是极为重要的。

一、发电厂安全运行管理

"安全第一"是发电厂管理的基本方针。发电厂的安全运行是电力生产经营活动的关键环节和物质基础，企业各级领导和职工必须高度重视。

1. 安全指标

1）坚决杜绝重大事故，尤其要避免人身死亡事故、全厂停电事故、主要设备损坏事故、火灾事故和严重误操作事故。

2）尽量减少因人员直接过失引起的重大事故，特别是恶性误操作事故和继电保护事故。对火电厂锅炉要把消灭炉膛灭火放炮、干锅、满水和严重超温事故作为重点；对汽轮机要把灭火过水、温度超限不停机、润滑油和密封油系统断油等事故作为重点；对电气要把消灭带地线合闸、带负荷拉闸、带电挂地线、非同步并列等事故作为重点；对继电保护要消灭误整定、误接线、误校验、误振、误碰等足以引起电力系统重大事故作为重点。

3）降低设备事故率。发电设备事故率要求低于 0.5 次/(台·年)；变电设备的事故率要求低于 0.15 次/(台·年)。

4）力争人身事故率降低到历史最低水平，要求人身伤亡事故率不高于 0.5 次/(千人·年)。

2. 贯彻以预防为主的安全运行管理的基本方针

事故的发生大多不是偶然的，其中多数要经过一定的发展过程。在这个过程中总会有某些征兆可察，有某些规律可循，可以采取措施防患于未然。对各种操作从技术措施和组织措施上予以保证，能杜绝和避免误操作的发生，这就是以预防为主的方针的依据。运行管理工作要努力做到预防可能发生的事故，而不是消极地等待发生事故后，再进行处理和加以补救。

3. 保证安全运行的基本措施

1）精心监盘和巡回检查。运行人员要集中精力监盘，认真监视主要仪表的变化，保持设备在最佳状态下运行；根据负荷、设备、天气、燃料等因素，预想可能发生的事故，考虑采取哪些措施来预防事故。运行人员在接班前对所管辖设备进行认真细致的检查，接班后才能有重点、有把握地掌握设备运行状态和预防事故。

2）加强操作管理。发电厂生产过程中存在着许多危险因素，如高空作业、带电作业、高温作业等，防止人身伤亡事故是一项艰巨的任务。为此，要加强操作管理。实践证明，认真贯彻《电业安全工作规程》特别是操作票和工作票制度，是杜绝误操作、保证人身和设备安全的组织措施和有力保证。

3）定期进行预防性试验。对各种保安设备，如锅炉和其他承压容器的安全阀、汽轮机的危急保安器等，按照规程要求定期进行试验，确保安全可靠。继电保护装置和自动调整、自动控制装置要定期检验，使其正常工作。各种仪表要定期校验，始终保持其准确度合格。对集中控制室的各种信号装置，应当在每班接班后试验一次，保证其可靠。对各种备用设备，按规程要求定期起动运行一段时间，确保其运行性能合格，能够随时起动投入运行。

4）定期进行预防性检修。零部件的磨损和老化是不可抗拒的客观规律。磨损和老化到一定程度，设备就会失去其应有的性能，就会发生事故。因此，在设备进入故障之前，要有计划地进行检修，恢复其良好性能，避免发生事故后再修理，这就是预防性检修。

5）采取措施，做好事故预防工作。健全安全监察机构；定期组织安全规程的学习和考试，使之制度化；开展群众性的安全大检查活动；编制和实施反事故措施计划，并保证如期实现；做好事故调查分析工作。

4. 开展可靠性管理

可靠性指标能客观地反映电力设备固有的技术规律，有助于提高设备运行、检修水平。可靠性管理主要抓好以下工作：

1）完善发电设备可靠性指标统计方法，制定输变电设备可靠性指标。

2）实行可靠性指标考核。发电设备应考核等效可用率、等效强迫停运率和非计划停运时间；输变电设备则考核可用率和故障率。

3）分析设备可靠性指标，开展设备故障诊断，预防设备事故，制定合理的检修周期和经济合理的更改费用。

4）加强领导，并配备专门的管理人员和现代化管理工具。

二、火电厂经济运行管理

火力发电厂在生产电能的过程中要消耗大量的燃料，发电厂本身也消耗相当的电能。因此，发电厂的经济运行是一项非常重要的工作。

1. 发电厂技术经济指标管理

考核火电厂的指标主要有标准煤耗率和厂用电率，可按生产环节把这两个主要指标分解成许多技术经济小指标，以落实到各个生产岗位，作为具体的目标和考核的标准。

1）技术经济指标管理的作用，包括：①落实经济责任制和岗位责任制。通过指标的逐级分解和层层落实，把企业综合指标落实到基层和个人，从而确保企业计划的完成。②开展小指标竞赛，有利于加强企业管理的各项基础工作。这就使管理工作中的薄弱环节容易暴露，便于解决。③小指标管理，使工作考核有科学的评价依据。④小指标是检查、分析生产计划执行情况的依据。

2）进行技术经济指标管理，包括：①要做好小指标分解工作，综合指标通过层层分解落实到运行岗位。小指标要简明扼要、先进合理。②要做好小指标的统计工作，积累原始数据。③加强对测量仪表、采样和试验的监督，保证数据的准确性。④分析影响小指标的主客观因素，考核时应注意主观因素。⑤开展小指标竞赛活动。

2. 采用先进技术，改造现有设备

对现有设备进行技术改造以及采用计算机和自动化技术，不仅可以提高发电设备的安全运行水平，而且可以显著提高经济效益。

3. 发电厂机组开停原则

发电厂的经济运行在保证安全的前提下服从电网经济调度，机组运行服从全厂的经济调度，按电网经济调度进行厂内发电机组开停机和经济运行。

三、水电厂运行与经济管理

1. 水电厂生产运行的任务

水电厂主要的生产运行任务是：管理水电厂的综合利用和整个水利枢纽的工作，保证水工建筑物的安全耐久性，保证水电厂的可靠性和连续的工作，按电网调度规定的运行方式安全经济发电和供电，提高劳动生产率。

2. 水电厂经济运行

水电厂经济运行是整个电力系统经济运行的重要组成部分。水电厂经济调度要以水库调度图和当年来水过程为依据，发挥水库综合利用效益，保持水电厂水库水位，从而确保水电厂的安全经济运行。

水电厂经济运行大体分为三种方式：厂内运行、短期运行和长期运行方式。

1）厂内运行方式。主要内容有：①做好厂内机组动力特性试验，以获得准确的原始数据和资料；②全面绘制机组动力特性曲线；③按等耗量微增率准则确定实际有功负荷、无功负荷在厂内各机组间的经济分配；④制订机组的最优开、停机计划；⑤绘制厂内经济综合运行图；⑥根据当时系统频率和电压，对各运行机组实际负荷进行调整和实时控制。

2）短期运行方式。主要内容有：①合理解决电网日（周、旬、月）电力电量的平衡；②水电厂有功负荷、无功负荷的合理分配；③短期负荷预测；④确定备用容量、重复容量和合理投入方式；⑤确定水电厂的水库日调节和上、下游不稳定水流对最优运行方式和综合利用各部门用水影响。

3）长期运行方式。长期运行方式指年和多年的运行方式。主要内容有：①以水电厂水库调度为中心，包括电网的长期电力电量的平衡；②检修计划的安排和备用容量的确定；③水库来水预报分析、水库供水调度、水库长期最优调度图的制定等。

实行地区（或梯级）水电厂集中管理。实行统一管理梯级水电厂，逐步实行集中控制，提高自动化水平。有条件的都要实现梯级水电厂遥控、水情自动测报、大坝自动监测、集中检修、统一管理等。实现现场无人值班或少人值班。

四、风光新能源电场运行管理

风电、光伏电场运行管理的主要任务是提高设备可利用率和供电可靠性,具体工作主要包含以下内容：①在中控室监控机组的运行状态和各项运行参数；②定期巡视电场,检查电厂设备的状况；③做好电场运行分析工作,按照时间进行年度、季度、月度电场运行分析报告,对电场出力水平进行预测。

第三节　发电厂设备管理

一、设备管理概述

设备是指人们进行生产活动所使用的各种机械、装置的总称。它是现代企业生产的物质技术基础,也是企业固定资产的重要组成部分。设备状况的好坏,不仅关系到企业的发展,而且影响企业的经济效益。设备管理是指对设备进行综合管理,要保持设备完好,不断改善和提高企业技术装备水平,充分发挥设备的效能,取得良好的经济效益。

1. 设备管理的任务

设备管理的主要任务是为实现企业的经营方针和目标,通过采取一切技术、经济、组织措施,对设备实行全过程的综合管理,以达到设备的寿命周期费用最低、综合效能最高的目标。具体可以归纳以下几点：

1) 正确选购设备,为企业提供优良的技术装备。为此,企业设备管理部门要与有关部门紧密配合,掌握国内外有关设备的现状及其发展方向,包括设备的规格、性能、质量、价格等,以便合理选购。

2) 保证设备经常处于最佳的技术状态,有计划、定期地进行设备的维护与维修,采用有效措施消除设备缺陷。

3) 提高设备管理的经济效益。企业要在保证设备良好技术状态的同时,加强设备的管理,降低设备管理各个环节的费用,从而达到设备寿命周期费用最经济的目的。

4) 保证企业的技术进步,采用先进的、高效率的技术装备和新工艺,有计划、有步骤地对设备进行改造和更新。

2. 设备管理的内容

设备管理的内容包括对设备运动全过程的管理。设备运动全过程包括设备的两种运动形态,即设备的物质运动形态和资金运动形态。设备的物质运动形态是指设备从研究、设计、制造（或选购进厂）、安装、调试、使用、维护、修理、更新改造,直至报废退出生产领域的全过程。设备的资金运动形态包括设备的初始投资、维修费用、折旧,更新改造资金的筹措、积累、支出等。设备管理包括对设备的这两种运动形态的管理。在实际工作中,前者一般称为设备的技术管理,后者称为设备的经济管理。具体的设备管理内容包括如下几个方面：

1) 设备的选择和评价。根据技术上先进、经济上合理、生产上适用的原则,通过技术经济分析、评价,正确地选择和购置设备。

2）设备的使用。针对设备的性能，为合理使用各类设备制定一系列有关的规章制度，用各种形式将运行人员、维修人员、技术人员、管理人员组织起来，参加设备管理，保证设备高效、安全地运行。

3）设备的检查、保养与修理。在掌握设备故障与磨损规律的基础上，运用先进的检测、维修手段和方法，灵活采用各种维修方式和措施，维修保养好现有设备，使之处于最佳状态。

4）设备的更新和改造。为保证企业技术进步，根据企业发展的要求，有计划、有步骤地对现有设备进行更新和技术改造。

5）设备的日常管理。设备的日常管理包括设备的分类、登录、编号、档案积累、调拨、事故处理和报废等。

二、设备的选择与使用

1. 设备的选择

设备的选择应根据企业生产经营的需要和发展规划全面考虑，把企业有限的设备投资用于购置最需要的设备上，发挥资金的最大经济效益。一般情况下，设备的选择应遵循技术上先进、经济上合理、生产上适用的原则。具体选择设备时，应考虑以下因素：

1）设备的生产性，指设备的生产率。设备的生产率一般以设备在单位时间内（小时、轮班、昼夜、年）的产品生产量表示。提高设备生产率的主要途径有大型化、高速化、自动化等。选择设备时，应根据企业的生产需要，提出适当要求。

2）设备的可靠性，从广义上讲，设备的可靠性指精度、准确度的保持性、零件的耐用性、安全可靠性等。选择设备时要认真分析研究生产厂家所提供的有关资料，要对反映设备可靠性的指标进行论证。

3）设备的安全性，指设备对生产安全的保障性能。比如是否安装自动控制装置，以提高设备在操作失误后防止事故的能力等。

4）设备的节能性，指设备节约能源的可能性。能源的消耗一般以设备单位起动时间或生产单位产品的能源消耗量来表示，还要考虑设备对原材料资源的节约。

5）设备的维修性，指需要修理的设备、系统、零部件等所具有的易于维修的程度和性质。选择设备时，应考虑设备结构的易修性，同时也要考虑生产厂家对配件的供应情况和提供维修服务的能力等。

6）设备的环保性，指设备对环境保护的性能。比如设备排放有害物质对环境污染的控制等。选择设备时，把"三废"和噪声控制在一定范围内，要求设备有相应的治理"三废"的附属装置或净化设备。

7）设备的成套性，指设备的配套水平。设备的成套性好，可以使设备尽快形成生产能力。设备的成套性可以分为三大类，即单机配套、机组配套和项目配套。

8）设备的灵活性，指设备对不同工作条件、不同产品、不同零件的适应性。

9）设备的经济性。在选择设备时，还要考虑设备的经济性。要进行技术经济评价，即通过几种方案的对比、分析，选购经济性最好的设备。设备经济评价的方法很多，主要方法有投资回收期法、年总费用最小法和净现值法等。

设备的选择是电力企业管理的重要内容，一些大型、中型设备进入系统有严格的规定，一般要把好三个关口：一是造型比价关，原则上采取招标择优选厂订货；二是质量监造关，由设计、安装、物资等部门派出有经验的技术人员驻厂监督设备制造全过程；三是施工监理关，企业派员跟踪安装过程，以保证进入系统的各种设备的技术性能和经济性。

2. 设备的合理使用

合理使用设备可以减少设备的磨损，提高设备利用率，充分发挥设备的效益。

合理使用设备，应注意以下几点：

1）根据设备的技术经济特点，合理安排生产任务。

2）配备符合要求的操作工人。要求操作者熟悉并掌握设备的性能、结构、使用和维护保养技术，对关键、精密设备实行定人定机，凭操作证上岗操作。

3）创造良好的工作环境。为保证设备的精度、性能，延长设备的有效寿命，应根据设备对工作环境的要求，对温度、灰尘、振动、湿度、腐蚀等环境加以控制。

4）建立健全设备使用、维护、保养等规章制度。

三、设备的维护、检查和修理

1. 设备的磨损和故障

设备在使用和闲置过程中，会发生磨损。磨损一般分为两种形式，即无形磨损（精神磨损）和有行磨损（物质磨损）。

设备的无形磨损是指同类型设备生产出来以后，引起原有设备贬值。无形磨损又可分为两种：第一种无形磨损是由于设备制造厂劳动生产率提高，生产成本降低，致使原有的同类型设备贬值，其特点是原有设备还能使用，但要重新估价；第二种无形磨损是由于制造厂生产出效率更高、性能更好的设备，使原有设备的经济效能相对降低造成的损失，其特点是影响原有设备的继续使用，必要时应考虑更新。

设备的有形磨损，又可分为两种：第一种是指设备在运转中受到机械力的作用，零部件会发生摩擦、振动和疲劳等现象，致使设备及其零部件的实体产生磨损；第二种是指设备在闲置过程中，由于自然力的作用，加上保养、管理不善及自然锈蚀，丧失其精度和工作能力。在正常情况下，设备的有形磨损主要指在运转中产生的磨损。

设备在运转过程中产生的物质磨损有一定的规律，大致可以分为三个阶段，如图11-2所示。图中，第Ⅰ阶段为初期磨损阶段。这一阶段机器零件表面粗糙不平部分及氧化层、脱碳层，由于机器运转、互相摩擦而很快磨平。这一阶段磨损速度快，但时间比较短。第Ⅱ阶段为正常磨损阶段。这一阶段设备磨损速度趋于缓慢，磨损量较小，曲线呈平稳状态。这一阶段时间较长，是设备运行的最佳状态。第Ⅲ阶段为急剧磨损阶段。由于机器零件磨损到一定程度，正常磨损关系被破坏，使得磨损速度急剧增加，设备的精度、性能和生产率都大为降低。设备一般不允许使用到急剧磨损阶段，在正常磨损的后期，就应组织力量对设备进行修理。

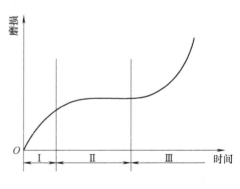

图11-2 设备磨损曲线图

由于磨损和操作使用等原因,设备在使用过程中会发生故障,从而影响生产的正常进行。设备在寿命周期内故障率曲线类似于浴盆。设备的故障率曲线可以分为三个阶段:第Ⅰ阶段为早期故障期。这个阶段的故障主要是由于设计和制造中的缺陷造成的,有时由于操作者不适应引起的,开始故障率较高,随时间的推移逐渐下降。第Ⅱ阶段为偶然故障期。这个阶段的设备已进入正常运转阶段,故障很少,一般都是由于维护不好和操作失误造成的偶然故障。第Ⅲ阶段为劣化故障期。这个阶段,构成设备的零件已经老化或进入急剧磨损期,因而故障率上升。

掌握设备的磨损和故障规律,根据设备在不同时期出现的问题,采取相应的措施,从而可以延长设备的使用寿命,提高设备的使用效能。一般对设备有形磨损的局部补偿是根据实际情况进行设备修理,对设备无形磨损的局部补偿是设备改造,对设备有形和无形磨损的完全补偿是设备更新。

2. 设备的维护

设备的维护又称保养,其目的是使设备经常保持整洁、润滑、安全,以保证设备的使用性能和延长修理间隔期。设备的维护或保养,按其工作量的大小可以分为以下几类:

1)日常保养,称为例行保养。日常保养的重点是进行设备清洗、润滑、紧固容易松动的螺钉,检查零部件状况。这类保养由操作人员承担。

2)一级保养,除普遍地进行紧固、清洗、润滑和检查以外,还要对部分零件进行拆卸、清洗,以及进行部分调整。一般以操作人员为主,维修人员协助进行。

3)二级保养,主要进行设备的内部清洗、润滑、局部解体检查和调整。二级保养由专职维修人员承担,操作人员协助。

4)三级保养,主要是对设备主体部分进行解体检查和调整,同时更换一些磨损零件并对主要零部件的磨损进行检测、鉴定。三级保养由专职人员承担,操作人员参加。

3. 设备的检查

设备的检查是对机器设备的运行状况、工作性能、磨损或腐蚀程度进行检查和校验。通过检查,可以全面掌握设备的技术状况变化和磨损情况,及时查明和消除设备隐患,针对检查发现的问题,改进设备维修工作,提高修理质量和缩短修理时间。

1)设备检查,按检查时间间隔分:①日常检查。日常检查是指由操作工人每天对设备进行的检查,一般同设备的日常维护结合进行。②定期检查。定期检查是由专职维修人员按计划定期对设备进行检查,以便全面准确地掌握设备的技术状况和零部件磨损、老化情况,确定修理的时间和种类。

2)设备检查,按技术性能分:①性能检查。性能检查是对设备各项性能进行检查、测定,比如检查设备是否漏油和漏水、设备的绝缘性能、耐高压性能等。②精度检查。精度检查是指对加工设备的实际加工精度进行检查和测定,以便确定设备精度的劣化程度,为设备验收、修理和更新提供依据。

采用设备状态监测和故障诊断技术,对提高设备运行可靠性、减少维修费用具有十分重要的积极作用。近年来,设备状态监测和故障诊断技术得到了推广和应用,表11-1是电力企业推广设备状态监测和故障诊断技术的应用范围。

表 11-1　电力设备状态监测和故障诊断技术应用范围

汽轮机	声发射诊断转子裂纹 汽轮机进水 凝汽器状态诊断 主汽门、调速门门杆断裂诊断 轴向、径向间隙监测 轴承损坏监测	发电机	发电机局部过热、集电环火花监测 双水内冷发电机漏水漏氢监测 发电机绝缘老化 发电机匝间短路故障检测 发电机转子绝缘监测 发电机运行诊断 发电机电压连续监测 摩擦监测 红外热成像监测过热点

4. 设备的修理

设备的修理，是修复由于正常或不正常的原因而引起的设备的损坏和精度的劣化，通过修理更换已经磨损和老化的零部件，使设备性能得到恢复。它的实质是有形磨损的局部补偿。

（1）设备修理的类别

按照对设备性能恢复的程度和修理范围的大小、修理间隔期的长短、修理费用的多少，设备修理通常可以分为小修、维修、大修、节日检修和临时检修。

1）小修，是对设备进行局部修理。通常小修只需修复、更换部分磨损较快和使用期限等于或小于修理间隔期的零件，调整设备的局部结构，以保证设备能正常运转到下一次计划修理时间。小修的特点是：修理次数多，工作量小，一般在生产现场进行，由车间专职维修工人执行。

2）设备维修，是对设备的维护保养和修理恢复设备性能所进行的一切活动，如锅炉扫灰、凝汽器清洗及调速系统清洗等。

3）大修，是对设备进行全面的修理。通常将设备全部拆卸分解，进行磨削刮研，修理基准件，更换或修复所有磨损、腐蚀、老化等已丧失工作性能的主要部件或零件，恢复设备原有精度、性能和生产效率。大修的特点是：修理次数少，修理间隔期较长，工作量较大，修理时间长。结合设备的大修，可以同时进行设备的改装和技术改造，改善设备的性能和结构，扩大适用范围，提高设备的效率。

4）节日检修，是指在国家法定节假日期间，由于用电负荷低，抓住有利时机而安排的检修。

5）临时检修，是指计划检修以外的停运检修。如由于事故造成的停运检修，叫作事故检修。

我国电业贯彻"安全第一"的方针，基本上采用计划预防修理制度，以预防为主，及时进行检修是保证安全生产、预防设备事故的有效措施。我国电力设备计划修理有大修、小修等。这几种检修相互结合、交叉进行，如表 11-2 所示。

（2）设备修理的方法

根据具体修理日期和修理内容的不同，设备修理的方法有以下三种：

1）标准修理法，又称强制修理法。这种方法对设备修理日期、类别和内容都预先制订具体计划，不管设备的技术状态如何，都严格地按照计划规定执行。这种方法一般用于必须严格保证安全运转以及特别重要和复杂的设备。

表 11-2　发电设备大小修间隔期

设备名称	大修间隔	小修间隔
锅炉	2~3 年 （12000~18000 运行小时）	4~8 个月 （2500~5000 运行小时）
汽轮发电机组	2~4 年 （14000~24000 运行小时）	6~8 个月 （2500~5500 运行小时）
水轮发电机组	3~5 年 （18000~30000 运行小时）	每年两次（汛前汛后）
主变压器	根据运行情况和检查试验结果确定，一般不少于 10 年	每年 1~2 次

2）定期修理法，是根据零件的使用寿命、生产类型、工作条件和有关定额资料，事先规定出各类计划修理的固定顺序、计划修理间隔期及其修理工作量。采用这种方法时，其具体实施的修理日期、修理内容，则需要根据修理前的检查结果来确定。这种方法适用于大批生产条件下的生产设备、动力设备的修理。

3）检查后修理法，是根据设备零部件磨损资料，事先只规定设备检查的次数和时间，而每次修理的具体期限、类别和内容均由检查后的结果来决定。这种方法适用于修理基础工作比较好的、检修人员经验比较丰富的企业。

四、设备的更新与改造

1. 设备更新

设备更新是指用新的设备或技术先进的设备，更换在物理上不能继续使用或经济上不宜继续使用的旧设备。设备更新是保证企业简单再生产和扩大再生产的必要条件，是促进企业技术进步、发展生产、提高经济效益的重要措施。

（1）设备的寿命

设备的寿命是指设备从投入生产开始，经过有形磨损和无形磨损，直至技术上或经济上不宜继续使用，需要进行更新所经历的时间。设备的寿命按其性质可以分为物理寿命、技术寿命和经济寿命三种：

1）物理寿命，又称自然寿命，是指设备从全新状态投入生产开始，经过有形磨损，直至技术不能按原有用途继续使用为止的时间。物理寿命与设备的使用和维护保养状态有关，并可通过恢复性修理延长设备的物理寿命。

2）技术寿命，指设备从全新状态投入生产后，由于新技术的出现，使原有设备丧失其使用价值而被淘汰所经历的时间。技术寿命与技术进步速度有关，技术进步越快，技术寿命越短。

3）经济寿命，又称设备的更新期，是指设备从全新状态投入生产开始到设备具有最低的年平均总费用的时间。超过这个年限，设备在技术上虽然仍可继续使用，但其年平均总费用上升，经济上不宜再继续使用。

设备的年平均总费用是由设备的折旧费和使用该设备的维持费构成的。一般随着使用年限的延长，每年分摊的设备折旧费减少，但是，随着使用年限的增加，设备的物质磨损加大，性能衰退，使维持费用逐年增加。因此，设备的年平均总费用在设备投入生产的初始阶段一般是呈下降趋势，但超过经济寿命年限后，又逐渐上升。设备年平均总费用变化如图11-3所示。

根据上述原理，在不考虑资金的时间价值和残值的情况下，设备的经济寿命也可以通过下述公式计算：

$$T_0 = \sqrt{\frac{2K_0}{\lambda}} \quad (11\text{-}2)$$

式中，T_0 为设备的经济寿命；K_0 为设备的初始投资；λ 为设备维持费用的逐年增加值。

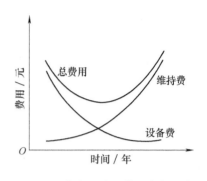

图11-3　设备年平均总费用变化示意图

（2）设备更新的原则

设备更新应遵循如下原则：

1) 针对企业的薄弱环节，提高综合生产能力。

2) 组成合理的设备结构。企业设备结构合理化，应考虑形成合理的设备的役龄结构、新旧结构和技术水平结构等。

3) 设备更新与原有设备的维修和改造相结合。

（3）设备更新方式

设备的更新方式，从内容上讲，有两种：

1) 设备原型更新，指用同型号设备以旧换新。其优点是便于维修，缺点是不利于提高企业的现代化水平。

2) 设备技术更新，指用性能先进的设备代替陈旧落后的设备。这种更新方式可以从根本上提高企业设备的现代化水平，因而可以提高企业的经济效益，提高产品质量。但这种更新方式往往需要较多的投资，因此，需要认真进行研究和可行性分析论证。

2. 设备改造

设备改造是指应用现代科学技术成就，改变原有设备的结构，提高原有设备的性能、效率，使之达到现代新型设备的水平。

设备改造对于解决设备陈旧问题来说，具有以下优点：

1) 能尽快把科学技术的最新成就变为直接生产力。

2) 针对性强，可以根据企业的具体情况进行，对生产的适应性好。

3) 设备改造与设备更新相比，投资少、时间短、人工省、收效快，具有较好的经济效益。

设备改造的方式，可以分为设备局部技术更新和增加新的技术结构。经过改造的设备，应达到质量性能好、生产效率高、节约能源和原材料、减轻对环境污染等方面的要求。

一般情况下，电力主设备安装后不宜进行更新，大多采用对现有设备进行技术改造来提高设备的技术经济性能。由于其投资少、见效快，因此是电力企业行之有效的方法。

企业进行设备改造，必须经过充分的调查研究，进行技术经济评价，选择技术上先进、经济上合理、生产上适用的方案。

五、设备的综合管理

设备综合管理是在过去传统的维修管理的基础上发展起来的现代设备管理理论和方法，

它主要包括设备综合工程学和全员设备维修制。

1. 设备综合工程学

设备综合工程学是由英国人丹尼斯·帕克斯提出来的，首先在英国得到推广和普及。据有关资料介绍，推行设备综合工程学后，设备故障率可降低90%，设备维修费用能减少50%，由于效果显著，因此在工业发达国家得到重视并迅速推广。所谓设备综合工程学，按英国工商部1974年下的定义是"设备综合工程学是这样一门学科，它对适用于固定资产的工程技术、管理、财务等实际业务进行综合研究，以求实现设备寿命周期费用的最大程度节约。工厂机械、装置、建筑物的可靠性和有关可靠性的方案、设计、使用和费用的信息反馈，都属于它的研究范围"。设备综合工程学的要点如下：

1）把设备的寿命周期费用作为评价设备工作的重要经济指标，追求最低的寿命周期费用。

2）把与设备有关的工程技术、管理、财务等问题综合起来，进行全面管理和研究。

3）设备综合工程学研究的重点是设备的可靠性、维修性，目标是做好设备的"无维修"设计。

4）把设备的寿命周期作为研究和管理的对象，即对设备从规划、设计、制造、安装、使用、维修、改造直至报废的全过程进行管理。把系统论的观点应用于设备管理，努力提高设备的全系统的机能。

5）强调对设备的信息反馈管理。通过信息反馈把设备整个寿命周期内各个环节有机联系起来，提高各环节的机能，促进设备管理的不断改进和提高。

2. 全员设备维修制

全员设备维修制，又称全员生产维修制（Total Productive Maintenance，TPM）。它是日本在学习美国设备预防修理的基础上，吸收英国设备综合工程学的主要观点，结合本国传统管理经验，逐步形成和发展起来的一种设备管理和维修制度。其要点如下：

1）全员设备维修制的基本特点是"三全"，即全效率、全系统和全员参加。全效率是指设备的综合效率，即设备的总所得与总费用之比或产出与投入之比。总费用指设备的寿命周期费用；总所得包括产量、质量、成本、交货期、安全、劳动情绪等方面，这些方面最后可以归纳为：符合质量要求、低成本、按期交货、安全生产和高效率的产量。全系统是指对设备进行从研究、设计、制造、使用维修、改造一直到报废为止的全过程管理。全员参加是指从经理、管理人员、技术人员、生产工人，凡是与设备有关的人员都要参加设备管理，分别承担不同的职责。

2）根据检查结果确定维修工作方式。全员设备维修可以适用设备修理的所有方式，包括日常维修、事后维修、预防维修、生产维修、改善维修、预知维修、维修预防等。应根据检查结果确定具体的维修工作方式。

3）对重点设备实行预防维修。全员设备维修制的预防修理放在重点设备上，而对一般设备采取事后修理，这样可以节约维修费用。

4）实行维修目标管理。通过推行维修目标管理，确定维修工作的方向和具体目标，并以此作为评定维修工作成绩的依据。目标管理可以采用PDCA循环的工作方式进行。

5）强调良好的工作作风。推行全员设备维修制，必须有良好的工作作风。通过开展整顿、整理、清洁、清扫、保养五项管理活动，简称"5S"活动，不仅可以提高工效，减少事故，更重要的是可以通过改变企业的精神面貌和工作作风，保证全员设备维修制的贯彻和执行。

第四节　发电厂燃料管理

一、燃料管理概述

火力发电厂消耗的燃料有煤炭、石油和天然气等，我国火力发电厂以燃煤为主。火力发电厂燃料费用占发电总成本的60%~80%。因此，做好发电厂燃料管理，对保证发电厂的安全经济运行，提高电力企业经济效益，具有重大意义。

燃料管理在火电生产中占有重要的不可忽视的地位，是火力发电厂生产经营管理的重要组成部分。燃料管理的具体作用如下：

1. 有利于电力生产的正常持续进行

根据电力生产的需要，通过对燃料的计划到货、燃料质量和数量的控制管理，为电力生产提供合格适量的燃料，满足生产需要，才能保证电力生产的正常持续进行。

2. 有利于火力发电厂安全生产

提供质量合格的燃料对于保证电力生产的安全性是十分重要的。对每批入厂燃料都需要进行化验再择优选定。对质量差且危及生产安全的进厂燃料拒绝卸车。通过对发电厂入厂燃料进行质量控制，确保生产用燃料的质量。

3. 有利于火力发电厂经济效益的提高

火力发电厂燃料费用占生产成本的60%~80%，加强燃料管理可以大幅度降低发电成本。燃料管理进行成本控制的手段多种多样，比如通过计量管理，对进厂燃料进行严格的过衡、检尺，为亏吨索赔提供准确无误的数据；通过采制化，对燃料进行理化检验，为亏卡索赔提供科学依据，同时为锅炉燃用提供数据和参考；通过价格管理，减少不必要的费用；通过品种管理，及时协调煤种比例，为合理掺料和选料创造条件，使企业获得最佳经济效益。

二、燃料的种类

1. 煤炭

根据我国煤炭资源和现行火力发电厂的调查资料，可把发电用煤分为五大类，这五大类是无烟煤、半烟煤、烟煤、褐煤及低质煤。

1）无烟煤。无烟煤是碳化程度最高的煤，含碳量最高，燃烧时不容易着火，火焰短，贮备时不易自燃。

2）半烟煤。因这种煤的挥发介于无烟煤和烟煤之间，故称为半烟煤。

3）烟煤。碳化程度低于无烟煤，着火、燃烧较容易。现行发电厂锅炉燃用最多的是烟煤。

4）褐煤。碳化程度较低，发热量不高，容易着火和燃烧。

5）低质煤。低质煤通常是指灰分大于40%的原煤，这是不能单独燃用的煤，但可以掺烧。

2. 燃料油

发电用的燃料油有重油、柴油和原油。

1) 重油。燃料重油是由裂化重油、减压重油、常压重油或蜡油等按不同比例调和而制成的,不同的炼油厂选用的原料和比例不同。

2) 柴油。柴油分轻柴油和重柴油两种：轻柴油由石油的各种直馏柴油馏分、催化柴油馏分和混有热裂化柴油馏分等制成,大中型火力发电厂多用轻柴油作锅炉点火；重柴油一般用作中速和低速柴油机的燃料,有些发电厂有时也作为锅炉燃料。

3) 原油。从油井开采出来,未经加工炼制的石油称为原油。原油中含有大量轻质馏分,从综合利用燃料资源考虑,发电厂燃用原油是不合理的。

3. 气体燃料

锅炉燃用气体燃料,点火容易,调节方便,有利于自动化,而且气体燃料易于同空气混合达到完全燃烧。气体燃料有天然煤气和人工煤气两类。

1) 天然煤气。天然煤气也称为天然气,主要成分是甲烷,同时含有少量的烷属重碳氢化合物及惰性气体、水蒸气和矿物质等。天然气属于高发热量气体燃料。

2) 人工煤气。人工煤气的种类很多,有焦炉煤气、高炉煤气、液化石油气及发生炉煤气等。它们的发热量除液化石油气之外都比较低,属于低发热量燃料。用于发电的主要是焦炉煤气和高炉煤气,而且一般局限于毗邻冶金联合企业的发电厂。

焦炉煤气和高炉煤气是焦炉炼焦和高炉炼铁过程中的副产品,因此价格便宜,折合标准煤单位比燃煤折合标准煤每吨低 40%~50%。但燃用时必须做好防毒防爆措施。

三、燃料的需用计划、配用和储备

1. 燃料的需用计划

发电厂燃料的需要量包括：发电用燃料、供热用燃料、运输损耗及场损、合理库存、新机试运及其他杂用。

编制燃料需用计划的依据主要有：发电量、供热量及标准煤耗率；运输损耗和存储损耗定额；燃料合理库存定额；年度燃料油供应指标；上年周期入炉燃料的加权平均低位发热量等。

2. 燃料配用

燃料合理配用是事关发电厂安全经济运行十分重要的工作。燃用多种燃料的发电厂应装配煤机械装置。由生产技术部门定期会同燃料、锅炉、化学等单位根据化验分析结果共同研究制定每台炉的燃料搭配比例,作为燃料车间的重要工作依据,并据以进行考核。燃料车间应发动运行班组开展适应锅炉热效率的燃煤热量小指标竞赛,保证做好配用工作,以保证锅炉的正常燃烧。

3. 燃料的储备

发电厂根据负荷情况、运输距离等条件,规定必要的燃料储备量。

煤场是发电厂燃料供应的一个主要仓库,它对于保证发电厂连续发电、节约能源、合理贮备、加速燃料资金周转、降低燃料成本都是十分重要的。

煤场管理的主要任务是燃料的验收、配用和管理。此外,还要认真做好燃料的堆放保管工作。若存煤堆放管理不善,不仅会使煤的发热量发生巨大损失,对某些自燃倾向大的煤种还会发生煤堆的自燃事故。所以，要根据煤种的不同，采用合理作业方法，使煤堆保持安全和良好状态。其主要措施有：

1）用压实机压实煤堆，以减少煤表面暴露于大气中，是防止热损失的关键。
2）不同品种、粒级的煤分开堆存。
3）煤堆不宜过高，斜面坡度一般考虑1:4，最小不小于1:2。
4）经常测量煤堆温度，超过60~65°C时应及时燃用或进行降温。
5）测定存煤的氧化性和自燃倾向，以便随时采取防止自燃措施。
6）生产与非生产用煤要严格分开堆存，分别计算入账。
7）做好防水、防雨等措施，防止雨水冲失。

四、燃料管理的科学化

1. 建立健全燃料管理分析指标体系

燃料分析指标，如订货分析指标的需要与订货量之比；订货价格分析；订货煤种与需要煤种比较；运距与运费之比；各类煤价分析等。管理分析指标，如到货率与矿发率之比；存煤与定额库存之比；运耗率分析；流动资金占用分析；燃料管理费用分析；亏吨亏卡赔偿率；反馈问题解决率等。

2. 采用现代化手段和方法，进行科学管理

要在燃料过衡计量、燃料化学分析、燃料配料等方面使用电子衡器、仪器和计算机等现代化手段，并把价值工程、运筹学、系统工程、质量管理等现代管理方法用于燃料管理的各项工作中去。

第五节 发电厂环境保护

一、环境保护概述

火力发电厂将煤变成电能的转化过程中产生大量排放物，如灰渣、粉尘、废水、烟气以及噪声等，如图11-4所示。若不治理，势必严重污染环境，因此火力发电厂的环境保护是一件非常重要的工作。

环境保护是采取法律的、经济的、科学技术的综合措施，合理地利用自然资源，防止由于人类活动引起自然生态破坏和环境污染，以保护自然环境，保护自然生态平衡和扩大自然资源的再生产，已成为人类共同关注的社会问题。

二、火电厂环境保护的方针政策

我国环境保护的基本方针政策是"全面规划，合理布局，综合利用，化害为利，依靠群众，大家动手，保护环境，造福人民"。火力发电厂环境保护的方针政策是"在安全经济发电的基础上保护环境，在综合治理中促进生产，充分利用资源，化害为利，变废为宝"。具体的技术政策是：

1）灰场不占地，少占地，占坏地造好地，造地还田。
2）冲灰水循环使用，最大限度地节约水资源。

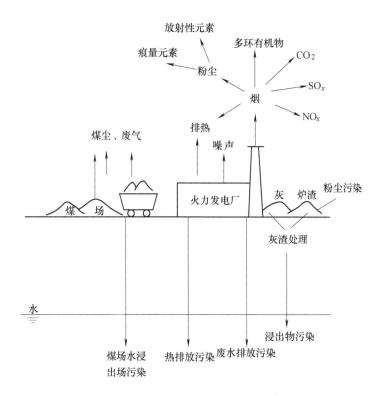

图 11-4　火力发电厂燃煤污染环境的示意图

3）发展和利用高效率除尘设备，如静电除尘器、高效湿式除尘器等，经过试点，因厂制宜，推广应用。

4）采用高烟囱排放二氧化硫，充分利用大自然的净化能力。

5）加强试验研究，突破关键项目，如排烟脱硫技术等。

6）开展灰渣综合利用，促进粉煤灰资源化的进程。

7）推广和应用小孔消音器，防止噪声污染。

8）综合治理，合理布局，尽可能在电能生产过程中消除和减少污染。

三、火电厂的环境指标

1. 环境指标

新建和扩建的火电厂必须达到下列指标：

1）烟尘经除尘器除尘后，除尘效率达到98%以上。

2）生产和生活污水经过处理后用于冲灰，冷却水、冲灰水要循环使用，做到一水多用，节约水资源。

3）采用高烟囱排放烟气。20万kW以上机组的烟囱不低于200m。

4）厂区绿化面积要达到厂区总面积的70%以上。

5）噪声和电磁波辐射要限制在允许标准以内，即85dB以下。

6）火电厂一定要有灰场，不得将灰渣往江河排放。

2. 废气、废水排放指标

1) 火电厂排放废气中有害物质的最高允许标准如表 11-3 所示。

表 11-3　火电厂排放废气中有害物质的最高允许标准

烟囱高度/m	烟尘/(kg/h)	二氧化硫/(kg/h)	烟囱高度/m	烟尘/(kg/h)	二氧化硫/(kg/h)
80	650	650	150	2400	2400
100	1200	1200	180	3200	3200
120	1700	1700			

2) 火电厂排放废水中有害物质的最高允许标准如表 11-4 所示。

表 11-4　火电厂排放废水中有害物质的最高允许标准

有害物质名称	最高允许排放浓度/(μg/L)	有害物质名称	最高允许排放浓度/(μg/L)
汞及其无机化合物	0.05（按 Hg 计）	硫化物	1
镉及其无机化合物	0.1（按 Cd 计）	挥发性酚	0.5
六价铬化合物	0.5（按 Cr^{6+} 计）	氰化物	0.5
砷及其无机化合物	0.5（按 As 计）	有机磷	0.5
铅及其无机化合物	1.0（按 Pb 计）	石油类	10
pH 值	6~9	铜及其化合物	1
悬浮物	500	锌及其化合物	5
生化需氧量（5 天 20C°）	60	硝基苯类	5
化学耗氧量	100	苯胺类	3

四、污染治理

1. 燃煤火电厂的污染治理

1) 大气污染，它包括：① 烟尘。烟尘排放量取决于燃煤中灰分的多少及锅炉的燃烧方式和除尘器效率。烟尘对空气的污染程度还取决于烟囱的高度。凡超过允许排放标准的烟尘，国家环境保护部门要收取排放费。火电厂治理烟尘主要措施是采用高效率除尘器和高烟囱。② 二氧化硫。它是产生酸雨灾害的根源，目前仍是靠烟囱，往更大范围的扩散，以降低其浓度。③ 氮氧化物。它对人体危害很大，治理措施是降低燃烧温度和燃烧区氧的浓度，缩短烟气在高温燃烧区的停留时间。

2) 煤灰问题。燃煤火电厂必须装设除尘器。若用湿式除尘器，则沉灰池排出的大量灰水必须符合排放标准。灰水中悬浮物的控制主要依靠沉灰池的沉淀作用，沉淀的灰也必须妥善处理，综合利用。

2. 燃油火电厂的污染治理

燃料油一般含灰量少，然而其排放二氧化硫及氮氧化物的情况类同于燃煤锅炉。因此，也要采用高烟囱。燃油火电厂污染治理是含油污水的排放。处理含油污水的方法很多，如自然分离法、浮选法、活性炭吸附法等。

3. 其他污染的治理

除燃煤、燃油的特殊污染问题外，火力发电厂还有以下几种污染：

1) 废酸碱污染控制。火力发电厂化学水处理过程的废酸碱液体必须进行处理，使其符合污水排放要求后方可排放。一般采用中和池或树脂处理法。

2) 热污染控制。火力发电厂汽轮机的循环水如直接采用江河水，其排放水温度不能超过40℃，否则会破坏水域原有的生态。控制热污染办法比较简单，就是加大循环。

3) 噪声污染控制。采用综合治理的方法，使其达到标准，如采用消音器、隔音室或个人防护等。

思考题与习题

11-1 发电厂管理的主要任务是什么？
11-2 简述不同类型发电厂在电力系统中的作用。
11-3 简述发电厂安全运行管理的重要性及其保证措施。
11-4 发电厂设备管理的主要内容是什么？
11-5 设备的选择应遵循什么原则？
11-6 设备物理寿命的含义及其延长的方法是什么？
11-7 简述发电厂燃料管理的意义及作用。
11-8 简述发电厂环境保护的重要性及污染治理措施。

第十二章 供电管理

第一节 概　　述

一、供电管理概述

电力系统的生产运行系统是由发电、输电、变电、配电和用电五个基本环节组成的。其中，输电、变电和配电三个环节连在一起，组成了电力系统生产运行的供电网络，称作供电系统。供电系统担负着电力输送、变换和分配的任务，保证着电力的产、供、销同时正常运转，以满足广大用户的用电需要。供电系统的电压等级和发展规模，是整个电网发展水平和规模的一个主要标志。供电系统是电网结构的骨架和脉络。

在电力流通过程中，为了适应不同送电距离、不同送电容量以及不同电压等级的用电需要，供电系统还要进行交流电网的升压、降压变换以及交流与直流电力的相互转换。这种不同技术参数的变换，是对电力产品的一种加工变换过程。因此，供电系统不仅是电力商品唯一的流通渠道，同时也是电力产品变换技术参数的加工环节。

供电管理广义上称为供用电管理，包括供电管理和用电管理两个分支。其中，供电管理主要包括供电系统及设备运行维护和检修管理、线损管理、无功管理；用电管理主要包括计划管理、节约用电、负荷管理、安全用电、用电监察、供用电合同、营业管理、用电分析等。

供电管理在保证电网充足、可靠、合格、廉价地向用户供电中，具有突出的重要作用。

1. 供电管理是电力企业管理的重要组成部分

供电企业作为电力企业的主要基层企业单位，除了管辖用电营业业务之外，就是对供电系统的运行、维护进行管理。随着电力系统不断发展，供电管理的业务内容日益繁重，供电企业的规模愈加庞大。电力企业属于技术和资金密集型的企业，由送电、配电网络和变电设备组成的供电系统，其固定资产投资占全部电业投资的50%以上。供电企业的职工人数与发电企业的人数相近，有一支庞大的职工队伍，因此，加强供电企业管理、提高企业素质的任务十分繁重。

2. 供电企业在电力企业中占有十分重要的地位和作用

供电系统是电力商品唯一的流通渠道，电力企业通过供电企业与广大用户发生联系，用户对电能的需求又通过供电企业反馈到上级主管部门，从而引起电力企业一连串连锁反应，如电力发展规划、基本建设、设备运行与检修、计划用电、安全用电、负荷调整、经营管理等。因此，供电企业在电力企业中具有十分重要的地位和作用。

供电企业担负着电力从发电厂发出后的一系列传输、加工变换任务并直接和广大用户接触。供电的安全、质量、服务、效益以及职工队伍的素质是十分重要的。因此，必须从规划建设、技术装备、投资来源和职工队伍建设上全面加强供电管理，为整个系统的正常运行和发展创造条件。

二、供电管理的特点

供电管理不同于其他企业的管理，也有别于发电或用电的管理，而有其自身的管理特点。

1. 担负面向电力市场的生产经营任务

供配电线路直伸到每个用户，供电管理既要做好运行、维修工作，又承担工程施工任务，同时还进行面向电力市场的生产经营活动。

2. 联系电源和用户，地方性、服务性强

供电系统是联系电源和用户的纽带，它的布局和发展要与电源位置和用户需要相匹配，从而使供电管理具有明显的地方性和服务性。

3. 对供电能力和质量要求高

供电系统的基本任务就是按照全系统运行要求，保证电能输送能力，保证安全连续地按照供电质量标准向用户供电。

4. 工作面广且分散，管理难度大

随着电网的发展，供电网络不断延伸，送电距离愈来愈远，有的长达上千公里；电网层次增多，配电线路遍布各地；变电站星罗棋布，点多面广。供电网络在广阔地域上的网状发展，使供电运行管理形成了明显的特点：在相当分散的广大地面上，按网络系统进行工作。这就在生产技术和运行管理上，在管理体制、组织机构以及职工队伍建设上，带来了不同于一般工厂型企业的特殊问题。

三、供电管理的内容和任务

供电管理是整个电力企业管理的组成部分。供电管理的主要内容和任务是：

1）规划、计划与信息管理。规划、计划与信息管理包括供电网络的发展规划，供电设施的运行、检修、试验计划，供电设施的更新改造计划等。管理信息是现代化企业制订计划和决策的基础，也是供电系统安全经济运行和优质可靠供电的基础。只有重视和加强信息管理，才能实现科学的供电管理。

2）供电质量管理。供电质量管理主要包括电压质量和供电可靠性管理两项内容。电压质量是电能质量的一项重要指标，不仅直接关系到电力系统本身的安全生产和经济效益，同时也影响全社会的经济效益和人民生活，是衡量电力企业服务质量的一项重要标志。提高对电力用户供电的可靠性，尽量减少对用户的停电次数和停电时间，其目的是减少由于停电引起的用户损失和电力企业自身损失。

3）设备运行和检查管理。做好送电、变电、配电设备及相应附属设备的运行和检修管理是一项重要任务。在供电系统中要力争减少人身事故次数，减少设备事故和误操作事故次数，消灭五大事故和恶性事故。在配电网中，要采取有效措施尽力消灭触电伤亡事故。

4）加强线损管理，减少电能损失。线路损失率（线损率）是供电管理的一项重要技术经济指标。加强线损管理，减少电能损失，提高供电企业的经济效益，是供电管理的一项经常性的重要任务。

5）规章制度管理。

第二节　电压质量和供电可靠性管理

电压质量和供电可靠性是供电管理的两项基本内容。按照国家规定标准保证供电质量是电网向用户提供合格电能的一个基本要求。供电质量优劣对于社会经济效益和电业自身的经济效益都会造成严重影响。因此，不断提高供电质量是改善供电管理的一项首要任务。

一、电压质量管理

1. 电压质量标准

按照《供电服务规范》要求，在电力系统正常运行条件下，供电电压偏差的限值为：35kV及以上供电电压正、负偏差绝对值之和不超过标称电压的10%，如供电电压上下偏差同号（均为正或负）时，按较大的偏差绝对值作为衡量依据；20kV及以下三相供电电压偏差为标称电压的±7%；220V单相供电电压偏差为标称电压的+7%、-10%。

2. 提高和改善电压质量的措施

总结以往经验，在提高和改善电压质量上主要应抓好下列措施：

1）加强以用户电压为中心的电压质量管理。

2）严格电压质量的监督与考核工作，达到《供电服务规范》标准。

3）做好无功平衡，加强无功电力和电压的调整能力。要依据《电力系统电压和无功电力管理条例》，按不同用电负荷，分地区、分变电站、分季做好无功电力平衡工作，求出合理无功调整容量，做好增装和调整无功工作。要扩大电网无功调节手段，采用带负荷调压变压器。

二、供电可靠性管理

利用科学的定量指标加强供电可靠性管理，是改善供电质量管理的一个重要方面。供电可靠率就是衡量对用户供电可靠性的一项指标，它既是供电服务质量的一项重要指标，同时也是供电可靠性统计评价的一项主要指标。

供电可靠率是指一年中对用户有效供电时间总小时数与统计期间时间的比。此外，还有用户平均停电时间、用户平均停电次数、用户平均停电损失电量、平均停电用户数等供电服务质量指标。随着国民经济的发展和人民生活水平的提高，对供电可靠性的要求越来越高，因此，要求供电企业在供电管理中做好下列工作：

1. 采取对策措施，防止故障于未然

提高供电系统可靠性最基本的方法是，实施必要的对策措施防止故障于未然。必要的对策措施有：防止他物接触故障的措施，防止雷击故障的措施，防止化学污染及烟尘的措施，防止风雨、水灾、冰雪的措施，防止自然劣化故障的措施，减少用户扩大性故障的措施，防止因人为过失而造成故障的措施等。

2. 加强电网建设，提高供电能力

为保证用户供电可靠性提供物质基础，要加强电网规划和建设，提高系统及设备的供电能力。

3. 做好运行维护，提高服务能力

加强对供电设备的运行维护管理，采用合理的供电方式和自动化技术，实现运行操作、情报信息等的综合自动化，提高运行操作及技术服务能力。

4. 加速故障探测和修复，尽早送电

采用先进的技术和设备，加速故障探测和修复，缩短停电时间，尽早恢复送电。

第三节　供电系统运行及设备管理

一、送电线路的运行管理

1. 送电线路在电力系统运行中的作用

电网发展的明显标志是电网的电压等级越来越高，输送距离越来越远，送电线路的输送容量越来越大，一条送电线路输送电力容量达几十万、几百万千瓦以上，对整个电力系统的安全运行起着重大作用。

2. 加强运行管理，推行岗位责任制

1）配备管理、技术和运行人员，明确各级岗位的责任制。

2）完善各类规章制度，特别是线路巡视制、倒闸操作制、缺陷管理制、新设备验收投运制、运行分析制、技术资料管理制等基本制度。

3）发动群众，鼓励群众护线，物质和精神鼓励并重。

3. 加强网络系统的现代化建设

1）把好质量关。执行送电线路可靠性的规范和规程，遵循有关施工材料和工艺的规范，严把质量验收标准。

2）抓紧按计划、有步骤地进行设备更新和改造。

3）推广先进的检修方法，提高检修质量，减少停电次数，缩短停电时间。

4）改善现场工作条件，配备现代化的通信设备和交通工具。

5）提高线路运行管理水平，广泛采用先进的自动化监控设备。

二、变电站的运行管理

1. 变电站是供电系统的枢纽

变电站集中了供电系统的主要设备（如变压器），同时也是各级电压线路汇集的地方。变电站发生事故，对电力系统正常运行影响很大，可能造成大面积停电事故。因此，变电站的运行管理是整个供电系统运行管理的重要环节。

变电站运行管理的主要任务，就是要保证变电站的安全运行，也就是要管好设备、管好操作、做好监督工作。

2. 健全变电站运行管理的责任制

供电企业要健全领导制度和组织机构，主管生产的经理和总工程师应该把变电站的运行工作当作日常的重要工作来抓，完善变电站运行管理的技术责任制和值班岗位责任制，认真贯彻执行各项规程制度，保证变电站运行管理水平不断提高。变电站均配备专责技术人员，配备站长或运行班长以及正、副值班员，他们均有明确规定的工作职责。

3. 完善变电运行管理的基本制度

变电站的基本制度是对变电运行工作的总概括，要做好变电运行管理工作，就必须严格执行这些基本制度。变电站运行管理的基本制度有交接班制、巡回检查制、设备管理制、倒闸操作制、设备定期试验制、运行分析制、检修验收制、技术培训制、资料管理制、场地环境管理制等。

4. 采用先进技术装备，加速设备更新改造

随着国民经济发展，用电负荷日益增长，对于供电质量和供电能力的要求不断提高，为了适应用户对供电可靠性的要求，必须从根本上加强供电系统的技术装备水平。要采用先进的规划设计方案，选用技术性能先进的送变电设备及相应的配电装置。针对供电运行管理的特点，应特别注重采用先进的信息通信和交通运输装备，以及采用远动技术、自动化装置，实现以计算机控制为手段的变电站自动控制。

三、供电系统设备管理

供电系统设备包括送电线路、变配电设备及其附属设备、调整装置和保护装置。供电系统设备的先进程度、满足需要程度和维护保养工作决定供电工作的质量，进而影响整个电力企业的经济效益。因此，做好供电系统设备管理工作有着十分重要的意义。

第四节 线损管理

一、线损管理概述

线路损失率简称线损率。它是供电系统运行管理的一项重要的综合性技术经济指标，也是电力企业整个电网运行管理的一项主要技术经济指标。这项指标涉及面广，经济意义大，电力系统的发、供、变、用各个环节的运行情况都与线损有密切联系。线损率能够综合反映电网运行管理水平和电力企业经济效益。抓好降损增效，对于提高电力企业的经济效益具有重要的意义。

二、线损的内容和分类

线损电量包括从发电厂主变压器一次侧至用户电能表上的全部电能损失。

1. 线损电量的内容

线损电量包括以下三部分内容：

1) 固定损失。固定损失是线损中不随负荷变化的部分，只要设备带电，就有电能损失,因而又称基本损失。它包括：升压变压器、降压变压器和配电变压器的铁损；电晕损失；调相机、调压器、电抗器、消弧线圈等设备的铁损；电容器、绝缘子的损失；用户电能表电压绕组损失和电能表附件的损失等。

2) 变动损失。变动损失是线损中随负荷变化而变化的部分。它与电流的二次方成正比,电流越大,变动损失越大。变动损失包括：送、配电线的铜损；升、降压及配电变压器的铜损；调相机、调压器、电抗器、消弧线圈等设备的铜损；接户线的铜损；电能表电流绕组及电流互感器的损失等。

3) 其他损失。其他损失是指由于管理不善、规章制度不健全、少量自用电及其他不明因素造成的各种损失,又称不明损失或管理损失。它包括：漏电、窃电及电能表误差；变电站的直流充电、控制与保护、信号、设备通风冷却等设备消耗的电能等。

2. 线损的分类

1) 一次供电损失。一次供电损失又称网损,属网局、省局调度的送变电设备的电量损耗。

2) 二次供电损失。二次供电损失又称送变电损失或地域损失,属供电局或电业局调度范围的送变电设备的电能损失。

3) 配电及不明损失。这部分损失属配电设备的电能损失和营业漏电、窃电、电能表误差等。上述三种线损中,二次供电损失加上配电及不明损失合称为城网损失。

三、线损管理工作

线损管理工作是供电企业的一项重要工作,包括技术降损和管理降损两方面工作。

1. 技术降损

技术降损工作,就是通过采取大量有效技术措施使电网经济运行,在保证供电能力的前提下,最大限度降低电能损失。主要措施如下：①做好电网的经济调度,根据电网的负荷和潮流变化,合理及时地调整运行方式；②做好无功平衡,正确且适当地投、切移相电容器,提高用电功率因数；③定期进行负荷实测,定期开展全网不同层次的理论计算,为电网改造（线路改径、减少迂回供电、增加导线截面积等）提供理论依据；④充分利用变电设备的现有条件,在定性分析和定量计算的基础上,抓好变压器的经济运行,择优选择变压器运行方式和在供电能力相同的条件下,最大限度降低变压器有功和无功损失。

2. 管理降损

管理降损是通过加强管理、健全制度、改进措施等方法达到降低线损的目的。具体措施有：①全面推行线损管理责任制；②加强线损指标的科学管理,制定合理指标体系；③加强计量管理工作,在全面实现计量工作标准化的基础上,提高计量准确性、定期校验率和定期换表率；④加强营业管理工作,杜绝漏抄错算事故,提高电能表实抄率和抄见电量正确率；⑤强化用电监察工作,以预防为主杜绝用户窃电现象,努力降低不明损失；⑥加强组织领导,建立自上而下的线损管理网,认真组织实施各项降损措施,全面推行按线、按变压器台区承包线损指标,经常开展按台区、按线进行线损分析；⑦根据电网的发展需要,有针对性地利用现代化管理方法和手段,消灭用户窃电。

四、线损的理论计算

1. 线损与线损率

（1）有功功率损耗

在交流输电的情况下，应用能量流密度坡印亭矢量（Poynting vector）的概念，对单芯同轴电缆电路进行分析的结果表明，在介质空间中传输负荷所需功率的同时，在电缆中产生了四类有功功率损耗。

1）电阻发热损耗 ΔP_1（单位为 W），与电流的二次方成正比，即

$$\Delta P_1 = I^2 R \tag{12-1}$$

式中，I 为缆芯中通过的电流（A）；R 为缆芯和外皮电阻之和（Ω）。

2）泄漏损耗 ΔP_2（单位为 W），与电压的二次方成正比，即

$$\Delta P_2 = U^2 G \tag{12-2}$$

式中，U 为缆芯和外皮之间的电压（V）；G 为介质的漏电导（S）。

3）介质磁化损耗 ΔP_3（单位为 W），与电流的二次方及频率成正比，即

$$\Delta P_3 = I^2 \omega L \tan\delta \tag{12-3}$$

式中，ω 为交流电角频率（rad/s）；L 为电缆的电感（H）；$\tan\delta$ 为电缆介质反复磁化损失角的正切值。

4）介质极化损耗 ΔP_4（单位为 W），与电压的二次方及频率成正比，即

$$\Delta P_4 = U^2 \omega C \tan\delta \tag{12-4}$$

式中，C 为电缆的电容（F）；$\tan\delta$ 为电缆介质反复极化损失角的正切值。

上述四类有功功率损耗代表了电力系统有功功率损耗的基本类型。除此之外，高压线路上和高压电动机中还可能产生电晕损耗，这是比较特殊的一类，是由于导体表面的电场强度过高，致使导体外部介质粒子电离所造成的有功功率损耗，与导体的表面场强和空气密度等因素有关。

（2）电能损耗

电能损耗 ΔA（单位为 kW·h）是一定时间 T（单位为 h）内有功功率损耗对时间的积分，即

$$\Delta A = \int_0^T \Delta P(t) \mathrm{d}t \times 10^{-3} \tag{12-5}$$

对于电阻发热损耗，式（12-5）可改写成

$$\Delta A = \int_0^T I^2(t) R(t) \mathrm{d}t \times 10^{-3} \tag{12-6}$$

在时段 T 内，负荷电流与导体电阻都可能发生变化，所以计算电能损耗要比计算有功功率损耗来得复杂。当计算时段较长时，很难采用逐点二次方累加的方法来计算电能损耗。若采用电流负荷曲线 $I(t)$ 或有功负荷曲线 $P(t)$ 的有关参数来计算电能损耗，要取得准确度令人满意的计算结果是一个比较困难的问题，这也正是研究电能损耗计算方法及其理论的重点内容。

（3）线损与线损率

一个电网在给定的时段（日、月、季、年）内，输电、变电、配电各环节中所损耗的

全部电量（其中包括分摊的电网损耗电量、电抗器和无功补偿设备等所消耗的电量以及不明损耗电量等）称为线路损耗电量，简称线损电量或线损。线损电量通常是根据电能表所计量的总供电量和总售电量相减得出。所谓供电量，是指电网向用户供给的电量，其中包括输送和分配电能过程中的线损电量。其计算为

$$A_g = A_f - A_y - A_{ch} \tag{12-7}$$

式中，A_g 为电网的供电量；A_f 为电网内发电厂的发电量；A_y 为发电厂厂用电量；A_{ch} 为向其他电网输出的电量。

所谓售电量，是指电力企业卖给用户的电量和电力企业供给本企业非电力生产（如基本建设部门等）用的电量。线损电量占供电量的百分比称为线路损耗率，简称线损率，其计算式为

$$\text{线损率}(\%) = \frac{\text{供电量} - \text{售电量}}{\text{供电量}} \times 100\% \tag{12-8}$$

在电网的运行管理工作中，用总供电量减去总售电量所得到的线损电量，称为统计线损电量，对应的线损率称为统计线损率。在统计线损电量中，有一部分是在输送和分配电能过程中无法避免的，是由当时电网的负荷情况和供电设备的参数决定的，这部分损耗电量称为技术损耗电量，它可以通过理论计算得出，所以又称为理论线损电量，对应的线损率称为理论线损率。在统计线损电量中，另一部分损耗是不明损耗，也称管理损耗，这部分损耗可以而且应该采取必要的措施予以避免或减少。

2. 影响线损的各种因素

（1）气温变化对线损的影响

由式（12-6）可见，在一个测计期内，不仅负荷在随时间变化，导线的电阻也随气温的变化而变化，显然，要同时考虑这两个变化因素并进行积分运算是极其复杂的。为便于线损计算，可先考虑气温变化对电阻这个变量的影响。

众所周知，导线电阻随气温的变化可按下式计算：

$$R_T = R_0(1 + \alpha T) \tag{12-9}$$

式中，R_0 为导线在20℃时的电阻值（Ω）；α 为导线电阻的温度系数，对铜、铝及钢芯铝线，一般取 $\alpha = 0.004/℃$；T 为空气温度（℃）。

将一天内24h的负荷电流与气温的记录数据代入式（12-9）和式（12-6），可得

$$\begin{aligned}
\Delta A &= \int_0^{24} I^2(t) R(t) \mathrm{d}t \times 10^{-3} \\
&= [I_1^2 R_0(1 + \alpha T_1) + I_2^2 R_0(1 + \alpha T_2) + \cdots + I_{24}^2 R_0(1 + \alpha T_{24})] \times 10^{-3} \\
&= [(I_1^2 + I_2^2 + \cdots + I_{24}^2) + \alpha(I_1^2 T_1 + I_2^2 T_2 + \cdots + I_{24}^2 T_{24})] R_0 \times 10^{-3}
\end{aligned} \tag{12-10}$$

定义加权平均气温

$$T_{jq} = \frac{I_1^2 T_1 + I_2^2 T_2 + \cdots + I_{24}^2 T_{24}}{I_1^2 + I_2^2 + \cdots + I_{24}^2} \tag{12-11}$$

则式（12-10）可改写成

$$\Delta A = (I_1^2 + I_2^2 + \cdots + I_{24}^2)(1 + \alpha T_{jq}) R_0 \times 10^{-3} = (I_1^2 + I_2^2 + \cdots + I_{24}^2) R_{jq} \times 10^{-3} \tag{12-12}$$

$$R_{jq} = R_0(1 + \alpha T_{jq}) \tag{12-13}$$

式中，R_{jq} 为对应于加权平均气温的导线电阻。

如上所述，如果按加权平均气温和式（12-12）计算电能损耗，就完全计及了气温变化的影响。由式（12-11）可见，当负荷不变时 $T_{jq}=T_{pj}$，其中 T_{pj} 为平均温度。由于日气温变化呈单峰型，日负荷变化一般有两个不等的高峰，所以在一昼夜内或超过一昼夜的周期内，T_{pj} 与 T_{jq} 相当接近，以 T_{pj} 代替 T_{jq} 不会产生较大的负误差。

根据式（12-13）计算的电阻值相对误差分析表明，由于导线电阻的温度系数 α 值很小，所以即使使用 T_{pj} 代替 T_{jq} 有一定的相对误差，但电阻值和电能损耗的相对误差仍然很小。当测计期为一月或一年时，按平均气温计算电阻后，三相对称元件的电能损耗公式（12-6）可改写为

$$\Delta A = 3R\int_0^T I^2(t)\,\mathrm{d}t \times 10^{-3} \tag{12-14}$$

（2）电压变化对线损的影响

当实测的负荷数据不是电流而是有功功率和无功功率时，计算线损要考虑电压的变化。如测计期为一昼夜，三相对称系统的电能损耗为

$$\Delta A = R\int_0^{24} \frac{[P^2(t)+Q^2(t)]}{U^2(t)}\,\mathrm{d}t \times 10^{-3} \tag{12-15}$$

式中，R 为考虑气温变化按式（12-13）计算所得的电阻（Ω）；$P(t)$、$Q(t)$ 分别为同一测量点的有功功率（kW）、无功功率（kvar）；$U(t)$ 为有功、无功功率测量点的电压（kV）。

可以定义以一昼夜的有功功率、无功功率二次方值为权重的有功功率加权平均电压和无功功率加权平均电压，即

$$\frac{1}{U_{jq\cdot P}^2} = \left(\frac{P_1^2}{U_1^2}+\frac{P_2^2}{U_2^2}+\cdots+\frac{P_{24}^2}{U_{24}^2}\right)\Big/(P_1^2+P_2^2+\cdots+P_{24}^2) \tag{12-16}$$

$$\frac{1}{U_{jq\cdot Q}^2} = \left(\frac{Q_1^2}{U_1^2}+\frac{Q_2^2}{U_2^2}+\cdots+\frac{Q_{24}^2}{U_{24}^2}\right)\Big/(Q_1^2+Q_2^2+\cdots+Q_{24}^2) \tag{12-17}$$

则式（12-15）可改写成

$$\Delta A = R\left[\int_0^{24} P^2(t)\,\mathrm{d}t/U_{jq\cdot P}^2 + \int_0^{24} Q^2(t)\,\mathrm{d}t/U_{jq\cdot Q}^2\right] \times 10^{-3} \tag{12-18}$$

对电压和负荷变动幅度不同的 220kV、110kV 和 35kV 系统实测的数据进行计算表明，用平均电压 U_{pj} 代替加权平均电压 $U_{jq\cdot P}$ 和 $U_{jq\cdot Q}$，其误差一般不超过 1%，所以式（12-18）可进一步改写成

$$\Delta A = \frac{R}{U_{pj}^2}\left[\int_0^{24} P^2(t)\,\mathrm{d}t + \int_0^{24} Q^2(t)\,\mathrm{d}t\right] \times 10^{-3} \tag{12-19}$$

在正常运行情况下，长时段的电压变动幅度不会很大，仍可用 U_{pj} 代替 $U_{jq\cdot P}$ 和 $U_{jq\cdot Q}$，即有

$$\Delta A = \frac{R}{U_{pj}^2}\left[\int_0^T P^2(t)\,\mathrm{d}t + \int_0^T Q^2(t)\,\mathrm{d}t\right] \times 10^{-3} \tag{12-20}$$

（3）负荷曲线形状的影响

依时序记录变化的负荷，可得到通常的负荷曲线。在时段 T 内，不按时序而按负荷大小及其持续时间排列的派生曲线称为持续负荷曲线。由于持续负荷曲线与负荷曲线之间存在着电能与电能损耗的双重等效性，所以在线损理论计算分析过程中，都以持续负荷曲线为主要分析对象，所得的结论适用于对应的负荷曲线。负荷曲线有以下特性参数：

1) 负荷率 f_p。它是测计时段内的平均负荷与最大负荷的比值,即

$$f_p = \frac{P_{pj}}{P_{zd}} \text{或} f_l = \frac{I_{pj}}{I_{zd}} \tag{12-21}$$

式中,P_{pj}、P_{zd} 分别为负荷的平均有功功率和最大有功功率(kW);I_{pj}、I_{zd} 分别为负荷的平均电流和最大电流(A)。负荷率反映了电力系统设备的平均利用情况,是考核电力系统运行的重要指标。

2) 最小负荷率 β。它是测计时段内最小负荷与最大负荷的比值,即

$$\beta = \frac{I_{zx}}{I_{zd}} \tag{12-22}$$

3) 最大负荷利用时间 T_{zd}。假定测计期内电压和功率因数都保持不变,在时段 T 内,某元件在变化电流下所通过的电能等于在最大电流下持续时间为 T_{zd} 所通过的电能,则称 T_{zd} 为最大负荷利用时间,即

$$\sqrt{3}U\cos\varphi\int_0^T I(t)\,\mathrm{d}t = \sqrt{3}UI_{zd}\cos\varphi T_{zd},\ T_{zd} = \frac{\int_0^T I(t)\,\mathrm{d}t}{I_{zd}} \tag{12-23}$$

因为 $I_{pj} = \int_0^T I(t)\,\mathrm{d}t/T$,由式 (12-23) 得 $I_{zd} = \int_0^T I(t)\,\mathrm{d}t/T_{zd}$,代入式 (12-21) 可得

$$f = \frac{I_{pj}}{I_{zd}} = \frac{T_{zd}}{T} \tag{12-24}$$

式 (12-24) 表明,负荷率等于以时段 T 为基准的最大负荷利用时间的标幺值。

4) 最大负荷损耗时间 τ。假定在测计期内电压和功率因数都不变,某元件在变化电流下所产生的电能损耗等于在最大电流下持续时间为 τ_{zd} 所产生的电能损耗,则称 τ_{zd} 为最大负荷损耗时间,即

$$\tau_{zd}I_{zd}^2 \times 3R = 3R\int_0^T I^2(t)\,\mathrm{d}t,\ \tau_{zd} = \frac{\int_0^T I^2(t)\,\mathrm{d}t}{I_{zd}^2} \tag{12-25}$$

5) 损耗因数 F。它是最大负荷损耗时间与测计时段 T 的比值,即

$$F = \frac{\tau_{zd}}{T} = \frac{\int_0^T I^2(t)\,\mathrm{d}t/I_{zd}^2}{T} = \frac{I_{jf}^2}{I_{zd}^2} \tag{12-26}$$

$$I_{jf} = \sqrt{\int_0^T I^2(t)\,\mathrm{d}t/T} \tag{12-27}$$

式中,I_{jf} 为方均根电流。

由式 (12-26) 可见,损耗因数也等于方均根电流平方与最大电流二次方的比值。电力设备的最大负荷是运行监视的重点。引入损耗因数这一参数后,可用最大负荷来计算线损,式 (12-14) 可改写成为

$$\Delta A = 3I_{zd}^2 FRT \times 10^{-3} \tag{12-28}$$

6) 形状系数 K。它是方均根电流与平均电流的比值,即

$$K = \frac{I_{jf}}{I_{pj}} \tag{12-29}$$

因 $F = \dfrac{I_{jf}^2}{I_{zd}^2}$，或 $I_{jf} = \sqrt{F} I_{zd}$，故可得

$$K = \frac{\sqrt{F} I_{zd}}{f I_{zd}} = \frac{\sqrt{F}}{f} \tag{12-30}$$

由上可见，负荷率是电流负荷曲线的平均值与最大值之比，损耗因数是电流负荷曲线的方均根值与最大值之比的二次方；而形状系数是损耗因数二次方根与负荷率之比，它综合反映了负荷曲线与负荷平方曲线的特征。

上述六个参数是以电流为变量而定义的。对于用有功、无功、视在功率表示的三种负荷曲线也同样可得相似的系数。为区别起见，可用不同的下标表示。

(4) 负荷功率因数的影响

若测计期 T 内的平均电压为 U_{pj}，导线电阻为 R，则三相线路电能损耗可按下式计算：

$$\Delta A = \frac{R}{U_{pj}^2} \left\{ \int_0^T [P^2(t) + Q^2(t)] dt \right\} \times 10^{-3} \tag{12-31}$$

$$= \frac{R}{U_{pj}^2} \int_0^T P^2(t) [1 + \tan^2 \varphi(t)] dt \times 10^{-3}$$

若测计期内功率因数保持不变，则式 (12-31) 可写成

$$\Delta A = \frac{P}{U_{pj}^2}(1 + \tan^2 \varphi) \int_0^T P^2(t) dt \times 10^{-3} = \frac{R}{U_{pj}^2 \cos^2 \varphi} \int_0^T P^2(t) dt \times 10^{-3} \tag{12-32}$$

若测计期内功率因数是变化的，则式 (12-31) 可写成

$$\Delta A = \frac{R}{U_{pj}^2} \left[\int_0^T P^2(t) dt + \int_0^T P^2(t) \tan^2 \varphi(t) dt \right] \times 10^{-3} \tag{12-33}$$

由以上各式可见，负荷功率因数对线损计算有较复杂的影响。

(5) 多分支线路负荷分布的影响

设在某条线路上有两个用户，它们的负荷曲线形状完全相同，全线路用同一截面的导线，分支点到线路始端和末端的距离分别为 l_1 和 l_2，线路始端和两个用户的最大电流分别为 I_{zd}、aI_{zd} 和 $(1-a)I_{zd}$，如图 12-1 所示。

因两个用户的负荷曲线完全相同，故 $F_1 = F_2 = F$。全线路在测计期 T 内的电能损耗可按下式计算：

$$\Delta A = \Delta A_1 + \Delta A_2 = 3[I_{zd}^2 F l_1 r_0 + (1-a)^2 I_{zd}^2 F l_2 r_0] T \times 10^{-3}$$

$$= 3 I_{zd}^2 F r_0 [l_1 + (1-a)^2 l_2] T \times 10^{-3} \tag{12-34}$$

式中，r_0 为导线单位长度的电阻（Ω/km）。

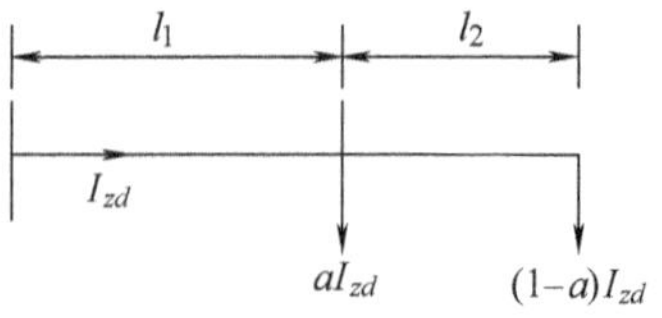

图 12-1 负荷分布的影响

从式 (12-34) 可见，a 值越小，电能损耗 ΔA 值越大；当 a 确定时，l_2 值越大，则 ΔA 值也越大。因此，主要有两个因素影响多分支线路的电能损耗：一是分流情况，即负荷的数值分布；二是各负荷点距始端的距离，即负荷的空间分布。如果进一步考虑各分支负荷的曲线形状不同、功率因数不同、分支点的电压不同，则准确计算多少分支线路的电能损耗将变得相当复杂。

3. 按电流负荷曲线计算线损

为了进行运行监控，在供电企业和用户的变电站中，都要定时记录线路、变压器的负荷

电流。因此，介绍按电流负荷曲线计算线损的基本方法。

(1) 方均根电流法

由式 (12-27) 可知，$I_{jf} = \sqrt{\int_0^T I^2(t)\mathrm{d}t/T}$，三相元件的电能损耗 ΔA 为

$$\Delta A = 3R\int_0^T I^2(t)\mathrm{d}t \times 10^{-3} = 3I_{jf}^2 RT \times 10^{-3} \tag{12-35}$$

式 (12-35) 即为方均根电流法的基本计算公式。

若采用代表日方均根电流计算全月的电能损耗，则需要按全月的日平均供电量与代表日供电量的比值进行修正，即

$$\Delta A_y = \Delta A_r \left(\frac{A_y/D}{A_r}\right)^2 D \tag{12-36}$$

$$\Delta A_r = 3I_{jf.r}^2 R24 \times 10^{-3}, \quad I_{jf.r} = \sqrt{\sum_{i=1}^{24} I_i^2/24} \tag{12-37}$$

式中，ΔA_y 为月损耗电量 (kW·h)；D 为全月的日历天数；A_y、A_r 分别为全月和代表日的供电量 (kW·h)；ΔA_r 为代表日的线损电量 (kW·h)；$I_{jf.r}$ 为代表日的方均根电流 (A)，可按代表日的 24h 电流进行计算。

(2) 平均电流法

根据测计期内有功和无功电能表的记录，可算出测计期内的平均电流 I_{pj}，再用形状系数 K 和平均电流 I_{pj} 可计算出方均根电流 I_{jf}，最后即可进行线损计算。计算所用的公式如下：

$$I_{pj} = \frac{\sqrt{A_P^2 + A_Q^2}}{\sqrt{3}U_{pj}T} \tag{12-38}$$

$$I_{jf} = KI_{pj} \tag{12-39}$$

$$\Delta A = 3I_{pj}^2 K^2 RT \times 10^{-3} \tag{12-40}$$

式中，A_P、A_Q 分别为由电能表读数求得的有功电量 (kW·h)、无功电量 (kvar·h)；U_{pj} 为平均电压 (kV)；T 为测计时段小时数 (h)。

(3) 方差电流法

根据概率论的有关公式，可得到方差电流的计算公式为

$$D(I) = I_{jf}^2 - I_{pj}^2 \tag{12-41}$$

如已知方差电流，再根据测计期内电能表的记录和平均电压可算出平均电流，再由式 (12-41) 可算得方均根电流，最终可求得电能损耗值。

(4) 损耗因数法

如前所述，损耗因数 $F = \int_0^T I^2(t)\mathrm{d}t/(I_{zd}^2 T)$，三相元件中的电能损耗 ΔA 为

$$\Delta A = 3I_{zd}^2 FRT \times 10^{-3} \tag{12-42}$$

由于以上计算式中所用的电流是最大电流，所以有些资料中亦称损耗因数法为最大电流法。为了使供用电设备不因过载而损坏，所以供电企业对最大电流监视比较认真，甚至还装设最大需量表等专用仪表予以记录。因此损耗因数法计算线损的关键不在于最大电流的取得，而在于如何求得损耗因数。

由概率论可知，方差等于随机变量二次方的数学期望与随机变量数学期望二次方之

差，即
$$D(I) = E(I^2) - [E(I)]^2$$

故可得到电流二次方的数学期望算式为

$$E(I^2) = D(I) + [E(I)]^2 \tag{12-43}$$

$$D(I) = E\{[I - E(I)]^2\} \tag{12-44}$$

式中，$D(I)$ 为电流随机变量的方差；$[I - E(I)]^2$ 称为离差，故方差被定义为随机变量离差二次方的数学期望。方差的二次方根称为均方差，记为 $\sigma(I)$。

根据数学期望的定义和方均根电流的定义，可得

$$E(I^2) = \sum_{k=1}^{n} I_k^2 \Delta t_k \bigg/ \sum_{k=1}^{n} \Delta t_k = I_{jf}^2$$

因数学期望为 $E(I)$，且有 $E(I) = I_{pj}$，故式（12-43）可改写成

$$I_{jf}^2 = D(I) + I_{pj}^2 \tag{12-45}$$

因损耗因数 $F = I_{jf}^2/I_{zd}^2$，$f = I_{pj}/I_{zd}$，$\sigma^2(I) = D(I)$，式（12-45）两边除以 I_{zd}^2，并令 $D_*(I) = D(I)/I_{zd}^2$，$\sigma_*^2(I) = \sigma^2(I)/I_{zd}^2$，则得

$$F = D_*(I) + f^2 = \sigma_*^2(I) + f^2 \quad \text{或} \quad (\sqrt{F})^2 = \sigma_*^2(I) + f^2 \tag{12-46}$$

式（12-46）表示，损耗因数的二次方根、电流的均方差和负荷率三者符合勾股弦定理，这是挪威学者巴茨（Bartsch J. B.）于1964年首先提出的，故称式（12-46）为巴茨公式。

德国学者洛桑德（Rossander CA）在20世纪初提出的持续负荷曲线的指数型近似公式，目前仍被世界各国所广泛采用，被称为通用公式，即

$$I_{*1}(t) = 1 - (1-\beta)(t/T)^\lambda \tag{12-47}$$

$$I_{*2}(t) = \beta + (1-\beta)\left(1 - \frac{t}{T}\right)^{\frac{1}{\lambda}} \tag{12-48}$$

$$\frac{1}{\lambda} = \frac{1-f}{f-\beta} = \frac{I_{zd} - I_{pj}}{I_{pj} - I_{zx}} = 峰高/谷深 \tag{12-49}$$

式中，$I_*(t)$ 为以 I_{zd} 为基准的电流标幺值；T 为测计时段，t/T 即为时间标幺值；$1/\lambda$ 为负荷变动指数。

若对式（12-47）以测计期为边界条件求积分，则得

$$\int_0^1 [1 - (1-\beta)(t/T)^\lambda] dt = 1 - \frac{1-\beta}{\lambda+1} = \frac{\lambda+\beta}{\lambda+1} = \frac{f(1-\beta)}{(1-\beta)} = f \tag{12-50}$$

以上演算表明，当最大电流、最小电流确定时，洛桑德公式是持续负荷曲线下的面积保持不变的等值公式。正因为它具有这个性质，所以在线损理论计算和无功补偿效益计算等许多问题中得到应用。式（12-47）和式（12-48）都是递减函数，它们不符合分布函数是非减函数的要求，所以要变换成如下递增函数形式：

$$I_{*1}(t) = 1 - (1-\beta)\left(1 - \frac{t}{T}\right)^\lambda \tag{12-51}$$

$$I_{*2}(t) = \beta + (1-\beta)\left(\frac{t}{T}\right)^{\frac{1}{\lambda}} \tag{12-52}$$

根据巴茨公式（12-46），对应于第一种持续负荷曲线洛桑德公式，可得到如下的损耗因数公式：

$$F_1 = D_*(I) + f^2 = \frac{(f-\beta)^2(1-f)}{1+f-2\beta} + f^2 = f - \frac{(1-f)(f-\beta^2)}{1+f-2\beta} \tag{12-53}$$

同样，可得到第二种持续负荷曲线洛桑德公式所对应的损耗因数公式，即

$$F_2 = f - \frac{(1-f)(f+\beta-2f\beta)}{2-f-\beta} \tag{12-54}$$

式（12-53）、式（12-54）称为洛桑德损耗因数公式，要根据负荷变动指数 $1/\lambda$ 的大小来选用。

当 $1/\lambda \leq 1$，即 $f \geq (1+\beta)/2$，峰高 < 谷深时，负荷曲线变动较缓，则用式（12-53）计算损耗因数；当 $1/\lambda \geq 1$，即 $f \leq (1+\beta)/2$，峰高 > 谷深时，负荷曲线变动剧烈，则用式（12-54）计算损耗因数；当 $\lambda = 1$，即 $f = (1+\beta)/2$，峰高 = 谷深时，则有

$$F_2 = F_1 = (1 - 2f + 4f^2)/3 \tag{12-55}$$

根据公式的来由和其应用的广泛程度等因素，选择了六种常用的损耗因数公式，如表12-1所示。由于这些公式的推导论证比较严密，表达形式比较简明，便于使用，均能适用于工程计算。但从计算结果产生的平均误差来衡量，第5、第6号公式是比较理想的损耗因数公式。

表 12-1 常用的损耗因数公式

序号	损耗因数公式	来由
1	$F = \frac{1}{2}[f(1+\beta)-\beta] - \frac{2}{3}f^2[(1+\beta)^2-\beta]/(1+\beta)^2$	肖元恺
2	$F = 0.2f + 0.8f^2$	沈阳地区
3	$F = 0.083f + 1.036f^2 - 0.119f^3$	沃尔夫
4	$F = f^2 + 0.273(f-\beta)^2$	雷蒙特
5	$F = 0.639f^2 + 0.361(f+f\beta-\beta)$	刘应宽
6	$F = f - (f-\beta^2)(1-f)/(1+f-2\beta)$, $f \geq (1+\beta)/2$ $F = f - (1-f)(f+\beta-2f\beta)/(2-f-\beta)$, $f \leq (1+\beta)/2$	洛桑德

4. 按功率负荷曲线计算线损

（1）考虑功率因数的线损计算

设视在功率在最大负荷时刻的功率因数 $\cos\varphi_{zd}$，则考虑功率因数的电能损耗计算可按以下两种情况进行分析：

1）最大视在功率由最大有功功率所引起。因

$$\Delta A = \frac{R}{U_{pj}^2} \int_0^T [P^2(t) + Q^2(t)] dt \times 10^{-3}$$

故得

$$\Delta A = \frac{R}{U_{Pj}^2} S_{zd}^2 \left[\frac{P_{zd}^2}{S_{zd}^2} \int_0^T \frac{P^2(t)}{P_{zd}^2} dt + \frac{Q_{zd}^2}{S_{zd}^2} \int_0^T \frac{Q^2(t)}{Q_{zd}^2} dt \right] \times 10^{-3} \tag{12-56}$$

$$= \frac{R}{U_{Pj}^2} S_{zd}^2 [\cos^2\varphi_{zd} F_P + \sin^2\varphi' F_Q] T \times 10^{-3}$$

$$\cos\varphi_{zd} = P_{zd}/S_{zd}, \quad \sin\varphi' = Q_{zd}/S_{zd}$$

式中，F_P 为有功功率损耗因数，$F_P = \frac{1}{T}\int_0^T P^2(t)\,\mathrm{d}t/P_{zd}^2$；$F_Q$ 为无功功率损耗因数，$F_Q = \frac{1}{T}\int_0^T Q^2(t)\,\mathrm{d}t/Q_{zd}^2$；$\cos\varphi_{zd}$ 为最大视在功率时刻的功率因数；$\sin\varphi'$ 为最大无功功率与最大视在功率的比值。因为最大无功功率与最大有功功率不一定在同一时刻出现，所以功率因数角 φ_{zd} 与 φ' 不一定相同。

若设视在功率的损耗因数为 F_S，则有

$$\Delta A = \frac{R}{U_{Pj}^2} S_{zd}^2 F_S T \times 10^{-3} \tag{12-57}$$

由式（12-56）得

$$F_s = F_P \cos^2\varphi_{zd} + F_Q \sin^2\varphi' \tag{12-58}$$

当 S_{zd}、P_{zd}、Q_{zd} 同时出现时，令 $F_S = F_{zd}$，则式（12-58）变为

$$F_{zd} = F_P \cos^2\varphi_{zd} + F_Q \sin^2\varphi_{zd} \tag{12-59}$$

2）最大视在功率由最大无功功率所引起。当水力发电厂作调相运行时，则它向外主要输送无功功率，电力网电力元件（主变压器、线路）的最大视在功率就是由最大无功功率所引起的，此时可进行如下的公式变换：

$$\begin{aligned}\Delta A &= \frac{R}{U_{Pj}^2} S_{zd}^2 \left[\frac{P_{zd}^2}{S_{zd}^2}\int_0^T P^2(t)\,\mathrm{d}t/(P_{zd}^2 T) + \frac{Q_{zd}^2}{S_{zd}^2}\int_0^T Q^2(t)\,\mathrm{d}t/(Q_{zd}^2 T) \right] T \times 10^{-3} \\ &= \frac{R}{U_{Pj}^2} S_{zd}^2 [\cos^2\varphi' F_P + \sin^2\varphi_{zd} F_Q] T \times 10^{-3}\end{aligned} \tag{12-60}$$

$$\sin\varphi_{zd} = Q_{zd}/S_{zd} = \sqrt{1-\cos^2\varphi_{zd}},\ \cos\varphi' = P_{zd}/S_{zd}$$

式中，$\cos\varphi'$ 为最大有功功率与最大视在功率的比值，它并不是最大视在功率时刻的功率因数；$\sin\varphi_{zd}$ 为对应于最大视在功率时刻的功率因数角的正弦值。

式（12-60）可改写成

$$\Delta A = \frac{R}{U_{Pj}^2} S_{zd}^2 F_S T \times 10^{-3} \tag{12-61}$$

$$F_S = F_P \cos^2\varphi' + F_Q \sin^2\varphi_{zd}$$

式中，F_S 为视在功率的损耗因数。

由式（12-58）和式（12-61）可以看出，视在功率的损耗因数不仅同有功功率的损耗因数和无功功率的损耗因数有关，而且与最大视在功率时刻的功率因数和功率比值（$\sin\varphi'$、$\cos\varphi'$）有关，这说明考虑功率因数的线损计算是一个较复杂的问题。

（2）最大负荷功率因数法

德国的特罗格尔（Tröger R.）在1920年首次提出了以最大负荷时刻的功率因数来计算线损的方法。他认为，电力线路的有功功率变化处在功率因数保持不变与无功功率保持不变这两种情况之间，在分析了这两种情况下的线损计算方法之后，设想以一个 C 系统来表示无功功率的实际变化，取 $C = 0.5$，求得了考虑无功功率变化的线损计算公式，即

$$F_S = \frac{1}{4}\left[(1 + 2f_P + F_P) - \cos^2\varphi_{zd}(1 + 2f_P - 2F_P)\right] \tag{12-62}$$

特罗格尔将他用统计数学方法所得到的损耗因数公式（$F_P = 0.12 - 0.24f_P + 1.12f_P^2$）代

入式 (12-62),得到了视在功率损耗因数的计算式,即

$$F_S = 0.28 + 0.44f_P + 0.28f_P^2 - \cos^2\varphi_{zd}(0.16 + 0.68f_P - 0.84f_P^2) \tag{12-63}$$

分析表明,将 C 值取为定值的假设,其实质是人为地将变化的有功负荷与无功负荷之间关系加以规定,这虽然方便了计算,但 C 系数的物理意义是不明确的。需要肯定的是,式 (12-63) 是按最大负荷时刻的功率因数来计算损耗因数的,这就使电能损耗的计算可直接采用负荷潮流计算的结果,所以这个方法曾受到设计人员的好评。

(3) 等效负荷曲线

波兰的斯威克 (Cweink J.) 在 1962 年提出了考虑功率因数计算线损的新方法,该方法将一个计算时段 T 内的有功功率和无功功率所造成的电能损耗,设想成在 $2T$ 时段内一个等效负荷所造成的电能损耗,如图 12-2 所示。

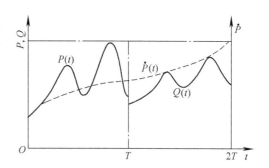

图 12-2 等效负荷曲线的持续负荷曲线

等效负荷在 $0 \sim T$ 时段内与有功负荷曲线相同,在 $T \sim 2T$ 时段与无功负荷曲线相同,其等效负荷的持续负荷曲线如图 12-2 中的虚线所示,以 $\dot{P}(t)$ 表示。可以证明,等效负荷满足下列条件:

$$\Delta A = \frac{R}{U_{Pj}^2}\left[\int_0^T P^2(t)\,dt + \int_0^T Q^2(t)\,dt\right] \times 10^{-3} = \frac{R}{U_{Pj}^2}\int_0^{2T} \dot{P}^2(t)\,dt \times 10^{-3} \tag{12-64}$$

以字母顶部带"·"的符号表示等效负荷曲线的参数,则得

$$\dot{f} = \frac{1}{2T}\int_0^{2T} \dot{P}(t)\,dt/\dot{P}_{zd}, \quad \dot{\beta} = \dot{P}_{zx}/\dot{P}_{zd} \tag{12-65}$$

斯威克直接采用沃尔夫 (Wolf) 公式 (见表 12-1 中第 3 号公式),由等效负荷曲线的负荷率 $\dot{f}$ 计算出损耗因数 $\dot{F}$,即

$$\dot{F} = 0.083\dot{f} + 1.036\dot{f}^2 - 0.119\dot{f}^3 \tag{12-66}$$

从而求得电能损耗为

$$\Delta A = \frac{R}{U_{Pj}^2}\dot{P}_{zd}^2\dot{F}2T \times 10^{-3} \tag{12-67}$$

线损计算的实践表明,电力设备所通过的电力负荷有可能出现 $\dot{P}_{zd} = Q_{zd}$ 和 $\dot{P}_{zx} = P_{zx}$ 等情况;也可能出现部分时间只送有功功率、不送无功功率 (如联络线),或者只送无功功率、不送有功功率 (如水力发电厂作调相运行期间的出线) 等复杂情况,所以斯威克提出的等效负荷曲线法还需延伸,以适应有功负荷、无功负荷时段不同的情况。从考虑线损理论计算的实际需要出发,线损计算曲线可分为以最大负荷时刻的功率因数为参数的设计用曲线和以平均功率因数为参数的运行用曲线两大类。

表 12-2 中列了等效负荷曲线参数 $\dot{f}$、$\dot{\beta}$ 的计算公式,它们按 $\dot{P}_{zd} = P_{zd}$ 和 $\dot{P}_{zd} = Q_{zd}$ 分为两类。为了便于设计和运行部门使用,分别按平均功率因数和最大负荷的计算功率因数来计算这些参数。表 12-2 中 k_f 为无功负荷率与有功负荷率之比值,即 $k_f = f_Q/f_P$;$\cos\varphi_{zd} = \cos[\arctan(Q_{zd}/P_{zd})]$ 称为最大负荷的计算功率因数。当有功功率、无功功率及视在功率的最大值同时出现时,$\cos\varphi_{zd}$ 即为最大负荷时刻的功率因数。不满足以上条件时,这个功率因数

并不是某一时刻的实际功率因数，仅是一个假想的视在功率（$S_{zd \cdot jx} = \sqrt{P_{zd}^2 + Q_{zd}^2}$）所对应的计算功率因数。

表 12-2 等时段等效负荷曲线参数 $\dot{f}$、$\dot{\beta}$ 的计算公式

参数	类别	$\dot{P}_{zd} = P_{zd}$（$\cos\varphi_{zd} > 0.707$）		$\dot{P}_{zd} = Q_{zd}$（$\cos\varphi_{zd} < 0.707$）	
$\dot{f}$	运行用	$\dot{f} = 0.5 f_P (1 + \tan\varphi_{Pj})$		$\dot{f} = 0.5 f_Q (1 + 1/\tan\varphi_{Pj})$	
	设计用	$\dot{f} = 0.5 (f_P + f_Q \tan\varphi_{zd})$		$\dot{f} = 0.5 (f_Q + f_P/\tan\varphi_{Pj})$	

参数	类别	$\dot{P}_{zx} = P_{zx}$	$\dot{P}_{zx} = Q_{zx}$	$\dot{P}_{zx} = Q_{zx}$	$\dot{P}_{zx} = P_{zx}$
β	运行用	$\dot{\beta} = \beta_P$	$\dot{\beta} = \beta_Q \tan\varphi_{Pj}/k_f$	$\dot{\beta} = \beta_Q$	$\dot{\beta} = \beta_P k_f/\tan\varphi_{Pj}$
	设计用	$\dot{\beta} = \beta_P$	$\dot{\beta} = \beta_Q \tan\varphi_{zd}$	$\dot{\beta} = \beta_Q$	$\dot{\beta} = \beta_P \tan\varphi_{zd}$

按表 12-2 所列公式求得 $\dot{f}$、$\dot{\beta}$，即可将它们代入式（见表 12-1 中第 5 号公式）求得等效负荷曲线的损耗因数 $\dot{F}$ 为

$$\dot{F} = 0.639 \dot{f}^2 + 0.361 (\dot{f} + \dot{f}\dot{\beta} - \dot{\beta}) \tag{12-68}$$

再将 $\dot{F}$ 和 $\dot{P}_{zd}$ 代入式（12-67），则可算出电能损耗 ΔA。

【例 12-1】 某 110kV 输电线路，所用导线的型号为 LGJ – 240，长度为 10km，20°C 时电阻为 1.32Ω。输送最大的有功功率为 62.5MW，最小的有功功率为 31.25MW，最大无功功率为 50Mvar，最小无功功率为 20Mvar，有功功率和无功功率最大值同时出现。在一个月 $T = 720h$ 内通过的有功电量为 36000MW·h，无功电量为 18000Mvar·h。试用损耗因数法、等效负荷曲线法计算该线路在测计期内的电能损耗，并对结果进行比较。

解：① 参数计算。各参数计算如下：

$$f_P = P_{pj}/P_{zd} = 36000/(720 \times 62.5) = 0.80, \quad \beta_P = 31.25/62.5 = 0.5$$

$$f_Q = Q_{pj}/Q_{zd} = 18000/(720 \times 50) = 0.50, \quad \beta_Q = 20/50 = 0.4$$

② 精确计算。因 $f_P > (1 + \beta_P)/2$，即 $0.8 > (1 + 0.5)/2$，故用第一种持续负荷曲线的洛桑德公式［式（12-47）］来进行计算。由于 $\lambda_P = \dfrac{f_P - \beta_P}{1 - f_P} = 0.3/0.2 = 1.5$，所以有功负荷曲线的表示式为 $P_*(t) = 1 - 0.5 t^{1.5}$。对有功功率二次方进行积分，得

$$\int_0^1 P^2(t) dt = \int_0^1 P_{zd}^2 [1 - 0.5 t^{1.5}]^2 dt = P_{zd}^2 \times 0.6625$$

因为 $f_Q < (1 + \beta_Q)/2$，即 $0.5 < (1 + 0.4)/2$，故用第二种持续负荷曲线的洛桑德公式［式（12-48）］进行计算。由于 $\dfrac{1}{\lambda_Q} = \dfrac{1 - f_Q}{f_Q - \beta_Q} = \dfrac{0.5}{0.1} = 5$，故得 $Q(t) = 0.4 + 0.6 (1 - t)^5$，对无功功率二次方进行积分，得

$$\int_0^1 Q^2(t) dt = \int_0^1 Q_{zd}^2 [0.4 + 0.6 (1 - t)^5]^2 dt = Q_{zd}^2 \times 0.2727$$

因 $\Delta A = \dfrac{R}{U_{pj}^2} \Big[\int_0^T P^2(t) dt + \int_0^T Q^2(t) dt \Big] \times 10^{-3} = \dfrac{R}{U_{pj}^2} \Big[\int_0^1 P^2(t) dt + \int_0^1 Q^2(t) dt \Big] T \times 10^{-3}$，将

求得的 $\int_0^1 P^2(t)\mathrm{d}t$、$\int_0^1 Q^2(t)\mathrm{d}t$ 及 $T = 720\mathrm{h}$ 代入上式，可得

$$\Delta A = \frac{R}{U_{pj}^2}(P_{zd}^2 \times 0.6625 + Q_{zd}^2 \times 0.2727)T \times 10^{-3}$$

$$= \frac{R}{U_{pj}^2}P_{zd}^2\left(0.6625 + \frac{Q_{zd}^2}{P_{zd}^2} \times 0.2727\right)T \times 10^{-3}$$

$$= \frac{1.32}{1.21 \times 10^{10}} \times (62.5 \times 10^6)^2 \times 0.8370 \times 720 \times 10^{-3}\mathrm{kW \cdot h} = 2.568 \times 10^5 \mathrm{kW \cdot h}$$

③ 按视在功率的损耗因数进行计算。由以上计算得知，$F_P = 0.6225$，$F_Q = 0.2727$，按式（12-59）计算视在功率的损耗因数，得

$$F_S = F_P\cos^2\varphi_{zd} + F_Q\sin^2\varphi_{zd}$$

$$= 0.6625 \times \frac{62.5^2}{62.5^2 + 50^2} + 0.2727 \times \frac{50^2}{62.5^2 + 50^2} = 0.5104$$

将 F_S 代入式（12-57），得

$$\Delta A = \frac{R}{U_{pj}^2}S_{zd}^2 F_S T \times 10^{-3}$$

$$= \frac{1.32}{1.21 \times 10^{10}} \times (62.5^2 + 50^2) \times 10^{12} \times 0.5104 \times 720 \times 10^{-3}\mathrm{kW \cdot h} = 2.568 \times 10^5 \mathrm{kW \cdot h}$$

可见与精确计算的结果相同。

上述计算表明，这两种计算方法利用了负荷曲线的全部"信息"，所以它们的结果相同是理所当然的。

④ 按等效负荷曲线法计算。按表12-2所列运行用公式进行计算得

$$\dot{f} = \frac{1}{2}f_P(1 + \tan\varphi_{pj}) = \frac{1}{2} \times 0.8 \times \left(1 + \frac{18000}{36000}\right) = 0.60$$

$$\dot{\beta} = \beta_Q\frac{\tan\varphi_{pj}}{k_f} = 0.40 \times \frac{18000/36000}{0.5/0.8} = 0.32$$

当采用表12-2所列公式计算时，可得相同的 $\dot{f}$、$\dot{\beta}$ 值。

将以上所得的 $\dot{f}$、$\dot{\beta}$ 值代入式（12-68），得

$$\dot{F} = 0.639\dot{f}^2 + 0.361(\dot{f} + \dot{f}\dot{\beta} - \dot{\beta})$$

$$= 0.639 \times 0.60^2 + 0.361 \times (0.60 + 0.60 \times 0.32 - 0.32) = 0.4004$$

将以上各值代入式（12-67）得

$$\Delta A = \frac{R}{U_{pj}^2}P_{zd}^2\dot{F}2T \times 10^{-3} = \frac{1.32}{1.21 \times 10^{10}} \times (62.5 \times 10^6)^2 \times 0.4004 \times 2 \times 720 \times 10^{-3}\mathrm{kW \cdot h}$$

$$= 2.457 \times 10^5 \mathrm{kW \cdot h}$$

同精确计算的结果相比，等效负荷曲线法计算结果误差为

$$\delta(\Delta A)\% = \left(\frac{2.457 - 2.568}{2.568}\right) \times 100\% = -4.32\%$$

误差小于5%，在工程计算允许的误差范围之内。

5. 多分支线路电能损耗的计算

接有数个集中负荷的送电线路、接有众多高压用户和专用或公用配电变压器的6~10kV

配电线路，都属于多分支线路。由于各负荷点的负荷曲线形状不同，功率因数以及电压都不相同，所以多分支线路电能损耗的精确计算有很大困难。对支路很多的配电线路的线损理论计算，不得不采用各种简化的方法，这些简化方法要求提供较少的原始运行数据和较少的计算工作量，又能使计算结果有足够的准确度。因此，下面介绍几种多分支线路电能损耗的计算方法。

(1) 加权平均法

规划或设计的35kV送电线路，往往接有几个集中负荷，如图12-3所示。此时全线路的电能损耗可按下式计算：

$$\Delta A = \Delta A_3 + \Delta A_2 + \Delta A_1$$
$$= \left[\left(\frac{S_{3zd}}{U_d}\right)^2 r_3 F_3 + \left(\frac{S_{2zd}}{U_c}\right)^2 r_2 F_2 + \left(\frac{S_{1zd}}{U_b}\right)^2 r_1 F_1\right] T \times 10^{-3} \quad (12\text{-}69)$$

$$S_{3zd} = S_{d.zd}, \quad S_{2zd} = S_{3zd} + \Delta S_3 + S_{c.zd}, \quad S_{1zd} = S_{2zd} + \Delta S_2 + S_{b.zd}$$

$$U_c = U_d + \Delta U_3, \quad U_b = U_c + \Delta U_2, \quad U_a = U_b + \Delta U_1, \quad \Delta U = \frac{P_{zd}r + Q_{zd}x}{U}$$

式中，S_{3zd}、S_{2zd}、S_{1zd} 分别为节点 d、c、b 的输入功率最大值；ΔS_2、ΔS_3 分别为线段 2 和线段 3 中的功率损耗；U_d、U_c、U_b 分别为节点 d、c、b 的电压；ΔU 为电压损耗值；r_3、r_2、r_1 为各段线路的电阻（Ω）；x_3、x_2、x_1 为各段线路的电抗（Ω）；F_3、F_2、F_1 为各段线路的损耗因数（可根据各线段的负荷率与功率因数，查35～110kV送电线路年电能损耗计算曲线求得）；T 为计算时段（h）。

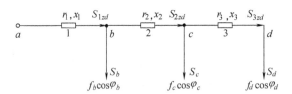

图 12-3 接有 3 个负荷的线路

为了求取几个集中负荷叠加后的负荷曲线与运行参数，可以引用加权平均负荷率[式(12-70)]和加权平均功率因数[式(12-71)]的概念，即

$$f_{jq} = \sum (P_{zd.i} f_i) / \sum P_{zd.i} \quad (12\text{-}70)$$

$$\cos\varphi_{jq} = \sum (S_{zd.i} \cos\varphi_i) / \sum S_{zd.i} \quad (12\text{-}71)$$

由式(12-70)和式(12-71)可见，加权平均法是以各个分支负荷的负荷曲线形状相同为前提的。实际上形状不同的负荷曲线叠加有错峰效果，所以按式(12-70)算得的 f_{jq} 比实际运行值要小。所以，用加权平均法进行多分支线路的电能损耗计算时，可能会得到偏大的计算结果。

(2) 逐点分段简化法

为简化计算，逐点分段简化法需要两点基本假设：①各负荷点的功率因数均与始端的功率因数近似相等；②忽略多分支线路沿线的电压变化对电能损耗的影响。

假设始端代表日的平均电压为 U_{pj}、月平均功率因数为 $\cos\varphi_{pj}$，则有

$$U_{pj} = \sum U_i/24, \quad \cos\varphi_{pj} = A_P\sqrt{A_P^2 + A_Q^2}$$

式中，A_P、A_Q 分别为全月的有功电量（kW·h）和无功电量（kvar·h）。

因有假设①，故对每一个负荷点 i 可得

$$I_{pj.i} = \frac{A_{P.i}}{T}/(\sqrt{3}\cos\varphi_{pj}U_{pj})$$

因有假设②，故可得

$$\sum I_{pj.i} = \sum\left[\frac{A_{P.i}}{T}/(\sqrt{3}\cos\varphi_{pj}U_{pj})\right] = (\sum A_{P.i})\frac{1}{T}(\sqrt{3}\cos\varphi_{pj}U_{pj})$$

$$= \frac{A_{P.0}}{T}(\sqrt{3}\cos\varphi_{pj}U_{pj}) = I_{pj.0}$$

式中，$A_{P.0}$ 和 $I_{pj.0}$ 分别为线路始端的全月有功电量（kW·h）和月平均电流（A）。

上式表明，由于有以上两点基本假设，线路始端的平均电流等于各负荷点的平均电流之和。由于配电线路的负荷点很多，负荷的错峰效应使各分段的负荷曲线的最大负荷持续时间很短，故可选用表 12-1 中第 2 号公式来计算线路各分段的形状系数，即

$$K = \sqrt{F/f} = \sqrt{0.2f + 0.8f^2}/f = \sqrt{0.2/f + 0.8} \qquad (12-72)$$

由此可见，对于多分支的 6~10kV 配电线路，可以认为各分段的形状系数仅与负荷率有关。所以可以把某一负荷点及其后一个分段的平均负荷电流、负荷率，按式（12-70）求出该负荷点前一分段的加权平均负荷率 $f_{jq.i}$，再将求得的 $f_{jq.i}$ 值代入式（12-72），即可求得形状系数 K_i。

逐点分段简化法计算配电线路电能损耗的步骤如下：

1）确定线路的分段数和每一个分段的电阻值，并画出计算线损用的单线图。

2）根据配电线路始端的代表日电压数据，计算测计期内的平均电压 U_{pj}。

3）根据线路始端和高压用户的全月有功电量和无功电量，计算各自的月平均电流，即

$$I_{pj.0} = \sqrt{A_P^2 + A_Q^2}/(\sqrt{3}U_{pj}T), \quad I_{pj.m} = \sqrt{A_{P.m}^2 + A_{Q.m}^2}/(\sqrt{3}U_{pj}T)$$

式中，下标 0、m 分别表示线路始端和各高压用户的编号。

4）各公用配电变压器的月平均电流可按容量分配的办法进行计算，即

$$i_{pj} = (I_{pj.0} - \sum I_{pj.m})/\sum W_n, \quad I_{pj.n} = W_n i_{pj}$$

式中，i_{pj} 为公用配电变压器每千伏安额定容量所分配到的月平均电流（A/kV·A）；W_n 为各公用配电变压器的额定容量（kV·A）；$I_{pj.n}$ 为分配到各公用配电压器的月平均电流（A）。从干线和支线的末端开始，向始端方向逐段代数相加，求出每一分段的平均电流，并标在单线接线图上。

5）根据各类公用配电变压器的数据，求得各类公用配电变压器的负荷率 f_n；根据高压用户代表日的负荷，求得各用户的负荷率 f_m；根据平均电流的分布和各负荷点的负荷率，按式（12-70）求出线路各分段的加权平均负荷率 $f_{jq.i}$；由式（12-72）求得各分段的形状系数 K_i，最后可得到线路各分段的均方根电流 $I_{jf.i} = K_i I_{pj.i}$，并将这些数据填入计算表内。

6）按逐点分段计算再累加的方法，求得全线路的月电能损耗为

$$\Delta A_1 = 3(\sum I_{jf.i}^2 R_i)T \times 10^{-3} \qquad (12-73)$$

【例 12-2】 有一条 10kV 的高压配电线路，它的接线如图 12-4 所示，图中 I、II 为高压用户；变压器旁边的数字：分子为额定容量（kV·A），分母为负荷率。已知数据有：①线路各分段的导线型号和长度；②测计期内线路始端的平均电压；③测计期（某月）内线路始端和两个高压用户的有功电量和无功电量；④高压用户和公用配电变压器根据代表日负荷数据计算所得的负荷率；⑤线路上各公用配电变压器的容量。试用逐点分段简化法计算高压配电线路全月的理论线损电量和线损率。

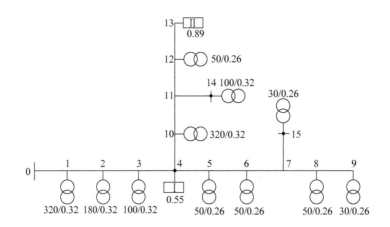

图 12-4 高压配电线路接线图

解： ① 确定线路的分段数和每个分段的电阻值。根据负荷点的分布情况，全线路分为 15 个分段，由各分段的导线型号和长度，可算出各分段的电阻值。这些电阻值已标在图 12-5 所示的等效电路图上。图中，箭头下方数字为负荷点平均电流（A）；线段上方（或左侧）数字为分段电阻值（Ω）；线段下方（或右侧）数字为分段平均电流（A）。

② 确定平均电流的分布。已知线路始端的月平均电压 $U_{pj}=10\text{kV}$，月有功电量和无功电量分别为 $94.6\times10^4\text{kW}\cdot\text{h}$ 和 $60.46\times10^4\text{kvar}\cdot\text{h}$；高压用户 I 月供电量为 $28.54\times10^4\text{kW}\cdot\text{h}$，$\cos\varphi_{pj}=0.92$；高压用户 II 月供电量为 $34.52\times10^4\text{kW}\cdot\text{h}$，$\cos\varphi_{pj}=0.86$。可求出线路始端和两个高压用户的月平均电流为

$$I_{pj.0}=[(\sqrt{94.6^2+60.46^2})\times10^4/(\sqrt{3}\times10\times720)]\text{A}$$
$$=(112.27\times10^4/1.247\times10^4)\text{A}=90.03\text{A}$$
$$I_{pj.\text{I}}=[28.54\times10^4/(\sqrt{3}\times10\times0.92\times720)]\text{A}=25\text{A}$$
$$I_{pj.\text{II}}=[34.52\times10^4/(\sqrt{3}\times10\times0.86\times720)]\text{A}=32\text{A}$$

公用配电变压器的平均电流可按容量分配，即

$$i_{pj}=\frac{90.03-(25+32)}{1280}\text{A}/(\text{kV}\cdot\text{A})=0.0258\text{A}/(\text{kV}\cdot\text{A})$$

每一公用配电变压器的平均电流按 $I_{pj.n}=W_n i_{pj}$ 计算。从干线和支线末端的负荷点向线路始端方向逐点计算，可得到各分段的平均电流，其结果已标在图 12-5 上。

③ 各线段加权平均负荷率的计算。已知容量为 30kV·A、50kV·A 的公用配电变压器供给纯照明负荷,其负荷率 $f_1 = 0.26$,其余容量的配电变压器供给城市公用负荷,负荷率 $f_2 = 0.32$;高压用户 I 为二班制企业,负荷率 $f_I = 0.55$,高压用户 II 为三班制企业,负荷率 $f_{II} = 0.89$,各负荷点的负荷率均标在单线图上。利用图 12-5 所示的平均电流分布,可求得各分段的加权平均负荷率 $f_{jq.i}$ 和形状系数 K_i,计算结果如表 12-3 中 4、5 两栏所示。

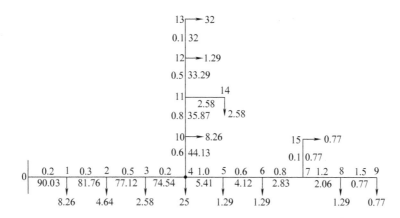

图 12-5 高压配电线路等效电路图

表 12-3 高压配电线路逐点分段简化计算线损

1	2	3	4	5	6 =3×5	7	8
线段编号	分段电阻 /Ω	分段计算用平均电流 /A	加权平均负荷率 $f_{jq.i}$	分段的形状系数 K_i	分段方均根电流 $I_{jf.i}$/A	分段功率损耗 $I_{jf.i}^2 R_i$ /W	加权平均负荷率 $f_{jq.i}$
0—1	0.2	90.03	0.582	1.069	96.23	1852.04	$(0.609 \times 81.76 + 0.32 \times 8.26)/(81.76 + 8.26) = 0.582$
1—2	0.3	81.76	0.609	1.062	86.83	2261.83	$(0.626 \times 77.12 + 0.32 \times 4.64)/(77.12 + 4.64) = 0.609$
2—3	0.5	77.12	0.626	1.058	81.59	3328.46	$(0.637 \times 74.54 + 0.32 \times 2.58)/(74.54 + 2.58) = 0.626$
3—4	0.2	74.54	0.637	1.055	78.64	1236.85	$(0.26 \times 5.41 + 0.732 \times 44.13 + 0.55 \times 25)/74.54 = 0.637$
4—5	1.0	5.41	0.26	1.253	6.78	45.97	
5—6	0.6	4.12	0.26	1.253	5.16	15.98	
6—7	0.8	2.83	0.26	1.253	3.55	10.08	
7—8	1.2	2.06	0.26	1.253	2.58	7.99	
8—9	1.5	0.77	0.26	1.253	0.96	1.38	
7—15	0.1	0.77	0.26	1.253	0.96	0.09	
4—10	0.6	44.13	0.732	1.036	45.72	1254.19	$(0.827 \times 35.876 + 0.32 \times 8.26)/(35.87 + 8.26) = 0.732$
10—11	0.8	35.87	0.827	1.021	36.62	1072.82	$(0.866 \times 33.29 + 0.32 \times 2.58)/(33.29 + 2.58) = 0.827$
11—12	0.5	33.29	0.866	1.015	33.79	570.88	$(0.89 \times 32 + 0.26 \times 1.29)/(32 + 1.29) = 0.866$
12—13	0.1	32.0	0.89	1.012	32.38	104.85	
11—14	0.1	2.58	0.32	1.194	3.08	0.95	

$$\sum I_{jf.i}^2 R_i = 11764.36 W$$

④ 电能损耗计算。15 个线段逐段计算 $I_{jf.i}^2 R_i$ 值，由表 12-3 可见，$\sum I_{jf.i}^2 R_i = 11764.36\text{W}$，故得全月损耗电量为

$$\Delta A_l = 3 \times 11764.36 \times 720 \times 10^{-3}\text{kW} \cdot \text{h} = 25411\text{kW} \cdot \text{h}$$

该线路月线损率为

$$\Delta A_l(\%) = \frac{25411}{94.6 \times 10^4} \times 100\% = 2.69\%$$

由例 12-2 可见，由于高压用户和各类公用配电变压器的负荷曲线形状不同和负荷率不同，在求得平均电流分布之后，可用加权平均法求得各分段的负荷率和形状系数，从而得到方均根电流的分布，最终求得全线的电能损耗。这样的逐点分段简化法，可称为双电流（平均电流和方均根电流）分布简化法。

(3) 等效电阻法

1) 线路的等效电阻。如图 12-6 所示的多分支线路，其电能损耗为

$$\Delta A_l = 3(I_{jf.0}^2 R_0 + \sum I_{jf.i}^2 R_i) T \times 10^{-3} = 3 I_{jf.0}^2 \left[R_0 + \sum \left(\frac{I_{jf.i}}{I_{jf.0}} \right)^2 R_i \right] T \times 10^{-3} \quad (12\text{-}74)$$

由式 (12-74) 可得到等效电阻的概念及其算式为

$$R_{dx.l} = R_0 + \sum \left(\frac{I_{jf.i}}{I_{jf.0}} \right)^2 R_i \quad (12\text{-}75)$$

式中，R_0、R_i 分别是线路始端分段和第 i 分段的电阻（Ω）。

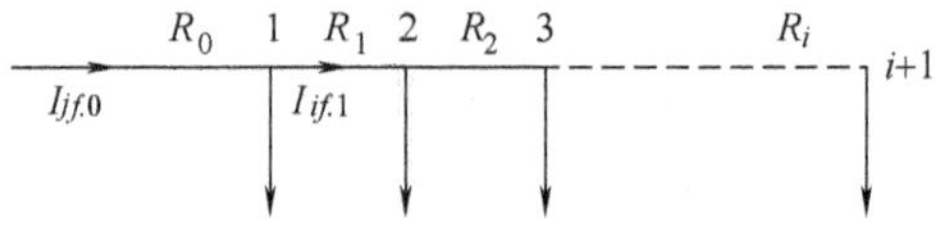

图 12-6 多分支线路示意图

因为 $I_{jf.i} = K_i I_{pj.i} = K_i \frac{A_i/T}{\sqrt{3} U_i \cos\varphi_i}$，将此关系式代入 (12-75)，整理后可得

$$R_{dx.l} = R_0 + \sum D_i^2 R_i \quad (12\text{-}76)$$

$$D_i = \frac{K_i}{K_0} \frac{A_i}{A_0} \frac{U_0}{U_i} \frac{\cos\varphi_0}{\cos\varphi_i} = \frac{I_{jf.i}}{I_{jf.0}} \quad (12\text{-}77)$$

式中，D_i 为分段电阻换算系数。

【例 12-3】 利用表 12-3 的计算结果。①计算例 12-2 中 4—10 分段 4—9 分段的等效电阻，并与实际电阻比较。②计算全线路的等效电阻。

解：① 由表 12-3 可知，4—10 分段始端的方均根电流 $I_{jf.0} = 45.72\text{A}$，该分段的功率损耗 $\sum I_{jf.i}^2 R_i = (1254.19 + 1072.82 + 570.88 + 104.85 + 0.95)\text{W} = 3003.69\text{W}$，由式 (12-74) 可得 4—10 分段的等效电阻为

$$R_{dx.l4\text{-}10} = \frac{3003.69}{45.72^2} \Omega = 1.437 \Omega$$

该分段的实际电阻 $R_{4\text{-}13} = 2.0\Omega$，比值 $R_{dx.l4\text{-}13}/R_{4\text{-}13} = 1.437/2 = 0.72$。

② 对于分段 4—9，由表 12-3 得 $I_{jf.0} = 6.78\text{A}$，$\sum I_{jf.i}^2 R_i = (45.97 + 15.98 + 10.08 + 7.99 + 1.38 + 0.09)\text{W} = 81.49\text{W}$，故可求得等效电阻为

$$R_{dx.l4-9} = \frac{81.49}{6.78^2}\Omega = 1.77\Omega$$

该线段的实际电阻 $R_{4-9} = 5.1\Omega$，比值 $R_{dx.l4-9}/R_{4-9} = 1.77/5.1 = 0.35$。比较表明，负荷分布趋于线路末端，则比值 $R_{dx.l}/R$ 接近于 1；负荷分布趋于均匀，则该比值接近于 1/3。

③ 由表 12-3 可得到全线路始端的方均根电流和功率损耗值，因而可由式（12-74）求得全线路的等效电阻为

$$R_{dx.l} = \frac{11764.36}{96.23^2}\Omega = 1.27\Omega$$

若将 4—13 和 4—9 两个分段用等效电阻代替，用式（12-75）来计算全线等效电阻，即

$$R_{dx.l} = R_0 + \sum \left(\frac{I_{jf.i}}{I_{jf.0}}\right)^2 R_i = \left[0.2 + \left(\frac{86.83}{96.23}\right)^2 \times 0.3 + \left(\frac{81.59}{96.23}\right)^2 \times 0.5 + \right.$$

$$\left. \left(\frac{78.64}{96.23}\right)^2 \times 0.2 + \left(\frac{45.72}{96.23}\right)^2 \times 1.437 + \left(\frac{6.78}{96.28}\right)^2 \times 1.77\right]\Omega$$

$$= (0.2 + 0.244 + 0.359 + 0.134 + 0.324 + 0.009)\Omega = 1.27\Omega$$

所得结果与用式（12-74）算得结果完全一致。

2）配电变压器的等效电阻。众所周知，单台配电变压器的电能损耗按下式计算：

$$\Delta A_{b0} = \Delta A_{b0.k} + \Delta A_{b0.f} = \left[\Delta P_k + \Delta P_{fN}\left(\frac{I_{jf}}{I_N}\right)^2\right] T \times 10^{-3} \tag{12-78}$$

式中，ΔP_k、ΔP_{fN} 为配电变压器的空载有功损耗和额定的负载功率损耗（W）；I_{jf} 为测计期内配电变压器的方均根电流（A）；I_N 为配电变压器的额定电流（A）。

一条多分支线路接有多台配电变压器，则全部配电变压器的电能损耗可用下式计算：

$$\Delta A_b = \Delta A_{bk} + \Delta A_{bf} = \left[\sum \Delta P_{k.n} + \sum \left(\Delta P_{fN.n}\frac{I_{jf.n}^2}{I_{N.n}^2}\right)\right] T \times 10^{-3} \tag{12-79}$$

式中，ΔA_{bk}、ΔA_{bf} 分别表示公用配电变压器的空载和负载电能损耗。与线路等效电阻的定义相似，可以定义线路上全部公用配电变压器绕组的等效电阻为

$$R_{dx·b} = \frac{\Delta A_{bf} \times 10^3}{3(\sum I_{jf.n})^2 T} \tag{12-80}$$

将式（12-79）中的 ΔA_{bf} 代入式（12-80），则得

$$R_{dx.b} = \frac{\sum \Delta P_{f.n}}{3(\sum I_{jf.n})^2}, \quad \Delta P_{f.n} = \Delta P_{fN.n}\frac{I_{jf.n}^2}{I_{N.n}^2} \tag{12-81}$$

式中，$\Delta P_{f.n}$ 为各公用配电变压器实际的负载功率损耗（W）。

3）用等效电阻法计算电能损耗。若线路始端的电量和功率因数发生变化，则全线路的线损也将发生变化。如果全线路的各负荷点电量的变化幅度相近，则可假定线路的等效电阻和公用配电变压器总体的等效电阻不变，从而全线路的电能损耗可用下式计算：

$$\Delta A = \Delta A_1 + \Delta A_{bk} + \Delta A_{bf} = \left[3I_{jf.0}^2 R_{dx.1} + \sum \Delta P_{k.n} + 3(\sum I_{jf.n})^2 R_{dx.b}\right] T \times 10^{-3} \tag{12-82}$$

式中，$\sum I_{jf.n}$ 为 n 台公用配电变压器的方均根电流之和（A）。

【**例 12-4**】 例 12-2 中已知各公用配电变压器的额定容量、空载损耗和额定负载损耗，如表 12-4 中的 1、3、4 栏所列，各类公用配电变压器的负荷率已在图 12-4 中标出。试求：①全部公用配电变压器全月的电能损耗；②公用配电变压器的等效电阻；③该线路全月总的

电能损耗和线损率。

解：①将例 12-2 计算得到的每台公用配电变压器的平均电流列于表 12-4 的第 6 栏。

由例 12-2 已知两类公用配电变压器的负荷率为 $f_1 = 0.32$、$f_2 = 0.26$，其对应的负荷曲线形状系数为 $K_1 = 1.194$、$K_2 = 1.253$，列于表 12-4 的第 7 栏。因 $I_{jf.n} = K_i I_{pj.n}$，故可得第 8 栏的 $I_{jf.n}$，由式 $\Delta P_{f.n} = \Delta P_{fN.n} (I_{jf.n}/I_{N.n})^2$，可再求得各类配电变压器的负载损耗，列于表 12-4 的第 9 栏。

全部公用配电变压器的全月电能损耗为

$$\Delta A_b = (\sum \Delta P_{k.n} + \sum \Delta P_{f.n}) T \times 10^{-3} = [(8880 + 8211) \times 720 \times 10^{-3}] \text{kW} \cdot \text{h} = 12305.5 \text{kW} \cdot \text{h}$$

其中空载电能损耗 $\Delta A_{bk} = 6393.6 \text{kW} \cdot \text{h}$，负载电能损耗 $\Delta A_{bf} = 5911.9 \text{kW} \cdot \text{h}$，两者比值 $\Delta A_{bk}/\Delta A_{bf} = 6393.6/5911.9 = 1.082$。

② 由式（12-81）得 $R_{dx.b} = \dfrac{8211}{3 \times 39.82^2} \Omega = 1.73 \Omega$

③ 例 12-2 中已求得 $\Delta A_1 = 25411 \text{kW} \cdot \text{h}$，本题已求得 $\Delta A_b = 12305.5 \text{kW} \cdot \text{h}$，故全线路的电能损耗和线损率分别为

$$\Delta A = \Delta A_1 + \Delta A_b = (25411 + 12305.5) \text{kW} \cdot \text{h} = 37716.5 \text{kW} \cdot \text{h}$$

$$\Delta A(\%) = \frac{37716.5}{94.6 \times 10^4} \times 100\% = 3.99\%$$

表 12-4 配电变压器电能损耗计算

1	2	3	4	5	6	7	8	9
配电变压器容量 /kV·A	台数	空载损耗 ΔP_k/W	负载损耗 ΔP_{fN}/W	高压侧额定电流 I_N/A	按容量分配的计算用平均电流 $I_{pj.n}$/A	形状系数 K_n	计算用方均根电流 $I_{jf.n}$/A	各配电变压器负载损耗 $\Delta P_{f.n}$/W
320	2	1900	6200	18.5	8.26	1.194	9.86	1761
180	1	1200	4000	10.4	4.64	1.194	5.54	1135
100	2	730	2400	5.8	2.58	1.194	3.08	677
50	4	440	1325	2.88	1.29	1.253	1.62	419
30	2	330	850	1.73	0.77	1.253	0.96	262
合计	11	8880	28200	73.98	33.02	1.206	39.82	8211

注：合计一行数字已考虑台数的因数。

（4）双分量平衡法

前述的逐点分段简化法有两点基本假设，其中之一就是假设各负荷点的功率因数均与始端近似相等，有了这个假设，电流的矢量相加就变成代数相加，使计算得以简化。在线损管理实践中，为了使线损计算更为精确，可以采用电流的有功和无功两个分量的平衡法来计算线损。采用这种方法所增加的计算工作量并不很大，而所得的计算结果却对线损分析是十分有利的。

用双分量平衡法进行线损计算的步骤如下：

1）由线路始端和高压用户的月有功电量和无功电量及平均运行电压，计算月平均电流的有功分量和无功分量。

2）按逐点分段简化法，求全线路的月平均电流有功分量的分布。

3）计算公用配电变压器的空载励磁电流 $I_{0.n}$，再按容量分配计算各配电变压器所增加的月平均无功电流（A/kV·A），即

$$i_{pj.Q} = \frac{I_{pj.Q.0} - \sum I_{pj.Q.m} - \sum I_{0.n}}{\sum W_n} \quad (12-83)$$

式中，$I_{pj.Q.0}$ 为线路始端的月平均电流的无功分量（A）；$\sum I_{pj.Q.m}$ 为高压用户的月平均电流的无功分量之和（A）；$\sum I_{0.n}$ 为公用配电变压器的空载励磁电流之和（A），忽略空载电流中有功分量的影响。

对于每台公用配电变压器，其月平均电流的无功分量可按下式计算：

$$I_{pj.Q.n} = I_{0.n} + i_{pj.Q} W_n$$

求得各负荷点的月平均电流的无功分量以后，即可求得全线路的月平均电流无功分量的分布。

4）用加权平均方法，由负荷点的有功负荷率和无功负荷率求出各分段相应的负荷率，再求出各分段的有功分量和无功分量的形状系数，从而求得各分段月平均方均根电流的有功分量和无功分量，最终可算得各分段的功率损耗与电能损耗值。

5）对于公用配电压器，可按月平均电流的有功分量、无功分量和形状系数 $K_{P.n}$ 和 $K_{Q.n}$，求得月方均根电流的有功分量 $I_{jf.P.n}$ 和无功分量 $I_{jf.Q.n}$，再按下式可算得每台公用配电变压器的负载损耗为

$$\Delta P_{f.n} = \Delta P_{fN.n} \left(\frac{I_{jf.P.n}^2 + I_{jf.Q.n}^2}{I_{N.n}^2} \right) \quad (12-84)$$

【例 12-5】 在例 12-2 中，若线路的接线和公用配电变压器的台数和容量不变，线路始端和高压用户的月供电量和月平均功率因数不变。由高压用户代表日负荷数据计算求得 $f_{P.\mathrm{I}} = 0.553$, $f_{Q.\mathrm{I}} = 0.62$, $f_{P.\mathrm{II}} = 0.89$, $f_{Q.\mathrm{II}} = 0.92$。公用配电变压器的空载电流如表 12-5 所列。利用装设的有功和无功电能表测量数据，得到两类公用配电变压器的负荷曲线参数为 $f_{P1} = 0.24$, $f_{Q1} = 0.30$, $f_{P2} = 0.30$, $f_{Q2} = 0.35$。试用双分量平衡法列表计算公用配电变压器和线路的月电能损耗值。

表 12-5 配电变压器电能损耗计算

1	2	3	4	5	6	7	8=6+7	9	10	11	12=9×10	13=8×11	14
配电变压器容量 S_n /kV·A	台数	空载损耗 ΔP_k/W	负载损耗 ΔP_{fN}/W	额定电流 I_N/A	月平均电流无功分量分配			月平均电流有功分量 $I_{pj.P}$/A	形状系数		方均根电流		负载损耗 $\Delta P_{f.n}$/W
					I_0/A	$i_{pj.Q} S_n$/A	$i_{pj.Q}$/A		K_P	K_Q	$I_{jf.P}$/A	$I_{jf.Q}$/A	
320	2	1900	6200	18.5	1.30	4.23	5.53	6.34	1.211	1.171	7.68	6.48	1829
180	1	1200	4000	10.4	0.73	2.38	3.11	3.56	1.211	1.171	4.31	3.64	1177
100	2	730	2400	5.8	0.43	1.32	1.75	1.98	1.211	1.171	2.40	2.05	711
50	4	440	1325	2.88	0.23	0.66	0.89	0.99	1.278	1.211	1.265	1.078	441
30	2	330	850	1.73	0.16	0.40	0.56	0.59	1.278	1.211	0.75	0.678	290
合计	11	8880											8601

注：合计一行数字已考虑台数的因素。

解：① 线路始端和高压用户的月平均电流计算。线路始端的月平均电流为

$$I_{pj.p.0} = \frac{A_P}{\sqrt{3}U_{pj}T} = \frac{94.6 \times 10^4 \times 10^3}{\sqrt{3} \times 10^4 \times 720}\text{A} = 75.86\text{A}$$

$$I_{pj.Q.0} = \frac{A_Q}{\sqrt{3}U_{pj}T} = \frac{60.46 \times 10^7}{\sqrt{3} \times 10^4 \times 720}\text{A} = 48.48\text{A}$$

高压用户 Ⅰ：$I_{pj.p.Ⅰ} = I_{pj.Ⅰ}\cos\varphi_Ⅰ = 25 \times 0.92\text{A} = 23\text{A}$

$I_{pj.Q.Ⅰ} = I_{pj.Ⅰ}\sin\varphi_Ⅰ = 25 \times 0.392\text{A} = 9.80\text{A}$

高压用户 Ⅱ：$I_{pj.p.Ⅱ} = 32 \times 0.86\text{A} = 27.52\text{A}$

$I_{pj.Q.Ⅱ} = 32 \times 0.51\text{A} = 16.33\text{A}$

根据已知的负荷率数值，求得两高压用户的形状系数为

$$K_{PⅠ} = \sqrt{0.2/0.553 + 0.8} = 1.078,\ K_{QⅠ} = \sqrt{0.2/0.62 + 0.8} = 1.060$$

$$K_{PⅡ} = \sqrt{0.2/0.89 + 0.8} = 1.012,\ K_{QⅡ} = \sqrt{0.2/0.92 + 0.8} = 1.009$$

同样可以求得两类配电变压器的形状系数为

$$K_{P1} = 1.278,\ K_{Q1} = 1.211,\ K_{P2} = 1.211,\ K_{Q2} = 1.171$$

② 公用配电变压器的电流可按容量分配，以计算其负载电能损耗。单位容量公用配电变压器的月平均电流的有功分量和无功分量可分别算得如下：

$$i_{pj.P} = \frac{75.86 - (23 + 27.52)}{1280}\text{A}/(\text{kV}\cdot\text{A}) = 0.01980\text{A}/(\text{kV}\cdot\text{A})$$

$$i_{pj.Q} = \frac{48.48 - 5.43 - (9.80 + 16.33)}{1280}\text{A}/(\text{kV}\cdot\text{A}) = 0.01322\text{A}/(\text{kV}\cdot\text{A})$$

其中，$\sum I_{0n} = 5.43\text{A}$ 为空载电流之和，由表 12-5 第 6 栏算得。用 $i_{pj.P}$、I_{0n} 和 $i_{pj.Q}$ 可求得各配电变压器的月平均电流的有功分量和无功分量，如表 12-5 第 9、8 两栏所列。

根据已求得 K 值和 $I_{pj.P}$ 及 $I_{pj.Q}$，可求得方均根电流的有功分量和无功分量，如表 12-5 的第 12、13 两栏所列。再按式（12-84）可求得每台配电变压器的负载损耗 ΔP_{fn}，见表 12-5 第 14 栏。

③ 求线路的平均电流和方均根电流的有功分量和无功分量的分布，以计算各分段的电能损耗。将高压用户 Ⅰ、Ⅱ 和各公用配电变压器的月平均电流的有功分量和无功分量分别标在图 12-7 的等效电路图上，用累加的方法得到月平均电流有功分量和无功分量的分布，并将结果列于表 12-6 第 3、4 两栏。将线段 4—9 的各分段以及 11—14 分段和 12—13 分段的负荷率与形状系数填入表 12-6 的第 5 栏至第 8 栏内，其余各分段的加权平均负荷率由计算确定，计算过程列入表 12-6 的第 13、14 栏。由加权平均负荷率可算得形状系数 K_{Pi} 和 K_{Qi}，由 K_{Pi}、K_{Qi} 和 I_{pjP_i}、I_{pjQ_i} 即可求得各分段的均方根电流的有功分量和无功分量，最终求得各分段的功率损耗（$I_{jf.i}^2 R_i$），列于表 12-6 的第 11 栏。表中第 12 栏列出了月方均根电流的无功分量所造成的损耗，以便分析。

④ 全线路的电能损耗计算。根据表 12-5 所得的公用配电变压器的空载损耗与负载损耗、表 12-6 所得的线路各分段的负载损耗，即可求得全线路的全月电能损耗为

$$\begin{aligned}\Delta A &= \Delta A_l + \Delta A_b = [3\sum I_{jf.i}^2 R_i + (\sum \Delta P_{kn} + \sum \Delta P_{fn})]T \times 10^{-3}\\ &= [3 \times 11740.3 + (8880 + 8601)] \times 720 \times 10^{-3}\text{kW}\cdot\text{h}\\ &= 37945\text{kW}\cdot\text{h}\end{aligned}$$

表 12-6 双分量平衡法逐点分段计算线损

1	2	3	4	5	6	7	8	9	10	11	12	13	14
线路分段编号	分段电阻 R_i/Ω	平均电流/A		加权平均负荷率		形状系数		方均根电流/A		功率损耗/W		加权平均负荷率计算	
		I_{pPi}	I_{pQi}	f_{pPi}	f_{pQi}	K_{Pi}	K_{Qi}	I_{jPi}	I_{jQi}	$I_{jPi}^2 R_i$	$I_{jQi}^2 R_i$	f_{jvPi}	f_{jvQi}
0—1	0.2	75.86	48.48	0.587	0.592	1.068	1.067	81.02	51.73	1848.0	535.2	(69.52×0.613+6.34×0.30)/(69.52+6.34)	(42.95×0.623+5.53×0.35)/(42.95+5.53)
1—2	0.3	69.52	42.95	0.613	0.623	1.061	1.059	73.76	45.48	2252.7	620.5	(65.96×0.63+3.56×0.30)/(65.96+3.56)	(39.84×0.644+3.11×0.35)/(39.84+3.11)
2—3	0.5	65.96	39.84	0.630	0.644	1.057	1.054	69.72	41.99	3312.0	881.6	(63.98×0.64+1.98×0.30)/(63.98+1.98)	(38.09×0.658+1.75×0.35)/(38.09+1.75)
3—4	0.2	63.98	38.09	0.640	0.658	1.055	1.051	67.50	40.03	1231.7	320.5	(4.15×0.24+36.83×0.739+23×0.553)/(4.15+36.83+23)	(3.79×0.3+24.5×0.728+9.8×0.62)/(3.79+24.5+9.8)
4—5	1.0	4.15	3.79	0.24	0.30	1.278	1.211	5.30	4.59	49.2	21.1		
5—6	0.6	3.16	2.90	0.24	0.30	1.278	1.211	4.04	3.51	17.2	7.4		
6—7	0.8	2.17	2.01	0.24	0.30	1.278	1.211	2.77	2.43	10.7	4.7		
7—8	1.2	1.58	1.45	0.24	0.30	1.278	1.211	2.02	1.76	8.6	3.7		
8—9	1.5	0.59	0.56	0.24	0.30	1.278	1.211	0.75	0.68	1.5	0.7		
7—15	0.1	0.59	0.56	0.24	0.30	1.278	1.211	0.75	0.68	0.1	0.05		
4—10	0.6	36.83	24.5	0.739	0.728	1.035	1.037	38.12	25.41	1259.3	387.4	(30.49×0.83+6.34×0.30)/(30.49+6.34)	(18.97×0.838+5.53×0.35)/(18.97+5.53)
10—11	0.8	30.49	18.97	0.830	0.838	1.020	1.019	31.10	19.33	1072.7	298.9	(28.51×0.867+1.98×0.30)/(28.51+1.98)	(17.22×0.888+1.75×0.35)/(17.22+1.75)
11—12	0.5	28.51	17.22	0.867	0.888	1.015	1.013	28.94	17.44	570.9	152.1	(27.52×0.89+0.99×0.24)/(27.52+0.99)	(16.33×0.92+0.89×0.30)/(16.33+0.89)
12—13	0.1	27.52	16.33	0.890	0.920	1.012	1.009	27.85	16.48	104.7	27.2		
11—14	0.1	1.98	1.75	0.30	0.35	1.211	1.171	2.40	2.05	1.0	0.4		
合计												$\sum I_{jPi}^2 R_i = 11740.3W$, $\sum I_{jQi}^2 R_i = 3261.5W$, $\sum I_{jPi}^2 R_i = 8478.8W$	

线损率为

$$\Delta A(\%) = \frac{37945}{94.6 \times 10^4} \times 100\% = 4.01\%$$

与例 12-4 所得的 ΔA_1 值相比,用逐点分段简化法且假设各负荷点的功率因数相同时,线路的负荷损耗略为偏大。但采用双分量平衡法可提供与选择降损措施有关的信息。

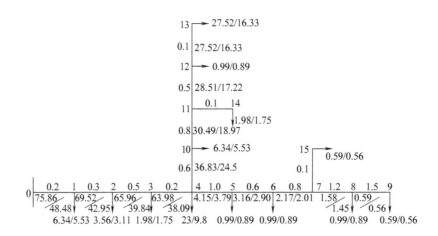

图 12-7 计算高压配电线路电能损耗用等效电路图

[单线下侧（或右侧）和负荷点下的分数：其分子为月平均电流的有功分量,
分母为月平均电流的无功分量]

（5）分散系数法

分散系数法是一种简化计算法,它有三点假设,即①各分布负荷的负荷曲线形状相同；②负荷的功率因数相同；③不考虑沿线电压的变化。由于这种方法是用负荷分布的类型比较来计算功率损耗与电能损耗的,所以它的准确度要比逐点分段简化法低。负荷分布的类型有：负荷集中在线路末端、负荷沿线路均匀分布、负荷沿线路呈直线型渐减分布、负荷沿线路呈直线型递增分布以及中间较重的分布等。

当多分支线路的负荷沿线分布有一定规律时,全线的电能损耗可以用数学分析的方法来求得。若一条实际线路的负荷分布接近于某一种典型负荷分布,则可取该典型负荷分布的电能损耗为该线路实际损耗的近似值,这就是分散系数法的实质。所谓分散系数,是指多分支线路的功率损耗与线路末端有集中负荷时的功率损耗之比,用符号 G' 表示,或指多分支线路的功率损耗与负荷均匀分布时的功率损耗之比,用符号 G 表示。例如,当负荷集中在线路末端时,三相总的功率损耗 $\Delta P = 3I^2R$,则 $G' = 1.0$, $G = 3.0$。

用分散系数法计算电能损耗的计算过程如下：

1）根据测计期内平均电流的分布,将多分支线路分成几种不同负荷分布类型的线段,分别对它们进行分散系数的计算。

2）用线路始端的负荷曲线形状系数计算每一线段始端的方均根电流。用对应于各分布类型的分散系数,求得各线段的电能损耗值,从而求得全线路的电能损耗,即

$$\Delta A = \sum G_i (K_0 I_{pj.0.i})^2 R_i T \times 10^{-3} \tag{12-85}$$

式中，G_i 为某线段的分散系数；K_0 为线路始端的形状系数；$I_{pj.0.i}$ 为某线段始端的平均电流（A）；R_i 为某线段的电阻（Ω）。

(6) 压降法

1) 电压损耗计算。众所周知，电压降落的纵向分量按下式计算：

$$\Delta U = \frac{PR+QX}{U} = \sqrt{3}IR\cos\varphi\left(1+\tan\varphi\frac{X}{R}\right)$$

对于多分支线路，当线路各分段的功率因数相同，且 X/R 的比值相近时，可得到线路始末端电压损耗的计算式 $\sum \Delta U_i = \sqrt{3}\cos\varphi[1+\tan\varphi(X/R)]\sum I_i R_i$，因此可得

$$\sum I_i R_i = \frac{\sum \Delta U_i}{\sqrt{3}\cos\varphi[1+\tan\varphi(X/R)]} \qquad (12\text{-}86)$$

2) 偏心率与电压损耗。分布负荷的负荷中心对线路的几何中心相偏离的程度称为偏心率，可按下式计算：

$$\delta = 1 - \frac{\sum I_{jf.i}R_i/I_{jf.0}}{0.5R} = 1 - \frac{R_{bj}}{0.5R} \qquad (12\text{-}87)$$

式中，R_{bj} 为以方均根电流分布求得的供电半径（Ω）；R 为线路干线的实际电阻（Ω）。

将式 (12-86) 的关系入式 (12-87)，则得 δ 的计算式为

$$\delta = 1 - \frac{2\sum \Delta U_i}{\sqrt{3}\cos\varphi[1+\tan\varphi(X/R)]I_{jf.0}R} \qquad (12\text{-}88)$$

式中，$\sum \Delta U_i$ 为线路始端为方均根电流 $I_{jf.0}$ 时的线路末端的电压损耗（V）；$\cos\varphi$、$\tan\varphi$ 分别为线路始端负荷电流为 $I_{jf.0}$ 时的功率因数与对应的正切值。

3) 分散系数与偏心率的关系。用数据拟合技术得分散系数 G 与偏心率 δ 有如下近似公式：

$$G = 1.06128 - 1.50015\delta + 0.437633\delta^2 \qquad (12\text{-}89)$$

4) 电能损耗计算。根据分散系数的定义和所选择的比较基准，可以得到某种分布负荷的电能损耗计算公式为

$$\Delta A = G\Delta A_{jy} = GI_{jf.0}^2 RT \times 10^{-3} \qquad (12\text{-}90)$$

式中，ΔA_{jy} 为负荷均匀分布时的电能损耗。

将式 (12-88) 代入式 (12-89)，再将结果代入式 (12-90)，整理后得

$$\Delta A = \left[\frac{0.72\sum \Delta U_i I_{jf.0}}{\cos\varphi[1+\tan\varphi(X/R)]} + \frac{0.584(\sum \Delta U_i)^2/R}{\cos^2\varphi[1+\tan\varphi(X/R)]^2}\right]T \times 10^{-3} \qquad (12\text{-}91)$$

由式 (12-91) 可见，若已知多支线路的参数 X/R 值、线路始端的方均根电流 $I_{jf.0}$ 及其对应时刻的功率因数和正切值，依据干线的电压损耗实测值，并用线路始端测计电压损耗时的电流与方均根电流进行折算，即能直接求得干线的电能损耗值。

(7) 多分支线路电能损耗计算方法的比较

以上介绍了六种多分支线路电能损耗计算方法，为便于比较，将其列于表 12-7 中。由于多分支线路和配电变压器的运行数据容易获得，加之计算机技术的广泛应用，所以计算量较大但比较准确的双分量平衡法将会得更多的重视。

表 12-7 多分支线路线损计算方法比较

序号	方法名称	假设条件	计算工作量	计算结果准确程度	适用场合
1	加权平均法	各分支负荷的负荷曲线形状相同	较小	较低，一般偏大	负荷点数量多，高压配电干线电能损耗计算
2	逐点分段简化法	各负荷点功率因数相同，不考虑沿线电压变化	较大	较高，一般偏大	负荷点不太多，负荷分布规律不明显的情况
3	等效电阻法	各负荷点功率因数相同，不考虑沿线电压变化	较小	较低	接线不变，线路始端电量变化后的线损计算
4	双分量平衡法	不考虑沿线电压变化（取线路始端平均电压）	最大	最高	确定降损技术措施或计算线路补偿效果
5	分散系数法	各负荷点的负荷曲线形状、功率因数相同，不考虑沿线电压变化	较小	不高，与方法4相比，正负误差均可能	负荷点过多，负荷分布规律较明显的情况
6	压降法	各负荷点的功率因数、负荷曲线形状相同	较小	较低，一般偏大	负荷点很多，高低压配电干线电能损耗计算

思考题与习题

12-1 供电管理的意义、特点以及主要任务是什么？

12-2 提高电压质量和供电可靠性管理的主要措施有哪些？

12-3 供电系统运行及设备管理的主要内容有哪些？

12-4 试述线损的含义、内容及其分类。

12-5 影响线损的因素有哪些？

12-6 试述电力系统日负荷曲线的特征参数及其含义。

12-7 按电流负荷曲线计算线损的各种方法及其特点是什么？

12-8 按功率负荷曲线计算线损的各种方法及其特点是什么？

12-9 多分支线路电能损耗计算的各种方法及其特点是什么？

12-10 某 110kV 线路的每相电阻为 1Ω，早高峰与晚高峰共 5h 送有功负荷为 50MW，同时送无功负荷 20Mvar，其余时间送有功负荷均为 30MW，送无功负荷为 0。试用等效负荷曲线法计算 24h 的线损电量，并与准确值相比较。

12-11 例 12-2 的线路接线不变，配电变压器的台数和容量也不变。始端的月供电量增加到 20%，始端的平均功率因数保持不变；高压用户Ⅰ的供电量增加 13%，高压用户Ⅱ的供电量增加 16%，它们的平均功率因数都保持不变。试求该线路供电量增大后的月线损电量和线损率。

参 考 文 献

[1] 熊信银，娄素华，刘学东. 现代电力企业管理［M］. 北京：机械工业出版社，2007.
[2] 刘长垣. 电力企业管理学［M］. 北京：中国电力出版社，1995.
[3] 彭安福. 电力企业现代管理［M］. 2版. 北京：中国水利水电出版社，2004.
[4] 谢明荣. 现代工业企业管理［M］. 南京：东南大学出版社，2000.
[5] 高海晨. 现代企业管理［M］. 北京：机械工业出版社，2004.
[6] 周三多. 管理学［M］. 北京：高等教育出版社，2000.
[7] 王利平. 管理学原理［M］. 北京：中国人民大学出版社，2000.
[8] 于尔铿，韩放，谢开，等. 电力市场［M］. 北京：中国电力出版社，1998.
[9] 刘秋华. 电力市场营销管理［M］. 北京：中国电力出版社，2003.
[10] 王锡凡，王秀丽，等. 电力市场基础［M］. 西安：西安交通大学出版社，2003.
[11] 杜松怀，温步瀛，蒋传文. 电力市场［M］. 3版. 北京：中国电力出版社，2008.
[12] 朱继忠. 多能源环境下电力市场运行方法［M］. 北京：机械工业出版社，2019.
[13] 张利. 电力市场概论［M］. 北京：机械工业出版社，2014.
[14] EYDELAND A，WOLYNIEC K. 能源和电力风险管理：模型、定价和保值的新发展［M］. 王晗，译. 北京：中国电力出版社，2008.
[15] 萧国泉，李泓泽. 电力企业经济管理［M］. 北京：中国电力出版社，2000.
[16] 张彩庆，等. 电力企业经营战略［M］. 北京：中国电力出版社，2004.
[17] 曾鸣. 电力企业计划管理及其技术支持系统［M］. 北京：中国电力出版社，2001.
[18] 谢松林. 电力企业经营与财务管理概论［M］. 北京：中国电力出版社，2000.
[19] 张纯义，朱建国. 财务管理［M］. 上海：上海教育出版社，2003.
[20] 吴拓. 现代企业管理与技术经济分析［M］. 广州：中山大学出版社，2003.
[21] 欧阳培，欧阳强. 电力企业经营战略管理［M］. 北京：中国电力出版社，2000.
[22] 陈伟，朗益夫. 现代企业经营管理学［M］. 长春：吉林人民出版社，1998.
[23] 黄梯云. 管理信息系统［M］. 北京：高等教育出版社，2000.
[24] 马国柱，马坚进. 现代企业经营管理学［M］. 北京：立信会计出版社，1998.
[25] 张纯. 水利水电工程定额与造价［M］. 北京：水利电力出版社，1992.
[26] JAMES C V，JOHN M W. 现代企业财务管理［M］. 郭浩，徐琳，译. 10版. 北京：经济科学出版社，1998.
[27] 张文泉. 电力技术经济评价理论、方法与应用［M］. 北京：中国电力出版社，2004.
[28] 胡运权，郭耀煌，等. 运筹学［M］. 北京：清华大学出版社，1998.
[29] 熊信银，张步涵. 电力系统工程基础［M］. 武汉：华中科技大学出版社，2003.
[30] 熊信银，张步涵. 电气工程基础［M］. 武汉：华中科技大学出版社，2005.
[31] 熊信银，吴耀武. 遗传算法及其在电力系统中的应用［M］. 武汉：华中科技大学出版社，2002.
[32] 罗毅. 电气工程基础［M］. 北京：高等教育出版社，2020.
[33] 熊信银，朱永利. 发电厂电气部分［M］. 4版. 北京：中国电力出版社，2009.
[34] 吴安官，倪保珊. 电力系统线损［M］. 北京：中国电力出版社，1996.
[35] 徐明琴. 电力企业管理［M］. 北京：中国水利水电出版社，1999.

[36] 贾立武. 电力企业管理 [M]. 北京：水利电力出版社，1991.

[37] 刘介才. 工厂供电 [M]. 3版. 北京：机械工业出版社，2002.

[38] 周杰娜. 现代电力系统调度自动化 [M]. 重庆：重庆大学出版社，2002.

[39] 王世祯. 电网调度运行技术 [M]. 沈阳：东北大学出版社，1997.

[40] 熊信银，唐巍. 电气工程概论 [M]. 北京：中国电力出版社，2008.